幕末維新伝

今、その史実が明かされる

幕末維新ミュージアム・霊山歴史館副館長
木村幸比古

淡交社

幕末維新伝　今、その史実が明かされる◉目次

第十一章　戊辰戦争と箱館戦争　373

〔凡例〕

①本書は、平成二十五年五月二十一日から産経新聞（京滋版）に連載の「幕末維新伝　日本から世界へ」のうち、一～一九七話（平成三十年三月十三日）をもとに、加筆修正を加え、単行本化したものである。

②本文中に登場する人物のうち、通称や改名・変名で記載している箇所には、原則として各節の初出に最も著名と思われる氏名を（　）で補った。逆に文脈上、通称・改名・変名の記載が必要な箇所には、それを（　）で補った。

【例】桂小五郎（木戸孝允）／井上馨（志道聞多）

淡交社編集局

プロローグ　一大英断ヲ以テ天下ト更始一新セン

「御一新」――民衆が求めた日本の変革

今年(二〇一八年)は明治一五〇年を記念して各地で、展覧会はじめ関連行事が開催されている。内閣府主導で全国的な展開をみせているからだ。ではなぜ「明治維新一五〇年」とよばないのか。「維新」という言葉が頻繁に登場するのは、明治十年(一八七七)の西南戦争以降だからである。「明治維新」を使う県は新政府軍の主力部隊であった鹿児島、山口、高知、佐賀など戊辰戦争に勝利したいわゆる雄藩のあった県である。旧幕府軍側は「戊辰一五〇年」とよぶ。東京では「東京一五〇年」というもっともらしい表現であり、いずれも置かれた立場上の表現である。明治新政府も維新とはよばず、「御一新」といって民衆に理解をもとめていた。

「御一新」当時の民衆は江戸幕府の長期にわたる武家政治に終止符がうたれ、天皇親政の政府に対し諸手を挙げて歓喜したという。なお幕末期、徳川幕府の総理にあたる職制は「政事総裁職」とよばれたが維新後、天皇親政になってからは「政治」とあらためられた。

黒船来航からはじまった幕府の崩壊

よく国家が崩壊するときは、外圧よりも内側の政治不信が蔓延したときに崩壊し、空洞化が一気にすすむといわれてきた。この状態に陥ったとき、外圧を受けるといとも簡単に侵略戦争につながる。江戸幕府の時代から保守派・開明派を問わず、この状態を危惧する者が各地にあらわれた。彼らは「志士」とよばれ国家の意識をもち、集団化していった。

幕府は安政（一八五三年）・文久（一八六二年）・慶応（一八六六年）の各改革に失敗。民衆は改革に疲れ、嫌気がさしていた。それに加え、物価高騰により経済は破綻状態に陥っていた。

また幕府の外交はいたって稚拙で、その場しのぎの内向きなものであった。最近の世界情勢と類似しており、外交と称しながら実は国益優先の内交に終始している。政治・経済・軍事を一体化させて、国際情勢はいちじるしく悪化の道をたどった。

天保年間（一八三〇〜四四）の日米関係は最悪であった。アメリカのモリソン号は天保八年、日本人漂流者七人をマカオで救助し、日本に帰国させる機会に、キリスト教の布教活動を目論んでいたという。ところが幕府は異国船打払《うちはらい》令によりモリソン号をイギリス軍艦と間違え、追い払った。翌年、長崎のオランダ商館長からモリソン号事件の真相が幕府に報告されたが、国法にのっとり異国船を打ち払ったと弁明した。

一八四八年頃のアメリカは捕鯨大国で、マッコウクジラを約五万三九〇〇頭も捕獲していた。またこの頃のアメリカは、カリフォルニアでゴールドラッシュに沸き、金採掘のために世界各国から一獲千金を求めて人がやってきた。アメリカはゴールドラッシュで得た財源を、捕鯨と日本開港を目論んで投資した。

幕府の崩壊は、まぎれもなくアメリカの黒船来航からおこったといってもよい。

開国か、攘夷か？

黒船来航は、西欧の産業革命に伴うアジアの侵攻策に端を発していた。嘉永六年（一八五三）、アメリカのペリー艦隊は日本への来航に際し、幕府に対して開国のための三つの要求をしていた。それは①日本近海での難破船入港、②アメリカ船員の生命と財産の保護に関し、薪水、食糧を補給し、貯炭所を設置する、③交易のための入港、であった。浦賀(神奈川県)に入り込んだ黒船は砲艦外交をおこない、幕府は開港に決断しあぐねるとペリーは一年の猶予を与え立ち去った。翌年一月に再来すると、老中の阿部正弘は開国を決断し日米和親条約・日英約定・日露通好条約を結んだ。さらに彦根藩(滋賀県)の井伊直弼《なおすけ》が大老に就任すると、孝明天皇の勅許を得ずして日米修好通商条約に調印した。これら条約の調印によって下田(静岡県)、箱館(北海道)ほか四港が開かれ、漂流民の救助、薪水や食糧などの補給のほかに外国人専用の地域の設置がなされた。そして内容は片務的な最恵国待遇、領事駐箚《ちゅうさつ》などが盛り込まれた不平等条約であった。

井伊大老は将軍継嗣問題、条約問題で、批判する者を安政の大獄で弾圧し、自らも桜田門外で暗殺された。これによって幕府衰退は明らかとなり、京都の朝廷の絶大なる権力が政権維持には不可欠となった。文久二年(一八六二)二月、孝明天皇の妹・和宮を十四代将軍家茂《いえもち》へ降嫁させ、公武合体を推進させた。江戸から京都へ、政権の表舞台は移って行く。

幕府は朝廷との連合政権を模索し、公武合体に政策転換をこころみた。これに反発した志士らは天誅《てんちゅう》というテロ行為をおこない、幕府を威嚇するため要人を血祭りにあげた。そこで幕府は浪士組を江戸で募集し、京都の治安維持にあたらせた。また幕府の御家人から成る見廻《みまわり》組を組織して京都守護職の配下に置いた。こうした将軍警固と市中巡邏《じゅんら》を強化させ、幕府の権力を示そうとした。

文久三年(一八六三)三月、将軍家茂は上洛した。将軍の上洛は三代将軍家光以来、実に二三〇年ぶりであった。将軍家茂の義兄にあたる孝明天皇は親幕派で外国人を嫌い、攘夷を幕府に迫った。将軍家茂は攘夷祈願のため上賀茂・下鴨両社、石清水社への参詣をおこなったが、この攘夷祈願は長州(山口県)の志士らが攘夷決行のため、画策したものだった。幕府は攘夷の不可を認識しながらも攘夷期日を同年五月十日と上奏。ついに攘夷決行として長州がアメリカ商船を砲撃し、その結果四ヵ国連合艦隊との交戦がはじまった。それはやがて幕長戦へとつながっていく。また同年七月には薩英戦争もおこった。同年八月「攘夷親征の詔」が布告されるが、その実情は討幕であったから朝廷内でも賛否両論がでた。そして同年八月十八日、薩摩(鹿児島県)・会津(福島県)・淀(京都府)各藩兵が午前四時の合図で御所の九門を閉ざし攘夷派勢力の長州を締め出した。さらに三条実美《さねとみ》ら七人の急進派公卿は、共に長州へ都落ちした。この事件は八・一八の政変とよばれた。

公武合体から公議政体、そして倒幕と討幕——変革に向けての模索と対立

八・一八の政変以降、長州をはじめとする志士たちは京都に潜伏していた。浪士組は武家伝奏から隊名を受けて新選組となり、志士狩りを強化。三条小橋の旅籠《はたご》池田屋で密会中の志士を急襲した(池田屋事件)。これを受けて長州藩は率兵上京し、元治元年(一八六四)七月、禁門の変が勃発した。長州と会津・薩摩ほか諸藩は御所で激突し、結果、京都市中は焦土と化した。

そのような中、土佐(高知県)の坂本龍馬の周旋により、薩摩と長州との間で薩長同盟が結ばれ、雄藩連合による新政権が模索しだされた。この同盟により薩摩は、一橋家・会津藩・桑名藩(三重県)の幕府側中核と対峙することになり、大きく舵をきり直す結果となっていく。やがて公武合体から公議政体へと政策論の変換がはじまり、慶応三年(一八六七)十月、ついに十五代将軍慶喜は大政奉還を決断した。

奉還後、土佐を中心とする諸藩が主張する、幕府の政権返上による「倒幕」と薩摩・長州が主張する、幕府を武力で一掃する「討幕」とで意見が対立した。将軍慶喜は天皇に政権返上の道を選べば、徳川家の領地をのこし、家臣団の生活を維持できると判断したが、政権樹立のために財源確保が不可欠であった新政府側は王政復古の大号令により、幕府時代の職制の廃止と新たな官職による人心刷新、さらに領地返納を幕府に命じた。このような要求に旧幕臣らは反発し、「討薩の表」をかかげ、京都に向け進軍した。

旧幕府VS新政府　各々の理想と「義」のために戦った人々

慶応四年(一八六八)一月三日、明治天皇に直訴するために、旧幕府軍は京都鳥羽の小枝橋まできて新政府の薩摩軍とにらみあいとなった。そして薩摩軍の放った小銃の一発で戦闘の火ぶたがきられた。鳥羽の戦いは互角であったが、伏見では市街戦となり、薩摩軍の砲撃により幕府軍は不利となった。さらに新政府軍は天皇の錦の御旗をかかげたため、慶喜は失意のあまり、江戸へ帰ることを密かに決意した。

同年四月の江戸城開城後も、旧幕府軍は上野から関東にかけて転戦、さらに奥羽越列藩同盟を結び、旧徳川の威信にかけて新政府軍と交戦することになった。脱落する同盟諸藩の中で最後まで善戦したのは、長岡藩(新潟県)と会津藩であった。長岡城の攻防では、河井継之助が新式のガトリング銃をもって交戦し、新政府軍も苦戦をしいられた。会津戦争では婦女子の娘子《ろうし》隊や少年の白虎隊までもが奮戦した。そして最後の決戦・箱館戦争では、榎本武揚《えのもとたけあき》や土方歳三《ひじかたとしぞう》が奮戦、土方は壮絶な戦死を遂げ、旧幕府軍は破れた。このように明治新国家の誕生にいたるまでには、多くの人々の犠牲がはらわれた。

現代日本の政治・経済の祖形、そして政治倫理や価値観は幕末維新期にできたといっても過言ではない。今一度、先人の英知に学ぶときに来ているのではないか？

第一章　アメリカを持ち帰った男、ジョン万次郎

強靭な精神力、天は見捨てず

漂巽紀畧

土佐藩主、山内豊信《とよしげ》（容堂）に一冊の漂流民の取調べ報告書「漂巽紀畧《ひょうそんきりゃく》」が献上された。嘉永五年（一八五二）ごろに絵心のある船役人の河田《かわだ》小龍《しょうりょう》が読み物風にまとめた。豊信はこの「漂巽紀畧」を江戸城で大名らに自慢げに貸し与えているうちに紛失した。たまたま小龍が控えの写本を何冊か作っていたので奇跡的にのこった。霊山歴史館の寄託品の宇高本は、小龍のひ孫の所蔵で稀覯《きこう》本である。

「漂巽紀畧」の題は、ジョン万次郎が漂流したアメリカは土佐国（高知県）からみれば巽（南東）の方角にあたるところからつけられた。アメリカは、当時はメリケンとよばれていた。今もメリケン波止場やメリケン粉はここからきている。そのメリケンへ紀行したものを略したことなのであろう。

小龍といえば坂本龍馬に西欧の情報を伝授した土佐きっての知識人である。若いころに長崎で西洋絵画や政治学を修め、語学に堪能で航海術の知識もあり、絵師の弟子よりも、学問を学びに来る若者が出入りしていた。

万次郎の故郷の土佐清水は、北は四国山脈で閉ざされ南は黒潮が洗う。平地が乏しく険しい地形のうえ、台風や津波の天災に繰り返し襲われる中で、おのずと身につけた逆境に打ち克つ強靭な精神力を持つ者が育った。漁師の万次郎の考えや忍耐力は環境が育てたといえる。

運命の漂流

ジョン万次郎は文政十年(一八二七)元日に生まれた。万次郎がよく知られるようになったのは、昭和十三年(一九三八)に直木賞を受賞した井伏鱒二の『ジョン萬次郎漂流記』であった。いわば万次郎に市民権を与えたのである。

万次郎の波瀾万丈の人生は幕末のひとコマにしかすぎなかった。万次郎が八歳の時、父と死別、母や兄は病気がちで貧しい生活を漁師の手伝いでしのいでいた。寺子屋へ通うこともなく読み書きそろばんはできなかった。

天保十二年(一八四一)正月五日、土佐沖へはえなわ漁に五人の漁師と海にでた。船主は高岡郡宇佐浦(高知県土佐市)の筆之丞(のちに伝蔵と改名)で三十六歳、その弟・重助二十三歳、末弟の五右衛門十四歳、そして二十四歳の寅右衛門、万次郎は十五歳で漁師見習いの雑用をまかされた。

無人島での日々

土佐の海は荒い。だが、この日は、沖にでると海面には波ひとつなく、大海に小魚が銀鱗を輝かせ大漁。そのとき海面が激しく流れ小舟はたちまち波にのまれ七日あまり漂流し、無人島に打ち寄せられた。

船底一枚板は天国と地獄をわける。島の様子は「十四日夜初てしろみ、釣りを投ずれば魚いたって多く、暫時にアカバ(磯魚)数尾を釣り、みなこれを食ひ」(漂巽紀畧)…。

磯につないでいた船が荒波にさらわれ転覆し藻屑となった。無人島は岩山ばかりで周囲一里だった。トークロー(アホウドリ)を主食とし洞窟で雨露をしのぎ、鳥肉は石でたたき日干しにした。万次郎は石焼とよんだ。

三カ月過ぎて渡り鳥は飛び去り、凄い日照り、みんなで小便を手で受けのどを潤した。沖の彼方に何度か船をみたが消え去る。

しかし、天は見捨てなかった。ある日、船が蜃気楼のように大きくみえた。おもわず万次郎は号泣した。

捕鯨船に助けられ、アメリカへ

アメリカの捕鯨船に救われる

無人島に二艘のボートが近づいてくる。万次郎は両手をちぎれんばかりに振った。ボートからも手を振りこたえた。この船はアメリカのジョン・ホーランド号であった。食料にする海亀の卵をとるため無人島にやってきたのである。時に五月九日(一八四一〈天保十二〉年六月一七日)の航海日誌によると無人島は、北緯二九度三一分、東経一四〇度三一分。この島が鳥島であることが判明した。

余談だが、現在アホウドリは絶滅危惧種である。乱獲

ジョン万次郎の肖像画(右)と万次郎が流れ着いた無人島(左)
「漂巽紀畧」(霊山歴史館寄託品宇高本)より

が原因だが、アホウドリがヨーロッパで高級羽毛として取引されることを、万次郎が商人に教えたことから大量捕獲されたといわれている。

万次郎ら漁師を救ったホーランド号は捕鯨船だった。全長五五メートル、幅二一メートル。よく蒸気船といわれるが、木造帆船で帆柱三本、三七六トン、それに加え大砲二門、銃器三〇挺を装備していた。

鯨を追う

船長はウィリアム・H・ホイットフィールドといい、船員から人望厚く、三十四歳の若さだった。土佐は鯨漁が盛んである。万次郎らはほかの船員三四人と鯨を追い航海をつづけた。万次郎はいとも簡単に一五、六頭の鯨をしとめた。船長は万次郎の鯨漁の熟練した技術と礼儀正しい人間性に好感をもつようになった。

土佐藩は上下関係がことのほか厳しく、藩主山内家の家臣は上士、旧長宗我部《ちょうそかべ》家の家臣は下士とよばれた。農民、漁師は冷遇されていたがアメリカは上下関係より人間関係に重きをなしていた。自由とはすばらしい。船長と万次郎はしだいに心を開きうちとけた。会話はボディーランゲージだったが意思疎通はできた。

一八四一年十二月、ホノルルに寄港した。万次郎ら五人の漁師は見るもの聞くもの、食べ物すべてが未知との遭遇であった。

米国産業の捕鯨

アメリカの主要産業のひとつが捕鯨であった。鯨油のオイルマネーである。鯨の皮からしぼった燈油はランプ用、油かすも燃料に利用した。捕鯨は世界のなかでイギリスの独占産業だった。しかしヨーロッパの産業の多様化と人口の増加によって、イギリス近海での捕獲量が激減し衰退の一途をたどった。

アメリカ政府はここぞとばかりに一八四六年、七〇〇〇万ドル(約六億七二〇〇万円)を資本投下し、捕鯨船の総数は七三六艘、総トン数二三万三〇〇〇トン、漁師七万人となった。これに加えゴールドラッシュで国内はバブル状態となった。太平洋は最高の漁場で日本を視野に入れた政策を打ち出し、その後、捕鯨船の寄港地を日本に求め、開国を要求するようになった。

鯨油や燃料のほかにマッコウクジラの歯は高級家具の引き出しの取手にされ、骨も使われた。頭部からは良質のロウが四斗樽一五〜一六杯分は十分とれたし、ヒゲはフープといい、女性のドレススカートの芯に使われ、西洋では人気が高かったのである。

鯨肉は淡泊なこともあってアメリカ人には好まれず、犬の餌か、海に投棄されていた。

アメリカで三年間にわたり就学

ジョンとよばれ、独学の日々

ホノルルに寄港するや、ウィリアム・H・ホイットフィールド船長は、ひとつの決断をした。万次郎にアメリカの教育を受けさせれば、きっとこの若者の人生そのものがかわるだろう。

万次郎を呼び二人で人生について相談した。向学心旺盛な万次郎は雀躍《じゃくやく》したが、難問がおおいかぶさっていた。万次郎は一緒に漂流した船主・筆之丞の雇われの身であり、同僚のこともあって即答できない様子だった。そこで船長は、ほかの漂流仲間四人を親友のドクター・ジャドに託し、筆之丞の許諾をとりつけてくれた。

　万次郎は青雲の志を抱き船長の助手的存在となった。まわりの船員も一目置くようになりニックネームはジョン・マンとよばれた。ジョンはアメリカではトイレのことで、晩年、土佐の河田小龍にもいやしきものをよぶ名前だといっている。また、ジョーも犬の名前によくつける。船長は君たちを無人島から救ったジョン・ホーランド号からの記念すべき名のジョンだといってくれた。

　万次郎は「漂流新話」にもあるように、英語の単語は船員らに聞きメモをとり、必ずカタカナのルビをふった。算術もアラビア数字を使い、夜星の数をたし引き数えた。捕鯨の合間をみつけては暇さえあれば何度も読み返した。船長が大切にしている世界地図を眺めているうちにほしくなり、特別の許しを得て見事な写本をつくった。

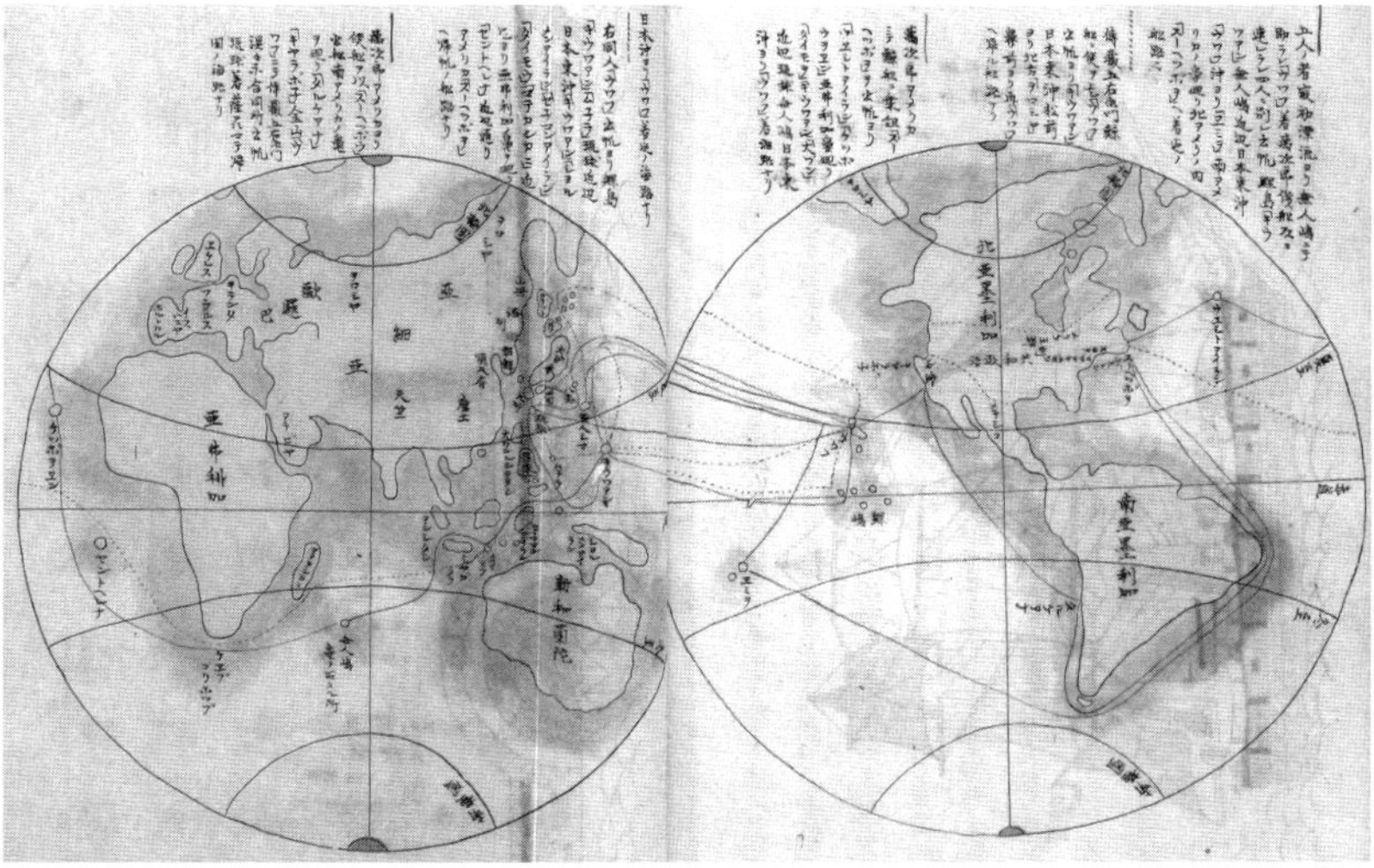

万次郎の写本が元になっている世界全図
「漂流新話」（霊山歴史館寄託品宇高本）より

「漂流新話」は「漂巽紀畧」の流布本で二冊からなり、挿絵は少ない。「参考漂流人始末聞書・漂流話」とあるように、取り調べの際の貴重な話も含まれている。

フェアヘブンの町

一八四一年十二月、オアフ島に入港し、友と万次郎は別れ、さらに捕鯨を一年半つづけ南米をまわり東海岸に行き、一八四三年五月七日、マサチューセッツ州のニューベットフォードに入港した。万次郎十七歳。アメリカ本土に一歩を踏み入れた。マサチューセッツ州フェアヘブンという小さな町についた。船長は万次郎を就学させるため私塾オックスフォード・スクールに通学させた。熱心に英語、数学、化学の勉学に取り組みすべて優秀な成績を修め、パートレット・アカデミーへ進学しそこでは測量術、航海術をマスターした。三年間にわたる就学でアメリカでの基礎知識を習得した。万次郎は二十歳のりっぱな青年になっていた。

モリソン号事件

天保年間(一八三〇〜四四)の日米関係はけっして友好的なものではなかった。中国の広東《カントン》にあったアメリカ貿易商会オリファント社が所有するモリソン号が天保八年、日本人漂流民の音吉ら七人をマカオで救助し日本へ送還しようとした。

これを機にアメリカは対日貿易の足がかりとキリスト教の布教を目論んでいた。なにも知らない日本は、モリソン号をイギリス軍艦と誤識していたようで、幕府の異国船打払《うちはらい》令に基づき浦賀奉行は、砲台から砲撃を加えた。モリソン号は商船で一切の銃器は搭載していなかった。

翌年になり、長崎のオランダ商館長からモリソン号事件の真相が報告された。幕府は評議（会議）をひらき、評定所は異国船打払令を行使しただけのことでなんら問題はないと決定した。だが、蘭学を学ぶ識者の渡辺崋山らから、無謀な打払令に非難の声があがった。

アメリカの異文化を身につけ

ユニテリアン教会に通う

万次郎は船長の勧めで日曜、教会へ足を運んだ。村のオーソドックス教会の日曜学校へ万次郎を入れて、少しでもアメリカの文化を身につけさせたかった。だが、牧師は万次郎をみて一歩たりとも教会に入れなかった。自由と声高にいっても現実は厳しく、教会を探しまわった。船長の後妻であるアルバティーナが人種を区別しない、ユニテリアン教会をみつけてくれた。

安岡章太郎氏が昭和四十年代（一九六五〜七四）、この教会をおとずれたとき、十字架もなく「論語」や「孟《もう》子《し》」の書籍が並んで、日曜のミサもなく牧師の説教もなくヘンデルの曲が流れ、黙禱を捧げる人がいた。人種の偏見もないかわりにまわりの教会からも特別視されていたと回想している。万次郎は新約聖書を熟読し、個人的には信仰に熱心でアメリカの異文化にとけ込もうと努力していた。それをみた船長夫妻は、万次郎のために宗旨をこの教会に移している。

恋愛のうわさ

万次郎の住んでいたフェアヘブンの街なみは、スカイブルーの空と花が咲き乱れ実に美しい。恋人といわれるジェーン・アレンは三十歳ほどで、英語や算数が得意で近所の子供を集め教えていた。万次郎には自分の本を貸し与え、身のまわりの面倒や世話もよくした。二人でとる食事はだれが見ても恋人同士に見えた。

ジェーンの姉のチャリティも独身で、万次郎の靴下のつくろいや手づくりクッキーをプレゼントした。妹のアミリアも好意を寄せて、彼女が本命であると万次郎研究家の永国《ながくに》淳《じゅん》哉《や》氏は指摘する。万次郎が好色者のように伝えられることもあるが、けっしてそうではなく、わけ隔てなく女性に親切だった。

ゴールドラッシュ

万次郎は勤勉な青年だった。ふたたび捕鯨船に乗り航海士になって鯨を追い大西洋からインド洋、さらに太平洋へと航海を続けた。

海を眺めると年老いた母を想い、土佐へ帰りたい思いがよぎった。航海中に万次郎は副船長に昇格しマサチューセッツ

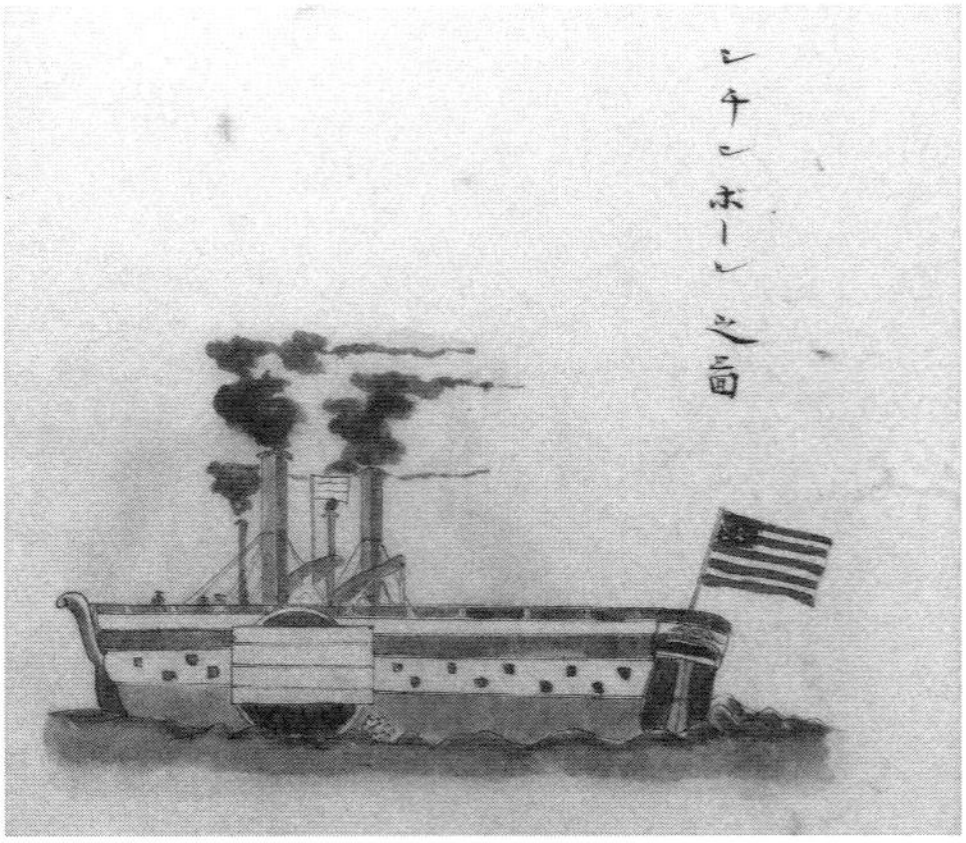

万次郎が見たという鉄道を描いたレイロー之図(上)と蒸気船を描いたシチンボール之図(下)
「漂巽紀畧」(霊山歴史館寄託品宇高本)より

に戻った。三年あまりの航海の高額給金を手にした。街で万次郎は耳を疑うような話を聞いた。ゴールドラッシュでカリフォルニアは二〇万もの人が増えつつあるという。一獲千金を求めヨーロッパからもやってきた。万次郎はすぐさまテリーという友人を誘い、蒸気船「シチンボール」(スチームボート)に乗り向かった。金を掘りにきた初の日本人となった。

「掘ること深さ四尺(約一・二メートル)有余にして金鉱を得るべし。また土砂に交混する砂金あり。これを河水にて洗分す」(漂巽紀畧)。西部劇さながらカウボーイハットのよく似合う万次郎は、七〇日あまりで銀六〇〇枚の大金を手にした。作業用ズボンは砂に弱くすぐ破れた。そこでリーバイ・ストラウスが考案したジーンズが人気をよんだ。万次郎はリーバイス・ジーンズをはいた初の日本人だったのだろう。

「人の財を奪ひとり、甚しきは人を銃殺するに至る」(同)。まわりの男らは金と女をかけて博打《ばくち》を打ちそのあげくは殺し合いとなった。万次郎もいつしか拝金主義になった。

当時、セントラルパシフィック鉄道が話題になり、万次郎は鉄道を見たというが、蒸気トロッコを列車だとおもっていた。当時の鉄道は数両でこんなに多く連なっていなかった。

墓が建てられた祖国を目指して

万次郎の空墓

万次郎の墓は東京都豊島区の雑司ヶ谷《ぞうしがや》霊園にある。私は『ジョン万エンケレセ』(永国淳哉著)で高知中浜(高知県土佐市)の真覚寺にもう一基、万次郎の墓があることを知った。ここは、万次郎の遺骸の埋葬のない空墓であるが、父・悦助、母・しお、兄・時蔵の合葬墓と並んであるという。遭難死したとの思いで墓を建立したのだろう。万次郎の仲間のことを住職の井上静照は回想日記に「伝蔵《でんぞう》(筆之丞)、五右衛門《ごえもん》の二人は去る丑の年(天保十二年〈一八四一〉)正月、だれか親族より難風にて死去せしと届来るに付き、寺より未来を通る関所の切手を空墓にいれ葬式の勤をなしぬ。それより一周忌、三年、七年までの法事も少々の米銭を寺へ持来りしかは、異国へ彼等が渡りしことをば夢にもしらず、死去せんとのみ思ひて、経文よみし我身の恥も覚へず。此後、彼両人が宇佐にて真実に死去するに違なければ、其時、二度目の葬礼、法事の勤方をなしつかはし布施の二代取りをする事と思ふ心。(以下略)嘉永五壬子(一八五二)冬十二月日記」と記している。

洒脱《しゃだつ》な一文で当時の万次郎らの同僚の法事がくわしい。

望郷の念

万次郎が漂流しはや一〇年が経とうとしていた。アメリカの教育を受け、金山で働き大金を手に入れた。土佐に帰りたい気持ちがこみあげる。

何度か捕鯨で日本の近海に接近していた。日本へ上陸するにはどこが一番安全かホイットフィールド船長に打ち明けた。琉球(沖縄県)がよいだろうとの情報をえた。琉球の小島に上陸し、島民から牛二頭が贈られ、万次郎も木綿四反をお礼返しに贈り船に戻った。

仙台近海にもせまったが言葉が通じず、土佐のこともわからなかった。

帰国の計画をたてハワイに渡り、古い捕鯨ボートのアドベンチャー号を、金山で稼いだ金一二五ドルで入手した。上海行きのサラボイド号にこのボートを載せて乗船し、沖縄本島近くでボートごと下ろされて、ついに上陸した。

琉球へ上陸

万次郎、伝蔵(筆之丞)、五右衛門らはボートの舵《かじ》を取った。もし上陸できないようであれば本船に戻るように指示された。人家の若者にここはどこだと聞けば、琉球国麻文仁間切《まぶにまぎり》という。三人は歩くことができないぐらい疲れていた。翁長《おなが》村のペイチンという庄屋から粥《かゆ》などを与えられた。

万次郎研究家の宇高隋生《うだかずいせい》氏によれば、このペイチンの家に村人を集め漂流やアメリカ話を夜毎聞かせた。このことが琉球の役人や薩摩(鹿児島県)の役人の知るところとなり、役人の尋問を受け、所持品やボートなども調べられたという。

ペイチン宅に投宿したが役人の見張りがついた。食べ物は飯のほか、豚肉、鶏肉、卵、芋類、とうふ、魚など豊富であった。

琉球王より袷《あわせ》の着物、帯、焼酎一斗と蚊帳《かや》二帳を賜《たまわ》った。漂流民として相当な待遇であり、琉球にとってアメリカの重要な情報をもたらしたのだろう。薩摩の役人七人が馬できて、万次郎ら三人は籠で那覇に向かったが、村人は涙を流して別れをおしんだ。

薩摩も万次郎から多くの情報を知りたかったのだ。

処罰免れ、幕府直参に

薩摩での万次郎

嘉永四年(一八五一)七月、二十五歳の万次郎らは連行されて薩摩国山川港に入り、八月には二艘の小舟で夜、薩摩の港に入り西田街下会所に入れられた。「守者《しゅしゃ》日に来りかためけるに薩摩侯よりの命《めい》ありとて、食事および百端《ひゃくたん》みな漂民のもとめにおおじて丁寧たるへし」(漂巽紀畧)。

薩摩侯とはこの年に藩主になった島津斉彬《なりあきら》のことであった。西欧の近代技術から学び城内に製錬所を建設し、まわりから西洋かぶれの蘭癖《らんぺき》大名とよばれるほど西洋に興味をしめし、写真、紡績、航海術などを学ばせるために長崎に藩士を行かせるほどであった。

万次郎を取り調べ、アメリカ人の造船学や航海術がどんなものか知りたかった。当初、万次郎は取り調べが済めば処刑されると思い、耳が聞こえず、話もできないふりをしていたが、斉彬は「日々の置酒貴客の如くにしてほとんどこれに飽食せり」(同)。

万次郎は毎日の饗応にすっかり気分をよくして航海術など経験したことをすべて話した。

斉彬は感激し万次郎ら三人に衣服一具、金一両をあたえた。さっそく万次郎の話を参考にオランダの造船書から日本初の蒸気船「雲行丸《うんこうまる》」の造船に成功した。

長崎送り

当時、漂流民は幕府の法律により長崎送りとなり、そこで白砂の上で取り調べられキリスト教に染まっていないか踏み絵をさせられるのであった。このとき万次郎は何度も九寸（約二七センチ）の真鍮《しんちゅう》板面マリア像を踏みつけたという。

長崎奉行が注目したのは万次郎がアメリカから持ち帰った二三六種類におよぶ書籍類であった。漂流民の所持品は原則として没収である。とくに一八四四年版航海書、算法書、アメリカ州共和政治開祖チョルヂ（ジョージ）・ワシントン一代記一冊などが含まれていた。ワシントンの伝記から万次郎はアメリカの民主化を学びとっていた。

万次郎の踏み絵に使われたとされるマリア像
「漂巽紀畧」（霊山歴史館寄託品宇高本）より

万次郎の身柄は翌嘉永五年、土佐藩に移され船役人で絵師の河田小龍に預けられ、取り調べられたが、持ち帰った書籍はキリスト教の布教に関するものでなく、辞書、歴史書などは万次郎の強い要望もあり、のち手元に戻された。

幕府は中でも航海書の内容を知りたがり、安政二年（一八五五）、万次郎に翻訳を命じた。体験にもとづき一年半を費やしてなしとげたという。万次郎は利発な男であった。

時代の寵児

鎖国の日本に異国船が開国を求めて度々やってくる。幕府にとってほしいのはたしかな情報なのである。情報は質と量と行動力によって決まる。

万次郎の持ち帰った書籍類は、日本にとって大きな役割を果たすことになる。アメリカの民主化は、のちに公の会議による新しい政府を構想した「公議政体論」に組み込まれ、同郷の坂本龍馬の新政府綱領八策（船中八策）となった。

万次郎を土佐藩では定御小者《さだめおんこもの》という微禄ながら藩士に取り立て、藩の教授館勤務を命じた。

のち幕府直参待遇になった万次郎を西洋学者の佐久間象山《しょうざん》は「漂流民は終身禁錮せられるる例なるに、今その例を破りて、かえって要職に登用するが如きは、近来の美事なり」と、まさに時代の寵児《ちょうじ》と評した。

第二章　黒船来航、苦悩の幕府

吉田松陰、諸国遊歴で落胆

実学の志士・松陰

西洋学者の佐久間象山《しょうざん》は、吉田寅次郎（松陰）と長岡藩（新潟県）の小林虎三郎の「二トラ」がいれば、日本の教育は刷新できると豪語した。

松陰は天保元年（一八三〇）、山口県萩に萩藩士杉百合之助の次男に生まれ、干支の寅から寅次郎と名づけられた。のちに叔父吉田大助の養子となり、家業の山鹿《やまが》流兵学師範として代々藩主毛利家に仕えた。十一歳で藩主毛利敬親《たかちか》の前で「武教全書」戦法編三戦を講義した。兵学の家柄とはいえ子供の講義に耳を傾けた藩主もりっぱであった。その後も、十五歳で「同・孫子」、二十歳で「同・用士篇」、二十一歳で「同・守城篇」の講義をおこなった。

藩主は温和で家臣の意見に「うん、そうせい」と返事をすることが常だったといい、「そうせい侯」とまわりからよばれて

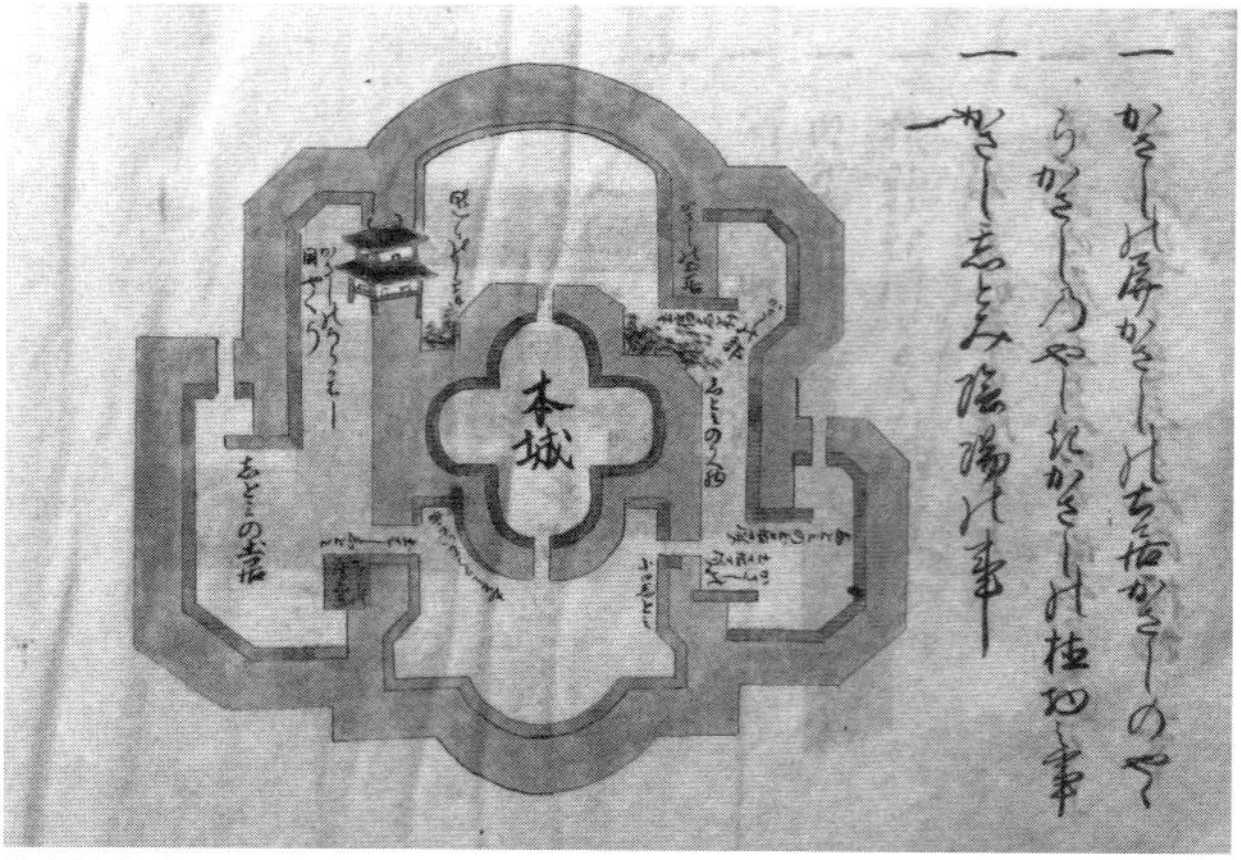

「武教全書」の陣建て城建の図　霊山歴史館蔵

いた。松陰のように身分の低い者でも登用し、藩の財政難を知るや自ら木綿の着物を身につけた名君であった。

松陰の学問はただ修めるだけの机上の論でなく、実際に使える学問つまり実学をめざした。叔父の玉木文之進の開いた松下村塾の門下生にもそれを求めたため、優秀な人材が育った。門下生をよび捨てにせず、塾内では君づけでよび合ったという。

飛耳長目の旅

松陰は万巻の書を読み、さらに旅をして見聞を広めた。

二十一歳のとき、小倉、佐賀、長崎、島原、熊本を訪ねた。長崎では中国語を学び、唐館や蘭館に遊び海外事情と知識をえた。九州遊学で六一冊を読破し「西遊日記」にまとめた。

二十二歳では兵学研究のため藩主に従い江戸遊学し、桜田の毛利邸を居所とし勉学に取り組んだ。佐久間象山塾に学び、各藩士と親交を結んだ。処士横議といって同志が車座になって時事を自由に論じあった。さらに松陰は藩邸で兵書の講義を毎月二回おこない「東遊日記」にまとめた。

松陰は藩から東北遊歴の許可を得たが、手形の下付を待たず出発してしまった。同志の肥後国熊本藩士の宮部鼎蔵《ていぞう》と約束していたからだった。この旅の目的は、外国船の度重なる出没に危機感をつのらせ、北方のロシアの南下政策を危惧したからであった。当時のロシアは「柔らかいダイヤ」とよばれるラッコの毛皮や蝦夷地《えぞち》(北海道)の資源をもとめていた。

萩の松下村塾には飛耳《ひじ》長目《ちょうもく》のノートが備え付けてあり、門下生が旅でえた情報をお互いに書き込み公開していたという。情報の共有化であった。

高山彦九郎を敬慕

この旅では、水戸（茨城県）の藩校弘道館、会津（福島県）では藩校日新館の施設や教育の取り組みを視察し感銘をうけた。新潟、弘前、青森、盛岡、仙台、米沢を訪ね、各藩の名士と親交を持ち外国船を打ち払う台場を見てまわった。東北の各藩は財政難で疲弊し、国をまもることは掛け声ばかりで危機意識は皆無に等しかった。実情をまのあたりにして嘆き落胆した。

寛政の三奇人のひとり高山彦九郎は、かつて寛政二年（一七九〇）にロシア艦船を視察するために津軽半島まで踏破したが、取り締まりが厳しく蝦夷地に渡航することを断念していた。松陰は彦九郎を敬慕していた。彦九郎の偉業をたたえ彦九郎の戒名「松陰以白居士」から、旅のあと吉田松陰を名乗り「東北遊日記」をまとめた。

松陰は「志を立ててもって万事の源となす」（士規七則《しきしちそく》）の高邁《こうまい》な志を抱かなければ、りっぱな仕事はできないと心を振い起こし、東奔西走した。

異国の開国要求、真の理由は？

「尊王」と「攘夷」の結びつき

本来は尊王主義と攘夷主義は別の考えであった。

異国船の目的について水戸の儒者の会沢正志斎は「今来りしこと、交易のために来るともいう。また、漁猟のために来るともいう。巷説紛々たれども、みな信じるに足らず。(中略)邪教をもって、民心をそそのかし、その国を奪うの術す」(弁妄《べんもう》)と指摘した。

外国人は捕鯨の寄港地として薪水や漂流民の受け渡しのために開国を要求しているが、それは方便で、耶《や》蘇《そ》教(キリスト教)を布教し、神仏から改宗させて日本人の精神を骨抜きにして侵略しようとたくらんでいる。天皇を尊び神州観念が強い儒者らは、即座に異国船を打ち払うべきである、と力説した。

水戸黄門で名高い水戸二代藩主徳川光圀《みつくに》が修史事業で水戸学を根づかせ、九代藩主斉昭《なりあき》が藩校弘道館での教育において光圀の水戸学を根本とした。傾倒した吉田松陰、西郷隆盛らは尊王と攘夷とを結びつけ、尊攘派の思想をもつようになった。

松陰の師である西洋学者の佐久間象山は、ペリー来航の一一年前にすでに「海防八策」をまとめ「諸国海岸要害の所、厳重に砲台を築き、平常大砲を備え置き、緩急の事に応じ候よう仕《つかまつ》りたく候こと」

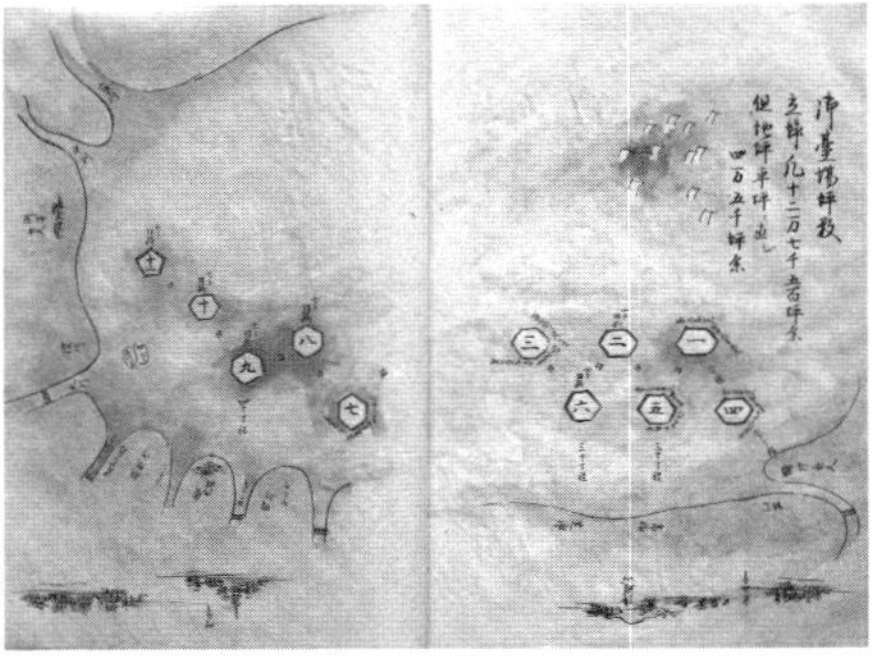

異国船を打ち払うべく設置が計画された「お台場」の図(上)と、日本に来航した黒船(下)「海外舩備考」(松藻山人著、安政3年〈1856〉)より　霊山歴史館蔵

「オランダ交易に銅を差しつかわされ候こと、しばらく御停止にあいなり、右の銅をもって、西洋製にならい数百千門の大砲を鋳立、諸方に御分配これありたく候こと」などを海防掛《かいぼうがかり》老中の真田《さなだ》幸貫《ゆきつら》に献策し注目をあびた。

松陰は象山の海防論に傾倒していた。現在も幕府の築いたものはお台場としてのこっている。

黒船も風頼る

嘉永六年(一八五三)六月三日、江戸百万市民を震撼《しんかん》させた四艘の黒船が来航した。木造船に鉄板をはりつけ黒いタールが塗られていたので、市民は黒船とよんだ。マシュー・カルブレイス・ペリー率いるアメリカ合衆国海軍東インド艦隊で、久里浜に来航したが、砂浜で停泊できず浦賀(神奈川県)に入らせた。

黒い煙をたてた蒸気船は不気味以外のなにものでもない。三〇〇人の兵士を引き連れペリーが持参したアメリカ大統領フィルモアの国書は、日本の開国を要求していた。

旗艦サスケハナは蒸気船であった。蒸気船は内海に入るときに帆船を曳航《えいこう》するため先頭にでる。外海では蒸気船も帆船同様に風を頼る航海であった。

蒸気海軍の父

東インド艦隊はオーリック准将が日本に来航する予定であったが、サスケハナの艦長とのトラブルがもとで更迭され、急遽ペリーが司令長官になった。国書の大きな使命は、アメリカ漂流民の保護、捕鯨船の食料と薪水、交易のための開港であった。

ペリーは蒸気軍艦の開発に熱心な技術者でスチーム・エンジンを海軍に取り入れ、蒸気海軍の父とよばれていた。一八五〇年にフィラデルフィア造船所で造船されたミシシッピ号(総トン数一七三一トン、全長六九メートル、速力一〇ノット)に乗船しアメリカのノーフォークを一艘で出帆した。海軍では船名に川の名前をつけることになっていた。

まだ太平洋航路がなかった時代なので大西洋航路で上海に向かった。上海でサスケハナに乗り換え日本をめざした。

フィルモア大統領はペリーに、日本の開国の突破には、琉球(沖縄県)の占領もしかたないことだと密かに伝えていた。

アメリカと西欧の植民地化競争

日本の開国は「明白な運命」

アメリカ合衆国史をみると、一八四五年にテキサス併合、一八四六年にオレゴン条約、一八四八年に米墨戦争の勝利でカリフォルニア、ニューメキシコなどの地を取得し、一八五三年にガズデン地方をメキシコより買収した。アメリカは北米大陸の西半分以上の領土を新たに獲得した。

西欧では産業革命でイギリスがインドを植民地化し、清(中国)との交易で巨利を得た。フランスやオランダもアジア諸国を植民地化した。ロシアは資源を求めての南下政策でシベリアからカムチャツカ半島まで視野に入れていた。

アメリカは太平洋航路をめざしアジアの進出を目論んだ。すでに十一代アメリカ大統領ポークは、人口増加で自由経済の発展のために神によって大陸が割り当てられていると考え、日本の開国を「明白な運命」と位置づけていた。目的の達成にはアメリカ海軍の東インド艦隊を増強しなければならなかった。

ペリー艦隊、琉球へ上陸

ペリー艦隊は上海から日本へ向かう途中で大統領の指示の通り嘉永六年(一八五三)、薩摩領の琉球王国へ強行に入り込み、那覇沖に停泊した。

国王のいる首里《しゅり》城への表敬を打診したが琉球はこれを拒否した。しかしペリーは武力行使で武装兵士を引き連れ行進した。琉球側は紛争を避けるため、ペリーと士官数名の入城を許した。

ペリーにすれば琉球を開国の突破口にしたかった。琉球は丁重に退去させるため首里城北殿で湯茶の接待をしたがそのとき、ペリーは大統領の国書を渡し開国を求めた。

琉球は城外の大美御殿《うふみうどぅん》で饗宴をひらいた。このときの料理の内容は、清国の役人に出す料理と比べものにならないほど粗末なものであったという。ペリーも琉球の役人を旗艦サスケハナへ招きフランス料理で歓待し友好につとめたが、日本との中継地として琉球を利用しようとしていた。

清国との親交を断ち切ることも視野に入れていたのだろう。艦隊の一部を那覇に駐屯させ、江戸に向かった。このことは「琉球王国評定所文書」にくわしい。ペリーのロジャーズ提督宛ての手紙をみると、その内容から非常に真面目な人物であったことがわかる。

浦賀で砲艦外交

ペリーは来航前にシーボルトの日本研究に興味をもっていたという。四日間にわたり、小笠原諸島を調査し領有権を主張したが、イギリスやロシアの抗議を受けてやむなく引き下がる結果となった。幕府は急遽、水野忠徳を島に派遣して八丈島あたりの島民の移住を強行し、日本の領有権の主張が各国から認められた。

ペリーは外輪の蒸気船で浦賀沖に突如あらわれ、江戸湾の調査を幕府に無断でおこなった。大砲は総数七三門あり、アメリカ独立記念日に空砲を発射し江戸市民の度肝を抜いた。

高圧的に大統領の国書受け渡しを要求し、十二代将軍家慶《いえよし》の謁見をのぞんだが、将軍は心労がたたり病身となっていた。老中首座の阿部正弘(備後国福山藩主)は久里浜での上陸を許可した。結局、浦賀奉行の戸田氏《うじ》栄《よし》がペリーと会見した。開国の返答は将軍の病気を理由に一年先となったが、ペリーは幕府の役人は期日を決めなければ先延ばしにされると予測し、期日を切った。

江戸にいた吉田松陰はペリーの噂を知り、浦賀へ駆けつけたが黒船は退去したあとであった。

海外へ憧れ、渡航企てる松陰

松陰のペリー観

吉田松陰の書き付け「燕《えん》都《と》流《りゅう》言《げん》録《ろく》」には「将軍家薨去《こうきょ》、これよりさきに長太郎君もまた逝く」とある。

十二代将軍徳川家慶は老中に水野忠邦を登用し、天保の改革を断行した名将軍であった。黒船の心労がもとで江戸城内において息を引きとった。さらに不幸にもその子・長太郎も夭折《ようせつ》してしまった。

江戸警備のために「水府公より、すぐさま黒鍬もの二十五人、梅干八十桶お取り寄せにあいなり」——徳川斉昭が密偵役二五人を江戸に潜入させせて探索させ、一方で警備役に食中毒を防ぐこともあり、梅干し八〇樽が差し出された。

ペリーについては「夷人の中、長たる位階高き人のよし、印度、支那、本邦地方の海軍総督にて事務に歴練の人なるよし、齢五十くらい」と、松陰は悲憤慷慨《ひふんこうがい》型の志士とちがい、むしろ好意的である。

ペリーは東インド艦隊司令長官兼遣日合衆国特派大使の肩書で、ケープタウン、セイロン、上海、琉球、父島を経て浦賀に入った。ペリーの様子を「位階高き人」と評し「五十くらい」とみたが、実際は五十九歳だった。松陰は日本を取り巻く情勢と外国人の真の目的を自分の目で知りたくなり、海外渡航を企ててこの年の十月、長崎へ走り、ロシア艦に乗り込もうとして失敗した。

星条旗を持って行進する武装兵士たち。ひときわ大柄な「ペルリ」(ペリー)の姿も見える
「海外舩備考」(松藻山人著、安政3年〈1856〉)より
霊山歴史館蔵

ペリー再来を機に密航に踏み出す

嘉永七年(一八五四)三月五日、松陰は密航するため金子重之輔を伴って江戸から神奈川に向かい、佐久間

象山に決行をうちあけた。松陰は「投夷書」というアメリカ士官宛ての漢文の手紙を懐に入れていた。

内容は「貴艦が入航され見ているうちに海外への憧れが断ちがたく、貴国の大臣、将官は仁愛の心の持ち主であることを知った。国禁を犯すことは百も承知の上だが、そのあたりは情熱に免じ貴艦に乗り込ませていただきたい。伏して願うので決して拒絶されないことを望む」というものであった。

松陰は夜の海岸で小舟をみつけ黒船に向かって漕ぎ出した。櫂《かい》を褌《ふんどし》でしばったがすぐ切れ、帯を解いて使った。ミシシッピ号に「投夷書」を渡すと初老の士官が英語のメモと文書を返し、ポーハタン号を指差しペリーはそこにいると教えてくれた。

この黒船に乗り移り振り向くと小舟は流された。舟には刀と象山の檄文《げきぶん》がのこされていた。

イギリスの小説家で、短編「吉田寅次郎」を著したロバート・ルイス・スティーブンスンは「実行することには危険が伴ったが、彼は少しも怖れてはいなかった」と、松陰の心情をくみ、理解を示し、勇気ある行動をむしろ称賛していた。

ただ、松陰は天然痘の痕が顔にあり、当時コレラが流行していたので印象が悪かった。

密航を企て、黒船に向かう吉田松陰と金子重之輔
「吉田松陰幕禁を犯かして米艦を訪ふ」　明治39年(1906)
霊山歴史館蔵

松陰、捕縛される

　松陰の目をみて日本語が話せるウィリアムは「志は尊いが日米条約締結が終わっている。個人的な希望を受け入れる時期でない、近い将来自由に往来できるだろう。ボートで送るから早くお帰り」と伝えた。日米関係を悪化させたくない外交手段であった。松陰の小舟は下田奉行に押収され、同心は二人を捕えた。スティーブンスンは「その獄舎は長く横に寝ることもできず、立ちあがることも不可能なほど天井の低い部屋であったという。彼らの落胆は筆舌につくし難いものであった。後者（金子）は、獄中で皮膚病を患って死亡した」と記す。

　ほどなく象山も加担したと捕えられ、のち謹慎処分となった。

米軍艦ポーハタン号の艦上で行われた「日本皇帝委員」への饗応。
フランス・ホークスが日本遠征の公式報告書として1856年に編纂し、ペリーが監修した「ペリー提督日本遠征記」（1857年版）より　霊山歴史館蔵

井伊大老、勅許を得ずに開国

開国は苦渋の選択

吉田松陰は領土問題に関心を寄せていた。松陰が所持していた地図の中に琉球図も含まれていた。アメリ

カの外交の真意は何だったのか。百聞は一見にしかずと密航を企てたが失敗に終わった。

ペリーの砲艦外交に屈し開国をした幕府に対して、非難の声が尊攘派志士らからあがった。大切な重要案件には勅許（天皇の許可）が必要であったが、井伊直弼《なおすけ》大老は見込みで開国を決断。安政五年（一八五八）、勅許を得ずして日米修好通商条約に調印した。

鎖国から開国への道を選んだが、当時、幕府には「鎖国」ということばがなかった。元禄三年（一六九〇）に長崎の出島《でじま》に来日していたドイツ人医師エンゲルベルト・ケンペルは「日本誌」を著し、天皇を聖職的皇帝、将軍を世俗的皇帝と表したが、閉鎖された社会を通詞《つうじ》の志筑忠雄《しづきただお》が要約して享保十八年（一七三三）に「鎖国」と訳文をつけた、いわば造語であった。

幕府は出島でオランダ、蝦夷地はロシア、対馬は朝鮮、琉球は清と交易をして友好を図り、一部の開放により、通詞に「長崎風説書」などをまとめさせ、情報を報告させていた。

開国は井伊大老の苦渋の選択であった。

その前段、老中・阿部正弘は安政元年三月に日米和親条約、つづいて日英約定と日露通好条約を結んだ。真っ先に長崎の出島で通商のあるオランダと結ぶべきではないかという異論に加え、京都では攘夷をのぞまれる天皇を無視し、異人と次々手を結ぶとは正気の沙汰ではないと朝廷が騒ぎだした。幕府も収拾をはからないと威信にかかわる問題と思案した。

安政四年、諸外国と通商が持ち上がり、勅許を求め翌五年正月、老中首座・堀田正睦《ほったまさよし》を上洛させた。堀田は西洋かぶれの大名で「鎖国なんか百害あって一利なし」と思っていた。天皇をとりまく貧乏公卿《くぎょう》に少しばかり金子《きんす》をばらまけば、勅許はたちどころにおりる、とたかをくくっていた。本能寺に投宿し、どこが落としどころか調べた。

公卿の買収工作、失敗

親幕派で家柄もあり、長老にあたると関白・九条尚忠《ひさただ》に接近したが、取り巻きの攘夷派公卿が牛耳ってはかどらない。江戸からは連日のように「まだか、まだか」の催促で、京都所司代、町奉行にも話を持ちかけるが逃げ腰、最後の手段に井伊大老の懐刀・長野主膳《しゅぜん》と九条家の島田左近《さこん》を暗躍させ金子をばらまいた。そして九条の提案で「外夷の処置一切関東御委任」の勅答をとりつけた。

だが岩倉具視《ともみ》、大原重徳らが八八の公卿を集め大会議をひらき、金子をもらった者ともらわない者とが対立、数人が九条家へ押しかけた。九条もやはり来たかとおもったが、恐怖のあまり腰を抜かして部屋中をはいずりまわる。公卿は激高して火鉢を蹴飛ばし、燭台を投げ、襖は叩き破る。

たまりかねて九条が「勅答はないものとする」と謝り収まった。金子ばらまきは失敗、勅にそむいた違勅、あげくの果てに井伊大老から堀田は老中職を解任され、風評はすこぶる悪かった。

安政の大獄

もうひとつの難問が将軍継嗣問題だった。水戸藩の徳川斉昭の息子で二十二歳の一橋(徳川)慶喜《よしのぶ》、弱冠十三歳の紀州藩(和歌山県)の徳川慶福《よしとみ》、このどちらかとなった。

一橋派は改革、南紀派は保守で諸大名の意見はわかれた。薩摩藩(鹿児島県)の島津斉彬《なりあきら》は一橋派で年長、英明、人望兼備の慶喜こそ将軍にふさわしいと西郷隆盛を江戸に向かわせ、十三代将軍家定夫人の篤姫《あつひめ》や大奥への工作に奔走させた。しかし、関白九条の快諾が得られず、井伊大老は家定のいとこの慶福を十四代将軍職に決めて家茂《いえもち》と名を改めた。

幕政批判のすべては井伊大老にあると、大名、藩士、儒者、神官、僧侶、町人、やっかいな志士らもが騒ぎだした。井伊大老は強権政治をもって、かたっぱしから捕え処罰した。安政の大獄である。この大獄によって吉田松陰らが江戸小塚原の露と消えた。

反対する大名も謹慎、隠居させられた。土佐藩（高知県）の山内豊《とよ》信《しげ》も隠居させられ、まわりは老公とよんだが、ある大名から人の意見を「聞き容《い》れる」ようにといわれ、自ら容堂と名乗った。

井伊大老への批判は日に日に増し、ついに安政七年三月三日、水戸浪士らによって江戸桜田門外で雪の降る朝に暗殺された。行年四十六歳だった。

登城先打出でて見れば狼狽《うろたえ》の武士の屍に雪は降りつつ

百人一首のパロディー調の落首だが、強権政治は民衆に受け入れられなかった。

井伊大老が暗殺された桜田門外の変を描いた錦絵
「井伊大老襲撃之図」　霊山歴史館蔵

徳川斉昭、海防参与を拝命し、軍政改革に着手

過激さゆえに「烈公」

徳川斉昭は御三家のひとつ、水戸藩の九代藩主である。一本筋がとおり一度言い出すととまらない。まわりから烈公《れっこう》とよばれたが、激しさのあまりといわれている。藩校弘道館を建設。仏教が幅をきかせると神仏混淆《こうこう》を改め僧侶を還俗《げんぞく》させ、自らも神道に改宗したため家臣も従った。神道は水戸徳川家相伝の宗教でもあった。過激さゆえ幕府から隠居謹慎を命じられたほどであった。

謹慎が解かれるや蘭学に熱心に取り組んだ。嘉永六年(一八五三)七月、幕府が海防参与を命じると、斉昭はさっそく海防十カ条を幕府に建白、大艦の製造を急務として、翌安政元年、軍政改革に着手した。大砲鋳造に釣鐘や仏具まで鋳《い》つぶして使ったこともあり、僧侶から批判が続出した。

霊山歴史館には斉昭が異国船の襲来に備えた軍艦雛形の見取り図がある。「鉄砲四拾弐挺・竪六尺(一八一センチ)、横巾三尺五寸(一〇六センチ)」とある。船体には黒船同様の鉄を張り、側面の前後左右に外

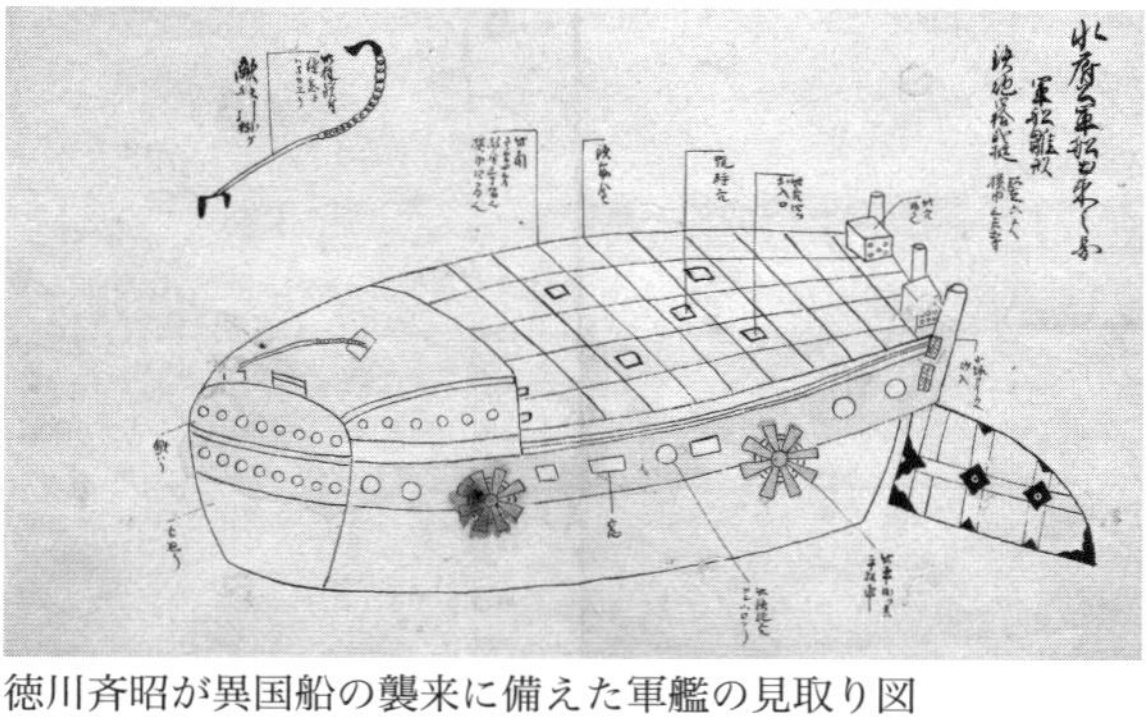

徳川斉昭が異国船の襲来に備えた軍艦の見取り図
「水府公軍船出来之図」　霊山歴史館蔵

輪が計四つ装備され、船体に鉄砲穴がある。防備用に「此棒鎖つき鍵窓ヨリハネカエリ、敵船引掛ケ」と、敵の船を引っかけて引き寄せ乗り移る攻撃用の道具も搭載されていた。

斉昭はこのほかにも戦車「安神車」をつくり、鉄板でまわりを覆い、兵士ひとりが中から小銃で応戦できるようにしていた。

当時、各地の海岸に工作船や漂流物が流れ着いていた。安政二年(一八五五)には遠江国《とおとうみ》(静岡県)榛原郡白羽村海岸へ樽舟が漂着し、異国船からのものらしく話題になっていた。

「将軍職」に執着

斉昭が執着したのは将軍職。御三家の中で水戸からは将軍がひとりも出ていなかった。斉昭の正室は有栖《ありす》川宮織仁親王《がわのみやおりひと》の娘、登美宮吉子でその間に七郎麿《まろ》、のちの慶喜が誕生した。

斉昭は男子二二人、女子一四人の三六人の子に恵まれた。長男の鶴千代麿、のちの慶篤《よしあつ》を筆頭に、二郎麿、三郎麿…と数字で名づけて管理、一一番目には余一《よいち》麿、二二番目には廿二《はたふた》麿、番号で側室の誰の子か即座に答えたという。慶喜は徳川と皇族の血筋を受けプライドが高く「剛情公」と陰口された。斉昭は読書と書道の特訓を慶喜に命じた。人の上に立つ者に教養がないと心がさみしい。書をみて資質が評価される。侍女は慶喜を、聡明だが狷介《けんかい》孤高《ここう》、頑固で心を開かない少年とみていた。

息男の慶喜、十一歳で一橋家へ

十二代将軍家慶《いえよし》から斉昭へ内密に、聡明な七郎麿を一橋家へ出府させよと伝えられた。一橋家は御三卿のひとつ、将軍後継の有力候補となる。はじめ斉昭は七郎麿と同年生まれの五郎麿を考えたが、将軍家慶から七郎麿を、との上意が公式に伝えられた。領地一〇万石が与えられ、水戸家から一橋家に移り、将軍から一字拝領し慶喜と改められた。このとき十一歳。「松雲伴鶴飛」の一行書を重厚な筆運びで書き上げた。まわりから神童とよばれ将軍後継者に一番近い人物とみられるようになった。

ところが斉昭は、幕政改革で財政難から大奥の人員削減など今までの禁句を唱えだし、井伊直弼大老は斉昭、慶喜親子に嫌悪感を抱きだした。

斉昭は国家の大事に大奥でもあるまいと御三家の立場で発言し、波紋をよんだが、薩摩藩主の島津斉彬らはじめ慶喜の将軍職推進派が台頭し、政局は多難をきわめた。

政略で降嫁した悲劇の皇女・和宮

予期せぬ献策

朝廷と幕府の政策である公武合体のため、政略的に十四代将軍徳川家茂へ無残にも降嫁させられた悲劇の皇女が和宮《かずのみや》である。

孝明天皇の妹の和宮は、弘化三年(一八四六)閏《うるう》五月十日、京都に生まれ、父は仁孝天皇、母は側室の橋本経子であった。家茂は同年生まれだが和宮が一四日早く生まれた。

家茂と和宮の生まれた弘化三年は丙午《ひのえうま》で、宮中では和宮が三歳のときに災いを避け「歳替の儀」をおこない一歳若くなった。嘉永四年(一八五一)、有栖川宮熾仁《たるひと》親王と婚約した。縁談はすすめられ、和宮のもとに幕府から婚儀支度料《したく》の贈進があり順風満帆におもわれたが、その裏で予期せぬ献策がなされた。

井伊直弼大老の腹心・長野主膳《しゅぜん》は、将軍家へ和宮を降嫁させる政略結婚を目論み、奔走の末、近衛忠熙《ただひろ》から酒井忠義に降嫁策を説き、公武合体推進派の岩倉具視らは賛同した。そんな中、井伊大老が攘夷派の水戸浪士らに暗殺され、反幕派の封じ込めから降嫁が浮上し、孝明天皇へ岩倉が直訴した。

和宮の苦悩

孝明天皇は和宮へ降嫁をうながすが、婚約者の有栖川宮のこともあり和宮は固辞し、百々御所《どどのごしょ》とよばれる宝鏡寺へ出向き政局をさけるようになった。生活習慣が御所風の和宮には江戸の武家風がそぐわないのが率直な気持ちであった。だが、孝明天皇も一度決断されたことをいまさら破談するわけにもいかなかった。

一方、家茂も伏見宮則子と縁談があり、相思相愛の仲であったという。則子は紀伊徳川家への世継に西条藩(愛媛県)から迎えら

徳川家茂との婚儀のため江戸城に向かう皇女和宮の一行を描く錦絵
「和宮降嫁女行列之図」　霊山歴史館蔵

れた茂承《もちつぐ》と婚儀をあげ、体面をたもった。

公武合体のために二人の人生が踏みにじられることとなった。孝明天皇は和宮がこの縁談を承服しないときは「譲位」、すなわち天皇を降りるとまでいわれ、さすがの和宮も心が動いた。

降嫁の条件

和宮が降嫁の条件をいくつか出した。江戸へ降嫁する日は、父・仁孝天皇十七回忌の御陵参拝後とし、年忌ごとの入洛を許すこと。婚礼後もすべて御所風の生活を遵守することなどであった。

東海道五十三次をゆっくりと物見遊山をかねて下ることになっていた。文久元年(一八六一)十月二十日、和宮は仮御殿の桂宮邸を出発、中仙道(中山道)を下向した。急遽変更されたのは、攘夷派志士が和宮を奪還する噂がながれたからである。

江戸では和宮が将軍をだましに来ると、狐《きつね》の嫁入りや女行列といった風刺の錦絵が出回っていた。護衛の一二藩と宿場を警護する二九藩に見守られ、二五日間かけて板橋宿に着いた。

翌二年二月十一日、江戸城で婚儀がおこなわれた。大奥では、家茂の養母にあたる天璋院《てんしょういん》(篤姫)はじめ前将軍家定の生母・本寿院らがいて、御所風の生活など受け入れられるどころではなかった。政略結婚での公武合体は遅々と好転せず、家茂と和宮の唯一の楽しみは砂糖菓子を二人で食べることであった。虫歯が家茂は三〇本すべて、和宮は七本あり、将軍家の御歯医師の佐藤道安が播州赤穂《あこう》の塩と房楊枝《ようじ》で治療した。

そして公武合体のため将軍家茂は、三代将軍家光以来約二三〇年ぶりに上洛することが決まった。

松平容保、公武合体で京都守護職の大役を担う

重職を命ぜられ顔面蒼白に

十四代将軍徳川家茂《いえもち》が上洛することによって、朝廷と幕府の連合政権の公武合体が始動しはじめた。

緊急時には京都守護職が設置されるが、この任務は京都所司代が代行してきた。この職名は鎌倉時代にあり、京都の御家人をもって洛中の警備、裁判をおこない、朝廷との折衝を円滑にした。その後は彦根藩（滋賀県）の井伊家が就任したが、井伊直弼大老が安政の大獄による失政で暗殺され、権威を失った。

文久二年（一八六二）七月、一橋慶喜、松平春嶽《しゅんがく》（慶永《よしなが》）らの意見で人選がはじまった。白羽の矢は会津藩の藩主・松平容保《かたもり》にあたった。兄の慶勝《よしかつ》は御三家の尾張徳川家であり、会津藩士は寡黙で忍耐強い。ペリー来航でも房総（千葉県）沿岸の警備をやりとげた実績があった。

松平容保

幕府は江戸城和田倉門外の会津藩邸へ使者をつかわし、容保に登城を台命した。台命とは将軍ないし三公（左大臣・右大臣・内大臣）などの命令をいう。一般には拒否できない。容保は重病で病床にあり家老の横山主税《ちから》を代役にたてた。

幕府は「容保に京都守護職を命ず」と申し渡した。横山が容保への報告で「この役目は将軍家直属で慶喜公の将軍後見職や越前の春嶽侯

「天誅」によってさらされた島田左近と本間精一郎の首
「幕末天誅絵巻」より　霊山歴史館蔵

の幕府政事総裁職に匹敵する重職である」と説明すると、容保は顔面蒼白になった。

幕府は守護職料として会津藩へ南山五万石と三万石を貸し与え、役料は毎年蔵米三万俵を支給するという。家老の西郷頼母《たのも》や田中土佐は、藩の存亡にかかわると辞退を容保にせまったが、春嶽は泣いてでも伏したいと説得した。幕府も藩祖・保科正之《ほしなまさゆき》の家訓に「徳川家に尽す」とあるとせまり、容保は京都守護職を受けることとなった。

天誅の嵐

そのころ京都では幕府と組んで画策する者へ天誅《てんちゅう》と称し、血祭りにあげていた。天誅の件数は文久年間(一八六一～六四)に九七件、元治年間(一八六四～六五)に三八件、慶応年間(一八六五～六八)に二六件と合計一六一件にのぼり、幕臣らを戦慄させた。人斬りに土佐(高知県)の岡田以蔵《いぞう》、肥後(熊本県)の河上彦斎《げんさい》、薩摩の田中新兵衛らが暗躍した。彼らは一殺多生の論理で、悪役人をひとり暗殺すると多くの町衆が救われると思い込んでいた。

天誅第一号は文久二年七月二十日に起きた。標的は島田左近。まわりから「九条家の悪謀の士」とよばれ、彦根の長野主膳と策謀し将軍継嗣問題で紀州の徳川慶福(家茂)の擁立に奔走し、今太閤とよばれるほどの蓄財をなしていた。田中新兵衛らに斬られ、胴は高瀬川口、首は四条河原にさらされた。

越後（新潟県）の本間精一郎は、公家に薩摩や長州（山口県）の悪評判をいいふらし、ふだんから豪奢な装いと性格が災いした。岡田以蔵らが手にかけた。捨文の斬奸状《ざんかんじょう》のほとんどは、筑後国（福岡県）久留米の松浦八郎の名文であった。

死に場所決め入洛

文久二年閏《うるう》八月一日、容保は京都守護職を拝命。官位は正四位下となり、孝明天皇の拝謁が許される破格の待遇であった。

十二月二十四日午前九時、一〇〇〇名の藩士を引きつれ三条大橋を渡った。京都の町衆は「くわいず」は何処からきたのかと話題がつきなかった。容保は寺町今出川の本禅寺で裃《かみしも》の正装に着替え、近衛関白邸へ行き孝明天皇の天機伺い（ご機嫌伺い）をおこない、宿泊先の黒谷金戒光明寺《くろだにこんかいこうみょうじ》に入った。容保は京都に踏み入れたとき、死に場所にしようと覚悟を決めての着任であった。

清河八郎

清河八郎の大いなる野望

尊王派の巨魁、浪士組を画策

将軍上洛が決まったものの、京都の治安は著しく悪化していた。

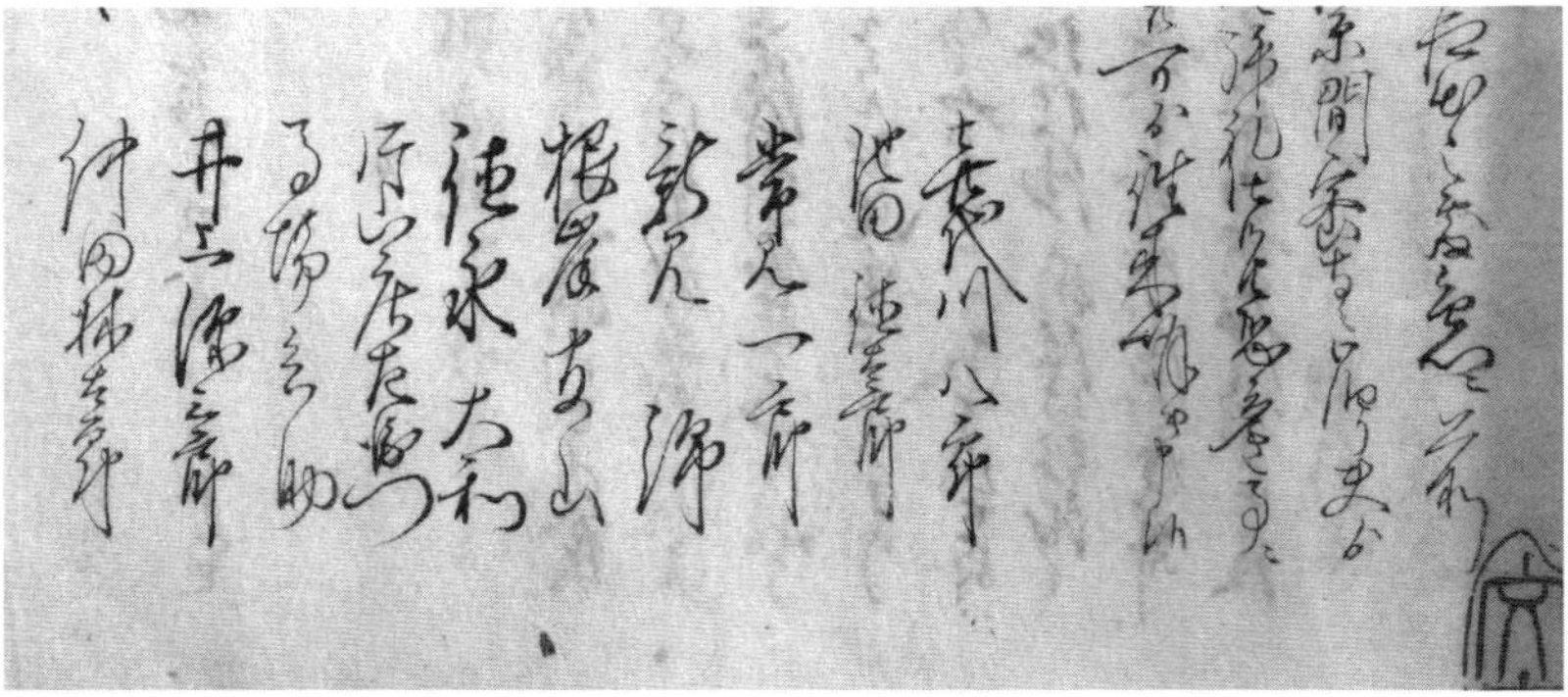

文久3年の浪士組に関する幕府側文献「見聞日記」にみえる代表的な浪士の氏名。筆頭に「喜代川八郎」（清河八郎）の名がある。　霊山歴史館蔵

京都の志士を取り締まるには、江戸で職につけない浪人が大勢いる、これを使わない方はないと庄内（山形県）出身の清河八郎が画策した。清河は同志から尊王派の巨魁《きょかい》と目され、幕臣の山岡鉄舟《てっしゅう》に「予は回天の一番乗りをなさん」と豪語し、同志を集め「虎尾の会」をひらき、天下国家を熱く語った。

清河は策士家で画策は「旗本の中から豪傑秀抜無類の士数名を選び、それを元締めとし、浪士を集めて京都の治安にあたらせれば江戸は浪士がいなくなり静かになる。さらに京都では将軍の警護にもあたらせることもできる」というものだった。

清河は親交のある土佐の間崎哲馬《まさきてつま》を通じ、藩主の山内容堂に進言し、容堂も連日登城し政事総裁職の松平春嶽へ献策した。決定されるや容堂は春嶽へ「昨夜決定の浪士お抱え、また一日にても早々仰せつけられ」と進言し、さっそく春嶽は松平主税助《ちからのすけ》に浪士組の取り扱いを命じた。

だが幕臣の小栗忠順《おぐりただまさ》は幕府の威信にかかわる行為と猛反対し、講武所槍術師範の高橋泥舟《でいしゅう》も小栗に同調していた。勝海舟は浪士組そのものに反対し、春嶽の失策と笑ったという。

浪士組募集に殺到

清河は募集にあたり、政治犯も赦免し、国家のために尽力させるべきだと幕府に上書して同志の救出を目論んだ。

その中に水戸の松井村（茨城県北茨城市）の芹沢鴨《せりざわかも》らが含まれていた。募集の条件は「尽忠報国の志があって、公正無二、身体強健、気力旺盛であれば貴賤老少、職業など関係なし」とあり、近藤勇《いさみ》、土方歳三《ひじかたとしぞう》ら江戸の剣術道場・試衛館の連中も応募することになった。

幕府は五〇名を集める予定だったが二五〇名も集まった。ひとり五〇両の支給では一万両を超える。責任をとって松平主税助は辞任し、後任に鵜殿鳩翁《うどのきゅうおう》が就任した。ひとり二人扶持と金一〇両で総額二五〇〇両となった。

江戸出立に際し道中規則が申し渡された。その中に「すべて旅中ならびに京地（京都）逗留《とうりゅう》中も謹慎第一に心掛、道中堅く禁酒いたすべき事」とあるが、芹沢一派は酒の香りがしない日はないほどであった。浪士組が近江国（滋賀県）大津に無事に入ると労をねぎらう、振舞い酒が配られた。

尊王攘夷の大演説

文久三年（一八六三）二月二十三日夕刻、浪士組は京都に入り壬生《みぶ》の前川荘司宅や新徳寺などに宿泊することになった。清河には大きな野望があった。その夜、主だった者を集めて清河は尊王攘夷を唱え、天皇の御心を察し幕府のために働くのでは決してないと大演説し、幕府は驚いた。清河は御所へ攘夷の決意文を上書した。

幕府はひそかに清河暗殺を企てた。永倉新八の手記にも「清河が土佐藩邸に行く後ろをつけ、四条あたりで殺害しようとした」が失敗したとある。幕府は浪士組を江戸に戻すことになるが、近藤一派、芹沢一派は京都に残留を決めた。

三月十二日、芹沢と近藤は京都守護職本陣へ出向き、身分保証の「お預かり」の肩書をもらい壬生浪士組と名乗った。

事あらばわれも都の村人となりてやすめん皇御心

近藤は京都での決意をしたため、国元に送った。多摩(東京都)の名主小島鹿之助は近藤に鎖かたびらを送り、京都での活動に援助をしつづけた。

浪士組、御所拝観を許される

近藤勇の決意

近藤勇ら試衛館の連中が雀躍《じゃくやく》したお達しがあった。京都に来て五日目の文久三年(一八六三)二月二十八日、壬生浪士組の各組へ特別に禁裏御所拝観が許された。これは異例のことで、近藤の六番組は二月二十九日午前中の拝観となった。

お達しの注意事項には「御所拝見罷《まか》り出るべく候《そうろう》。もっとも出役一人差添え候間、一統出懸け立寄りその指揮に随《したが》ひ、往来中妨害これなきよう堅く相慎み、酒並《ならび》に他家へ一切立寄り申す間敷《まじき》、この段相心得られべく候」とあった。

御所の拝観は一人の役人に連れられてこれに従い、往来の妨げにならないように注意し、酒屋で酒を飲み途中によその家に寄り道など一切してはならない――。近藤らは大感激したにちがいない。

近藤の入洛間もないころにつくったみられる漢詩の二首(下の図版)には、その決意が込められていた。

丈夫志を立てて東関を出ず
宿願成る無くんば復《また》還らず
報国尽忠三尺の剣
十年磨きて腰間に在り

恩を負うて義を守る皇州の士
一志を伝えんか洛陽に入る
昼夜の兵談何事をなさん
攘夷と斗《はか》らん布衣の郎

壬生浪士組の役職

局長＝芹沢鴨・近藤勇
副長＝新見《にいみ》錦《にしき》・山南《やまなみ》敬助・土方歳三
組頭＝沖田総司・永倉新八・藤堂平助・原田左之助・

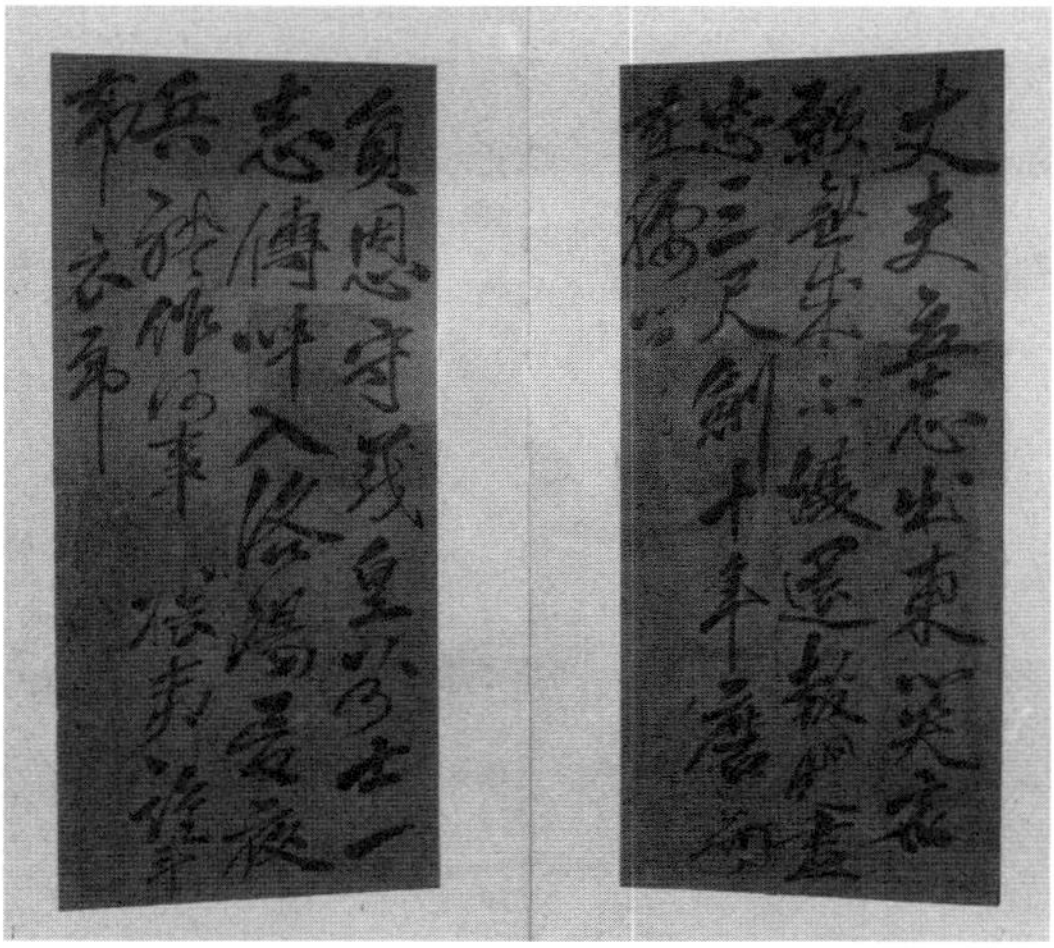

近藤勇筆　詩書屏風　個人蔵(霊山歴史館寄託)
勇の入洛間もないころの決意の漢詩がしたためてある。

斎藤一《はじめ》・平山五郎・野口健司・井上源三郎

勘定方＝平間重助

当初の浪士組の人事は右のようなものであった。この人事は芹沢一派が近藤一派を牛耳る格好であった。局長の筆頭は芹沢、次席が近藤で隊内では何かと軋轢《あつれき》が生じたが、多摩の一剣客集団では水戸浪士の芹沢らに従うほか道はなかった。

芹沢らは豪商からの軍資金の調達のやり方、松平容保がつとめる京都守護職との対応、市中見廻りのやり方を近藤らに教えたのだろう。そのやり方はいささか強引で目にあまるものであった。

二条城の修復

壬生浪士組は将軍上洛の際の警護が重要な任務であった。ところが寛永十一年（一六三四）、三代将軍家光が上洛して以後約二三〇年間、二条城では主だった行事もなく、交代制の二条在番が文久二年から常勤の二条定番に改編されたぐらいだった。

市中の治安や朝廷との折衝をつとめる京都所司代屋敷も二条城の北側に構えていた。将軍家茂の上洛が決まると急遽、修繕が必要になった。

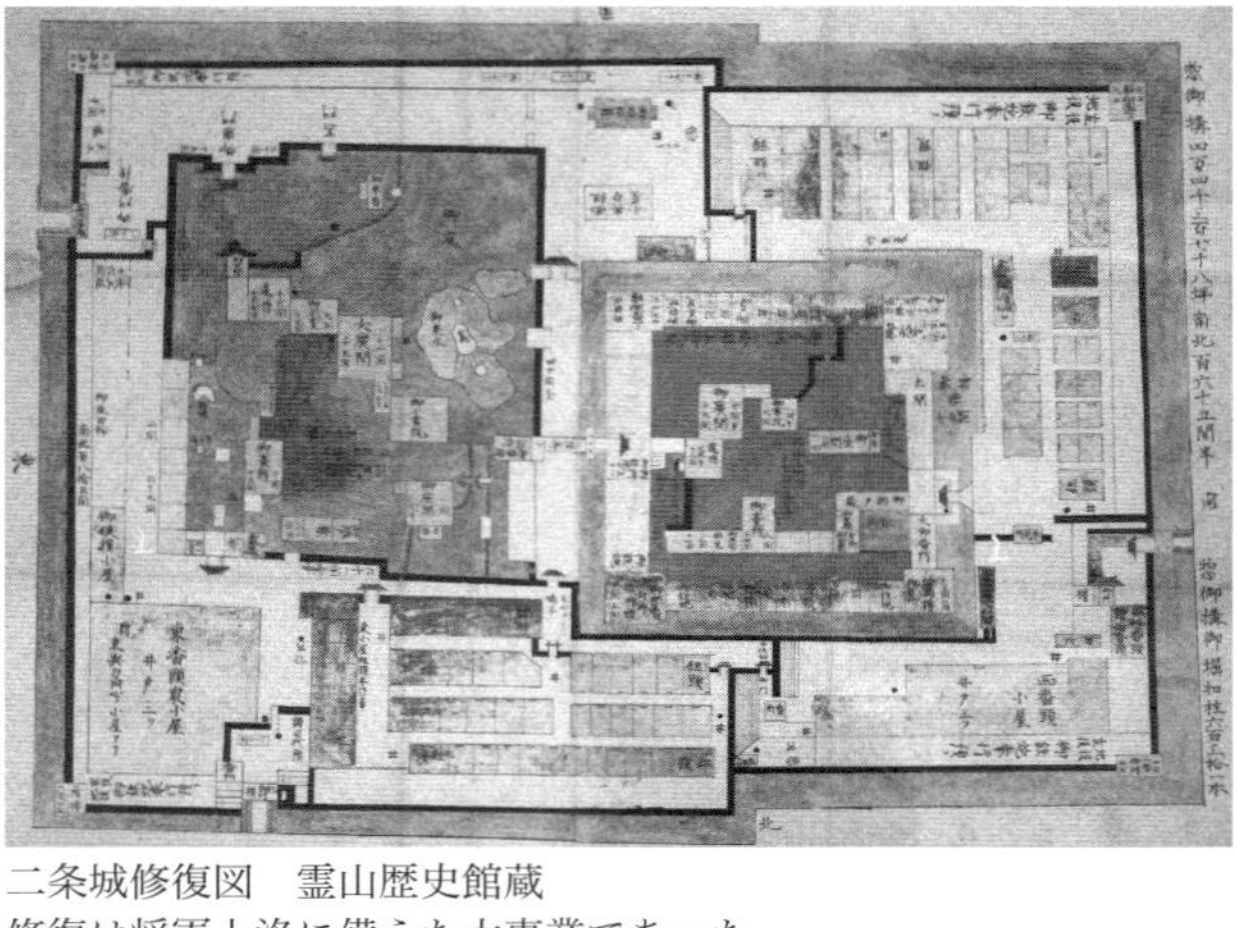

二条城修復図　霊山歴史館蔵
修復は将軍上洛に備えた大事業であった。

幕府は財政難でなかなか手がまわらなかったが、作事係が普請のための図面を引き改修がすすめられることになった。

万延元年（一八六〇）に起きた京都地震で御殿はじめ門や櫓《やぐら》は被害がひどく、荒れ放題で二の丸御殿は全面改修しなければならず、本丸には仮御殿を建てることになった。

いよいよ文久三年三月、将軍上洛を待つばかりとなった。

将軍家茂上洛、〝義兄〟孝明天皇に拝謁

攘夷の難問を抱えての上洛

文久三年（一八六三）三月四日、政局は混迷する中で、十四代将軍徳川家茂《いえもち》が三代将軍家光以来、約二三〇年ぶりに王城の地に足を踏み入れた。

上洛の目的は孝明天皇との公武合体の推進で、攘夷の実現に向けて難問を抱えていた。すでに開国している中で攘夷は不可能に近かったが、朝廷を取り巻く公卿や長州の攘夷派はこのときとばかり待ち受けていた。

将軍家茂の上洛の様子を描いた錦絵
「山城淀川風景之図」　霊山歴史館蔵

上洛は汽船を使う行程だったが、二月十一日にイギリス艦四隻が横浜沖にあらわれたことで急遽、陸路に変更されることになった。将軍後見職の一橋慶喜は一足先に汽船で上洛し、東本願寺の渉成園《しょうせいえん》に投宿していた。家茂には、朝廷をあまり刺激しないよう行列の簡素化を伝えた。

家茂が京都へ着くとき運悪く、孝明天皇の勅使・柳原光愛《やなぎわらみつなる》が伊勢神宮へ代参する行列が、道をふさぎかねないことになった。「伊勢奉幣使御行き違い相なるべき趣につき御急ぎ、御休みこれなく、五時（午前八時）過ぎ二条城へ御とどこおり無く著御」と伝えられ、休息の間もなく逃げ込むように二条城へ入った。

噂によると、急進派公卿が仕組んだ将軍へのいやがらせであった。本来、将軍は各藩の居城へ投宿するが、このたびは宿場の本陣と参勤交代並で、道中では将軍自ら輿《こし》から降りて歩いたという信じられないことがあった。

総出迎えもとりとめのない状態

二条城は荒廃していた普請も整い、総出迎えをするも将軍と家臣がだれやらわからない。服装がみなおなじでぞろぞろと歩いて入ってきた。襲撃にそなえてというにはあまりにもとりとめない状態であったという。

まず玄関では政事総裁職の松平春嶽、京都守護職の松平容保が旅の慰労の挨拶を述べ、玄関上では尾張藩主の徳川慶勝、将軍後見職の一橋慶喜が出迎え、休息後、黒書院では在京諸侯からも言葉を受けたが、どうみても雰囲気が重たい。

慶喜は、関白の鷹司輔熙《たかつかさすけひろ》に会い、孝明天皇へ特別の拝謁《はいえつ》を申し入れた。国事掛《こくじがかり》公卿らの反対で難航したが三月七日、家茂の参内《さんだい》が許されることになった。

席順で冷遇

孝明天皇は妹・和宮が家茂へ降嫁したことから義兄にあたる。家茂は周囲から八代将軍吉宗の再来とよばれ、本人も吉宗を尊敬し吉宗の具足《ぐそく》を模した。井伊大老へ贈った蕪蒔絵螺鈿鞍《かぶまきえらでんくら》は吉宗常用のものであった。家茂は午年の午の刻に生まれたことから馬公方《くぼう》とよばれるほどの馬好きでもあった。

しかし家茂は、参内に際し席順をみても公卿から冷遇された。二三〇年前の家光のときは家光、関白、左大臣、右大臣、内大臣だったが、今回は関白、左大臣、右大臣、その次に家茂という末席であった。幕府は衰退し将軍の権威も地に落ちていた。

孝明天皇と家茂の拝謁の模様を公卿の日記には「主上(天皇)より大樹(将軍)へ和宮御安否を御聞き遊ばさる。御気丈にいらせられ候と大樹申さる。主上より大樹公へ攘夷の儀成功を尽し候様にと仰せられ」と、孝明天皇はまず和宮の様子を尋ねられ、元気であると家茂が答えると攘夷に尽力してほしいと声をかけられ、拝謁は深夜におよんだという。

家茂から孝明天皇への献上品は、鞍付き青毛馬一頭、太刀、黄金一〇〇枚、白銀一〇〇〇枚。和宮から兄君へは白銀三〇〇枚、緞子《どんす》二〇巻で、小御所東の廊下に並べられた。

下鴨・上賀茂両神社行幸——仕組まれた攘夷祈願

幕末最大の盛儀

公武合体の推進が十四代将軍家茂の上洛の目的であったため、攘夷派の画策で攘夷祈願が仕組まれていた。攘夷祈願は黒船来航の際に主な寺社にさせたことがあった。幕府もこのことは百も承知であったが、体面だけはまもりたかった。

文久三年(一八六三)三月十一日、孝明天皇による攘夷祈願のための下鴨・上賀茂両神社への行幸《ぎょうこう》となった。当日はあいにくの雨だったが、午前十時に御所を出発するころには雨も上がった。天皇の輿の上には鳳凰の飾りがあり、鳳輦《ほうれん》とよばれた。

それを取り囲むように、関白の鷹司輔熙につづき公卿八八家は馬に乗り、そのあとに続く将軍後見職の一橋慶喜と諸大名二一家は衣冠束帯《いかんそくたい》の正装。時代絵巻さながらの四キロにもおよぶ雅な行列を一目見ようと沿道は、四〇万の人垣で埋めつくされた。

加茂行幸図屏風(霊山歴史館)をみると、この下鴨、上賀茂両神社への行幸が、幕末最大の盛儀であったことがわかる。

葵橋あたりまで麻裃の侍がいかめしい顔つきで

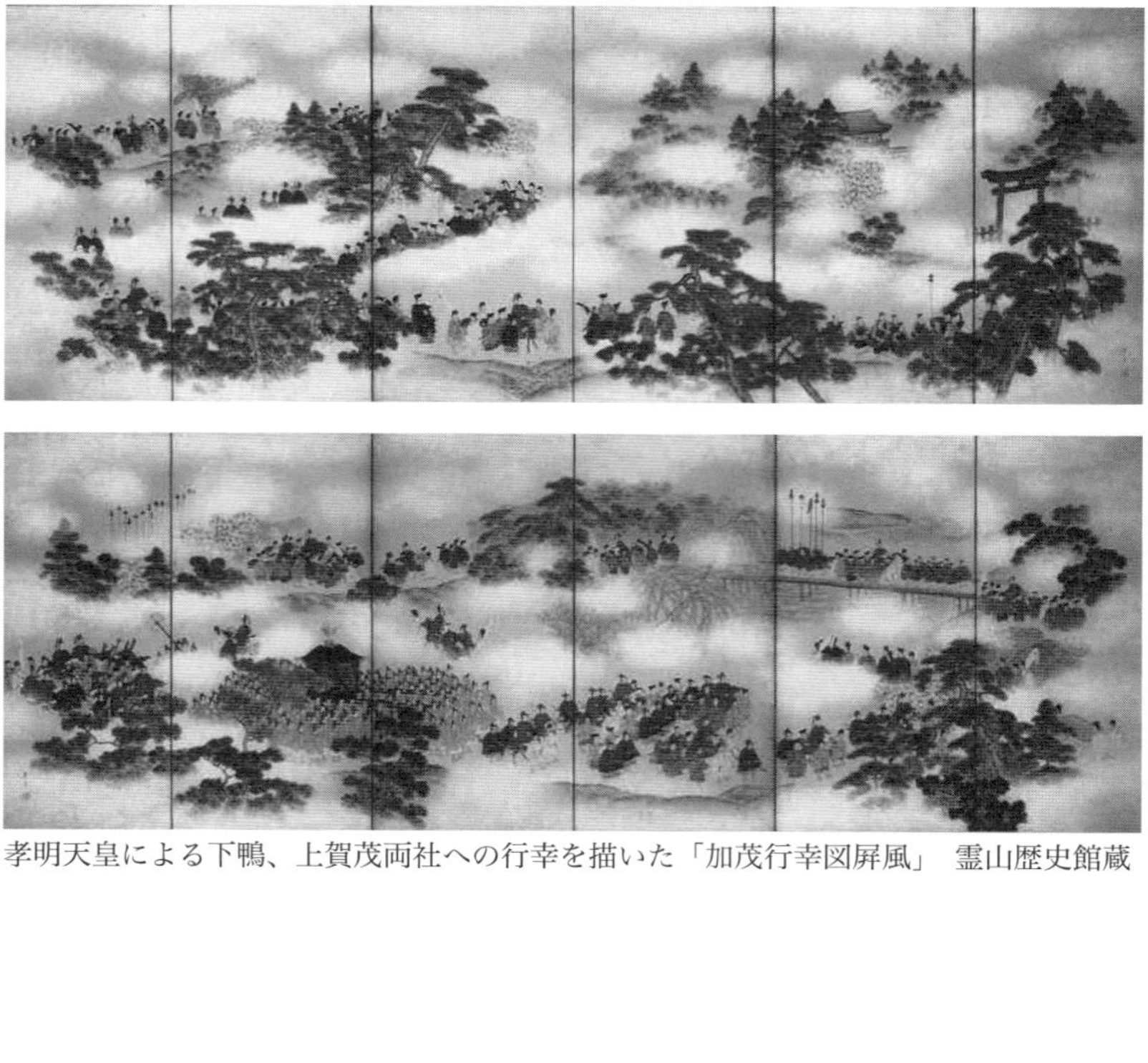

孝明天皇による下鴨、上賀茂両社への行幸を描いた「加茂行幸図屏風」 霊山歴史館蔵

警備にあたった。その模様は「その御行粧の優美なる、実に皇国の御威徳有難くもあるかな。近国近在よりもきき伝えて、行幸を拝せんと貴賤の老若男女加茂川原に群参し、道路に伏して感拝落涙を催し、拍手を打って拝見せり」（元治夢物語）と伝えられる。

高杉晋作の大声

行列は一時間ほどで下鴨神社へ着き荘厳な中を進んだ。神饌《しんせん》料は黄金二枚、白銀三〇枚を献じた。孝明天皇が祈願中、社殿の下の薄縁《うすべり》畳に将軍以下が座ると、雨あがりのために濡れ、寒さにふるえる。休息所で家茂は孝明天皇からお言葉と天杯《てんぱい》を賜り、午後一時に出発した。

沿道から長州の高杉晋作《しんさく》が白扇をかざし「イョー征夷大将軍」と大声ではやしたてた。まわりはどよめいたが、幕臣も盛儀のために捕えることもできず、ただ悔し涙を流すばかりだった。次の上賀茂神社へは午後四時に着き、おなじ神事が二時間にわたりおこなわれ、天皇は午後八時に御所にお帰りになった。

土佐の吉村寅太郎《とらたろう》は国元への書状で「私儀は清和院御門に拝し申し候。鳳輦間近く相成《あいな》り候より自然と涙にしずみ、ひたすら平伏し」と感涙したという。

江戸に戻れぬ将軍

家茂は公卿の仕打ちに耐えられず、江戸へ東帰を望んだが、朝廷への陳情書も公卿らに握りつぶされた。朝廷側は家茂を留まらせることで、幕府の衰退ぶりを世間に知らせたかった。

三月十九日、家茂は参内し直訴《じきそ》しようとした。家茂は御小座敷という私的な部屋で孝明天皇に拝謁し茶菓子の接待を受け、天皇自らがつづれ織りの紙入れ、銀製キセル、印籠《いんろう》、筆かけを下賜した。

このとき十二歳の祐宮《さちのみや》(のちの明治天皇)も加わり楽しいひと時だったが、家茂は雰囲気にのまれ江戸へ戻る話はできなかった。

長州の過激派志士の高杉晋作、久坂玄瑞《くさかげんずい》や土佐の平井収二郎らには、ひそかに天皇の御心を察しない将軍の暗殺計画が持ちあがったと、土佐の田中光顕《みつあき》が晩年語っている。

四月十一日、石清水《いわしみず》八幡宮へ行幸となり、ここで「攘夷のための節刀授与」の儀が長州の毛利定広(元徳《もとのり》)によって画策された。行幸は二〇〇〇名を超える公卿、諸大名が孝明天皇の鳳輦に従うが、肝心の将軍の姿はない。本人は病気理由で参加できず、代参に将軍後見職の一橋慶喜が従った。

早朝、孝明天皇は潔斎《けっさい》し午前八時に御所を出て稲荷御旅所で休憩、城南宮で昼食、石清水へ午後八時に着いた。一二時間の供奉《ぐぶ》に慶喜は途中から腹痛をおこし、山の下で待機した。午後十時から深夜の祈願祭となり、終わるころに夜が明けたという。「節刀の儀」は将軍不在で取りやめとなった。

第三章　京都の治安維持と新選組・見廻組

「七卿落ち」――孝明天皇の御心から

大和行幸が実現？

孝明天皇の御心は親幕派で、京都守護職の松平容保《かたもり》を信頼し、薩摩も公武合体を死守していた。急進派公卿の三条実美《さねとみ》らと長州勢力は、いささか不利な状況になりつつあった。

文久三年(一八六三)六月八日、真木和泉守《まきいずみのかみ》が長州から入洛し長州京都藩邸に入り協議した。真木は筋金入りの理論派で、筑後(福岡県)の久留米水天宮の神職。長州藩主の毛利慶親《よしちか》(敬親《たかちか》)から絶大な信頼があった。長州は関ケ原の戦い以来、討幕をかかげてきた藩風があった。公卿らに攘夷御親征を説き、六月二十八日、真木は朝廷から認められ御所の学問所である学習院出仕の職に就いた。

同志の熊本の宮部鼎蔵《ていぞう》や長州の久坂玄瑞《くさかげんずい》らを巧みに使い、攘夷論を天皇のまわりにも入説した。そんなこともあって毛利慶親・定広(元徳)父子の建言が受け入れられ、攘夷祈願の大和行幸の達しがでたという。大和(奈良県)の神武天皇陵と春日大社での攘夷祈願祭が現実味を帯びてきた。

攘夷の魁

急進派公卿らは守護職の容保を京都から追い払いたいがため、関東の状況を探索するように勅命がでたという。

ところが六月二十九日、孝明天皇から密かに容保に宸翰《しんかん》が渡された。「守護職のその方、使として下向之儀、朕において好まず候えども、堂上之風として申し条いいはり候」。公卿らが勝手に言っている、私の本心でないので関東行きは辞退するように、とあった。

公卿らはさらに容保に七月二十八日、御所で攘夷決行のための馬揃《ぞろ》えをするよう命じた。当日はあいにくの雨、同月二十九日に順延されるもこの日も雨、兵を解散したところへ、公卿が天皇はぜひにとおっしゃっている、と容保に告げた。

容保は裏をよみ、すぐさま二〇〇〇の兵を建春門に集め、緋《ひ》縅《おどし》鎧《よろい》に陣羽織、南部産の白馬にまたがり指揮をとったが、一糸乱れぬ姿に孝明天皇は感激し公卿らも身を乗り出し観戦した。深夜、孝明天皇は容保を急遽参内させ、大和錦《にしき》二巻、白銀二〇〇枚をもって労をねぎらった。

八・一八の政変

孝明天皇は過激な公卿や長州勢力をあまり好まず、中川宮（のちの久邇宮《くにのみや》朝彦《あさひこ》親王）の画策が受け入れられた。勅命で過激派の排除を命じ、薩摩、会津、因幡《いなば》（鳥取県）の兵で急進派公卿と長州を御所から締め出すことになった。八月十八日午前一時、近衛《このえ》、二条、徳大寺ら公卿と守護職松平容保、所司代稲葉長門守が参内し、薩摩と会津が御所九門を固めた。さらに公武合体派の大名が参内した。中川宮から勅旨が奏上された。

「議奏、国事掛の輩、長州の暴論に従い、叡慮にあらせられざることを御沙汰の由に申し候こと少なからず。なかんずく御親征行幸等の事に至りては、いまだその機会きたらず」と、孝明天皇自ら判断した内容であった。

会津藩から芹沢鴨、近藤勇ら壬生《みぶ》浪士組へ御所への出動要請があった。五二人の隊士はダンダラ羽織を着

七卿落ちの図　塩川文鱗筆
霊山歴史館蔵

込み、仙洞御所周辺の警護が命じられた。見事な働きに武家伝奏から「新選組」を名乗るように達しがあり、これは孝明天皇のおぼしめしであったという。

御所から長州勢と急進派の三条実美、三条西季《すえ》知《とも》、錦小路《にしきのこうじ》頼徳《よりのり》、沢宣嘉《のぶよし》、東久世《ひがしくぜ》通禧《みちとみ》、壬生基《もと》修《なが》、四条隆謌《たかうた》の「七卿」と長州清末《きよすえ》藩主毛利元純《もとずみ》ら総勢二六〇〇名が洛東の妙法院に参集した。

雨中、長州へ都落ちする七卿は四〇〇名の長州兵にまもられていた。三条ははじめてわらじを履き、血をにじませ蓑《みの》かさ姿であった。長州の久坂玄瑞は「余は刈こもと乱れつつあかねさす日のいと暗く」と今様《いまよう》を詠んで落涙したという。

会津藩を通じ、新選組は朝廷から御下賜金を賜った。

民衆を巻き込む天誅組の決起

公卿らしからぬ公卿・中山忠光

公卿の中で公卿らしくないのが中山忠光で、まわりは若殿とよんだ。姉の慶子はのちの明治天皇の生母。

中山家は羽林家《うりんけ》の家格で、長州の志士からおだてられ、本人も森俊斎と名乗った。

文久三年(一八六三)、家出同然で長州に走り、攘夷祈願で両賀茂社や石清水社の行幸に従い、さらに大和行幸を計画した。六月十七日の父・忠能《ただやす》への手紙では「忠光まずまず無事に致しおり候、御安心願い入れ候」と送り安心させながら、八月十四日夜、洛東の方広寺で大和に決起する志士らの中央に、床几《しょうぎ》に座る忠光がいた。

忠光に従う土佐の吉村寅太郎と三河(愛知県)の松本謙三郎(奎堂《けいどう》)、各地からはせ参じた同志らが集まり三八名となった。急進派の三条実美への手紙に「私共正義之者一同、今十四日当表発足、大和国へ発向仕《つかまつ》り、屹度《きっと》御先鋒相勤め度《た》く存じ奉り候」と、御親征の魁《さきがけ》となり、この義挙が各地に広まるにちがいないと考えての挙兵だった。

残念大将

「天誅組《てんちゅうぐみ》」の旗を押し立てて十七日深夜に五條代官所(奈良県五條市)を急襲し、代官の鈴木源内らを討ち取り気勢をあげた。ところが政局はすっかりかわっていた。大和行幸の中止、急進派の三条らと長州勢は八・一八の政変で京都から一掃されたと、翌日に忠光の耳に入り愕然《がくぜん》とした。

奈良県十津川《とつかわ》は南北朝の時代から勤王びいきの土地柄で、郷士らも加えて高取城を攻めるが敗走。朝廷から追討令が下り、紀州、津(三重県)藩兵一万が鎮圧に向かった。勅命には「一揆蜂起之趣き追々天聞に達し、厳しく追討致すべきむね」と農民一揆扱い。

忠光は長州へ敗走、吉村寅太郎、松本謙三郎、那須信吾《なすしんご》らは戦死、吉村は「残念大将」とよばれた。坂本

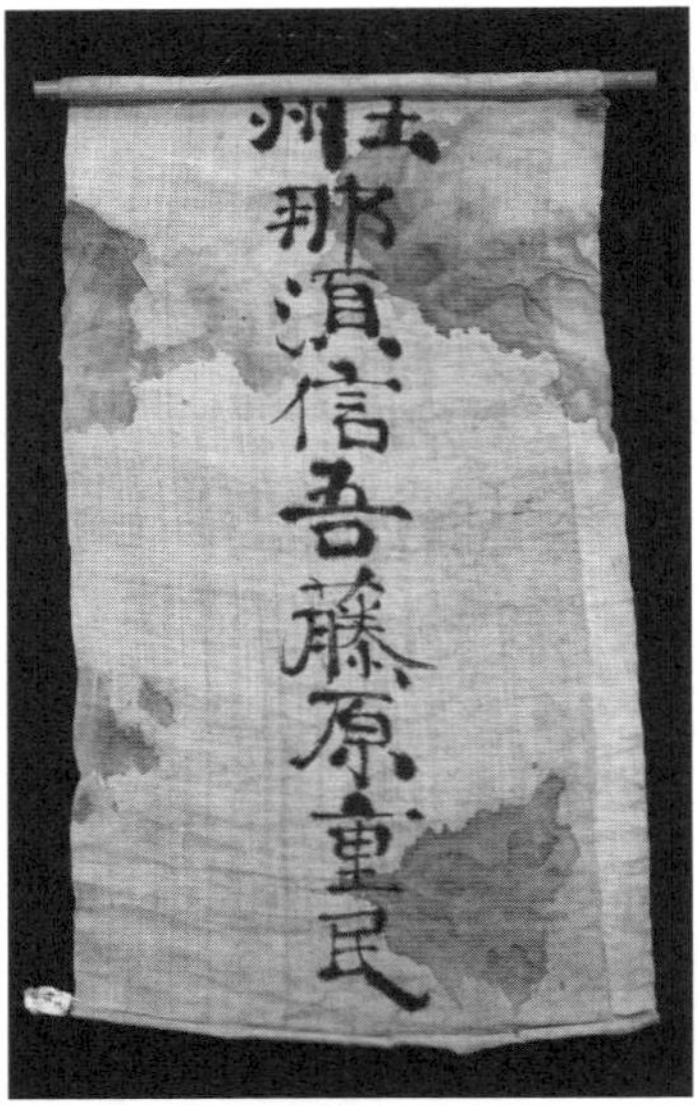

天誅組の那須信吾の小旗
霊山歴史館蔵

龍馬は吉村の戦死を手紙でひややかに伝えていた。天誅組は一カ月あまりで壊滅した。

天誅組とおなじ時期に決起した生野の変は、志士の平野国臣《くにおみ》が七卿落ちのひとり沢宣嘉を担ぎ出し挙兵した。但馬《たじま》（兵庫県）の農兵らで組織し生野銀山代官所（兵庫県朝来市）を舞台に二〇〇〇名を超える農兵が集まったという。天誅組から生野の変はいわば民衆を巻き込んだ決起だった。

生野の変

この変の発端は平野が三条実美からの命を受け、天誅組の鎮撫《ちんぶ》に大和へ走ったが決起した後であった。京都に戻れば八・一八政変で三条らの姿はなく八方塞がり状態、天誅組の援護の同志をかき集めに長州へ下り、十月に姫路に戻ってきたところで天誅組の敗北を知った。

ここで解兵すればよかったのだが、十月十二日、三〇余名で決起した。長州の南八郎は過激派で「議論より実を行へなまけ武士　国の大事をよそに見る馬鹿」と妙見堂制札に大書。南は平野の慎重論に猛反対で義挙すべきだと押し切った。

銀山代官所が占拠されたため幕府は姫路・出石《いずし》藩（いずれも兵庫県）に出兵を命じ、さらに京都守護職の松平容保が銀山周辺の柏原・豊岡・竜野・宮津・福知山の各藩へ援軍を命じ包囲した。これを知った農兵は敗走し、南と秋月(福岡県)の志士・戸原卯橘《とはらうきつ》らは兵を引き連れ、岩州山(生野の北部)をめざした。

そのころ沢や平野は生野の本陣をすて、下山していた。十月十四日、農兵三〇〇は寝返り、包囲の中で南は農兵らの首を刎《は》ね、武士の意地をみせつけた。

沢の従者の木曾源太郎の回顧談によれば、沢が南らと別の山中に入り込むので「道が違います」というと、「志は後年になってわかるだろう。私の太刀を攘夷のために貴殿へ贈ることにする」と渡された。沢は短刀で十分という。木曾は自分の刀もあるので太刀を贈られ迷惑だった。

要するに沢は逃げるのに身軽になりたかった。沢の叔父が、御所で暗殺された姉小路公知《あねがこうじきんとも》だった。

勝海舟、「海防論」を進言

「攘夷決行」に苦悩する幕府

時計の針を攘夷祈願の直後に戻す。

文久三年(一八六三)三月十八日、朝廷から十四代将軍徳川家茂と将軍後見職の一橋(徳川)慶喜に対し、至急に参内せよと命があった。よばれた理由は百も承知で、攘夷祈願も終わり攘夷の実行日を御下問される。参内するとやはりそのことだった。

慶喜は理論派である。二十日に奉答書なるものを提出した。ひとまず攘夷に賛同しておいて、家茂を京都から脱出させ東帰することが賢明と考えた。この一カ月半は針のむしろに座らされ、精神的にも肉体的にも限界であった。

そのころ攘夷決行に対し、志士の檄文《げきぶん》が三条大橋の欄干《らんかん》に貼り付けられた。「徳川家茂は、右は表向き勅命遵奉の姿で、終始虚喝を以て言を左右し、外夷拒絶談判等、叡聞を欺き引延をはかり」と攘夷に前向きでないとしながらも、家茂や慶喜の様子をみようとの内容であった。市中では天誅事件が横行していたときだけに、幕府は戦慄をおぼえた。

将軍、大坂へ

将軍の東帰に反対するのは朝廷ばかりではなかった。京都守護職の松平容保は公武合体の推進が出遅れるといい、近藤勇や芹沢鴨も異論を述べた。

攘夷決行には海岸防備が必要で、砲台の設置をしなければならなかった。幕府の方針は将軍をまず江戸に帰し、策を練りたかった。そこで将軍に大阪湾の視察をさせることで攘夷に前向きに取り組んでいることを示し、急進派公卿の三条実美や姉小路公知らを乗船させようと提案した。

朝廷にすれば天皇の勅使ということになり、反対する者はだれもいない。四月二十日、家茂は天皇に攘夷期日を五月十日と奉答した。翌日、家茂と慶喜は近藤らの壬生浪士組に警護され、鳥羽《とば》(京都市伏見区)から淀城へ向かい、石清水八幡宮に参拝した。

近藤らは「浪士時に一様の外套を製し長刀地に曳《ひ》き」、このときダンダラ羽織を着用していた。慶喜はここで家茂が船で淀川を下るのを見送った。家茂は夜の八時に大坂城に入った。

京都に戻って慶喜は参内し孝明天皇に経過報告、このとき天杯と太刀を賜り、二十二日、江戸へ帰った。

海岸防備のために摂海を視察

四月二十三日、家茂は、順動丸で海軍奉行の勝海舟と坂本龍馬ら数名を乗船させ大阪湾の現地視察をおこなった。「海舟日記」には「将軍家、いまだ御若年といえども、真に英主の御風あり、かつ、御勇気盛んなるに恐服す。九ッ時(昼)前、和田ヶ崎へ御着船」。このとき家茂は海舟の海防論に耳を傾け、即座に神戸海軍操練所設立を決定した。海舟も初対面の十八歳の家茂を、聡明で気品がある将軍と印象を評した。また四月二十三日付で公卿の姉小路公知は摂海防備巡察役となり二十五日、従者一二〇名を引き連れて順動丸に乗船し勝の説明を聞いた。勝の著書『氷川清話』にはこうある。

　汝の意見を述べよということであったから、大いに論じた。全体台場を築くには莫大《ばくだい》の費用がいるが、その出所はありますか、などと論議した。すると姉小路も初めて種々の事情が分かった様子で、すこぶる閉口したよ

勝が台場より海軍の方がはるかにいいと持論を述べると、姉小路は感服したという。勝は門人の佐藤与之助(政養《まさやす》)を使い、兵庫和田岬、湊川、西宮、今津に石堡塔《せきほとう》四基と台場八基を設置することになった。四基の石堡塔は直径一二・二メートル、高さ一〇・六メートル、総

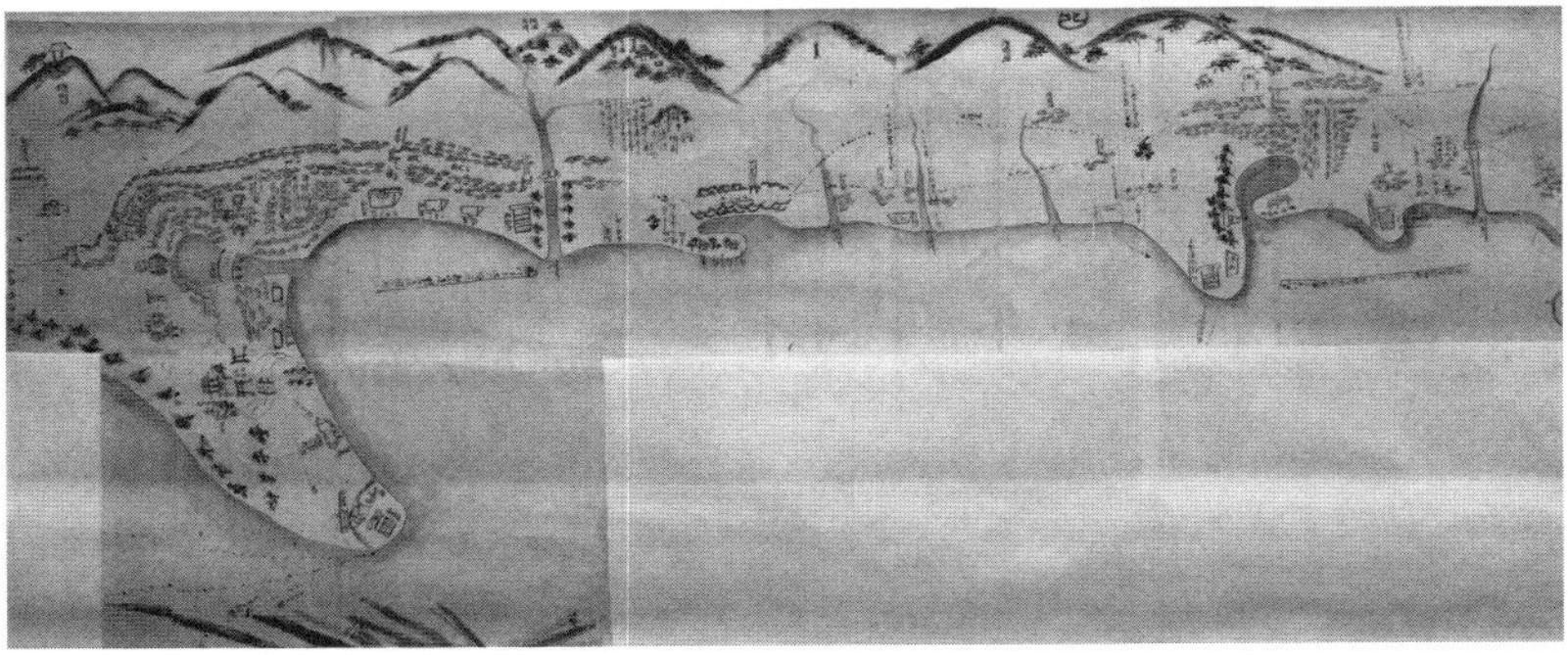

大阪湾の海岸防備に向けて作製された神戸付近の地図
「摂州海岸辺神戸付近海防御固之図」　霊山歴史館蔵

工費は現在で二五億円であったが、その後一度も使われなかった。

新選組、「誠一筋」の軍資金調達

「壬生狼」とよばれ

新選組は京都守護職・松平容保のお預かり肩書であっても、志士や京都の町衆からみれば、壬生の浪人としか映らなかった。存在感を示すこともあって芹沢鴨と近藤勇は、相談して忠臣蔵のダンダラ羽織を着ることにしたという。

羽織姿の隊士をみて子供らが逃げ隠れて「壬生の狼がきた」といい、壬生狼(みぶろ・みぶろう)とよばれた。軍資金の調達には京都守護職の名をかたり豪商から押し借りした。豪商は渋々応じた。京都守護職は畿内における指揮権を有していた。

岡山藩士の本城新兵衛の「風窓紀聞」によれ

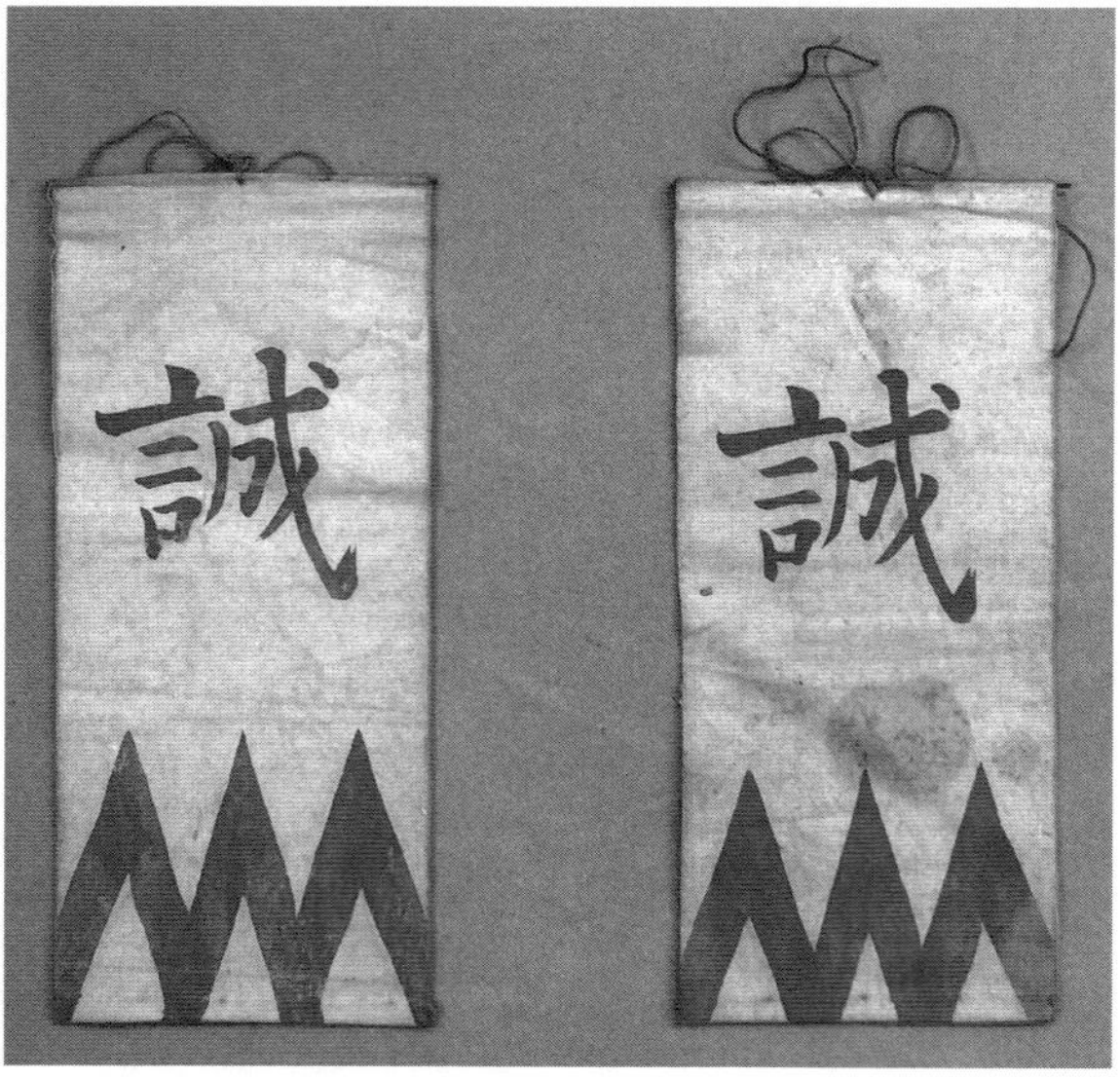

新選組の袖章　霊山歴史館蔵
隊士である証しとして、袖につけられた。「誠」の一字が型抜きで染められている。

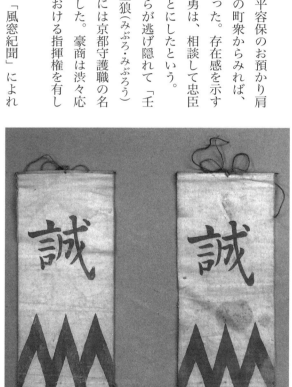

ば、文久三年(一八六三)四月二日、大坂今橋の豪商・平野屋五兵衛のもとへ芹沢が軍資金調達に出かけ、金一〇〇両を献金させた。

芹沢はその金をもって、京都・松原通の大丸呉服店で隊服を注文した。大丸呉服店の主人は下村といった。芹沢の本名は下村継次。同姓のよしみで代金はほとんど踏み倒したのだろう。

大丸のライバルは飯田呉服店(高島屋)である。この店では誠の隊旗を注文したが、ここでも支払った形跡はない。誠の精神は水戸学の流れをくんでいる。「誠」の字を分解すると言うことが成す、「知行一致」であった。

使途不明金のために詰め腹を切る

軍資金は屯所の前川邸の蔵の中に石金庫をつくり蓄えていた。大坂の加賀屋文書には「追々およそ百人ばかり御馳走被せつけられ、別紙の通り金拾五万両」とあり、加賀屋出入り業者一〇〇人を奔走させ、法外な金を要求したが不可能に近かった。

今も大阪市住之江区には加賀屋の名のついた地名があるが、加賀屋の公共事業にからむ臨海埋め立て工事の入札に対し、新選組がからんでいた。

新選組隊内では金銭トラブルもあった。慶応二年(一八六六)二月二日、会計方の河合耆三郎《きさぶろう》が五〇両の使途不明金のため、土方歳三に詰め腹を切らされている。この金は近藤が島原の御幸太夫を身請けするものであったという。

隊士にはいつしか拝金主義が芽生え、虚飾にまみれ、ついに芹沢一派は士道に背いたとして粛清された。

だが、近藤ら幹部は休憩所とよばれる妾宅を構えていた。

一方、新選組は再編成のたびに新入隊士の募集をおこない、組織の拡大をはかった。

「忠誠」の宸筆を容保に下賜

孝明天皇は「忠誠」という言葉を好み、多難な政局で自らの意志を貫いた。公武合体を推し進めるために、京都守護職の松平容保の協力を強く望んでいた。容保への宸翰と和歌二首にその思いを込めている。

たやすからざる世に武士の忠誠のこころをよろこびてよめる
　和らくもたけき心も相生のまつの落葉のあらす栄へも
　武士とこころあはしていはほをもつらぬきまして世々のおもひて

八・一八の政変後の文久三年十月九日、容保は右大臣二条斉敬《なりゆき》からの使者によって参内した。斉敬から容保の政変での活躍が伝えられ、孝明天皇からこの宸翰を下賜《かし》された。容保は感涙し、この主上のためにつくしたいと肌身はなさず持っていた。

治安維持に見廻組も参加

幕府の忠節を持つ御家人の子を採用

政治の舞台はしだいに京都に移り、幕府はその治安維持が威信にかかわると考えた。それには新選組のような臨時的な京都守護職お預かりでなく、正規の幕府組織を京都に駐在させたかった。

そこで元治元年(一八六四)四月二十六日、蒔田相模守《まいたさがみのかみ》広孝と松平因幡守康正が江戸城に登城し、芙蓉《ふよう》の間替席で京都見廻役《みまわりやく》を命じられた。見廻役には役料三千俵が給付され、配下に見廻組を設置した。「杉浦梅潭《ばいたん》目付日記」には次のような記述がある。

見廻り役　二組　ただし、頭・組頭のほか一組人数二百人ずつ。

右は御土居藪野より棚門取り建て、見廻り組のうちにて付け切り番人差し置き、往来人相改め、ならびに市中見廻りをも致させ候つもり

四〇〇名の組織をもって京都の治安維持につとめるのが、京都の見廻組であった。与頭《くみがしら》二名、その下に与頭勤方《つとめかた》を置いた。見廻組隊士を旗本の次男、三男で固めたというのは俗説、あくまで幕府に忠節を持つ御家人《ごけにん》の子と決めて、人物が優秀であれば「御抱えの者」でもよしとした。

これは抱席《かかえせき》の身分で大番、町奉行らの与力、同心に召し抱えられ、家督相続を許されない御家人らであった。幕府が当初考えていたほど隊士が集まらず、苦肉の策で募集を広げたのである。さらに京都在勤の二条城勤番などで武術が優秀な者や、剣術、棒術、砲術の人材も採用された。

新選組の吸収画策は失敗

京都では、新選組隊士六〇名が京都守護職の配下として治安維持につとめていた。松平因幡守は新選組も見廻組へ吸収しようと、江戸の会津藩に相談した。会津藩庁の記録にはこうある。

このたび京都表御取り締まり見廻役仰せ付けられ候に付き、組の者どもを新規召し抱え候義に候ところ

…相応の者これなく、よりては御家様に附きおり候新撰組とか申す者これあり候、内外より承り候ところ、右は何人ほどこれあり候や、召し抱え候ても故障等これあるまじきや、故障もこれなく候わば京地へ罷り登り候上、召し抱え候つもりに候間

新選組は名実共に実力があり、まず新選組を同心扱いとして一代限りの御家人に幕府が召し抱え、見廻組に入れようとしたが、会津藩は新選組に打診することはしなかった。

会津藩から松平因幡守への返答は「新撰組の者ども噂申し越され候通り、見識もこれあり、とても同心くらいの立場へは仰せ付け難きように相見え候」と、新選組は同心ぐらいでは快諾しないと、あっさり断られてしまった。

「龍馬暗殺犯」も見廻組隊士

見廻組隊士・桂早之助のことを、旧土佐藩士の田中光顕《みつあき》は、坂本龍馬暗殺の犯人だとして、著書『維新風雲回顧録』で「小太刀の名人桂早之助の所為」と述べている。

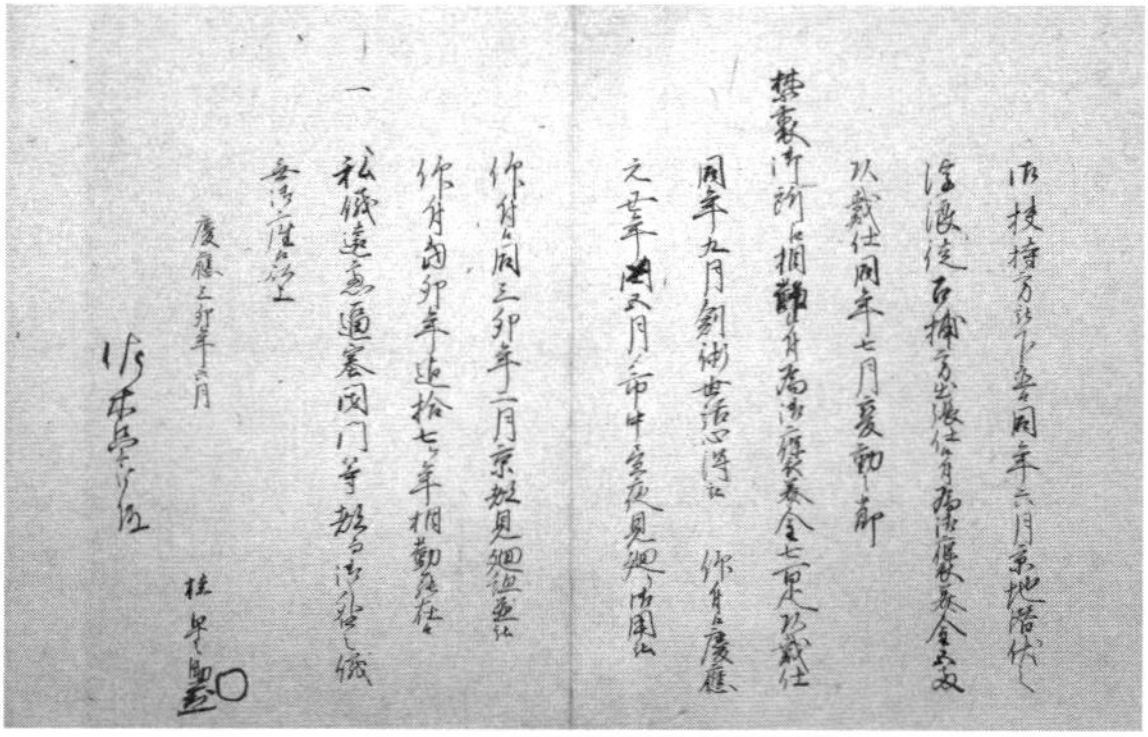
桂早之助由緒書　霊山歴史館蔵

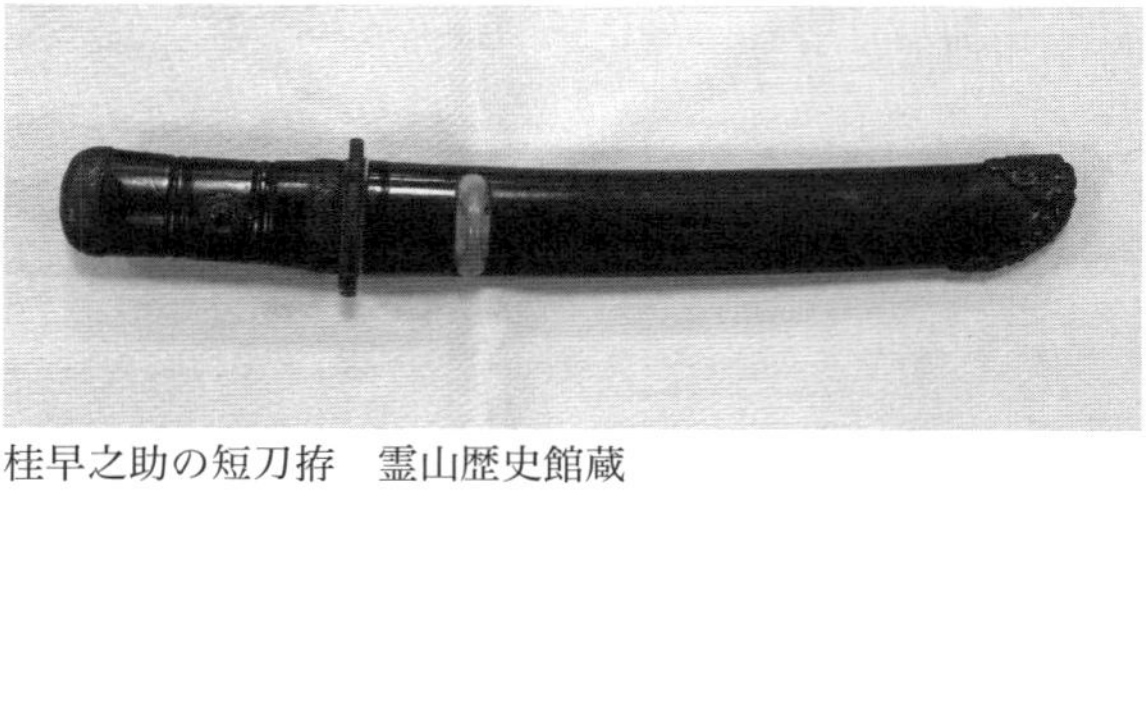
桂早之助の短刀拵　霊山歴史館蔵

早之助の父は京都所司代組同心。本人は二条城番組で剣術に優れ、元治元年、将軍家茂の上覧試合で参加二〇〇名の総当たり戦で最高の白銀五枚を賜った。

幕臣や子弟の武術を指導する講武所からも五〇名ほどが参加し、教授方の伊庭《いば》八郎も観戦、終わったのは四時半だったという。早之助は剣術の実力が認められ、見廻組に二階級特進で採用され肝煎《きもいり》となった。

新選組の結城無二三《むにぞう》は「早之助は大わざで、ひとたび太刀をふりかざすと、すかりすかりと心地よく斬れる。達人の域に達していた」と回想している。

見廻組は市中の巡邏《じゅんら》警備の区域が新選組と異なり、衝突することもなく京都守護職の同じ配下に属していた。見廻組は新選組のような華々しい活躍はないものの地道に公務をこなした。

一流の剣士は文武両道

さまざまな剣術流派が集結した新選組

新選組四天王といえば、近藤勇・土方歳三・沖田総司・永倉新八である。彼らは剣術の腕前があり、近藤は新選組の剣術である天然理心流の宗家を継承していた。

新選組隊士はすべて天然理心流を修業していたわけではない。近藤らと隊内で反目していた芹沢鴨・新見錦・野口健司らは神道無念流。江戸で隊士募集に応じた伊東甲子《かし》太郎一派は北辰《ほくしん》一刀流。隊内きっての剣客と知られていた永倉は神道無念流や心形《しんぎょう》刀流(しんけいとうりゅうとも)、斎藤一《はじめ》は一刀流、大石鍬《くわ》次郎《じろう》は小野派一刀流、長沢武雄は田宮流、稲次《いなつぎ》春之助は桃井《もものい》春蔵《しゅんぞう》の鏡《きょう》新明智《しんめいち》流とさまざまであった。

新選組が幕末最強の集団であったのは、いろんな流派の隊士が実戦さながらに日々鍛錬していたからである。

新選組の幹部のひとり島田魁《かい》が明治三年（一八七〇）に記した武道歴には、武術を「芸術」と記している。

一、剣術　免許済　真（心）形刀流　元徳川藩　堀内主馬門人

一、槍術　免許済　種田流　備中松山藩　谷万太郎門人

一、手跡（書道）御家流　粟田門人

一、学問　元徳川藩　坪内隼女門人

一、鉄砲　箱館において佛伝習（フランス士官から指導を受ける）

島田は文武両道の隊士であった。

「精神力」も必要

島田、永倉、斎藤らは幾多の戦場の最前線で戦い、その後生きのこった数少ない隊士らである。

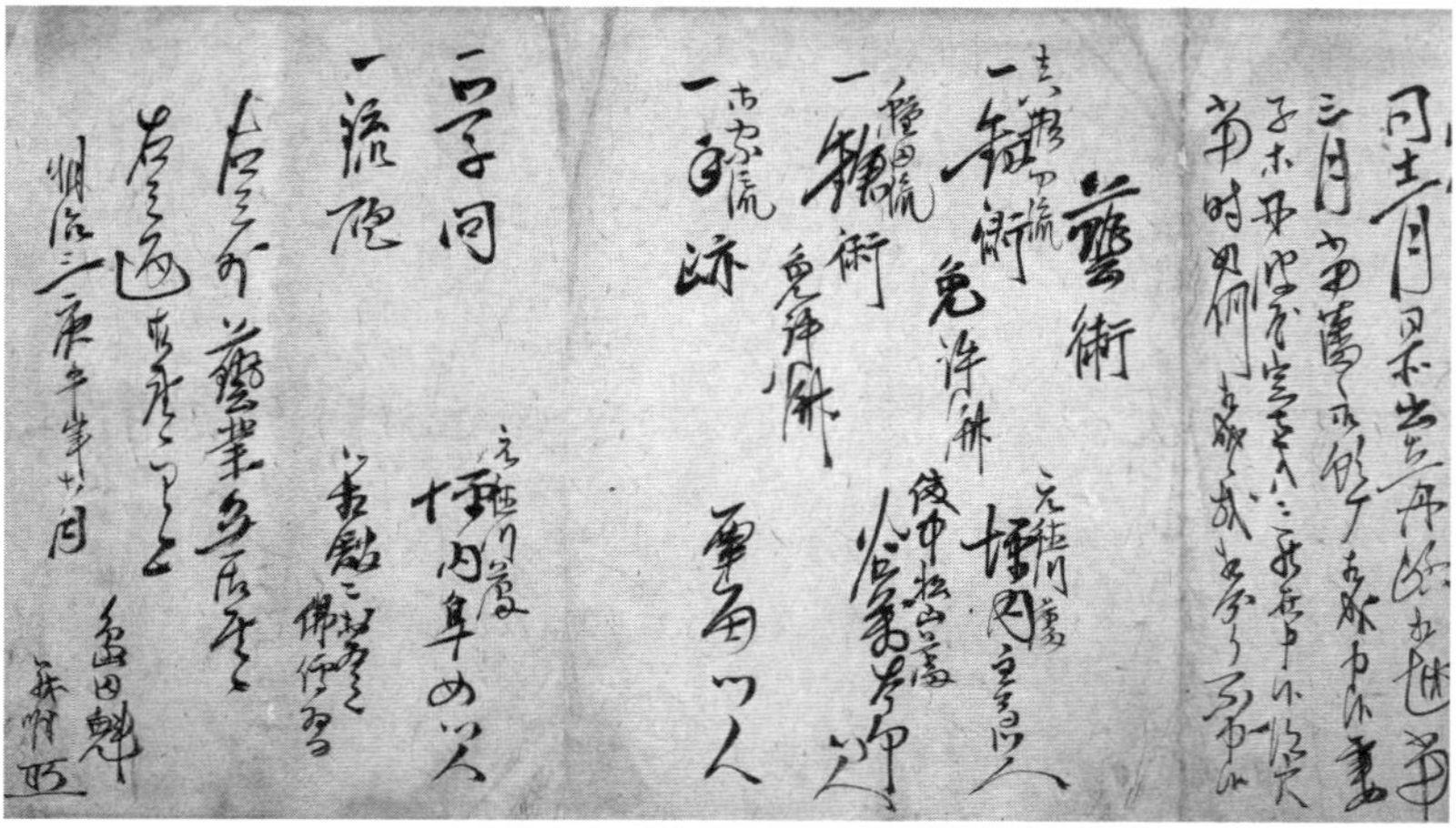

武道を「芸術」と記した島田魁の武道歴「親類書辞令書」　霊山歴史館蔵

剣術の腕前だけで生きのこれるものではない。生きたいという精神力がなによりも必要であり、天然理心流ではこれを「気組」という。

勝海舟の師である直心影流《じきしんかげりゅう》の男谷《おだに》精一郎が剣の道を詠んだものがある。

「剣は心なり、心正しからざれば剣また正しからず　剣を学ばんとする者はまず心を正しくすべし」と養気練胆、心技一体の技量でなければならないという。

天然理心流の免許は「切紙」「目録」「中極位目録」「免許」「印可」「指南免許」で、入門して指南免許まで二〇年はかかった。この流派は極意といわず極位といい、剣術に品位がなければならないという。

得意分野を指導

新選組の組織は時代のニーズに即して再三編成替えされ、隊士を適材適所に配し、また得意の分野の指導担当を受け持つ斬新なものであった。

剣術……沖田・永倉・斎藤・吉村貫一郎・田中寅蔵・新井忠雄

柔術……篠原泰之進・梁田《やなだ》佐太郎・松原忠司

槍術……谷万太郎

馬術……安富《やすとみ》才助

砲術……清原清・阿部十郎

文学……伊東・武田観柳斎《かんりゅうさい》・斯波《しば》雄蔵・尾形俊太郎・毛内監物《もうないけんもつ》

新選組は隊内教育が進んでおり、綱紀粛正も厳密におこなわれていた。

長州の間者？　謎多き新見錦

霊山の祭神名簿に新見錦が…

新選組副長である新見《にいみ》錦《にしき》は、長州の間者《かんじゃ》（スパイ）ではないかと考えられる節がある。その理由として、京都霊山護国神社（京都市東山区）の前身である霊山招魂社の祭神を顕彰する、京都養正社の祭神名簿の中に新見錦の名前をみることができるからである。

京都養正社は明治九年（一八七六）、内閣顧問の木戸孝《たか》允《よし》と京都府権知事・槇村正直《まきむらまさなお》が発起人となり「国家の生気を養正する」趣旨で組織され、明治天皇から御下賜《かし》金を賜った。祭神は国家のために尽力した勤王派が主で、新選組隊士はなりえない。新見の名が名簿中にあるのは、それなりの理由があるか、長州が主導した団体であるため、なんらかの関係があったはずであった。

新選組の永倉新八の手記には「芹沢鴨が引き連れてい

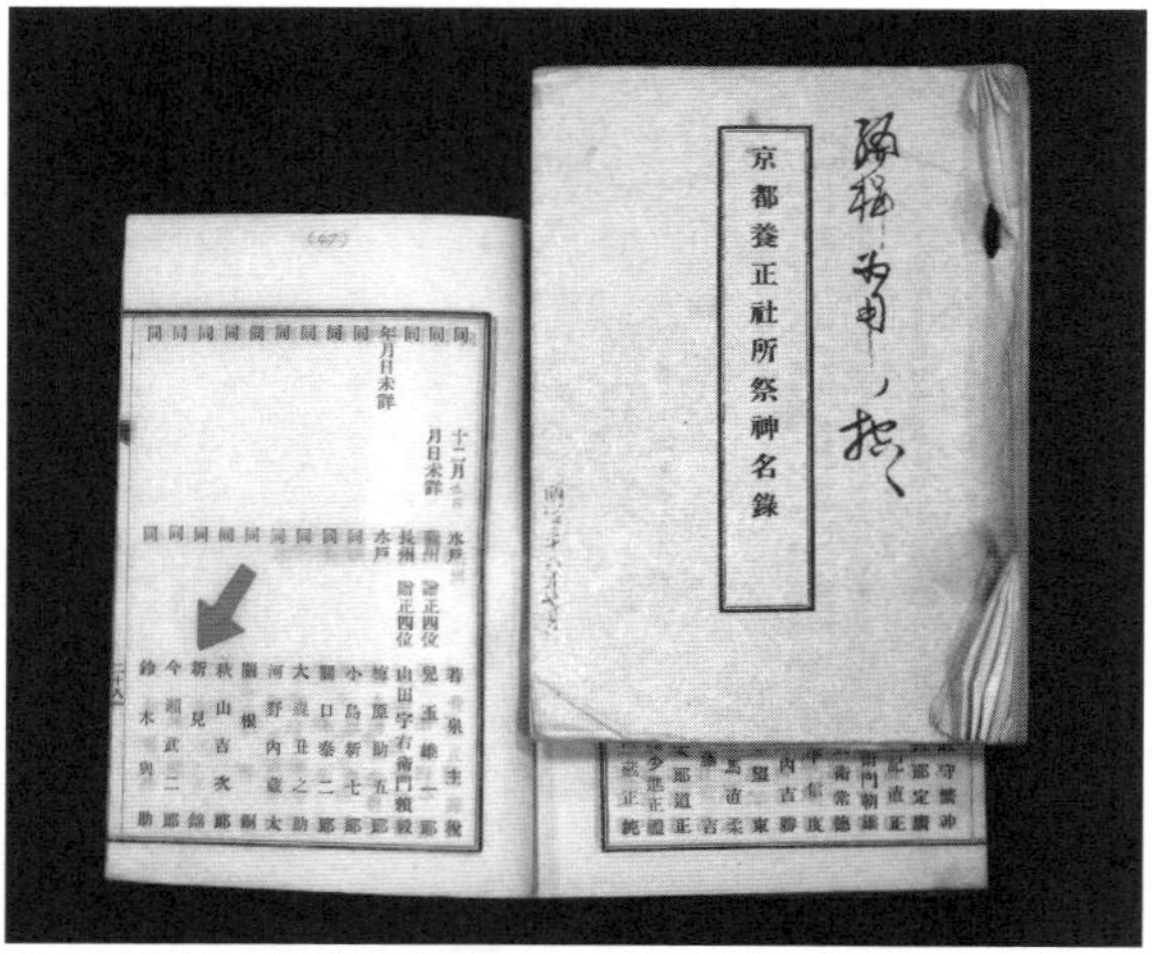

霊山招魂社の祭神を掲載した京都養正社所祭神名録（霊山歴史館蔵）には新見錦の名がみえる。

たのは、やはり水府浪人の新見錦・野口健司・平間重助・平山五郎で、彼らと合併することになった」とあり、水戸一派は新選組の理論武装のエリート集団であった。

新見と芹沢は剣術の同門で岡田助右衛門に学び免許皆伝であった。京都へ上洛した浪士組では、新見は三番隊小頭役で一隊一〇名からなる小隊長となり、組下には近藤勇や井上源三郎がいた。

長州で怪死か？

茨城県水戸の歴史家・小林義忠氏の説によると、新見錦は「にいのみにしき」と読み、本名は新家久米太郎という。

文久三年(一八六三)五月十日、攘夷期限が決まり、関門海峡を通過する外国船へ長州は砲撃を加えた。その報復砲撃に対して小倉藩(福岡県)は攘夷実行をせず、六月、朝廷は正親町公董《おおぎまちきんただ》を勅使として長州へ下向を決めた。朝廷は親兵を水戸・薩摩・土佐・肥後・久留米・姫路の六藩から選び四五名とした。その際、新見と水戸の前木鈷次郎は随従を志願して近習役となったという。

七月上旬に勅使の正親町は周防宮市《すおうみやいち》(山口県防府市)に着き、氷上《ひかみ》村の寺院に入り、藩主父子に勅旨《ちょくし》を伝えた。馬関で砲台を視察し海路、三田尻《みたじり》の毛利別邸に入った。このとき水戸の小河吉三郎・関口泰次郎・梅原介五郎・小島新七郎・今泉与市太郎らも随行していた。

さらに正親町は小倉藩に攘夷実行を求めるため小倉へ入った。小倉藩は攘夷を受け入れ、正親町は長州藩主・毛利敬親《たかちか》と子の元徳《もとのり》を従え、大砲試射を視察した。

八・一八の政変で長州勢力が京都から一掃された。親兵の一部も京都に戻り、佐賀藩(佐賀県)への勅使は、近習役五人を従えて下向中、三田尻を出帆し筑前(福岡県)の黒崎に着くがここで中止となった。生野の変に前木・小河・関口らが参戦し、新見は長州で怪死。防府《ほうふ》天満宮近くの三田尻村車塚の蘆樵《ろしょう》寺に埋葬された。墓碑には「水戸浪士故久米太郎新家之墓・文久三亥年九月十五日廿八歳」とあり、明治初年ごろまであった。

新家一族の墓は水戸常磐《ときわ》共有墓地にある。この勅使親兵関係者で「京都養正社所祭神名録」には、新見はじめ「梅原助五郎」「小島新七郎」「関口泰二郎」「今泉與市」などの名が記載されている。あくまで私祭神として合祀されたので霊山に墓碑はない。

京都で粛清説も

永倉の手記にはこうある。「新選組に新見錦というものがあり、この者は法令を犯し、ことに乱暴がひどく、芹沢や近藤が説得してもいっこうに聞き入れず、ついに一同の結論として切腹させることになった。新見は四条木屋町に旅宿する水府浪人の吉成常郎方へ行き、やはり乱暴を働いたので、しかたなく水府浪人の梅津某の介錯《かいしゃく》によって切腹した」。

新見は文久三年九月十三日、二十七歳で切腹させられている。介錯した梅津は梅原のことで芹沢の同志だった。この時期に御倉伊勢武《みくらいせたけ》ら数名の長州の間者が新選組に入隊しており、政治上の問題で嫌疑がかけられていたのだろうか。正親町の勅使の近習役の工作に奔走したことが芹沢や近藤に知られたのかもしれない。

京都で粛清されたはずなのに壬生寺などに墓碑がないのも不思議な話である。実は新見は京都でなく長州で粛清されていたのだ。

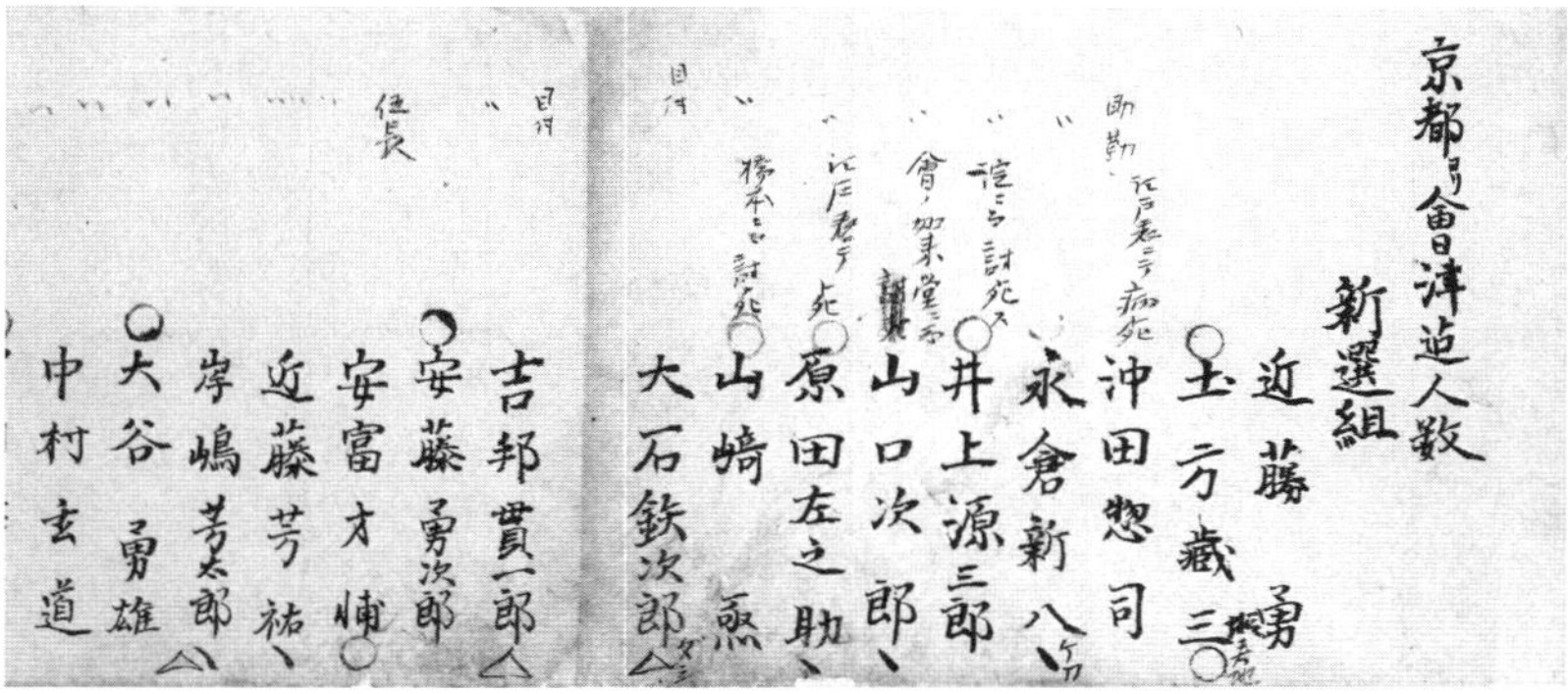

京都ヨリ會津迄人数
新選組
近藤勇
土方歳三
沖田総司
永倉新八
井上源三郎
山口次郎
原田左之助
山崎烝
大石鍬次郎
吉邨貫一郎
安藤勇次郎
安富才輔
近藤芳祐
岸嶋芳太郎
大谷勇雄
中村玄道

近藤勇、土方歳三、山崎烝らの名が記された新選組隊士名簿　霊山歴史館蔵

池田屋事件――新選組の探索、浪士に迫る

山崎烝と探索・諜報活動

京都は八・一八の政変以来、浪士が影をひそめた。新選組の浪士狩りが功を奏したのである。探索時に出動隊士の先頭をつとめる者は死番とよばれ、当日に幹部からその任務が伝えられた。浪士も死に物狂いで応戦する。死番の隊士は決死の覚悟で踏み込まなければならない。

新選組副長助勤で諸士《しょし》調役《しらべやく》兼監察の山崎烝《すすむ》は、情報を得るため商人や浪士に身を変じ、花街、博打《ばくち》場に出入りその動向を探っていた。新選組では山崎はじめ斎藤一、中島登らもその役職であった。彼らは探索の諜報活動のため自らの出生も明らかにしなかった。山崎も生まれが大坂とも徳島ともいわれ生年月日すらも不詳である。文筆の才能が秀でていたということが隊内で語られていた。

三条小橋の長州定宿・池田屋前で商人に扮《ふん》し、出入りを探っていた。長州・肥後・土佐ら浪士が毎日のように密会を持っている。その伝令役を枡屋こと古高俊太郎がつとめていた。この情報は会津藩の中間《ちゅうげん》からも得ていたという。

古高俊太郎の捕縛

浪士は天皇と幕府の公武合体のつながりを断ち切ることを画策していた。山崎は不審者の動きをついに握った。

島田魁日記には「五月下旬（元治元年）、四条小橋のあたりにいる枡屋喜右衛門という人物が、じつは元江州大津代官手代《てだい》古高俊太郎という人で、長州人と同意しており、三百余人が正体を隠して三条大橋あたりの宿屋に泊まっていた。新選組の島田魁、浅野薫、山崎烝、河島勝司がこれを探索し、会津侯に知らせた」とある。

古高は池田屋近くの四条小橋に店を構える福岡藩御用達《ごようたし》商人で、枡屋喜右衛門と名乗って密かに浪士を援助していた。永倉新八は、古高は馬借《ばしゃく》業といい、古高の父親がこの仕事であったので手伝っていたのだろう。古高は公卿や宮家に人脈をもち、有栖川《ありすがわ》宮家の諸大夫《しょだいぶ》・粟津義風や前川茂行らと親交を結び、有栖川宮家と長州を水面下で結びつけたという。

映画などでは山崎が行商人に扮し池田屋を探索するシーンを目にするが、実際には島田らも加わりマークしていた。元治元年（一八六四）六月五日早朝、武田観柳斎らが数名で古高を捕え壬生屯所へ連行した。

拷問の末に自白

土方歳三は古高を前川邸の土蔵の中で逆さ吊りにして、足の裏に五寸釘を刺し、ロウソクをたらし拷問にかけた。永倉の手記にはこうある。

段々吟味してみると、自分の正体を古高俊太郎と名乗った。おいおい問答をしたがなかなか白状せず、拷問にかけると、ついに残らず白状した。自白どおり土蔵には禁裏御所を焼き払う際の道具が発見された。決行日は六月二十二日頃、強風の日に火を放ち、孝明天皇を奪って山口城へ連れ去る謀反で、策をめぐらすため長州の志士たちは身を変じて四条あたりの町屋にかくれているという

一説には、古高は長州藩主の世子《せいし》・毛利元徳の血縁にあたり、同藩の久坂玄瑞、寺島忠三郎、乃美織江《のみおりえ》とくに親交を結ぶようになったらしい。浪士らに武器弾薬を調達し密かにわたしていたという。

池田屋へ、たった四人で突入

大事件の予感

土方歳三は、捕えた古高俊太郎に拷問をかけ、得た自白から大事件に発展しかねないと判断し、隊内で作戦を練った。永倉新八の手記によると「この内容取り急ぎ京都守護職松平容保に報告した。容保は大いに驚いて警衛担当の各藩に厳重なる警戒を通達した。容保も数名の者に出動を命じた」とある。

土方の役割は祇園界隈《かいわい》をくまなく探索することであった。土方隊と近藤隊の二手にわかれ、土方は八坂神社石段下の左にある祇園会所へ走った。会所は町役人の集会所のこと、ここで作戦を再度練り直し午後七時ごろから祇園のお茶屋をくまなく探索し、縄手から鴨東《おうとう》へと行くが浪士をひとりも見かけず三条へと行った。

一方、近藤隊は沖田総司・永倉新八・藤堂平助らの剣術の腕の利くもの数名で、先斗町《ぽんとちょう》のお茶屋や高瀬川

沿いの料亭や材木小屋を探索した。三条大橋あたりは旅籠《はたご》が軒を連ねていた。祇園祭の宵々山だったが今のように祇園ばやしの鳴り物などはなく、夕涼みの人々が行き交うだけだった。

ついに急襲

三条小橋から六軒目の池田屋で浪士が密会しているとの情報を得た近藤隊は沖田、永倉、藤堂らを率いて駆けつけた。近藤は池田屋の玄関口を固め、沖田・永倉・藤堂のたった四人で無謀にも突入した。永倉の手記にはこうある。

表口に置いてあった鉄砲や槍を縄でしばり、近藤は池田屋主人に「今宵旅宿お改めであるぞ」というと主人驚いて奥へ走る。近藤はそこで浪士ら二十名ばかりと遭遇し「御用お改め手向かいいたすにおいてはようしゃなく斬りすてるぞ」と大声で一喝、一同の者は恐れおののき後へさがる。

そのとき、勇猛な浪士が沖田に斬りかかる。すかさず沖田の剣がこの者を捕え一刀のもとに斬《き》り倒した。池田屋の内部は八つの明かりがついていて明るい。沖田は持病で吐血し、屯所に引き下がった。

近藤は奥の間を固め隊士へ指図し、台所は永倉・藤堂が庭先で戦う。後から加勢した槍の名手・谷万太郎が突くやいなや永倉が斬る。表口に逃げる者を袈裟《けさ》がけに斬る。便所に逃げ込むと串刺し、敵は抜刀しようとするが突かれて倒れた、そこの胴に一刀をおくった。

藤堂は垣根越しに浪士に斬られ目に血が入って思うように戦えず助太刀する。近藤は三度ばかり斬られそうになり、苦戦したところに土方隊が到着し浪士を一網打尽にした。池田屋周辺は各藩の警備が取り囲み浪士を捕えた。

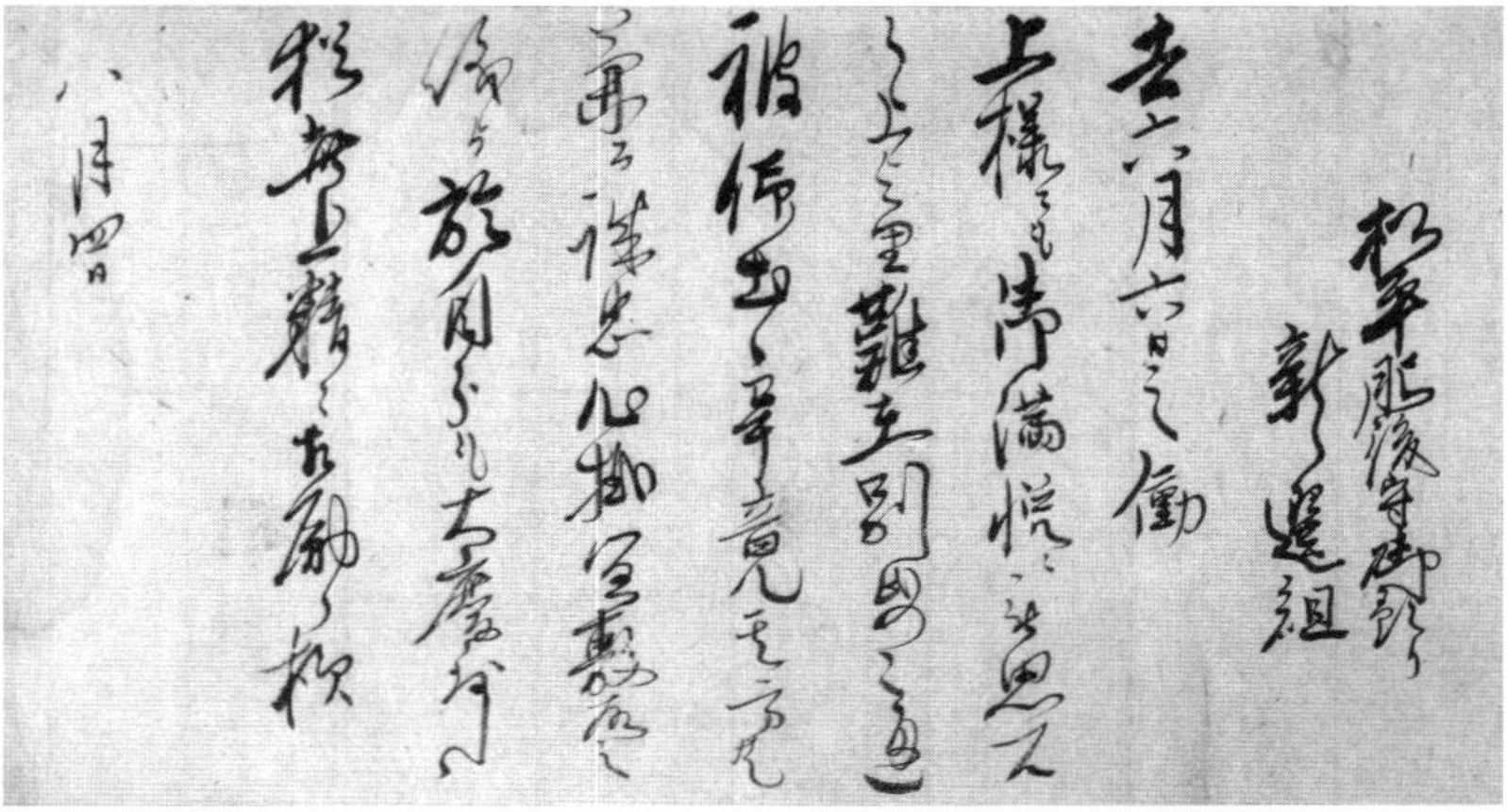

将軍家茂から松平容保と新選組に与えられた池田屋事件の感状　霊山歴史館蔵

新選組の働きに上様満足

十四代将軍徳川家茂は大いに新選組の働きをほめたたえ、京都守護職・松平容保と新選組に感状を与えた。このとき容保は重病で一服の薬も数度にわけて飲む状態であったという。

なぜ京都守護職、京都所司代が出動したにもかかわらず戦闘に加わらなかったのか疑問がのこる。あくまで新選組と浪士の斬り合いにしたく、池田屋事件によって新選組の名は轟いたが、この事件に対する瓦版もなければ、錦絵の題材にもならなかった。

永倉は明治四十四年(一九一一)、七十三歳のとき、「七ヶ所手負場所顕す」に激戦五時間で自ら負傷したことを綴っている。

孝明天皇に容保から池田屋事件を報告すると大変ご満悦で、朝廷と幕府、そして容保より褒奨金が新選組に下された。

激闘の代償に多額の褒奨金

総額六〇〇両余――約一八〇〇万円

元治元年(一八六四)六月五日の池田屋事件では、乱闘で隊士の奥沢栄助・安藤早太郎・新田草左衛門の三名が浪士から深手を負わされ、屯所で死亡した。
新選組には、朝廷並びに幕府より感状と褒奨金が下された。

金三〇両　近藤勇（三善長道の刀と酒一樽）
金二三両　土方歳三
金二〇両　沖田総司・永倉新八・藤堂平助・谷万太郎・浅野藤太郎・武田観柳斎
金一七両　井上源三郎・原田左之助・斎藤一・篠塚峰三・林信太郎・島田魁・川島勝司・葛山武八郎《かずらやまたけはちろう》・谷三十郎・三品仲治《みしなちゅうじ》・蟻通《ありどおし》勘吾
金一五両　松原忠司・伊木八郎・中村金吾・尾関弥四郎・宿院《しゅくいん》良蔵・佐々木蔵之助・河合耆三郎《きさぶろう》・酒井兵庫・木内峰太・松本喜次郎・竹内元太郎・近藤周平

死亡隊士三人にそれぞれ見舞金を別途二三両で、総額六〇〇両余り。現在の約一八〇〇万円に相当する。出動しない隊士には配分はなかった。京都の夏は厳しく体調を崩した隊士や、隊内で男色がはやり、病を得ていざという時に出動できない隊士がかなりあったという。

報復を警戒

この事件では京都所司代の桑名(三重県)藩士・本間久太夫と藤崎猪之右衛門も闘死した。島田魁の日記には報復への備えも記されている。

翌六日、近隣コトゴトク探索ス。昼頃壬生村ニ帰ル。七日御褒美ヲ下サル。八日、市中ノ風説。長(州)浪人当局屯所江切込候ノ由、故ニ厳ニ固メ表門ヘ木砲二ヲ備江裏門江一門備江侵スヲ待。九日、会津ヨ

リ加勢トシテ廿一人来リ合ス

市中には浪士の方が新選組より圧倒的に多く潜伏していた。新選組では屯所の前川邸を要塞化する計画が持ち上がり、脱出用の逃げ道も作られた。襲撃に備え会津藩からは木で作った簡易な木砲を三門、さらに会津兵二一人の援軍も駆けつけ厳重な警備を敷いた。

新選組の名があがればあがるほど町衆の風あたりは強かった。京都は土地柄か勤王びいきが多く、幕府の衰退と共に新選組も嫌がられていった。

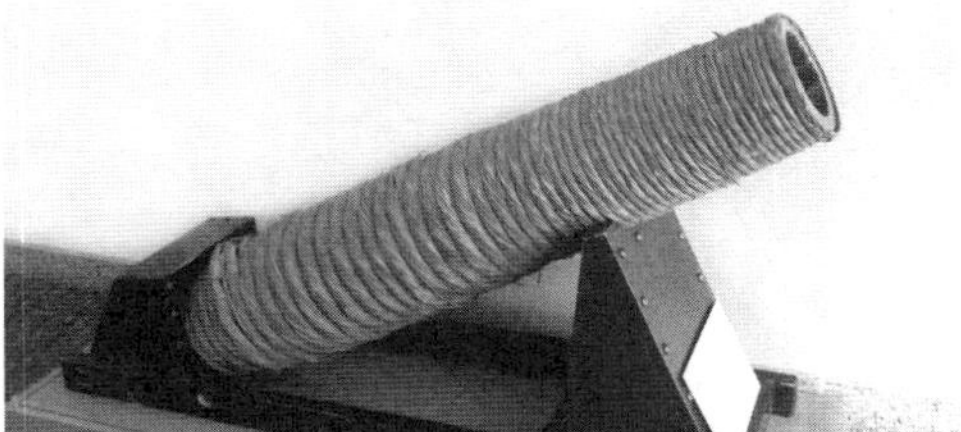

新選組の屯所があった前川邸(上)
池田屋事件の後、浪士の報復を警戒した会津藩が前川邸に配備した木砲(下)　霊山歴史館蔵

隊士の愛刀

池田屋事件の島田や永倉の記述はいささかちがう。戦闘中に映る状況は鮮烈なものしか脳裏に焼きつかない。乱闘がいかにすさまじいかは、刀の損傷で一目瞭然。壬生屯所の主人・八木家の借家に住んでいた刀の研師・源龍斎俊永の覚書には、事件後に研ぎや修理に出された刀の刀工、寸法、損傷を調べていたことが記されている。刀剣鑑定家の生谷敬之助氏がこの文献を見られた。

近藤は愛刀の長曽祢虎徹《ながそねこてつ》二尺三寸五分(約七一・二センチ)を「今宵の虎徹はよく斬れる」と豪語したが、文献には「上出来なれど偽物」とある。虎徹なみの切れ味と近藤はいいたかった。

土方は和泉守兼定《いずみのかみかねさだ》で二尺四寸二分(約七三・三センチ)の新々刀。沖田は加州金沢住長兵衛清光《きよみつ》の二尺四寸(約七二・七センチ)あまり、刀の帽子が折れたというから振り抜きざまに柱にあたったのかもしれない。

永倉は播州住手柄山平氏重の二尺四寸あまり、戦闘で手を斬られ、刀の帽子が折れた。藤堂は上総介《かずさのすけ》兼重の二尺四寸二分で、刃こぼれ一一カ所、ハバキ元よりぼろぼろになり、額を斬られ重傷を負う。

斎藤は摂州池田鬼神丸国重の二尺三寸一分(約七〇センチ)で、刃こぼれは小さいが無数だった。あれほどの戦闘でよほどの手慣れた剣の腕前であったことがうかがわれる。谷は月山弥太郎定吉の二尺三寸八分(約七二・一センチ)で、刃こぼれ七カ所とまくれ四カ所あり、池田屋周辺でも戦っていた。

近藤は養子の周平が池田屋で活躍したように国元に伝えるが、周平の作州津山住城慶子正明の二尺二寸五分(約六八・二センチ)は刀に傷みはほとんどなかった。

首謀者・宮部鼎蔵と松陰との浅からぬ縁

共に東北遊歴の旅へ

池田屋事件の首謀者は肥後国熊本藩士の宮部鼎蔵《ていぞう》であった。

発端は、新選組が宮部を探索し下僕の忠蔵を捕えたことだった。宮部が枡屋喜右衛門こと古高俊太郎と気脈を通じて、長州の浪士らと密会を頻繁にもっていた。古高は借家十七、八軒、土蔵三つと資産もあり、浪士に資金援助して居宅に宮部を潜居させ、播州(兵庫県)林田藩の大高又次郎に武具弾薬を調製させていた。

宮部と長州とのつながりは、江戸から吉田松陰と東北遊歴の旅に出たことであった。このとき、松陰は藩の許可の通行手形なしの旅立ちで脱藩とみなされた。また、松陰は海外密航を宮部に打ち明け、宮部は思いとどまらせようと説得するも決意が固く、宮部は「皇神の真の道を畏《かしこ》みて思ひつつ行け思ひつつ行け」と松陰に檄を飛ばした。

松陰曰《いわ》く「宮部佩《お》ぶる所の刀を脱し、強いて予が刀と替ふ」。宮部は愛刀を腰からはずし、松陰の刀と交換したという。宮部は池田屋でこの刀をもって戦ったという。松陰が渡航に失敗し投獄された様子を宮部は「吉田松陰略伝」にまとめ、松陰の弟子の久坂玄瑞に贈り、久坂の自刃後は、楫取素彦《かとりもとひこ》へ託された。松陰門下は宮部を慕い尊敬していた。

密会の目的

宮部は池田屋へ長州、肥後、土佐から浪士を集め古高奪還のための密会を持つことになった。桂小五郎(木戸孝允《たかよし》)は古高奪還に慎重で、長州が動けば会津との戦いになると思っていた。事件当日に桂にも廻状《かいじょう》がきたので八時に池田屋へ行くと誰もおらず、対州屋敷で囲碁に興じた。

寺井維史郎著『池田屋事変始末記』には「池田屋惣兵衛は、京都三条小橋の旅宿の主人にて平生憂国の志厚く慷慨《こうがい》の士に交る。兼ねてより長州藩士の定宿たりしが、元治元年(一八六四)六月五日夜の亥の刻(午後十時ごろ)長藩士吉田稔麿《としまろ》等入り来り酒肴を調させ、又数通の書翰を各所の同志に使を差立たさしめしに間もなく、同志等数十名入り来り二階の一間に打くつろぎ、盃を取交し乍ら密談数刻に及びし時」とあり、このとき新選組は池田屋を急襲した。

惣兵衛は一旦家族と逃げたが翌六日、町奉行に捕えられ、六カ月後に獄中で病にたおれ七月十三日に没した。行年四十二歳だった。墓碑は霊山にある。その後池田屋は七カ月の営業停止処分を受けた。

斬られた浪士の遺骸は三縁寺の縁側に九樽に詰められた。真夏とあって異臭を放ち、塩づけにされた。身元検分したが浪士の身分が判明せず、幕府は池田屋女中・清水うのを立ち合わせた。三縁寺に遺骸を埋葬し、さらに遺髪などをもって霊山に顕彰墓を建てるが、土佐の北副《きたぞえ》佶《きつ》摩《ま》は本名と変名の本山七郎と二つの墓があり、混乱していた。

薩摩の動向

西郷隆盛は池田屋事件後の六月十四日、大久保利通へ次のように報告した。「毎日一人づつ取り方にて抜身をたづさえ、市中往来、人間違にても苦しからずとの訳にて、気味わるき事に御座候」。

市中での新選組や会津藩の警戒がことのほか厳しい。さらに西郷

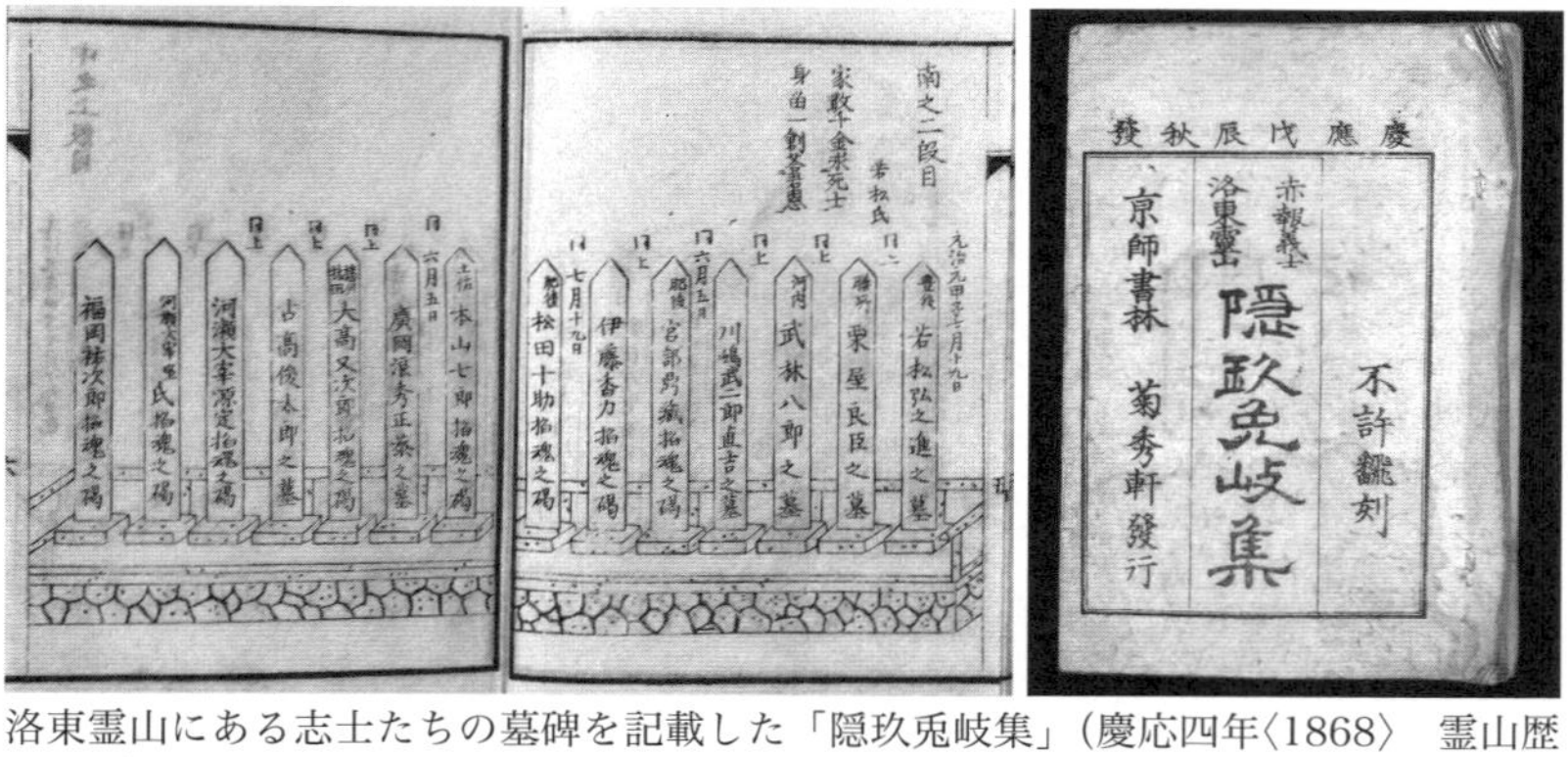

洛東霊山にある志士たちの墓碑を記載した「隠玖兎岐集」(慶応四年〈1868〉 霊山歴史館蔵)。宮部鼎蔵、古高俊太郎、大高又次郎の墓碑もみえる。

は中村半次郎(桐野利秋)を長州京都藩邸に出入りさせ、情報収集や池田屋事件への関与のほどを調べさせた。

中村半次郎と申す者、追々暴客の中間にも入込、長州屋敷内にも心置なく召入候て、彼方の事情はくわしく相分り、外に段々手を付候得共、それ程相分り候手筋もこれ無く、仲間と見込候故、内情相分り候事に御座候処、今回、長州襲来に付、長州国元まで踏入度との事に御座候間、大夫様え申し上げ差出候事に御座候。本道の暴客に相分り候やも計られず候得共、又々罷り帰り候へば、くわしく情態の相分る事と相考え申し候間、左様御含み置き下さるべく候

西郷は中村に長州行の探索を命じていた。

西郷は池田屋事件が浪士狩りではすまないことを察知し、いずれは長州と会津の私闘が戦いに発展すると感じていた。

近藤勇、軍中法度をつくる

組織の崩壊は隊内の規律から

池田屋事件の手柄ばなしになると近藤勇は愛刀の虎徹を抜き放ち、「下拙《げせつ》の刀は虎徹故に候哉、無事に御座候」とことあるごとに自慢したという。高価な虎徹を持てるはずがない。偽物、いや本物とささやかれた。鴻池善右衛門からもらったとも伝えられ、そうだとすれば本物の可能性が高い。鴻池は大名貸しの商人。偽物に金を貸す訳がないのである。

近藤勇が愛用していた鎖帷子
霊山歴史館蔵

近藤が江戸へ帰り武蔵国日野(東京都)の名主・佐藤彦五郎に「虎徹は刃がボロボロに欠けたがいつものように鞘に納まった」と語った。永倉新八は手記で「近藤は三度ばかり斬られそうになった」と伝えていた。

槍の名手の谷三十郎は、池田屋で浪士の胸元へ突き刺すと穂先が背中に抜け田楽刺しにしたが、人間を突いたのははじめてで、血の風呂へでも入ったようだった。この話、一説には、槍で突いたのは弟の万太郎ともいう。

新選組の隊内で敵味方の批評が日常話題となり、拝金主義から料亭通いや色欲におぼれる隊士が増え、土方歳三も苦慮するようになった。組織が崩壊するのは隊内の規律からだと、近藤と思案した。

「美味禁制」など九カ条

長州の報復の噂が市中にながれはじめた。長州軍の上京に備え、警備の強化が幕府見廻組や新選組に命じられた。そこで近藤は軍中法度なるものをつくったという。

軍中法度

一、役所を堅く相守り、式法を乱すべからず、進退組頭の下知《げち》に随う可《べ》き事

一、敵味方強弱の批評一切停止の事。附、奇矯妖怪不思議の説を申すべからず

一、食物一切美味禁制の事
一、昼夜に限らず、急変之《これ》有《あ》り候とも決して騒動致すべからず、心静かに身を堅め下知を待つ可き事。
一、私の遺恨ありとも陣中に於て喧嘩《けんか》口論仕《つかまつ》る間敷《まじ》き事
一、出勢前に兵糧を食い、鎧《よろい》一縮し槍太刀の目釘《めくぎ》心付く可き事
一、組頭討死に及び候時、其《その》組衆其場に於て戦死を遂ぐ可し、若《も》し臆病を構え其虎口逃来る輩《やから》之有るに於ては、斬罪微罪其品に随って申渡す可きの条、予《かね》て覚悟、未練の働之無様《なきよう》相嗜《たしな》む可き事
一、烈敷《はげし》き虎口に於て組頭の外屍骸《しがい》引退く事為《な》さず、始終其場を逃げず忠義を抽んず可き事
一、合戦勝利後乱取禁制也、其御下知之有るに於ては定式の如く御法を守る可き事
右之条々堅固に相守る可し、此旨執達仍《よ》って件《くだん》の如《ごと》し

隊士らはこれを読み上げ、戦いが近いことを肌で感じていた。

市中の噂

長州京都藩邸の留守居助役の乃美織江《のみおりえ》は、池田屋事件のとき無関係の態度を装って藩邸の門を閉ざし、浪士を逃げ込ませなかったため、長州の吉田稔麿は入れず死んだ。桂小五郎も死亡したと、調べもせず本藩へ誤って報告し、顰蹙《ひんしゅく》をかった。

また事件に巻き込まれた長州の吉岡庄助が四条縄手《なわて》で飲んでいたところ、幕吏《ばくり》が探索に来たのであわてて外に飛び出し浪士と間違われ斬られた。

乃美は幕府に犯人引き渡しをもとめたが一蹴されてしまった。

長州は孤立状態になり、いざ出陣と湧きたって市中に潜伏していた長州勢の浪士たちは、嵯峨の天龍寺(京都市右京区)へ続々と集結しはじめた。

西洋かぶれの佐久間象山、暗殺される

豪傑卓異の人・象山

西洋学者で松代《まつしろ》藩士の佐久間象山《しょうざん》の私塾からは、勝海舟・吉田松陰・小林虎三郎・河井継之助・橋本左《さ》内《ない》、宮部鼎蔵、山本覚馬《かくま》、坂本龍馬ら、時代の寵児《ちょうじ》を輩出した。

象山は身長一八八センチ。一見すると異人に見間違える風貌で、ペリーが再来したとき、横浜応接所で象山に軽く会釈したことで「ペリーがおじぎした日本人」として話題にのぼった。妻・順子(海舟の妹)への手紙の中で「一昨日ペルリ上陸候せつも、通りがけ我らの前を過ぎ候とき、ちょうと会釈して通り申し候。ペルリは一通りの人には会釈は致さぬよしに候」と自慢した。

象山は西洋かぶれとまわりから指摘されるほど、西洋について博学であった。西洋砲術・電気治療器・蒸留器・地震計。カメラは京都の写真師・堀与兵衛と研究したメモと、持っていた薬品が、京都大学附属図書館に尊攘堂の維新特別資料としてある。自製のカメラで自身を愛人のお蝶に写させ、自らも妻の順子や息子の恪二郎《かくじろう》の撮影もしている。

松陰は象山を「佐久間修理と申す人、すこぶる豪傑卓異の人」。西郷隆盛は「学問と見識においては佐久間抜群のこと」と、すこぶる評判がよかったが、天才にありがちな驕慢《きょうまん》な態度を嫌う者も多かった。

自邸前で暗殺

象山の思想は公武合体で、開国佐幕の持論を唱え、元治元年（一八六四）の十四代将軍徳川家茂の上洛に際して幕命で入洛していた。外出時には白馬の王庭《おうば》に西洋馬具、オランダ鞭を持ち、馬の轡《くつわ》を従僕・半平が取り、草履取りの坂口義次郎が従った。

日頃から攘夷派の肥後の河上彦斎、因幡（鳥取県）の前田伊右衛門らがつけ狙う。同年七月十一日昼、象山は三条木屋町の自邸前で刺客に暗殺された。

刺客の彦斎は馬上の象山の前に仁王立ち、目にも止まらぬ居合斬りで象山の左脚を斬りつけ、落馬したところ首筋を袈裟《けさ》がけにした。象山は腰の国光の短刀で応戦するが彦斎がさらに横一文字に額を斬った。前田が馬乗りになり両手で刺し止めた。行年五十四歳だった。

象山は不覚にも背中から斬られたことから、松代藩は息子の恪二郎に蟄居《ちっきょ》を命じた。

佐久間象山が暗殺されるところを描いた錦絵
「元治夢物語」　霊山歴史館蔵

恪二郎、新選組で仇討をのぞむ

恪二郎は象山の愛人お菊との間にできた子であった。象山が斬られたときは十七歳の青年で、父の仇討がしたいと会津藩士の山本覚馬に相談し、新選組の近藤勇が隊士でなく食客扱いで入隊を許可した。

のちに恪二郎は名前を三浦啓之助(敬之介)と名乗った。土方歳三の海舟宛ての手紙には「御甥《おい》三浦敬之介子会藩山本覚馬と申仁より被頼、手前局中(新選組)ニ引受、亡佐久間氏之仇種々配慮探索」とある。新選組に入り犯人を探し、父の仇討をしたいという、海舟先生の甥・恪二郎を、土方は確かに預かったと伝えている。

第四章　長州の動乱

——禁門の変と残党狩り

「死に場所探し」長州藩、率兵上京

池田屋事件を受け、ただちに決定

元治元年(一八六四)五月、朝廷は長州藩およびその支藩、家老の入洛を差し止めたが、長州は京坂の情勢から、六月四日には家老・国司信濃《くにししなの》の上京や福原越後の江戸出府、世子・毛利定広(元徳《もとのり》)の上京を決定していた。ところが池田屋の大惨事から九日後の六月十四日、長州へ一報がもたらされると、藩内は騒然となった。ただちに上の関(山口県)で軍議がひらかれ、久坂玄瑞《くさかげんずい》と寺島忠三郎が率兵上京することとなり、三条実《さね》美《とみ》ら五卿の従者の土方久元《ひじかたひさもと》らも参戦を申し出た。

だが藩主の毛利敬親《たかちか》は重臣らと協議の上、久留米水天宮神官の真木和泉守《まきいずみのかみ》を軍事総裁とし、土方は三条らを引きつづき補佐することに決めた。真木は久坂と共に諸藩の義軍三〇〇名を率い、福原は二番隊を率いた。家老益田右衛門介《うえもんのすけ》にも上京を命じた。

長州は動きが敏捷《びんしょう》で翌日の六月十五日には、来島又兵衛《きじままたべえ》が軍装に身をつつみ、森鬼太郎と変名したうえで、遊撃隊を率いて京都へ向け発した。

西郷の書簡

薩摩の西郷隆盛は大久保利通宛ての二十五日付書簡で、六月二十日頃から長州兵が大坂に集まり一〇〇〇名におよぶという情報を伝えた。指揮をとるのは福原で、すでに二十三日に大坂から枚方《ひらかた》(大阪府)に移り一泊して二十四日、伏見に向け進軍するという。

西郷はさらにこうつづった。「今度の戦争は、まったく長・会の私斗に御座《ご》座《ざ》候《そうろう》間、無名の軍を動かし候場合にこれ無く、誠に御遺策の通り、禁闕《きんけつ》守護一筋に相守り候外、余念無き事に御座間、左様御含み下さるべく候。いずれ長人の儀、内には外夷の襲来を待ち、外は出軍の次第、実に死地に陥り候」。

この戦いは長州と会津の私闘であるから大義名分なく兵士を動かせない。薩摩としては亡き藩主島津斉彬《なりあきら》公の御遺策に従い御所を守ることに専念したい。長州は四カ国艦隊の来襲を迎え撃つときであり、率兵上京は死に場所を探しているようなものである——。西郷は長州の行為をこのようにみていた。

薩摩の動向

六月二十三日、福原は七〇〇名を率いて大坂から隊列を整えた。手には弓・槍・刀・銃を持ち、鎧《よろい》姿もいれば陣羽織に鎖帷子《くさりかたびら》の兵士もいる。袖には名前と「長州赤心」と書いた白布をつけ、旗を押し立て太鼓、鐘を打ち鳴らし勇ましく進軍してくる。

沿道では町人らが何事かと見守るばかり。四〇〇名は水路で山崎(京都府大山崎町)へ向かい、福原は兵を長州藩伏見藩邸に入れた。

率兵上京の末に禁門の変(蛤御門の変)をおこす長州勢
「元治歳京都騒動記禁門之変絵巻」より　霊山歴史館蔵

これに対し、幕府は長州兵の入洛を阻止しようと、薩摩藩京都藩邸に淀(京都市伏見区)あたりへの出兵を命じた。ところが西郷が国元の大久保に伝えたように、薩摩の藩論は天皇の兵であって幕府の兵でないとの姿勢を崩さないことであった。

大久保がどう考えていたのか、返書が見当たらないので想像するしかない。西郷は藩の存亡にかかわる書状を読み終えると廃棄していた。

西郷の決断はこうだった。長州と会津の私闘であり、国父・島津久光の考え通り禁裏御所の守衛に専念すべきである。薩摩と長州の間には旧怨《きゅうえん》はあるが、ここは正論をしめさなければならない。長州が敗北したときは、幕府の命に従わない薩摩をまわりは非難するだろうが、大義名分のない出陣はできない。ただ長州が朝廷に対し私怨を抱くようなことがあれば、即座に兵を動かすことになるだろう。

だが、戦いが始まると薩摩の出陣が濃厚となっていった。

私怨か大義か?　京へ進軍

長州の「七カ条の軍令」

元治元年(一八六四)の池田屋事件の激震は、長州の討幕運動の導火線となった。

長州の三家老である福原越後・国司信濃・益田右衛門介が「七カ条の軍令」をもって精鋭部隊を率い京都に向け進軍した。

一、一軍一心の心得肝要にて、他藩自藩の差別相立て功を争い候儀致す間敷《まじ》きこと
一、軍容正々堂々進退粛々《しゅくしゅく》に致すべきこと
一、議論喧嘩《けんか》いたす間敷きこと
一、策略など存じにつき候者は、私に議論致さず、すぐに申し出て十分論弁いたすべく候こと
一、敵之兵制虚実などみだりに評論致す間敷き候こと
一、失火そのほか噪候ことこれありとても、昼夜ともその位置相《あい》守りみだりに立離申さず、中軍之令を待ち申すべく候こと
一、その地方の農民は勿論《もちろん》、商売等少も無理之取扱い致す間敷き候こと
右、軍令相背《そむ》き候者は、厳重処置致すべく候間、きっと相慎むべく候
軍監は各部隊へ軍令を通達した。士気はあがり着々と戦闘準備が進められた。

浪士隊の義軍

長州藩京都屋敷に潜伏中の浪士らもひそかに嵯峨(京都市右京区)の天龍寺へ屯集《とんしゅう》した。福原越後は陣笠《じんがさ》に鎧直垂《ひたたれ》姿、京橋口で紀州(和歌山県)藩兵と対峙《たいじ》した。

軍装で都の土を踏むとは、と紀州兵が阻止しようとしたところ、福原は「わが藩は日頃から夷狄《いてき》と戦い平生といえども旅装には軍装を用いる。このことは朝廷にも幕府にも聞こえているはずだ」。毅然と立ち振る舞ったため、紀州兵は手出しはできなかった。

浪士隊の名は「清側義軍」とよび、五隊にわけ役職を決めたが変名をもって参戦した。

総管に久留米(福岡県)の浜忠太郎(真木和泉守)と長州の松野三平(久坂玄瑞)。参軍には筑前(福岡県)の野唯人(中村円太)と長州の牛敷春三郎(寺島忠三郎)。忠勇隊・宣徳尚義隊・義勇八幡隊・集義隊と軍列を整え、淀川をさかのぼり山崎から天王山に布陣した。

攘夷への哀願

この戦いの大義名分は「攘夷の国是嘆願、三条実美ら五卿の復権、毛利父子の冤罪《えんざい》の哀訴」をかかげて挑んだ。恨みの矛先は会津、薩摩へ向けられていた。幕兵は馬で駆けまわり、市中から郊外へ逃げまどう町衆や僧侶らで騒然となった。

真木は兵士の前で「天闇《てんこん》の哀願書」を朗読し、使者藤村幾之進と大谷僕助をたて淀藩主稲葉美濃守に朝廷への上達を申し入れた。

稲葉から一橋(徳川)慶喜に届けられ中川宮らと議奏、伝奏の公卿が協議の上、朝議がひらかれることとなった。

真木は久坂と石清水八幡宮に参籠し、二八〇〇字の哀願書を書き上げ、神前に供え祈願し、内容は挙国一致による攘夷を訴えていた。

真木は八幡宮北社を本陣として「長藩攘夷祈願所」と看板を掲げ高張《たかはり》提灯《ちょうちん》をたてた。対岸の天王山にある宝寺(宝積寺《ほうしゃくじ》)に「筑後国高良大明神」の旌旗《せいき》をあげ中営として諸隊の陣営とした。

さらに義勇隊は観音寺、宣徳尚義隊は大念寺、忠勇隊は天王山、集義隊と義勇八幡隊は八幡宮をそれぞれ陣所とし、南の守りを固めた。

禁門の変、御所は混乱

在京の兵士八万が厳重警備

長州兵が御所に向けて進軍するという噂が市中に流れた。水戸藩士の手記「元治元甲子・京師長藩乱妨之記」には「長藩処々へ忍び入り京町辺にて乱妨のよし風聞」とある。

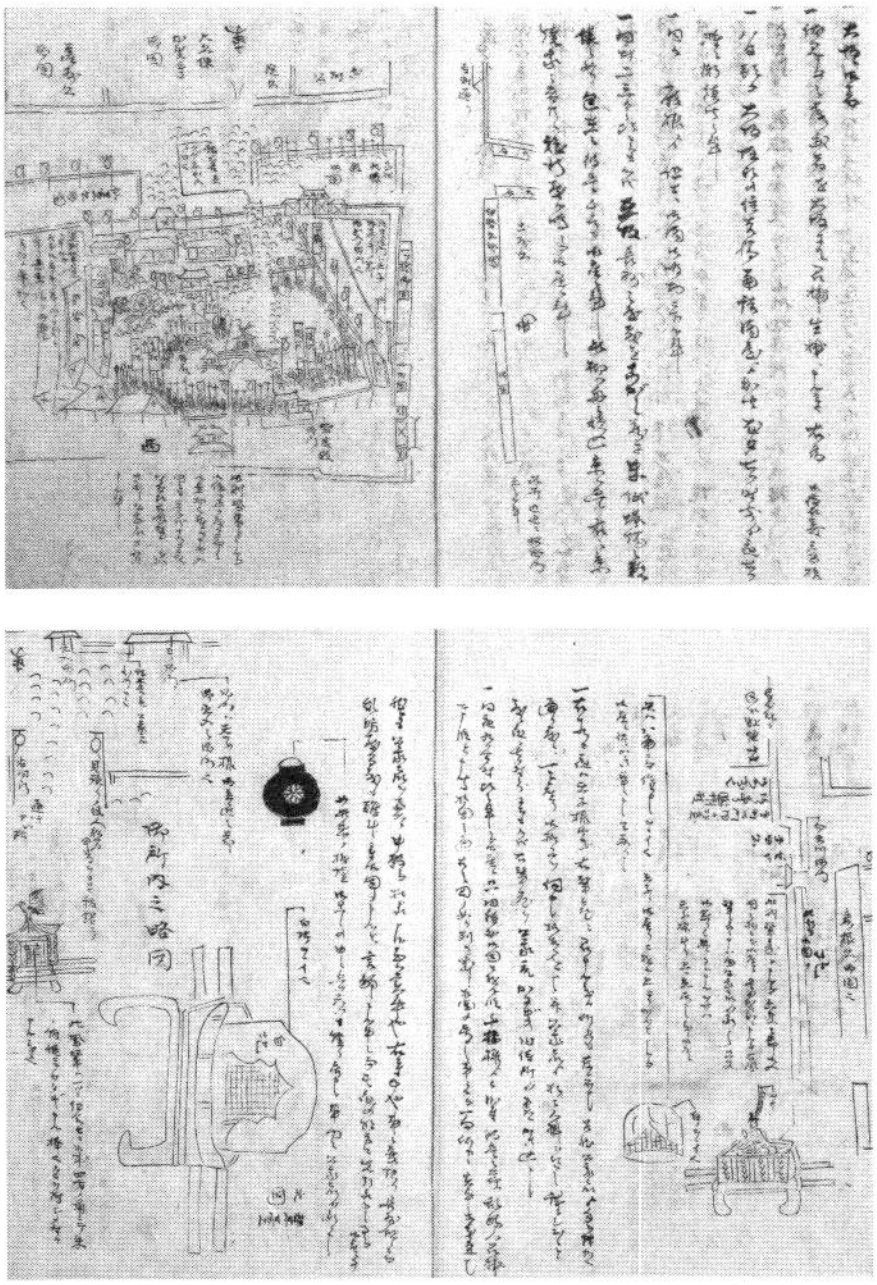

禁門の変を記録した水戸藩士の手記「元治元甲子・京師長藩乱妨之記并図」 霊山歴史館蔵
御所を固めた諸藩の警備(上)や御所内の様子(下)などが図示されている。

京都は当時人口約五〇万の都市で、各藩の兵士八万が警備にあたった。太秦《うずまさ》は膳所《ぜぜ》藩(滋賀県)、広隆寺は加賀藩(石川県)、向日町《むこうまち》は小田原藩(神奈川県)、伏見街道は大垣藩(岐阜県)、東六条に水口《みなくち》(滋賀県)と桑名(三重県)両藩。竹田街道は新選組。主要な街道筋や街角は蟻の通る隙間もない守りで固められていた。

御所周辺の御門はさらに厳重に固められた。中立売《なかだちうり》御門《ごもん》は福岡藩、蛤《はまぐり》御門は会津藩、南側は津藩(三重県)、清和院御門は加賀藩、下立売御門は仙台藩、堺町御門は越前藩、寺町御門は熊本藩、石薬師御門は徳島藩、今出川御門は久留米藩、乾御門は薩摩藩などが警備についた。

御所内の孝明天皇のまわりはさらに厳重に水戸・紀州・彦根(滋賀県)・岡(大分県)の各藩が固めた。どの藩も藩邸に藩兵を収容できず、寺社を間借りし、夏であったので野営するという大混乱ぶり。武装も鎧姿もあれば陣羽織、小具足《こぐそく》とまちまち、どこの藩兵か区別もつかない。幕府も統率がとれなかった。

元治元年(一八六四)七月六日、禁裏御守衛総督の一橋(徳川)慶喜は各藩の主だった者を集め評定《ひょうじょう》した。開口一番、会津から即刻掃滅との声が発せられたが、薩摩の西郷らの慎重論もあり慶喜は静観の立場をくずさなかった。対馬《つしま》(長崎県)藩士らを使者にたて、伏見に向かわせたが長州との交渉は決裂した。十八日深夜、ついに長州追討之儀と決まった。

戦闘の火ぶた

七月十九日午前零時、福原越後ひきいる長州の主力部隊が伏見から進撃したが大垣藩兵にはばまれ、竹田街道では新選組に敗れた。午前二時、天龍寺から来島又兵衛、国司信濃らは一気に蛤御門めがけて進軍した。蛤御門で会津兵と激戦となり薩摩兵の援軍にたたかれた。先の水戸藩士の「京師長藩乱妨之記」には「長士敗退致し死人夥《おびただ》しき御座候」とある。一方、真木和泉守らは午前二時に天王山から京都市中に向け出撃し、途中に樫原《かたぎはら》(京都市西京区)の小泉家で朝食をとり、桂川の渡しを使い、東寺から市中に入った。堺町御門で越前藩兵に敗れた。敗北の要因は各方面の連絡をする斥候役《せっこう》がまったく機能せずじまいだったことにあった。

この戦いを「禁門の変」または「蛤御門の変」という。蛤御門とは天明の大火で開かずの門がひらかれたことからこうよばれた。

戦闘がはじまったのに慶喜の姿はみえない。長州と会津との私闘とおもっていたところ、御所ではじまったと聞いてあわてた。慶喜は軍装の白ラシャ葵紋の陣羽織、金づくりの太刀に烏帽子《えぼし》、金の采配《さいはい》をかざして愛馬の飛電にまたがり御所に駆けつけた。

病をおして天皇を守ろうとした容保

京都守護職の松平容保《かたもり》は長く病気で臥していたが、御所へ長州兵が攻めるというので駆けつけた。新選組・永倉新八の手記では「御玄関に一ッ橋中納言(慶喜)と松平越中守が出迎え、両人の手にすがり、ようよう天子の御側へ近付くと、このとき天子は御立ち退きの支度をされていて、肥後守(容保)は驚いて御膝許へ寄って御袖にすがり、しばらく御止まりくだされたいと申し上げたところ、肥後、その方に任せるとのことだった」とある。

容保は病をおし、任務をこなそうとした。戦乱から孝明天皇を守ろうと必死であった。

水戸藩士の「京師長藩乱妨之記」では「紫宸殿御前内侍所へ御固ニ罷出《まかりいで》候処《ところ》、公家衆ハ天子之御鳳輦《ほうれん》をかき出し又候、御幕之類を出し恐多くは天子御立ちのきの御用意致し居申候《おりもうし》」とある。

御所内にいた水戸藩士が目にしたのは、紫宸殿《ししんでん》から孝明天皇が乗られる鳳輦を公家衆が担ぎだす混乱ぶり。縁《えん》の下に一間ほどの抜け穴があり、庭先まで逃がしたという。

久坂玄瑞の殉死

久坂玄瑞は寺島忠三郎と戦いに血路をひらき、公家の鷹司《たかつかさ》邸に乱入した。久坂は松野三郎と変名していた。そこへ会津の弾丸が飛来し火の海となり、二人は覚悟を決め切腹することにした。邸内にいた者がその様子をみていたが、久坂の最期は見事だった。鎧をぬぎ、御所を拝し寺島が久坂のみだれ髪を手鏡と櫛で直してやり、短刀をもって従容《しょうよう》として果てた。

ちなみにこの戦いで長州は大敗し、戦死者二六五名。幕府側は会津六〇名、薩摩八名、桑名三名、彦根九名、越前一五名、淀二名の計九七名。戦死者の数からみても長州と会津の戦いだった。

松陰の妹を妻とした秀才・久坂

吉田松陰の妹・文《ふみ》は松陰門下の秀才とうたわれた久坂の妻となった。

久坂は三歳年下で当時十五歳だった文を娶《めと》ったが、久坂は文の実家の杉家で暮らした。松陰は久坂を側においておきたかったのだろう。

久坂は寺社組藩医・久坂良廸の三男として天保十一年(一八四〇)、萩城下の平安古《ひやこ》八軒屋に生まれた。名は誠、通武、字を秋湖、江月斎と称した。

松陰は「玄瑞年十八、才あり気あり、駸々《しんしん》(物事の進歩するさま)進取す」と秀才ぶりを評した。同志宛てでも「日下(久坂)は防長年少第一流の才気ある男、今に至り手はて僕あえてその品題(品位を論定する)を改めず」と、松下村塾では高杉晋作とならび双璧とよばれ、将来に期待をよせていた。

久坂は十四歳で母と死別、翌年には父と兄とも死に別れ孤独な身となった。丸坊主で医者坊主とあだ名され、髪を伸ばしたのは禁門の変で殉死する一年前だった。性格は質実剛健で安政三年(一八五六)に松下村塾に入門した。松陰二十七歳、久坂十七歳だった。

文久三年(一八六三)八月二十九日の手紙で、久坂は妻の文へ小田村素太郎(のち楫取素彦《かとりもとひこ》)の次男・粂次郎(道明)を養子に迎えてはどうだろうと述べているが、久坂が殉死すると、文は楫取素彦に嫁いだ姉の千代が没したあと、楫取の後妻におさまっている。

「ドンドン焼け」京を焦土に

惨憺たる御所内部の状況

元治元年(一八六四)七月十九日、禁門の変で御所内を守っていた水戸藩兵に弁当が遅配された。真夏で腐りやすいうえ「弁当ハ竹皮飯菜ハ梅ぼし渇なハハしようふ弁水ニ而呑又面洗」(京師長藩乱妨之記)。竹皮には握り飯と梅干し、水は葉菖蒲《しょうぶ》で飲み、顔も洗った。上のほうでは、排便していた水を下では飲み水とするなど惨憺たるものであった。

御所内は、まるで蜂の巣をつついたような状態になっていた。公卿は衣冠にたすきがけ、孝明天皇より「御苦労でごじゃるなぁ」と弱々しいお言葉をかけられ感激した。

公卿はみんな顔面蒼白、孝明天皇に五、六十歳のお局《つぼね》、女中一〇人ばかり、正室も寄り添い、今まさに比叡山あたりに避難しようとしている。そこへ駆けつけた禁裏御守衛総督の一橋(徳川)慶喜が「お静まりくだされ」と一喝しておさまった。そのとき大砲の炸裂《さくれつ》音で皇太子(のちの明治天皇)が御常御殿《おつねごてん》近くで気を失われていたという。

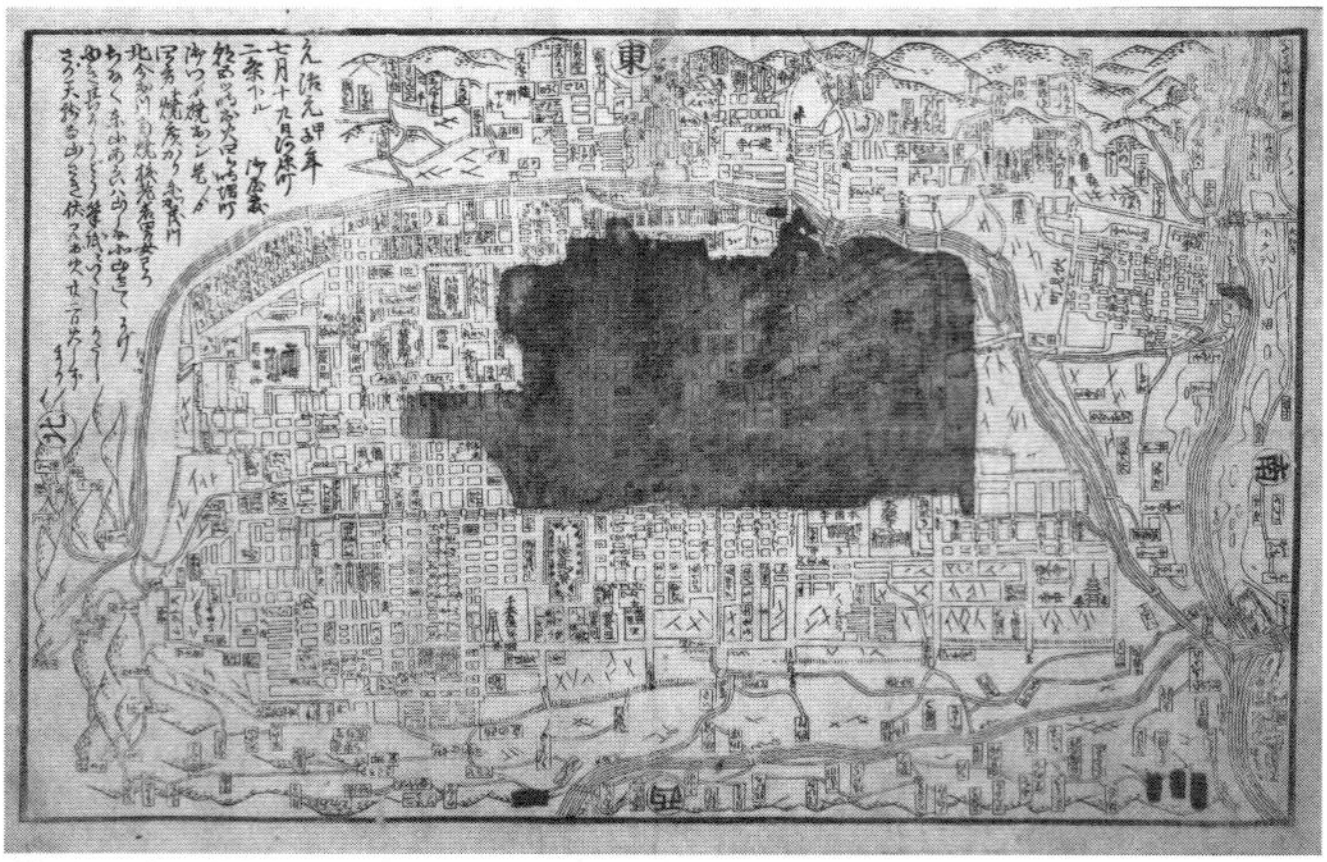

禁門の変の罹災地を伝える瓦版　霊山歴史館蔵
焼けた地域を切り抜き、柿渋を塗って作られた

火元は二カ所

禁門の変の罹災《りさい》は「ドンドン焼け」「鉄砲焼け」とよばれた。当時の瓦版によると、七月十九日朝辰の刻（午前八時ごろ）河原町三条上ル長州藩京都屋敷（現在の京都ホテルオークラ）より火を発し、翌二十日寅の刻（午前四時ごろ）に及び、消失地は、東は鴨川より西は堀川に至り、北は一条より南は七条に達した。罹災町数八一一町、戸数二万七五一三軒、焼け落ちた土蔵一二〇七棟、橋梁四一カ所、宮門跡三、芝居小屋二、公卿屋敷一八、武家屋敷五一、社寺二五三であったという。

火は二カ所からあがった。長州は敗走にあたり、京都留守居役の乃美織江《のみおりえ》が藩邸に火を放つ。幕軍を撹乱《かくらん》しようと考えての行為だった。御所の中立売御門近くの紅屋からも火の手があがったが、会津兵が長州兵掃討作戦で火を放ったものだった。

洛中の三分の二は焦土と化した。公家の鷹司邸は乱入した久坂玄瑞・寺島忠三郎に会津兵が放った弾丸が飛来し、たちまち火の海となったが、周りの公家屋敷や御所などは焼失をまぬがれた。

罹災瓦版は飛ぶように売れた。京都の瓦版屋がほとんど焼けたため大坂で刷られたが、京都の地図に焼け

長州の進軍による戦火で逃げ惑う京の人々
「元治歳京都騒動記禁門之変絵巻」より　霊山歴史館蔵

た地域を切り抜き、紙に柿渋《かきしぶ》を塗ったものだった。地図では類焼していない地域も焼けたことになっており、姻戚が駆けつけると無事であったという話もあって、市中は混乱した。

京都の四方へ類焼

京都は盆地で比叡おろし、愛宕《あたご》おろしで風向きがかわり、四方へ類焼した。町衆は逃げまどうにも敗走する兵士と混乱におびえ、家財道具も持ち出せないまま煙に巻かれて死者が続出した。

夜になると風が出てきて二十日は六角堂、因幡薬師、四条、松原、五条周辺に燃え移り、東本願寺も全焼した。みるみるうちに焼野原となった。

　　虫よりも泣く人多し京の秋

京都には東西の獄舎があり、東町奉行の囚人は主に殺人、強盗、強姦などの罪を犯したのに対し、西町奉行はご禁制のバテレン(キリスト教徒、キリシタン)であった。

西の六角《ろっかく》獄舎は切支丹《きりしたん》牢と政治犯の揚り屋で六角通神泉苑西入ルにあり、総面積三六六〇平方メートルだが、浪士狩りで満員状態であった。責任者は西町奉行の滝川播磨守具知(具挙《ともたか》)。市中の火は西へ類焼し煙が風にのって流れこんできた。

六角獄舎の惨劇、志士たちを殺戮

奉行の滝川、国事犯の斬り捨てを命ず

禁門の変の大火は市中をなめるように広がった。六角獄舎にも風にのって煙とともに灰がながれてくる。大火の場合は獄舎の罪人の切り離しがおこなわれ、三日以内に戻ってきた者には罪一等を減ずることになっていた。六角獄舎の責任者の西町奉行・滝川播磨守具知は、平野国臣らの「国事犯」を逃せば義挙を起こしかねないと、はじめから切り離す気は念頭になかった。六角獄舎は国事犯がほとんどであった。国事犯はいわば思想犯で再犯のおそれがある。

市中の噂では長州兵が敗走に乗じ国事犯を奪還するという。滝川は新選組にも出動させようと考えていた。獄吏に「獄舎に類焼しようとした折は、江戸表へ伺い中の重罪の国事犯をすべて斬り捨て、他の罪人は切り離しせよ」と命じた。

獄吏は破獄のおそれがあると報告したため、滝川は大目付の永井主水正《もんどのじょう》(尚志《なおゆき》)と協議し、すべて斬首もやむなしとなった。

村井正礼の手記

村井正礼《まさのり》は六角獄舎につながれていた蔵人衆《くろうど》で、国事犯らを目の当たりにしていたこともあって手記「縲《るい》

史《し》」に克明にしるした。

「一夜まんじりともしない中に夜が明けた。火は下京を掃蕩《そうとう》して、天地相映じ、日色銅の如く、しかもまだ止まない。折柄、外が俄《にわ》かに騒がしく、獄吏は急に警鐘を乱打し、警兵を集め敵が獄に迫ったと呼び立てた」

「鉄砲へ弾玉を仕込むよう、抜身の刀をさげて走り廻ったが、これは間もなく、所司代の巡邏《じゅんら》銃隊が京中を廻っていたものとわかって、ほっとした。しかし獄吏はなかなか威張って、長州の弱虫共何んぞ畏《おそ》るるに足らんや、嵯峨山崎の敗けざまは何んだといった。獄中の志士はこれを聞いて、その傲言に腹を立てると共に、がっかりした」

「昼頃、火は堀川に延焼したから、この獄もあぶない、囚は何処かへ移すだろうという話を聞いた。午後(二時)になってから、数人の役人が槍を手にして、獄吏を先立てて、監房の外を往来する。先《ま》ず但馬一挙の人、平野国臣、横田精之、大村包房、本多素行が呼び出されて去った」

村井は斬首の順番が回ってこず助かったが、その三年後に斬首された。

平野次郎於獄中撚糸製詠歌　霊山歴史館蔵
生野の変で決起した平野国臣が、獄中でこよりをつくって和歌を綴ったもの。京都養正社の旧蔵品。

平野国臣の最期

獄舎に火の粉が舞い落ちてきた。天誅組、生野の変の国事犯は、元の切支丹牢があった東広場に集められた。平野国臣の最期は見事だった。辞世の詩を「憂国十年東に走り西に馳《か》け、成敗天に在り、魂魄《こんぱく》地に帰す」と詠んだ。三十七歳の姿はどうみても初老で白髪に髭面《ひげづら》、頬はこけていたが、眼光は鋭く炯々《けいけい》と人を射るようだったという。

一説には、獄中の平野は獄吏のしごいた槍を両手で受け止め、自らのどにあて自害したともいう。村井の手記には三三名が斬首されたとあるが、後の調べで三七名が切り殺されたともいう。

首洗いの井戸では斬るたびに血糊の刀や槍を洗った。その横には拷問に使った抱き石があった。滝川の決断に失望したのは、京都守護職の松平容保で、滝川を呼びつけ厳しく戒告したが、幕府の汚点となったことはいうまでもない。

禁門の変での久坂玄瑞、平野国臣らの死によって攘夷親征は挫折した。攘夷親征は吉田松陰の宿願であったので、門人の高杉晋作・伊藤博文・山県有朋・井上馨《かおる》らはその志を受け継いでいった。

新選組、敗兵を追撃

朝廷からもたたえられた戦功

禁門の変は元治元年(一八六四)七月十九日の御所周辺の戦いばかりではなかった。

幕府兵や新選組が敗兵の追撃をはじめた。小競り合いの戦いが二カ所でおこった。ひとつは洛西の樫原《かたぎはら》(京都市西京区)、もうひとつは天王山(京都府大山崎町)であった。

これらの戦功を朝廷もたたえ、京都守護職・松平容保に新選組の戦功状況の報告書を求めた。容保はさっそく新選組の近藤勇に覚書の提出を命じ、隊士の島田魁《かい》は次の覚書にまとめた。

去る子《ね》七月、長州人暴動に及び節、炎天の折柄最初より竹田街道え出張、厳重に相固め、進んで山崎表へ賊の屯所を攻め敗り、粉骨尽くし候段感入り候なり。松平容保様

島田　極月(十二月)廿三日

同じ内容の感状が慶応元年(一八六五)正月に朝廷から新選組に下された。朝廷からの感状には「賊」を「敵」に一字変えられてあった。文字を容保が変えたのか、朝廷が配慮したかはわからない。

樫原三烈士

京都市西京区樫原塚ノ本町の塚の上に西山浄土宗の高円寺がある。通称塚の堂とよばれた。七月十九日、寺の近くで長州の梅本僊之助、薩摩の相良《さがら》新八郎、相良頼元が幕府兵に斬られた。三人は真木和泉守の長州遊軍の清側義軍に属し、長州の援軍として参戦していた。

相良兄弟は薩摩を脱藩し宇都宮(栃木県)藩兵と行動を共にしていた。天王山へ向け、荷廻りの宰領一人を連れて敗走し、桂川の上野橋を渡り、松尾下山田から物集女《もずめ》街道を南下し、樫原の札の辻に昼前にさしかかった。出陣の朝餉《あさげ》をとった小泉仁左衛門邸があり、逃げ込むことも考えていたのだろう。

この一帯は幕府兵の小浜《おばま》(福井県)藩兵一〇〇人が四門大砲をもって村の辻を固めて、敗走兵を討ち取る作

戦であった。梅本、相良らは殺気を感じバラバラになった。ひとりは樫原三ノ宮神社御旅所前のおゆき婆さんの家まで逃げた。もうひとりは札の辻、さらにひとりは物集女街道を逆行して月見ヶ丘で斬り合いがはじまり、幕府兵六、七人を手負いさせたが力尽き闘死した。

三人の甲冑や薩摩藩紋入りの巾着《きんちゃく》を村役人に届け、薩摩藩邸に届けたが相良の身分がわからず受け取りを拒否された。相良兄弟はもと肥後藩士で、故あって薩摩藩に身を寄せ、自らも薩摩藩士と名乗っていたという。

村の庄屋・松尾喜兵衛は七月二十一日に三人の葬儀を高円寺でおこなった。寺は幕府に配慮して「この一件に関し一切他言せざること」の誓約書を村民二十余人に連署させた。寺に一時埋葬したが、のち共同墓地へ改葬した。

真木の敗走

堺町御門の戦いで真木は脚を負傷し、槍を杖に天王山へ敗走した。町々では敗走兵のために手水桶《ちょうずおけ》と柄杓が軒先に並べてあった。乱暴に水を飲む敗走兵に「武士の恥を知れ」と真木は烈火の如く諫《いさ》めたという。吉祥院（京都市南区）の豪農・小原伝之丞邸へ迷い込んだ真木は脚の治療を受けた。伝之丞は勤王家で、家族を使い負傷の兵士を手当てしてさらしを巻いた。真夏でもあり裏の畑からスイカを取り、兵士に食べさせた。真木は感激して渋うちわに「山陰に八重の逆茂木ひくとても　世にうきことはなどかかはらむ」と詠み、贈った。

伝之丞の妻が嫁入りしたときの駕籠に真木を乗せ、近くの若者に担がせ天王山まで送りとどけたという。

天王山に散った十七烈士

山に立て籠もる真木和泉守らを新選組が追撃

元治元年(一八六四)七月二十一日、長州遊軍の清側義軍の総管・真木和泉守ら一七人は天王山に立て籠もった。

敗走の際、近くの小倉神社の神官から金の烏帽子と錦の直垂《ひたたれ》を贈られ、これに着替えた。

会津藩兵とともに追撃したのは新選組で、「しばがきや」の屋号を持つ樫原の油商・小泉仁左衛門は屋敷を探索され、床の間の柱やふすまを刀で斬りつけられた。地元古老がこの刀疵《きず》を見て、ここまで新選組が来たことをはじめて知った。

新選組は桂川の渡しから川島

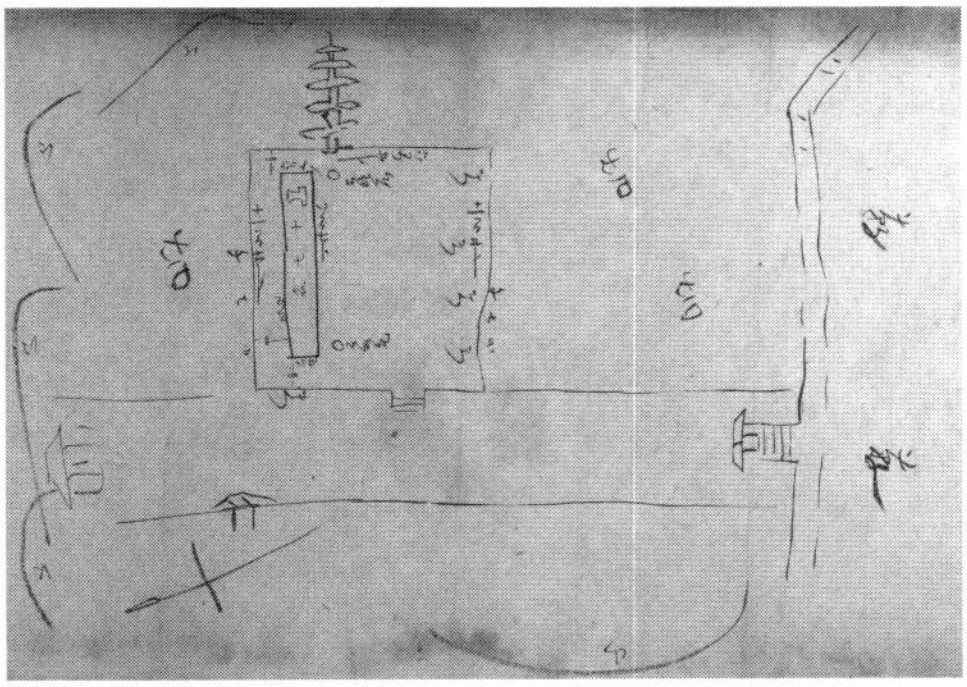

天王山十七烈士墓所略図　霊山歴史館蔵

幕府軍が天王山に打ち込んだ砲弾片　霊山歴史館蔵
京都養正社の旧蔵。

村、岡村を通り物集女街道から天王山をめざしたという。また山崎の渡し場を渡ったともいうから、二手に分かれ掃討したのだろう。蟻の子一匹見逃さない。戦死した無縁墓が各寺にあり、これらは小荷駄《こにだ》係などの小者らのもので、地元では「残念さん」とよび葬った。

新選組の永倉新八の日記には「新選組からは局長近藤勇、副長助永倉新八、斎藤一と組下の四十人ほどが向かった。天王山の下には副長土方歳三、副長助勤原田左之助、藤堂平助、井上源三郎、軍事方浅野薫、武田観柳斎、諸士調役山崎烝《すすむ》、島田魁、林信太郎、小荷駄方尾関弥四郎、河島勝司、総勢一五一人、会津兵四〇〇人が下の通りを固めた」とあり、天王山へ近藤隊、山下に土方隊の二手にわかれたとある。

交戦の末に真木と十七烈士、自刃

天王山では長州兵が議論していた。真木は一同の者に「もはや志はこれまで。われわれはここにおいて討死する覚悟である。長州の者はこの場を落ちて再起をしてほしい。落ちる者は早く落ちろ」ということで、二〇人ほどは同調した。このとき、真木の長男と長州兵が敗走した。

新選組はやがて天王山より六丁ほど離れた宝寺(宝積寺)より攻めはじめたが、真木は一七人と鉄砲を持って一丁ほどの近くまで押し寄せた。このとき、真木は「われは長門宰相の家臣真木和泉守である、お互いに名乗りあって戦おう」と大声でいい、近藤も「われも徳川の旗本の者近藤勇である」と名乗った。

真木は御所を拝し「大山の峰の岩根に埋めにけり　わが年月の大和魂」と辞世を吟じた。

勝ちどきをあげて発砲して陣小屋へ退いたので新選組は追い打ちをかけた。真木は陣小屋に火をかけて火の中へ飛び込み、真木らはじめ、他の者ものこらず立腹を切った。近藤は敵ながらあっぱれと感銘し、天王山の山頂に登って会津の旗を掲げ、勝ちどきをあげた。

敗戦処理で山崎の街に火を放つ

真木らは、天王社に金三〇〇〇両、米三〇〇〇俵、甲冑に名を記して奉納したが、会津兵から、これら金や米は八幡社(離宮八幡宮)の神官を通じ村民に下げ渡された。会津兵は掃討により火を放ち、大念寺・観音寺・離宮八幡宮・神宮寺・安養院や民家一〇〇軒ばかりを焼失させた。

自刃した十七烈士の遺骸は竹藪に投棄されていたのを、宝寺の三重塔広場に会津兵の命によって村民が埋葬し「長州賊徒の墓」の墓標がたち、個別墓碑銘も建てられた。地元では「残念さん」とよばれた。

近年、これを裏付ける古地図が発見されている。宝寺の僧・探玄は長州の周旋をしたことにより、会津兵に捕えられ四年あまり無住となった。明治になり十七烈士の墓は、天王山の自刃の地に移設された。

志士の苦境を支えた商人、庄屋たち

小泉仁左衛門と長州物産所

京都には各藩に出入りの御用達《ごようたし》の商人がいた。勤王家として名をはせていた若狭(福井県)小浜《おばま》の梅田雲浜《うんぴん》は才にたけていて、各地に人脈を持っていた。

梅田の門下の書肆《しょし》・西川耕蔵は、梅田が安政の大獄で連座の際、妻子を扶助し幕吏の探索をうけて近江(滋賀県）に逃げた。天誅組《てんちゅうぐみ》挙兵にも軍資金を送り、ついに新選組に捕えられ獄中で斬首された。

梅田は活動資金を得るために長州藩と京都の間で物産所を手がけ、樫原《かたぎはら》村（京都市西京区）の小泉仁左衛門宅に長州物産所を開設した。小泉の屋号は「しばがきや」といい油商と金融で財をなした。京都からは呉服・菜種・材木を、長州からはロウ、干魚、半紙などが取引された。

長州京都藩邸の留守居役・宍戸《ししど》九郎兵衛が担当したが、正月と盆には藩主からねぎらいの品が小泉家当主に届けられ、紋付羽織、袴で使者を出迎えたという。同家に出入りの長州の吉田稔麿《としまろ》、肥後（熊本県）の松田重助、播磨（兵庫県）の大高又次郎、頼《らい》山陽の三男・頼三樹三郎《みきさぶろう》に援助したが、吉田・松田・大高は池田屋事件で殉死した。

川島村の庄屋・山口薫次郎

山口薫次郎

樫原村の隣村、川島村の豪農・山口直《なおし》こと薫次郎は、小泉家と姻戚にあたる。代々仙洞御所領の大庄屋をつとめる大の勤王家で、小泉と力をあわせ私塾・立明館をひらき、村内の教育にことのほか熱心であった。浪士の出入りが多いことから、安政の大獄で幕吏の探索を受け、布屋幸助と変名して丹波（京都府・兵庫県）に逃れた。

八・一八の政変では三条実美ら七卿落ちに従い、長州へ西下した。このとき、幕吏は薫次郎の家財を押収し焼き払ったが、田畑、山林四四町歩を勤王活動に投じた。同村の革島左門は、天誅組挙兵や池田屋事件に連座した古高俊太郎に武器弾薬や軍資金を送ったことで新選組の探索を受け、関係書類を押収された。

嵯峨の材木商・福田理兵衛

山口薫次郎と姻戚にあたる長州藩御用達の材木商に福田理兵衛がいた。「長州の奉ずるは国に奉ずる道なり」と村民に唱えていた。商才にたけていて、嵐山の下を流れる大堰《おおい》川に材木を筏《いかだ》流しで下嵯峨に運び込んだ。その材木を野積みしたが下から腐りはじめたので、村民がなぜ買い占めると聞くと、理兵衛は材木の上に座って市中を眺めるのが好きだといった。京都で大火の際に材木は高騰し、巨万の富を得たという。

人一倍の世話好きで信任厚く、嵯峨野村の大庄屋、総年寄《そうどしより》、郷士格の身分を得て仁和寺、天龍寺、八幡公文所《もんじょく》、阿野家らの内用を進んで引き受けた。

安政の大獄で連座した吉田松陰・橋本左内・梅田雲浜・頼三樹三郎と親交があり、幕吏から追われ身を隠した。

福田理兵衛

文久二年(一八六二)正月、長州藩士の楢原善兵衛が入洛し、藩主の世子・毛利元徳《もとのり》の上洛で天龍寺を滞在所に選び、一切の任務を理兵衛に命じたが、任務が重すぎると固辞した。再度、井上馨《かおる》が交渉しやっと引き受けた。理兵衛は天龍寺・清凉寺、民家一〇軒を借り入れ、すべての調達を取り仕切った。元徳はことのほか満足で、理兵衛を正式に長州藩御用達商人にして経理一切の任務をまかせた。

翌三年の八・一八政変で長州勢が追われ、理兵衛も商売を縮小しなければならなかったが、池田屋事件を機に長州勢が続々と天龍寺に屯集できたのは、陰で理兵衛の斡旋《あっせん》があったからだという。

敗戦処理と桂小五郎

小五郎と舞妓・幾松

禁門の変で長州勢は大敗した。その陰で桂小五郎(のち木戸孝允《たかよし》)と恋人の幾松が敗戦処理に奔走した。桂は長州藩京都留守居役をつとめていた美男子で、仕事もよくでき吉田松陰が「事をなす才がある」と評すほどの有能な人物であった。

江戸遊学で神道無念流の免許皆伝の腕前となり、道場・練兵館の塾頭をつとめて人望があり、さらに洋式兵術も修めた秀才であった。だが身の危険を感じるとサッと身を隠すので、逃げの小五郎とよばれた。

幾松を描く錦絵
「教導立志基」　霊山歴史館蔵

桂は京都の花街三本木《さんぼんぎ》の舞妓《まいこ》・幾松に一目ぼれした。幾松が金屏風の前で得意の横笛を吹くと、一座は聞きいった。三本木ではこのような舞妓を町舞とよんでいた。

幾松の生まれは複雑で、小浜藩士・木咲市兵衛の娘であったという。郡奉行の不始末で父は失職し、一家離散したという話は、実はつくり話だったが、幾松が否定しなかったのは、商人の娘より武家の出の噂に酔いしれたからだった。

商人が仲介した縁

二人を紹介したのは但馬《たじま》国(兵庫県)出石《いずし》の小間物屋・広戸甚助であった。花街に行商に来る甚助から、びらびらかんざしや小物を買ううちに幾松は親しくなった。

そのころ幾松は、すでに近江屋伝兵衛の身請け話があった。桂の弟分の伊藤俊輔(博文)が、女将《おかみ》カノに相談したがなかなか首をたてに振らない。手付金を受け取っていたのである。伊藤は土下座し頼むやら、腰の太刀に手をかけて脅すやらであった。

運のよいことに伝兵衛が商売で失敗し話はたち切れた。晴れて相思相愛の桂(当時二十九歳)と幾松(当時十九歳)はだれにはばかることなく座敷で遊んだ。

ところが禁門の変で長州は破れて、桂は市中を逃げまわった。錦絵「木戸孝允夫人幾松」の添文に「元治の乱、幕府は小五郎を捕らえんと幾松、小五郎をその家の床下にかくし日々食糧を運び、深くこれを慰めついに追捕を免せしめたり。維新の後、小五郎青雲に上り幾松の志を感じ迎へて夫人となし」と、幾松は三本木に桂を隠して陰ながら心の支えとなった。

維新後に桂は明治の元勲となり、幾松は松子となり長州藩士岡部家の養女となって、正室におさまった。

よく映画などで三条の橋から幾松が握り飯を橋の下の桂に落とす場面があるが、実は長州藩御用達商人の大黒屋太郎右衛門が女中お里に命じたものであった。

潜伏と捕縛

桂はみすぼらしい姿に身を変装し、そのとき都都逸《どどいつ》を詠んでいる。

さつきやみ　あやめわたぬ　浮世の中に　なくは私しと　ほととぎす
鴨河の　あさき心と　ひとには見せて　よるは千鳥で　鳴あかす

潜伏しているとき同志の広沢兵助（真臣《さねおみ》）と蹴上《けあげ》（京都市東山区）で、駕籠を担いでいると侍から「おぬし、侍であろう、足が白すぎる」といわれ、広沢と顔を見合わせハッとしたと回想している。

幾松は桂の志をかなえてやりたい。それは幾松の夢でもあった。桂を助け、国のためにつくさせたいと商人甚助に頼み、出石へ逃げることをすすめた。

桂は書状で木偏を上にした「木圭」の号をよく使い、その読みからのちに木戸と名乗った。「松菊」の号は諸説あるが、松陰の志を継ぎ、松の一字をとった。桂は萩呉服町の藩医・和田昌景の子である。薬草の菊からもう一字をとったという。

もうひとつ、「竿鈴」の号も使った。祭りの先ぶれに使う鈴の杖のことで、日本の先ぶれになりたいとの思いを込めた。

幾松は京都にとどまり幕府の情報を集めた。新選組は桂の潜伏先の三本木の花街へ探索に入り、幾松を捕えて壬生屯所へ連れていった。新選組の厳しい取り調べに幾松は口を割らない。この毅然とした義侠《ぎきょう》心に近藤勇はほれた。幾松の女将に世話になったこともあり、すぐに解放されたという。

逃げの小五郎、出石へ

但馬の諸所を転々と

藩に忠義をつくすには生きてこそできる。長州にとっては京都の情報が不可欠である。

桂小五郎（木戸孝允）は慎重派で、池田屋事件や禁門の変のことも反対した。長州の来島又兵衛が御所へ突入するのをとめたが聞き入れず、長州は朝敵の汚名を着せられた。

桂にとって心の支えは幾松だけであった。出石の商人・広戸甚助と弟の直蔵は東奔西走した。桂は対馬《つしま》藩の多田荘蔵と親交があり、幾松の望みもあって相談のうえ、桂を出石へ逃すこととなった。「故正三位木戸孝允公出石潜伏中之記」（直蔵日記）には詳細に記されている。

元治元年（一八六四）七月二十四日に「但馬国の船頭姿と為し潜かに京を出で路に諸藩の関門を過る毎に但馬国伊含村卯左衛門と名乗る」とある。

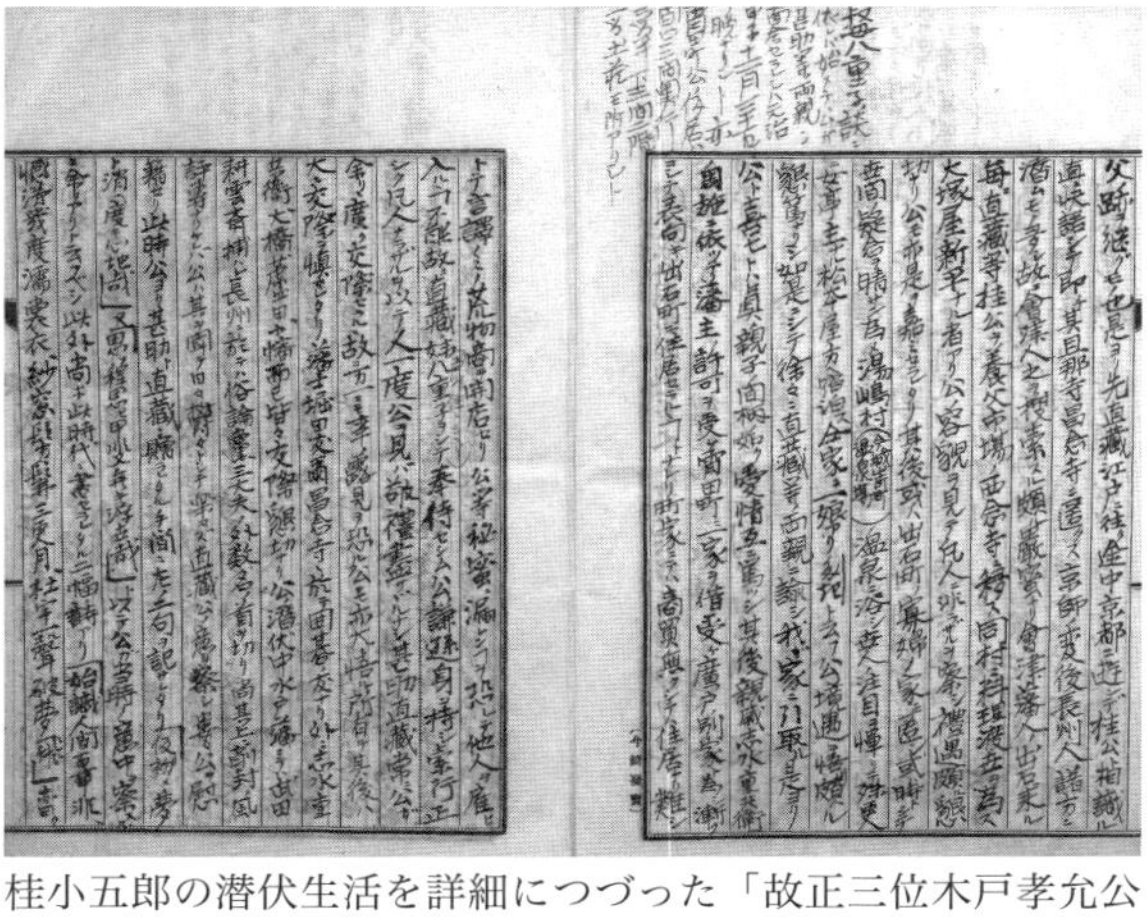

桂小五郎の潜伏生活を詳細につづった「故正三位木戸孝允公出石潜伏中之記」　霊山歴史館蔵

久畑村関門で桂は挙動不審と捕縛されそうになり、甚助は大坂で発病し、私が雇った船頭で出石に連れ帰ると偽った。出石では直蔵が桂の世話係となり、昌念寺にひとまず隠した。出石へ長州敗兵を追って会津兵が探索に来たので、桂を養父《やぶ》(兵庫県養父市)の西念寺に移し、料理人と偽らせた。

ここでも大塚屋新平なる者が桂の姿をみて、武家であろうと見破られ、甚助は他家に桂を隠した。出石では危ないと城崎《きのさき》温泉(豊岡市)の松本屋に投宿させ、ひとり娘の多起が身のまわりの世話をした。ほどなく多起は桂の子を身籠るが流産した。

荒物屋に化ける

直蔵らは両親と相談して広戸家に引き取り、親戚筋の志水重兵衛が出石藩に願いでて、桂に宵田町に一軒家を構えさせて荒物屋を営み、広戸家の分家とした。

ときどき桂は出石藩士の堀田友爾を相手に、昌念寺で囲碁に興じながら動向を探った。桂が潜伏中に水戸の天狗党・武田耕雲斎が捕えられた情報を得た。長州では幕府に恭順する姿勢をみせた俗論党の数名が斬られたことを耳にして「思ふほど思い甲斐なき浮世かな」と詠んだ。

出石の船着き場では近在の博徒が賭場をひらいた。「潜伏中博徒、酒客の間に身を置く」(直蔵日記)。桂は甚助を伴い、博打場へ出入りして京坂の博徒から情報を集めた。長州でこれを知っていたのは村田蔵六(大村益次郎)と伊藤俊輔(博文)だけであった。

翌慶応元年四月八日、長州藩内の俗論党が敗れたのを知り、帰藩を決意して出石を出立した。直蔵らは皆離別を惜しみ、和屋村まで見送った。桂の密命を受けた直蔵は、京都に走り対馬藩の多田らと面会し、桂が長州に帰る状況を報告し大坂に下った。

木戸の帰藩に伊藤は感涙

大坂で甚助が幕吏に捕えられそうになったので、甚助を助けるため直蔵は自ら捕えられた。直蔵は幕吏の目を盗んで逃げ出した。甚助は桂の元に走り、大坂難波橋、対馬藩内の大西駒二邸に隠した。夜に入り、直蔵は桂と幾松を大坂の港に連れて行き、赤間関《あかまがせき》(山口県下関市)の茶屋平五郎の船に乗り込んだ。

大坂の川口に幕府は関所を置き、太き鎖をもって両岸に渡し、その端を弛めて船を通行させる際に人名改めがあった。「公(桂)曰《いわ》く、京都宮川町廣江孝助、弟直蔵及び女中(幾松)一人と、(幕)吏しばらくありて大声よしと言い渡す」(直蔵日記)。

桂は神戸沖まで来ると安心したのか、長州訛《なま》りで話し大笑い、上陸して楠公(楠木正成)の墓所(神戸市湊川神社)を拝し出帆、翌日には金刀比羅《ことひら》社に参詣した。二十六日に馬関(赤間関)に到着。俗論党は消滅していたが、密かに細江町の桶久に投宿した。

「翌朝、伊藤公(博文)は桂公の顔を見らるや両眼に涙溢るる」(直蔵日記)。二人は京坂の情勢を語り合い、藩の立て直しを図ることとなった。

伊藤は甚助と直蔵の労をねぎらうため、稲荷町の大坂屋に招き宴席をもった。帰路、直蔵は金刀比羅社で高杉晋作が妾のウノと供一人を連れているのに出会った。高杉は桂が赤間関に帰ったことを知らなかった。

桂を甚助、直蔵が庇護《ひご》しなかったら長州の復権はかなり遅れたことだろう。桂はことあるごとに甚助らに金品を贈り、後も親交が続いた。

大義失った「天狗党の乱」の挫折

長州と水戸が密約

長州の桂小五郎は、逃亡先の出石で天狗党の挫折を知った。水戸では、九代藩主徳川斉昭《なりあき》の遺志を鼻高々に鼓舞する改革派のことを天狗とよんでいた。「公(桂)潜伏中水戸藩にては武田耕雲斎捕られ」(直蔵日記)。

万延元年(一八六〇)七月、長州藩士の桂らと水戸藩士の西丸帯刀《さいまるたてわき》らは丙辰丸《へいしんまる》盟約を結んだ。長州軍艦・丙辰丸の艦長松島剛蔵が桂らと共に、練習航海を名目に江戸湾で水戸の西丸らを乗船させた。盟約が密約だったため、長州の塩と水戸の大豆との取引を装ったが、実は幕政改革のための尊王攘夷運動であった。

文久三年(一八六三)三月、十四代将軍徳川家茂が上洛した折、水戸十代藩主の慶篤《よしあつ》に従った藤田小四郎が、さらに桂や志士らと攘夷決行の盟約を結んだ。朝廷の再三の訴えに幕府は攘夷を一向に決行する様子はなく、志士らは不満を募らせた。

天狗党、挙兵

元治元年(一八六四)三月二十七日、水戸では藤田らが町奉行の田丸稲之衛門《たまるいなのえもん》を総帥にすえ、六三名をもって筑波山(茨城県つくば市)に挙兵した。世にいう「天狗党の乱」である。天狗党には桂が挙兵前に一〇〇〇両の軍資金を献金していた。

天狗党には続々と浪士、神官、農民らが参戦した。幕府に攘夷決行を求め、日光に拠点を置くつもりでいたが、このとき幕府はすでに東北諸藩に追討の援軍を命じていた。四月十日に日光東照宮を参拝するだけで終わった。

進軍するにつれ軍資金が不足し、天狗と称し商家から金品を要求する者があらわれた。水戸藩ではこの戦いが討幕挙兵ととらえられることを懸念しだした。

七月七日、筑波国高道祖《たかさい》村(茨城県下妻市)で、水戸藩校学生らの諸生党七〇〇名と諸藩兵六〇〇〇は、天狗党と戦い敗走させた。だが天狗党も巻き返し、九日夜に下妻(茨城県下妻市)の幕府軍陣営に奇襲をかけ、勝利した。世間では藩の内紛にしか見えなかったが、十月十日、幕府軍はいよいよ那《な》珂湊《かみなと》(ひたちなか市)で天狗党に総攻撃を加えた。

武田耕雲斎が加勢

十月十五日、天狗党へ武田耕雲斎と山国兵部、松平大炊頭《おおいのかみ》らが加わった。従軍した伊藤栄太郎の懐中日記帳には戦況が詳細につづられている。それによると、武田が総大将、山国が大軍師とある。

筑波で挙兵した天狗党は、時の流れの中で戦いの大義名分が薄らぎ、十月二十三日の軍議で武田は、京都にいる斉昭の七男、将軍後見職の一橋(徳

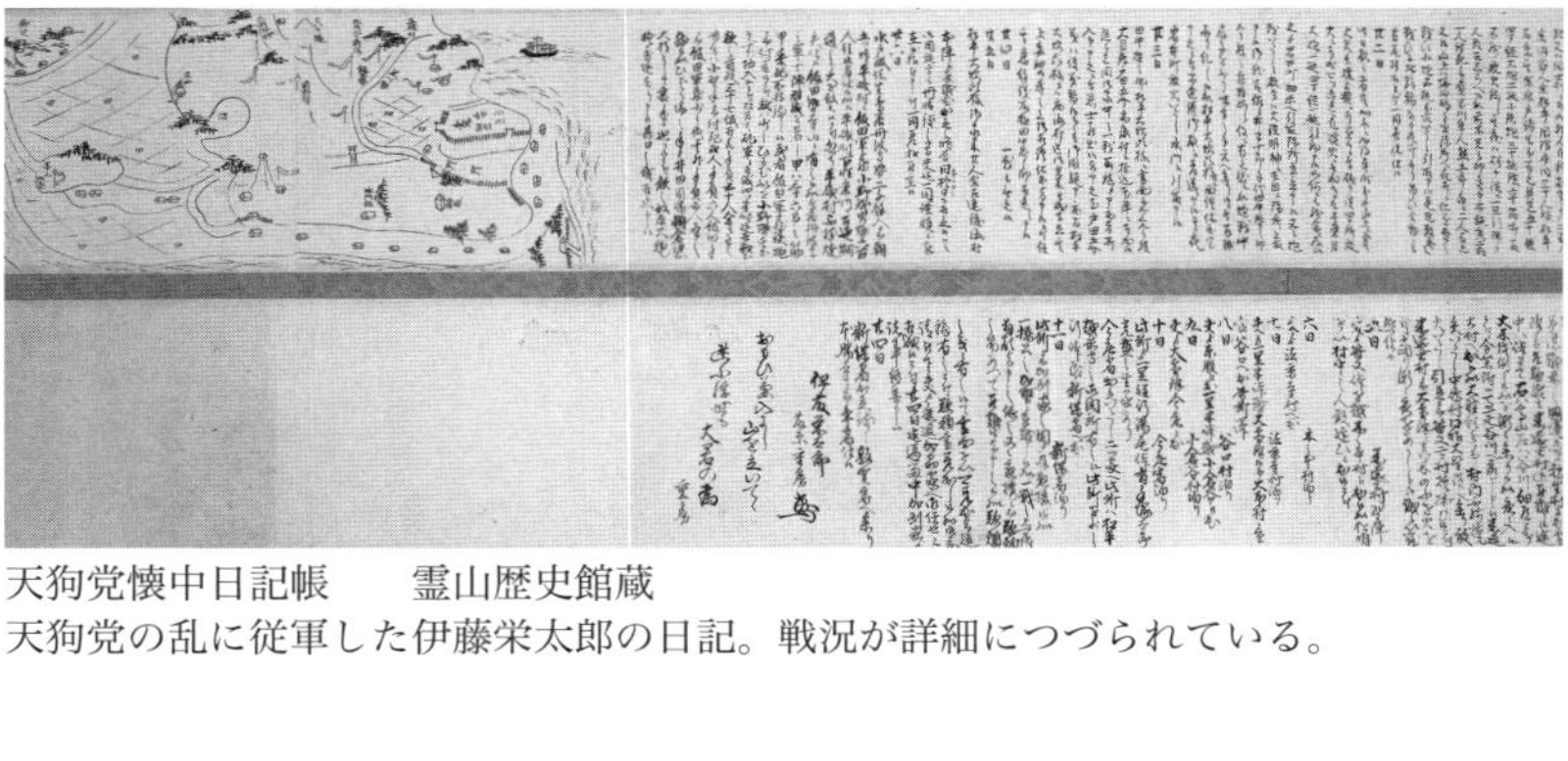

天狗党懐中日記帳　　霊山歴史館蔵
天狗党の乱に従軍した伊藤栄太郎の日記。戦況が詳細につづられている。

川)慶喜へ大義を直訴しようと京都に向かうことになった。このとき天狗党の軍勢は一〇〇〇名に達していた。

武田は実直な人柄で軍律は厳しく、一般の者を殺したり、みだりに民家に入り込み田畑を踏み荒らしたりした者には厳罰に処すと厳命した。また戦略にたけていて十一月十六日、高崎藩兵との下仁田《しもにた》西方の小坂(群馬県甘楽郡下仁田町)の戦いでは勝利した。死者は天狗党四名に対し、高崎兵三六名であった。二十日には松本(長野県)藩兵らも打ち破った。ところが越前(福井県)に入ると寒さが一段と厳しく、飢えも加わり進軍はままならなかった。新保駅(福井県敦賀市)に着くと、意外にも天狗党追討総督は慶喜だった。

ついに十二月二十一日、天狗党の八二三名は慶喜に投降した。敦賀《つるが》(福井県)のニシン小屋に投獄されたが、寒さに加え食事もろくに与えられず、糞尿の上にばらまかれた食べ物を争って食い合う姿は凄惨さを極め、筆舌つくし難い光景であった。

翌慶応元年(一八六五)二月四日、武田ら三五三名は死罪、一三七名は遠島、一八七名は追放となった。

桂は天狗党の挫折を知って絶望的な気持ちになった。伊藤の日記帳の「ひらき見て心いさまし日記かな」は、水戸藩の苦悩を物語っている。

朝廷から長州へ追討令……恭順か抵抗か

総督は徳川慶勝

元治元年(一八六四)七月の禁門の変の敗北で、長州は朝廷から追討令が下された。対応を一任された一橋(徳川)慶喜は、長州三家老の一人、福原越後へ再三使者を走らせ、長州の解兵を求めたが拒絶された。

福原は文化十二年(一八一五)、徳山藩主・毛利広鎮《ひろしげ》の六男に生まれ、藩命により安政五年(一八五八)、宇部(山口県)の福原親俊の養子になった。

禁門の変では、毛利の血筋から毛利父子の冤罪《えんざい》の嘆願書を武家伝奏の勧修寺《かじゅうじ》家に上書した。福原は藤森《ふじのもり》(京都市伏見区)で戦って負傷し、宇部に戻った。三条実美ら五卿も豊町《ゆたかまち》(広島市呉市豊町大長)まで上って来て、長州の勝利を信じ待ちわびていたが、敗北の知らせに落胆し西下していた。

幕臣の勝海舟の日記には「京地の風評、長(州)を善とし、会(津)に殊に悪説あり」(七月十九日付)と、長州に比べ会津の評判はすこぶる悪いとつづっている。

朝廷では七月二十一日、会議がひらかれたものの意見がわかれた。朝廷内に長州びいきがいたためで、三日後の二十三日にやっと征長令が出た。最後に慶喜、松平容保、西郷隆盛が強硬に押し切った。慶喜はさっそく西国二一藩へ出陣を促したが、幕府の対応にどの藩も腰が重かった。

大目付《おおめつけ》の永井主水正(尚志)は江戸に下り、十四代将軍徳川家茂に出陣を伝えた。京都と江戸では温度差があって、朝廷の命であればと家茂は八月二日、江戸城で「征長につき忠勤に励むべし」と述べたが、肝心の総督が決まっていなかった。

容保は越前の松平春嶽《しゅんがく》(慶永《よしなが》)へ「皇国のため、徳川御家のため、至急に御命駕成らせられ度《たく》、小子より懇願し奉り候」と書面で訴えたが固辞した。幕府は慌てて元尾張(愛知県)藩主の徳川慶勝《よしかつ》の名をあげた。当初は紀州の徳川茂承《もちつぐ》だったが変更されていた。

美濃路の宿場へは進発の先触れがまわった。慶勝は九月に尾張を出陣するも、あまり乗り気でない。幕府は慶勝を参内《さんだい》させ、慶勝は節刀《せっとう》を賜って正式に征長総督に命じられた。

まわりの諸大名は、征長と聞けば長州藩はすぐさま恭順するだろうと日和見主義だった。

三家老の切腹

そのころ、長州の藩論は正義派と恭順派でわかれていた。九月には正義派の井上聞多(馨《かおる》)が湯田温泉(山口市)で恭順派の俗論党に斬られ負傷した。高杉晋作は身の危険を感じ筑前(福岡県)へと姿を隠した。

毛利支藩の岩国藩主・吉川監物《きっかわけんもつ》(経幹《つねまさ》)は恭順派で、無条件降伏となった。毛利父子も責任を感じ蟄居《ちっきょ》して寛大な処置を望んだ。長州藩への処分は領地削減のうえ、転封という厳しい意見もあったが、西郷は大久保利通へ「暴人の処置を長人に付けさせ候道も御座有るべきかと相考え申し候」(九月十七日付)と書き送った。

つまり長州の中で処置をすればその道があってもよいのではないかと、人情に厚い西郷らしい考えだった。これが反映され長州藩への処遇もかわっていった。西郷と勝の会談の中で練られたものだった。

十一月一日、禁門の変を指揮した三家老の福原・益田右衛門介・国司信濃は切腹と決まった。のちに首は安芸(広島県)の国泰寺に送られ、老中・板倉勝静《かつきよ》らが実検した。この戦いの隊長だった宍戸《ししど》左馬之介・佐久間佐兵衛・竹内正兵衛・中村九郎は萩の獄で斬罪に処せられた。

征長の一年半で幕府が使った経費は三一五万両で、商人から軍資金調達をおこなったが、割り当て通りには調達できなかった。

第五章　近代化への道

サムライ五人、海を渡る

「長州ファイブ」イギリスへ

文久三年(一八六三)、長州からイギリスのロンドンへ留学した若き五人のサムライを「長州ファイブ」という。井上馨《かおる》(当時の名は志道聞多《ぶんた》)、伊藤博文(俊輔)、山尾庸三《ようぞう》、遠藤謹助《きんすけ》、井上勝《まさる》(当時の名は野村弥吉)の五人であった。

きっかけはペリー来航だった。長州藩は相模国(神奈川県)の海岸警備を命じられ、警備隊長を井上勝の父・勝行がその任務についた。そこで勝は伊藤に会った。『井上勝』(老川慶喜著)によると、伊藤は長州藩士の山中十郎に志願し沿岸警備にあたっていた。伊藤は勝より二歳上で、勝は伊藤から「これからの日本を発展させるには洋学しかなく、徹底的に研究すべきだ」と諭された。

伊藤と井上勝ら数十名は藩から長崎への遊学を命じられ、オランダ士官から航海術や西洋兵法を学んだ。長州には、攘夷派と洋学にあこがれる者がいた。長州藩では洋学を学ばせるため、数名を海外に留学させることにした。

留学先はイギリスと決めた。山尾は測量術にたけていて加わった。賛同者の周布政之助《すふまさのすけ》は留学にふれ「西洋の事情を熟知せずんば、我国一大之不利益なり、依て其時に用る処の器械として、野村弥吉(井上勝)山尾庸三の両人を英国に遣し度思ふなり」と留学の大義を述べている。

留学が夢

洋行に関心を持っていた井上馨は江戸で海軍術を学び、とくに西洋学者の佐久間象山《しょうざん》の海防論に影響を受けた。海軍は富国強兵策に通じるとイギリス留学を望んだ。

京都において長州藩世子の毛利元徳《もとのり》からイギリス留学の許可を得た。一人につき手元金二〇〇両が井上馨、山尾、井上勝らに稽古料として支給された。さらに遠藤が加わり、伊藤は参加を強硬に望んだ。

井上馨は旅費の調達に苦心し、長州江戸桜田屋敷の村田蔵六（のちの大村益次郎）に相談した。留学といえども、幕府の許可なしの密航であった。

どこからイギリスへ行けばいいのか、江戸日本橋の下を流れる水はロンドンのテムズ河に通じていると か、夢のような話を論じていた。そこまでひどくはないと思うが、伊藤らは桂小五郎（木戸孝允）に相談すると、大坂の蘭学塾・適塾《てきじゅく》で医学ができる所郁太郎《ところいくたろう》に聞けば教えてくれるという。所はあきれ顔で「イギリスがどこにあるとも知らず留学か」と聞いて驚いたが、横浜からの航路を教えた。

祇園で送別会

村田蔵六は横浜イギリス商館のジャージー・マジソン商会の斡旋《あっせん》と旅費調達に協力してくれた。渡航に際しての送別会が祇園魚品《うおしな》でひらかれた。金屛風の前で井上馨のなじみの芸妓《げいこ》・中西君尾《きみお》が京舞を披露した。魚品の若女将・お仲の粋なはからいであった。

君尾は井上馨に、武士の命が刀ならば女の命は鏡ですと、懐中から鏡を取り出しそっと渡した。小間物屋の松儀で造らせた逸品であった。井上馨は思わず刀から小柄《こづか》を抜き取り君尾に握らせた。

五人の若き青年は大志を抱き、横浜から上海に渡り、上海からロンドン行きの貨物船ペガサスとホワイト・アッダー号に分乗した。約四カ月後の文久三年九月、あこがれのロンドンに到着した。ここで彼らが学んだ西洋の学問は日本の近代化に大きく貢献した。

ロンドン大学(UCL)には五人が学んだ部屋がのこっていて、その二年後には薩摩の留学生も学んだ。ここには彼らをたたえる顕彰碑がある。

一八六三(文久三)年及び一八六五(慶応元)年にUCLを訪れ、帰国後 近代日本の基礎を築いた先駆者達を称える

一八六三年 伊藤博文 井上勝 井上馨 遠藤謹助 山尾庸三

続いて薩摩の留学生の名前が刻まれている。

イギリス留学は近代化の原点

村田蔵六の斡旋で出発

五人の長州の侍は青雲の志をもってイギリスに留学し、「長州ファイブ」「長州五傑」とよばれたが、伊藤博文・井上馨に比べ、井上勝・遠藤謹助・山尾庸三はあまり知られていない。

彼らの留学中の記念写真がある。英国に着いて一カ月後に洋服が仕立てあがり、写真館で記念撮影した。断髪した青年たちに壮士姿はなかった。

「長州ファイブ」（長州五傑）の集合写真
『子爵井上勝君小伝』（大正4年〈1915〉刊）より
後列左から遠藤謹助・井上勝・伊藤博文、前列左から井上馨・山尾庸三

この留学は日本が近代化をめざす足がかりであって、伊藤博文は師・吉田松陰の志を引き継ぐことでもあった。井上馨はまず藩の近代化を図るには、西洋式海軍が必要であると藩に申し出た。これは現実のものとなった。

すべての世話をしてくれたのは村田蔵六だった。旅立つ前に横浜の料亭・佐野茂で最後の宴会をひらいた。ここで全員髪の毛を切り、洋服に着替えた。村田の斡旋でジャージー・マジソン商会の手配した小さい蒸気船に乗り込み、中国の上海に向かった。長州藩が同商会へ留学費用として約五億円を支払った。

イギリスでは、ロンドン大学のウィリアムソン教授の世話になることとなった。教授はロンドン科学協会会長であった。教授の家は部屋が狭く、五人が寄宿できない。そこで井上馨と山尾は画家のクーパーのところに住むことになった。

英語に苦しみながら、学習・視察の日々

ロンドン大学は他の大学のように宗教性がない。宗教が入るととかく差別がおこりやすいからで、自由な

環境で科学の技術力を学ばせていた。

井上勝について『井上勝』には「UCLでは、ウィリアムソン教授が担当する分析化学の講義のほか、地質や鉱物に関する学問を専攻した」とあり、修了証書で地質学のクラスにいたことがわかると指摘している。

同商会の紹介で井上勝は、鉄道や鉱山を視察に出かけていた。維新後に鉄道の父とよばれる勝の原点はここにあった。

五人は英語に苦しみ、幕府の蕃書調所《ばんしょしらべしょ》編纂の英和辞書をひきながら英字新聞を読むことを日課とした。これによって世界の情勢が手にとるようにわかった。松陰の松下村塾での読書力が生かされた。講義の教科書もなんとか理解できるようになった。

伊藤は商会社員に洗濯はどうすればいいか、靴はどこで買えばいいかと尋ねている。五人はイングランド銀行を見て驚き、世界一といわれる造幣工場も視察した。明治になり、岩倉使節団の副使に伊藤がなって米欧の産業を視察した発想は、ここに原点があった。

英字新聞で日本の情報を得る

英字新聞によると、元治元年(一八六四)正月、横浜でおこった生麦《なまむぎ》事件の交渉がこじれ、薩摩へイギリス海軍艦船が押し寄せ開戦となったと報じられていた。

「わが藩(長州)でもこれと競争して下関で開戦したに違いない」と井上馨らは語りあった。井上馨と伊藤は相談の上、帰国することにした。藩論を外国船打ち払いの攘夷から開国にかえて近代化の道を選ぶことにする、はやく決断しないと、日本は世界から取りのこされることになる――。

帰国するには大金がいる。二人は同年三月、船賃の安価な帆船でロンドンから乗船し、喜望峰からマダカスカルへ向かった。航海中、暴風雨にあい難破しそうになった。そして上海経由で六月に横浜についた。

ロンドンに残留した井上勝は鉄道、遠藤は貨幣製造と紙幣印刷、山尾は造船と機械工学をそれぞれ研究した。

外交官サトウと四カ国艦隊の下関占拠

親日家で、熱心に日本を研究

イギリスの外交官であるアーネスト・サトウは大変な親日家であった。日本名を薩道愛之助と自ら称したほどであった。

徳川葵の紋付の侍姿のサトウを描いた五姓田《ごせだ》芳柳《ほうりゅう》は、横浜絵が得意な絵師だが、サトウの風貌をよくとらえている。顎髭《あごひげ》はなかったが、侍の威厳をつけるためあえてつけたのだろう。余談だが、東京の英国大使館前の桜は、サトウが日英

アーネスト・サトウ肖像画
五姓田芳柳筆　霊山歴史館蔵

友好の証しとして植樹したものである。

サトウは文久二年(一八六二)八月、英国駐日公使館通訳生として横浜に着任した。日本研究に熱心で、彼の著書『一外交官の見た明治維新』には「条約締結の名義人である元首、すなわち将軍が政治上の主権者であって、御門《みかど》、すなわち天皇は、単に宗教上の頭首、ないしは精神界の皇帝に過ぎないのだと、当時はまだそのように信じられていたのである」とある。

とくに大名に詳しく「大名の中には、島津、本州西端の毛利、本州北部の伊達《だて》、南部、津軽などがいた。家康の子息三人は尾張、紀州、水戸——その他の子息も要地に封ぜられた。一六一六年、家康が逝去したとき、全国の二十分の十九は家康の一味の所領であった」(前掲書)。

来日当初は日本語の通訳がうまくできず、かなり努力したという。

伊藤、開戦回避のために動く

元治元年(一八六四)六月、留学先のイギリスから横浜に着いた伊藤博文と井上馨は、イギリス領事ジェームズ・ガワと会談し帰国理由を述べた。するとガワからイギリス・フランス・アメリカ・オランダの四カ国が、前年の異国船への攘夷砲撃の報復戦を、下関で企てると聞いた。

伊藤らは驚いた。通訳生のサトウと会い、イギリス公使オールコックと会談し、藩主毛利敬親《たかちか》を説得して開戦を回避することを確約した。伊藤らが長州藩を説得する間、下関砲撃は延期されることとなった。

イギリスは伊藤と井上を高く評価し、イギリス軍艦バロッサに乗船させ姫島(大分県)に向かった。そのときイギリス側からの藩主敬親宛ての親書が託されていた。

内容は、伊藤が会談したもので、攘夷はもう無謀な行為であること、幕府の独占的な交易を廃止し自由交易とするならば、内政干渉はしないというものであった。

さらに伊藤と井上はイギリス留学での見聞をまとめ、長州藩家老の浦靫負《うらゆきえ》へ進言した。世界の情勢からみて、開国に藩論をかえなければならない。軍事力も差があり、富国強兵に転じるべきであると述べたが、藩の重臣から一蹴された。サトウはこうつづる。「(伊藤、井上が)ヨーロッパからわざわざ帰って来ながら、藩主(敬親)への忠告が失敗に終わったことについて、私は同情の念にたえなかったが、それは何とも仕方がなかった」(前掲書)。

一時間で砲台壊滅

元治元年八月、四カ国連合艦隊は、下関砲台に向けて攻撃をかけることとなった。連合艦隊総司令長官をつとめたキューパー提督付きの通訳官をサトウが担当することになって、ユーリアラス号に搭乗した。

イギリスは旗艦ユーリアラス号、砲三五門、指揮はアレキサンダー大佐。コルベット型艦ターター号、砲二一門、ヘイズ大佐らに加え、アメリカの傭船ターキャング号は、コルベット型艦ジェームスタウン号のパロット砲一門と乗組員とを搭載して、ピアソン少佐の指揮で参戦した。四カ国の内訳はイギリス九艘、アメリカ一艘、フランス三艘、オランダ四艘の一七艘であった。

八月三日、長州藩は伊藤と松島剛蔵を使者として姫島に向かわせ、イギリスと交渉に入ろうとしたが、すでに艦隊は出撃したあとだった。五日早朝、艦隊は下関に到着した。長州藩は二時間の猶予を求めたが、ついに三時間がすぎ午後四時十分、一斉に砲撃し、約一時間で長州藩の砲台のほとんどを壊滅させた。

砲台は艦隊一九〇〇名の水兵によって占拠された。

四カ国艦隊、長州の台場を総攻撃

ことごとく破壊され、大敗

イギリス・アメリカ・フランス・オランダの四カ国連合艦隊は元治元年(一八六四)八月四日から八日までの間に総攻撃をかけ、長州の台場をことごとく壊滅させた。水兵に占拠された大砲は破壊され、弾薬も没収された。

長州側は負けを認めたくない。「四カ国連合艦隊砲撃焼失図」(霊山歴史館蔵)では「陣屋異国人千百九十八人死ス」と、勝利したかのような報じ方をした。なぜ長州が大敗したのかを、四カ国連合艦隊総司令官の通訳であったアーネスト・サトウの日記『一外交官の見た明治維新』からひろってみた。

八月四日午前九時に艦隊は錨《いかり》をあげ、ユーリアラス号を先頭にした九艘のイギリス軍艦が中央、フランス艦隊とアメリカの傭船ターキャング号が左、オランダ軍艦四艘が右にならんで下関をめざした。午後三時半ごろ、海峡の入り口で投錨して戦闘

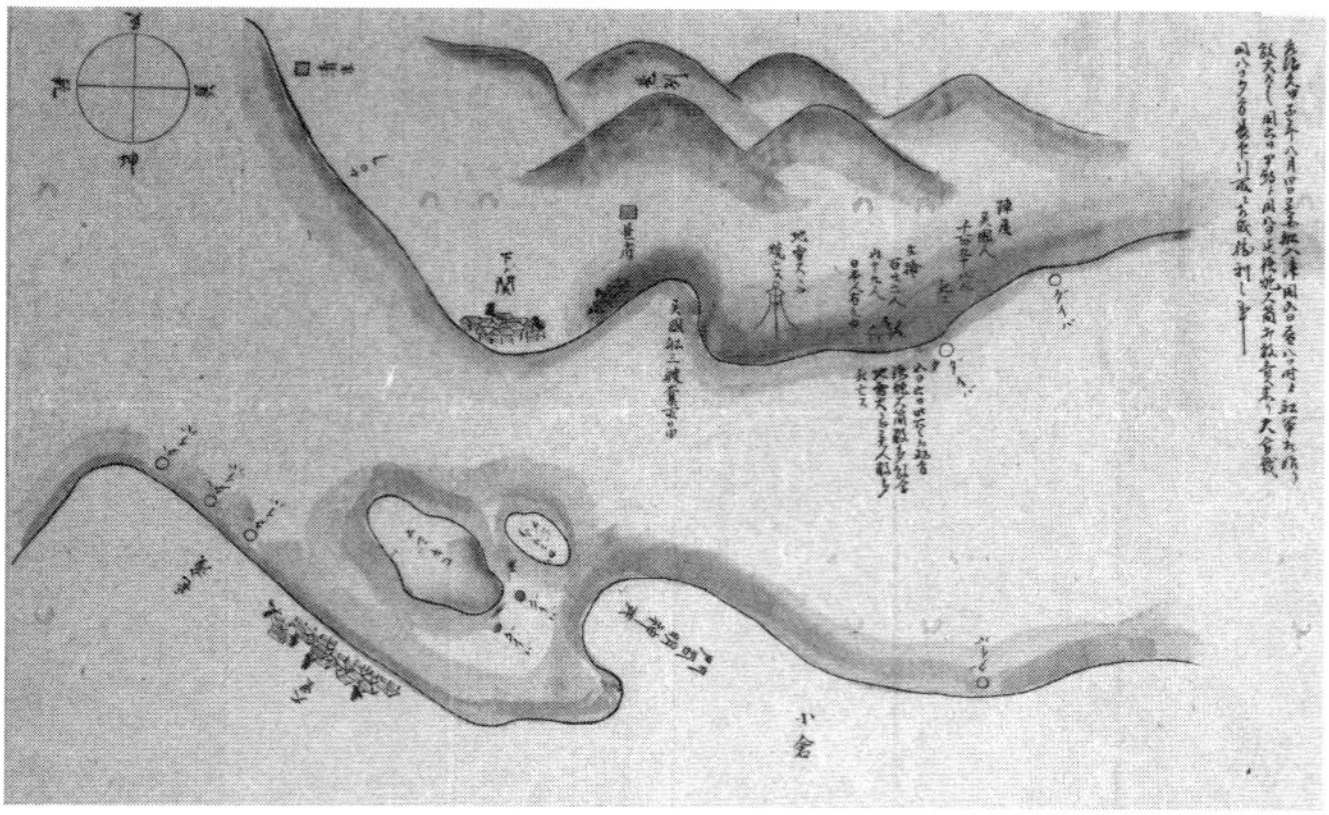

四カ国連合艦隊砲撃焼失図　霊山歴史館蔵
下関から対岸の小倉にかけて被害状況を記す

準備をはじめ、晩飯を半分食べたときには完了してしまった。

翌八月五日早朝、長州の兵士が艦に乗り込んできて、なぜ大群の軍艦でやってきたのかと尋ねた。提督は下級兵士と見て会うことを謝絶し、追いかえそうとした。兵士のひとりは、無邪気に「貴公らがここを通過するなら陸上の兵士に戦闘の準備をさせなければならない」といって引き揚げた。

戦闘開始

八月五日午後二時、先ほどの兵士が伊藤博文を連れてふたたびやってきた。この時、すでに各艦へ長州砲台を攻撃するための信号が発信されていた。サトウの友人の伊藤が旗艦にきて一応談判したいからと、戦闘の延期を求めた。

しかし、連合艦隊は四時十分に海峡入り口に進み、田野浦の前方で敵の着弾距離外に投錨した。前甲板の一一〇ポンドの後装式アームストロング砲であれば十分届く距離であった。ユーリアラス号からまず一発発射された。各艦隊がこれにならった。長州側も串崎岬の三門を備えた砲台から反撃があり、砲弾がイギリスの旗艦近くに着弾した。

セミラミス号は後甲板の砲撃がすべて長州の砲台に命中した。コンカラー号の三発の炸裂弾の一発が村落密集地に着弾した。

ユーリアラス号は四時十分から一時間で一六発を砲撃した。五時十分までに長州の砲台はみな沈黙したため、砲撃止めの信号がでた。前田村砲台の建物で火災がおこり、弾薬庫が爆発し、午後に三回の噴炎があがった。その後も六時まで散発的に砲撃を続けた。ユーリアラス号の四〇ポンドのアームストロング砲では距離が足らず、一発しか砲撃できなかった。

砲台を四カ国の水兵たちが占拠

イギリスの水兵の中には、薩英戦争での苦い思いが込み上げて執念を燃やす者たちがいた。「四カ国連合艦隊砲撃焼失図」には「元治元甲子年八月四日、異国船入津、同五日昼八ッ時(三時)より船軍相始り放火これあり同六日早朝より同八日まで鉄砲大筒打ち放ち責め来り大合戦、同八日夕方に長印引取に相成勝利の事」と記される。

長州側でも外国艦隊が押し寄せてきて、戦闘で焼失した地域を絵図に書き入れている。

八月五日、各艦から水兵がボートに分乗し、上陸した。フランス軍は三五〇人、オランダ軍は二〇〇人、別の計算では一九〇〇人が上陸し、イギリス軍は一四〇〇人いたとも伝えられ、戦闘状況で情報が錯綜していた。

八月六日、アレキサンダー大佐の部隊は、前田村砲台の東の断崖を登り、備砲一門の砲台を占拠しようとしたが、すでに持ち去られた後で二〇人の長州兵と戦闘になった。イギリス兵が脚部を撃たれ、動揺した水兵が誤射で前の味方を撃ち抜いた。砲台に着くとすでにフランス水兵とイギリス海兵隊が占拠していた。

砲台は土でつくられ、周囲は竹の矢来《やらい》で囲われていた。第七砲台は青銅製の大砲が車輪付きの砲架にのったままの姿で装備され旋回軸で操作でき、砲身は長く一八五五(安政二)年製の刻印があった。江戸でつくられたのだろう。二四ポンドの記号があるが三二ポンドの弾丸を使用していた。

水兵らは、大砲をひっくり返し、壊し、弾丸や炸裂弾を海中に投げ込み、火薬を焼却した。長州の大砲が頭上を越えて海中に落ち、作戦中はひやひやさせられたと伝えられている。

高杉晋作、松下村塾で転機

剣術に熱中した日々

元治元年(一八六四)八月、高杉晋作は、家老の宍戸《しし ど》備前の養子・宍戸刑馬という人物に仕立てられ、四カ国連合艦隊の講和の交渉役に挑むことになった。長州はこの男に藩の運命を託した。晋作とはどんな人物だったのか。

天保十年(一八三九)八月二十日、萩藩八組士・高杉小忠太のひとり息子として、萩の菊屋横丁に生まれた。「こりゃどうじゃ世はさかさまになりにけり乗った人より馬が丸顔」と、晋作は馬づらで身長一五五センチと小柄、十歳のとき疱瘡《ほうそう》にかかり蘭学者の医師・青木周弼《しゅうすけ》に診察してもらった。父・小忠太の書状には「御母様昼夜御介抱、容易ならざるご苦労」とあり、祖母が昼夜看病したが、あばたづらとなった。

高杉晋作

晋作は数枚の写真をのこしている。当時カメラの前に座って写真を撮られる人は、おおむね開明的な一面をもっていた。晋作十四歳のとき、萩にきた剣客・斉藤新太郎の剣さばきをみて感激、藩内で相手になる者は誰もいなかった。柳生《やぎゅう》流剣術に夢中になった。晋作の写真のなで肩をみると、かなり剣術が強かったことがうかがわれる。

ライバルは玄瑞

晋作は剣術ばかりに熱中するので、父は吉松淳三塾に通わせた。学問の優秀な久坂玄瑞《くさかげんずい》と出会い、勝ち気な晋作の良きライバルとなった。玄瑞の書状には「高杉暢夫(晋作)本武人、ちかごろ学校に入り、節を折って書を読む」とあり、剣術のできる十九歳の晋作が藩校・明倫館《めいりんかん》に入学し、読書をよくしたという。

だが、本来型破りなこともあって、明倫館の堅苦しい雰囲気の教育法に息がつまった。もう一つ晋作が明倫館を嫌になった理由に、十四歳から入学が許されていることがあった。十九歳の晋作は学問についていくのが精いっぱいで肩身の狭い思いをしていた。

そんな晋作に父は訓戒書を与えた。「読書もこれあり講釈等も御聞き候て御承知これあるべき事、総じて人間の修行に気質の変化と申す事これあり申し候、この一義誠に大切のことにて、また有難き妙法に御座候」と、読書も講義も人生の糧となり、大切であると諭した。

松下村塾で転機

父は晋作が下士の通う松下村塾へ出入りすることに反対していた。安政四年(一八五七)夏ごろの入塾の印象を、吉田松陰は「それがしにして無頼撃剣を好み、一箇の武人たらんと期す。年はじめて十九、先師二十一回猛士(松陰)に謁す、始めて読書行道の理を聞く」(獄中手記)と記している。

松陰は晋作を一見し無頼の剣術の好きな青年とみていた。その晋作が読書の意味を真剣に聞いてきたという。たちまち玄瑞と晋作は松下村塾の双璧とよばれるようになった。父は国禁を犯した松陰が晋作をそそのかさないか心配でならなかった。松陰は門人に学んだことをおこなう実学を説いていた。

松陰は幽閉の身で読書、講義とすべて松下村塾の中でおこない、ときどき田畑で野良仕事をすることもあった。晋作は読書に励み、松陰に「晋作の識をもってすれば天下何事か成らざらんや」と、天下第一等の人物といわしめた。

安政五年、晋作は文学修学のため東遊、そのときの旅宿の駄賃帳がのこされている。江戸では昌平黌《しょうへいこう》(江戸幕府の学問所)に入ることになった。晋作が江戸の長州藩邸にいた安政六年六月二十四日、松陰が檻送《かんそう》され伝馬町の獄に投獄されると、身のまわりの品を差し入れた。晋作は、松陰の門人の中で最も志を受け継いだひとりであった。

師の志を継ぎ、上海へ

晋作、上海行きを決意

桂小五郎(木戸孝允)は吉田松陰に宛てた書簡で、高杉晋作のことを「俊邁(才知)の少年なり。惜しむらくは少しく頑質(かたくなな性格)あり」と評している。

上級の武士の子が下級の武士の子に交じって学問に励む姿は、まわりから見ても違和感があった。剣術ばかりの晋作は「鼻ぐりのない暴れ牛」と粗暴な少年にみられていた。

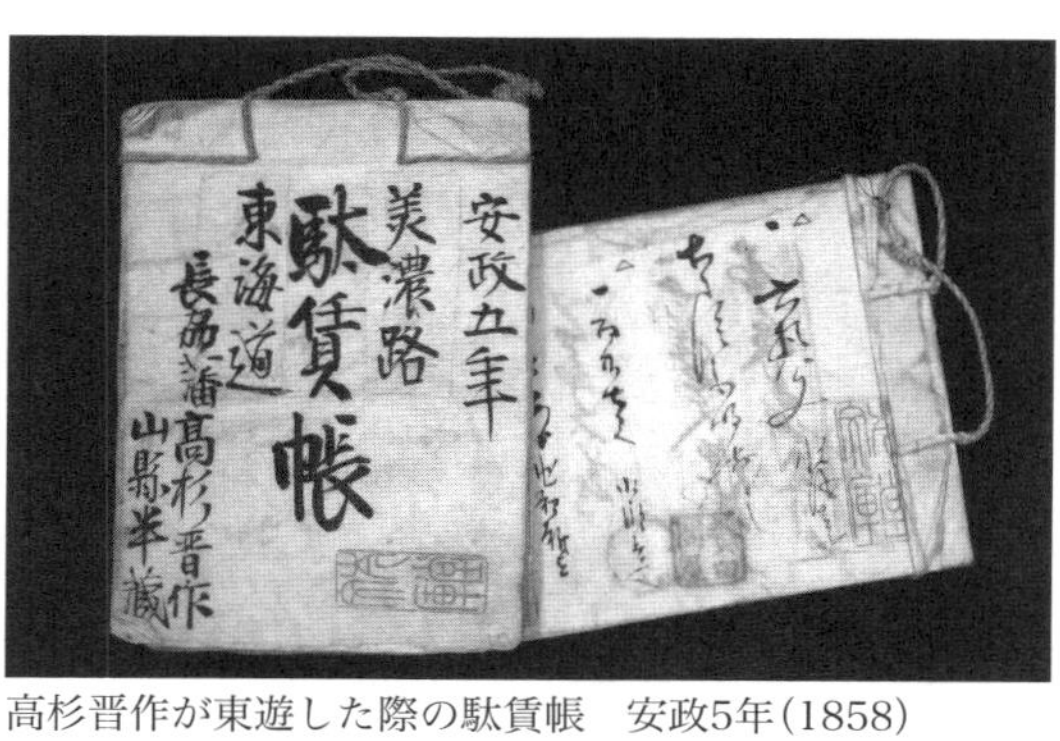

高杉晋作が東遊した際の駄賃帳　安政5年(1858)
川本文庫蔵(霊山歴史館寄託)

安政六年、師の松陰は江戸で刑死となった。晋作二十一歳のときである。

江戸にいた晋作は文久元年（一八六一）八月二十七日、母に宛ててこう書き送った。「御役繁用にて込み入り候、着任候てより今日迄三十日程に相成り候へども、一日外へ出候事くらいの事にて、江戸に居候やら、あけはあかぬ様なことに御座候」。

藩主の毛利敬親は多忙で、三十日で外に出たのは一日だけ、これでは江戸にいるのやら、萩にいるのやらあまりかわりません――。自分自身の奔走をごまかすため、藩主の多忙にかこつけて、母を安心させるための書面であった。

その頃、桂や久坂は水戸や薩摩の藩士と頻繁に議論をかわしていたが、晋作は国内で論じるより百聞は一見にしかずと、松陰の戒めである実践をすべく、上海行きを決意した。

敗戦国の惨めさを見聞

文久元年十二月二十三日、晋作は藩主敬親より上海視察の許可を得た。翌二年五月七日、幕府から派遣された一員として、晋作は上海にいた。「払暁《ふつぎょう》小銃声陸上に轟く」と、太平天国軍と中国人の戦いの銃声だった。このとき晋作はすっかり風邪をこじらせ、船中で寝込んでいた。

五月十一日、肥前（佐賀県）の中牟田《なかむた》倉之助から、これから日本人も航海術を知るには、まず造船術、運用術、砲術などを総合的に学ばなければならないと教えられた。中牟田は少し英語が話せた。

イギリスは清国とのアヘン戦争で勝利した。街の古い橋が落ちていてイギリス人が橋を架けなおした。その橋を中国人が渡るには一銭を支払わなければならなかった。イギリス人やフランス人が街中に来れば、逃げるように路地に逃げ込んでいた。晋作は敗戦国の惨めさを見聞した。

晋作は薩摩の五代友厚《ごだいともあつ》と気脈を通じた。五代は薩摩藩として蒸気船を七万両で購入することを決めていた。六月十六日、晋作は中牟田とアメリカ人の店に行って七連発のピストルを買い、のち坂本龍馬に上海みやげとして贈った。龍馬はこのピストルをもって伏見寺田屋で幕吏と応戦し、虎口を脱出することができた。

奇兵隊の義―国民皆兵の先駆け

晋作は帰国後の文久二年十一月、久坂ら一一名で「尊攘の志屈したわむべからず」の血盟を結び、十二月十二日、建設中のイギリス公使館焼き打ち事件を決行した。このとき晋作はノコギリで木の柵の一部を切り、逃げ道をつくっていたという。

日本はまだ開国するには早すぎる。上海でみた現実からでた行為であった。

文久三年三月十五日、晋作は一〇年間の暇を藩に願い出て、「西へ行く人を慕うて東行く　我が心をば神やしるらん」と詠み、剃髪《ていはつ》して東行《とうぎょう》と名乗り、討幕をめざした。

六月、晋作は正規の隊に対し、奇兵隊つまり身分を超えた皆兵運動を展開した。これは松陰の志を受け継いだもので、藩主敬親に許可を得て奇兵隊を結成し、総監となった。

晋作が藩に届け出た上申書には「奇兵隊の義は、有志の者相集り候につき、陪臣・雑卒・藩士を撰ばす、同様に相交り、専ら力量をば貴び、堅固の隊に相調へ申すべしと存じ奉り候」とある。

志さえあれば身分を問わない、開かれた考えで十分組織として耐えるものであった。はじめは役人が対象であった。

彼らは藩政に不満を抱き、能力を認めてくれる意欲のある者にとって奇兵隊はうってつけであった。それに加え農民、町人でも志さえあれば入隊を許した。

外圧が厳しいときに藩論が定まらない現状が、晋作には歯がゆくてたまらなかった。資金面で援助をおしまなかったのは、下関の豪商・白石正一郎であった。

長州の藩内では遊撃隊、集議隊、義勇隊、八幡隊、金剛隊など諸隊が結成されたが、その中心的存在が奇兵隊で、国民皆兵の先駆けとなっていった。隊内の規則では「酒宴・遊興・淫乱・高声」を厳しく取り締まった。

晋作と行動をともにした伊藤博文(俊輔)の力士隊や遊撃隊の石川小五郎、参謀の所郁太郎らで元治元年(一八六四)十二月十五日、雪の降りしきる夜半、下関の功山寺で決起した。

西へ東へ　高杉晋作の活躍

苦境にたつ長州

文久三年(一八六三)十一月、長州藩主毛利敬親の命で高杉晋作は東一と名乗ることとなった。

幕府にとって政治の舞台は江戸から京都へ移っていた。幕府は朝廷をうまく取り込んで、長州藩の立場は苦境にたたされていた。

攘夷派の起死回生をもくろむ真木和泉守《まきいずみのかみ》が志士らを扇動し、長州では遊撃隊隊長の来島《きじま》又兵衛が何としても京都へ進発し、朝廷から薩摩・会津を引き離すことが急務と考えていた。長州藩内では下駄に「薩賊会奸」

と書き、踏みつけて憎悪をつのらせた。

孝明天皇の詔勅には、長州への対処がこのように書かれてある。「朕(孝明天皇)が命を矯めて(いつわって)軽率に攘夷の令を布告し、みだりに討幕の師を興さんとす、長門宰相(長州藩主敬親)の暴臣の如き、其主を愚弄し、故なきに夷舶(外国船)を砲撃し、幕吏を暗殺し、私に(三条)実美《さねとみ》等を本国に誘引す。此の如き狂暴の輩、必ず罰せずばあるべからず」。

孝明天皇へは中川宮(のちの久邇《くに》宮朝彦親王)などから真意を曲げて長州の内情が伝えられた。三条らも朝廷改革が必要と考え、武力を備えて奇兵隊を率いて上京を画策し、武力行使もしかたないと思っていた。攘夷に同調する福岡、対馬、鳥取らの各藩もあったが、長州一藩主導で決起するには荷が重すぎた。進発反対派の晋作をはじめ桂小五郎、周布《すふ》政之助《まさのすけ》ら慎重派は異を唱えた。

上京と投獄

元治元年一月十八日、晋作は脱藩して京都に走った。晋作は妻・お雅に宛てて「我れら事もこの節は京都へ罷り越し候あいだ、決して御気づかい下されまじく候」(二月十八日)と、心配しないように伝えた。

京都では藩邸に入り桂小五郎、久坂玄瑞と会談し、進発を抑えなければならないと話しあった。晋作は土佐の中岡慎太郎らと薩摩の国父・島津久光をつけ狙った。幕府が攘夷に傾き、横浜の鎖港を朝廷に伝えようとしたが、久光は開国派にまわったとみられたからであった。

晋作は三月二十五日、萩に戻るが脱藩罪で野山の獄に投獄された。松陰と同じ境遇を味わった。獄中では読書に没頭し、松陰の兄・梅太郎宛ての書簡で「落涙の至りに候」と辛さを嘆いた。

六月二十一日、いったん赦免されたが自宅謹慎の身であった。七月十九日、禁門の変で同志の玄瑞らが散り、落胆した。

家老として講和

八月、四カ国連合艦隊の襲来で長州は壊滅的な敗れ方をした。イギリス通訳官アーネスト・サトウの手記によると「例の伊藤俊輔(博文)が来ていた。長州は講和を希望し、全権を委任された家老、すなわち世襲の顧問官が談判に来るとのことであった。その偉い人を迎えに、すぐに一隻のボートを出した。まもなく、家老が旗艦の後甲板に到着した」とある。

実は家老というのは晋作のことで宍戸刑馬と変名、副使に杉徳輔・渡辺内蔵太《くらた》がつき、通訳にイギリス留学から帰国した伊藤と井上馨(聞多)がつき添った。

イギリス側の通訳はサトウがつとめたが、伊藤は以前からサトウに信頼されていた。

「家老(晋作)は黄色の地に大きな淡青色の紋章(桐の葉と花)のついた大紋と称する礼服をきて、絹の帽子をかぶっていたが、中部甲板を通るときそれを脱いだ」。

晋作は家老に変装して講和にのぞんでいた。サトウは藩主の書状を四八時間以内に持ってくるよう、猶予を与えると伝えた。外国側の要求は「藩主敬親から外国船に発砲したことは申し訳ない、非行を認め和睦を申し込む」という内容の書状で、藩主の署名と捺印を求めた。また宛先は四カ国の海軍長官宛てにしなければならないと伝えられた。

晋作は会談で、賠償金の支払いに関しては攘夷を認めた幕府が支払うべきであると主張した。もうひとつ

野村望東尼を訪ねて潜伏する高杉晋作
「教導立志基」　霊山歴史館蔵

の彦島（下関市南端の島）租借《そしゃく》の件は、日本の島々は神代の国からのもので誰も判断できないと拒否し、私は褌《ふんどし》ぐらいを渡すことしかできないと伝えた。

結局、幕府は賠償金三〇〇万ドルの支払いを認め、うち一五〇万ドルを支払ったが、のちに幕府は崩壊し、明治新政府が残金を引き継ぐことになった。

十一月一日、長州藩内の反対勢力の俗論党から身を守るため、晋作は谷梅之助と変名し、福岡の中村円太と廻船問屋・白石正一郎の船で筑前へ脱出し、野村望東尼《もとに》の平尾山荘に一〇日あまり潜んだ。

美濃浪人・所郁太郎の尽力

松陰発案の尊攘堂と養正社

高杉晋作とともに俗論党を破った美濃（岐阜県）の浪人がいた。名を所郁太郎《ところいくたろう》という。天保九年（一八三八）、美濃赤坂の矢橋亦一の四男に生まれ、号は日本狂生、変名を石川春斎と称した。

郁太郎は晋作より一歳上である。のち遊撃隊参謀として晋作を助けた。晋作が尽力した四カ国連合艦隊講和談判後に郁太郎は慎重論を唱え、吉田松陰門下の品川弥二郎《やじろう》に宛てて心境を詠み、扇面に書いて贈った。

志士仁人命いたす秋　狂夫何事みだりに優遊　この身馬関に向って死せんば　妓東山携えて酒楼に対せん

この扇面は現在、尊攘堂の維新特別資料として京都大学附属図書館に所蔵されている。

尊攘堂は品川が明治二十年(一八八七)三月に京都高倉通錦小路に建設し、先覚志士の遺墨を中心に収集したが、発案は松陰であった。品川の没後、京都帝国大学にこれらの資料は寄贈され、明治三十六年に擬洋風建築の現在の尊攘堂(登録有形文化財)が建てられた。

安政六年(一八五九)五月十五日に門人の入江九一《くいち》が岩倉獄舎から野山獄中の松陰に宛てて「先生どうぞ尊攘堂の位牌に成り給ふな」と送り、門人らに先覚者の顕彰祭典をおこなって資料展もひらき、その精神を受け継ごうと説いた。

鷹司《たかつかさ》家の諸大夫《たいふ》・小林良典《よしすけ》が安政の大獄で連座し、江戸で捕えられていたので、松陰は十月十二日、伝馬町の獄舎から書状を送り、朝廷の学問も民間に広げるべきだと訴えた。すでに死罪の近いことを覚悟していた松陰は入江宛ての書簡で「かねて御相談申し置き候、尊攘堂の事、僕はいよいよ念を断ち候、この上は足下兄弟の内一人は、ぜひ僕が志成就し呉れられ候事とたのもしく存じ候」と尊攘堂の建設を入江兄弟に託した。

明治初年、内閣顧問の木戸孝允(桂小五郎)は、京都霊山《りょうぜん》にある松陰門下の入江九一、久坂玄瑞、寺島忠三郎、吉田稔麿《としまろ》らの墓前に額《ぬか》ずいた。同九年に明治天皇から四千円を賜り、志士の顕彰団体の京都養正社を興して招魂祭を霊山でおこない、資料展を近くの翠紅館《すいこうかん》でひらいた。

桂が見いだした郁太郎

郁太郎は二十三歳で大坂の適塾に入り、西洋医学の外科を志した。適塾といえば長州の村田蔵六(大村益次郎)がいた。秀才の誉れ高く塾頭にまでなった。

郁太郎を見いだしたのは桂小五郎(木戸孝允)だった。桂は長州藩京都屋敷付きの外科医がほしかった。文久二年(一八六二)、二十五歳の時、郁太郎を召し抱えた。

郁太郎は八月二十八日、長州に入った。さっそく桂は推挙の理由を本藩の麻田公輔に報告し十月七日、藩主の毛利敬親から正式にお雇《やとい》格となった。この日、家老の益田右衛門介から「尊王攘夷医師尽力相優れ候由相聞え候間、此の方へ召し抱へられ候」と申し渡された。翌日、藩主敬親にお目見えとなり、九日には寺社組支配、遊撃隊参謀並びに医院総長に就任した。

イギリスから帰国した伊藤博文と井上馨は四カ国講和談判の時、井上は藩主お目見えがかなったが、足軽出身の伊藤はかなわなかった。他藩の郁太郎が召し抱えられた上に、お目見え扱いされたことは異例のことであった。

所郁太郎

俗論党を破る

長州藩は文久三年の八・一八の政変、翌年の池田屋事件で同志を失い、禁門の変で敗れ八方塞がりの状態になった。

藩論は椋梨藤《むくなしとう》太《た》らの俗論党が台頭してきた。正義派の井上は湯田温泉で暴漢に襲われた。暴漢はどうも俗論党の連中で、このとき井上は祇園の芸妓・中西君尾《きみお》からもらった金属製の鏡を懐に入れていて、刺されたが命拾いした。

深手を負った井上は苦しまぎれに「介錯《かいしゃく》してくれ」と頼む。兄の五郎三郎が刀に手を掛けると、母のお勝が「何をする。死んだらお国のために尽くせるか」と諫《いさ》めた。

このとき郁太郎が駆けつけた。何しろ郁太郎は外科医、従者の丁輔は郁太郎にいわれるままに畳針を焼酎で消毒し、縫いあわせるのに四時間を要した。丁輔は脈を取り、無事終えた。品川弥二郎は会うたびに井上の泣き顔を見たとからかった。

晋作は力士隊の伊藤や遊撃隊の石川小五郎や郁太郎と密議をこらし、ついに俗論党をしりぞけた。

郁太郎は慶応元年(一八六五)三月、遊撃隊本陣において腸チフスで没した。行年二十八歳だった。

雄藩諸隊の組織力

他藩より早く調練を取り入れた長州

長州藩は関ケ原の戦い(一六〇〇年)で敗れたとはいえ、財政面では西南雄藩の中でも屈指の藩で薩摩藩と並ぶだけのことはあった。三六万九〇〇〇石といえども、実質は一〇〇万石に値するとささやかれるほどであった。

人材が豊富で組織力、団結力があり、連帯感から諸隊が誕生した。それに加え西洋兵学の調練ができていたことがあげられる。

長州では天保十四年（一八四三）、萩の羽賀台で約一万四〇〇〇名の藩士が参加し、大調練が実施された。この時の藩主・毛利敬親は「赤胴にて御紋打たる梨子《なし》地《じ》の御陣笠《じんがさ》に大袖付たる大和錦の御陣羽織を召し熊の皮の御行膝に、御小袴の裾たをやかに装ほひ」（羽賀台御狩の記）といった姿だった。

一見、戦国時代を連想しそうだが、藩あげての大調練が繰りひろげられた。鉄砲はまだ火縄銃であり、のち次第に西洋の最新式銃を入手することになる。

大村益次郎（村田蔵六）は他藩より早く調練に取り組んだ。本来、武士は長袴を着用するため、右足を出すときに右手でたくしあげて歩く。調練では軍楽の太鼓に合わせ歩行調練をした。西洋の調練は鉄砲を肩にかかげて歩くのであった。

ところが藩士の間では、飛び道具は足軽や下士の武器という考えがあり、調練も好まなかった。軍装も藩士・足軽とも同じ筒袖羽織にももひきといった簡略化された調練服で、一般に「だんぶくろ」とよばれた。

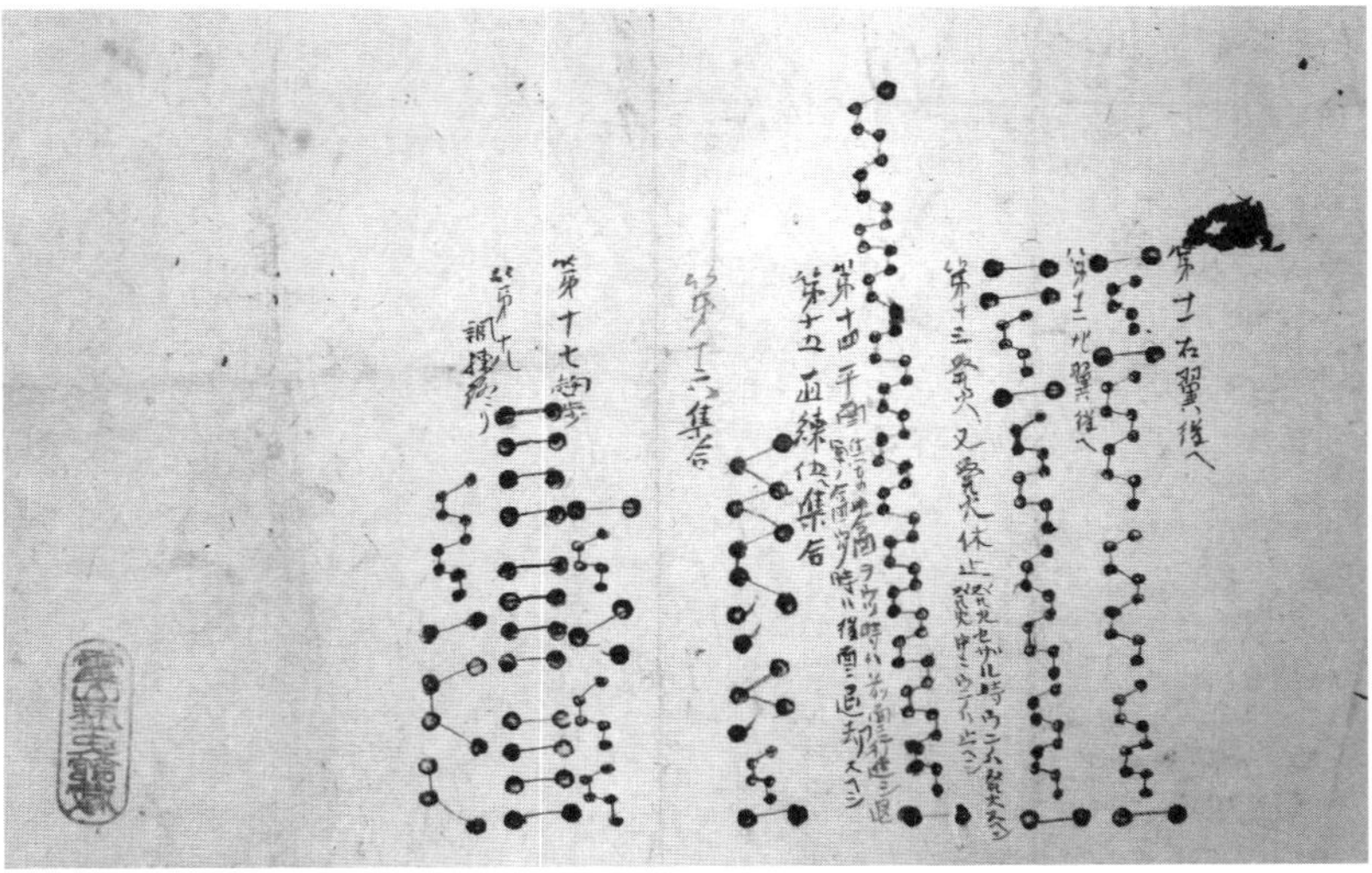

長州諸隊調練の楽譜　霊山歴史館蔵
軍楽の太鼓に合わせて歩行調練がおこなわれた。

戊辰戦争では袖章をつけ、官軍の印としていた。

長州藩は、調練とともに西洋式に軍装備し兵制改革がなされた。藩内で数多くの隊が結成される結果となった。

全国最多の四四の諸隊

『日本史資料総覧』(東京書籍)の幕末維新諸隊動向表によると、諸隊の数は長州藩が全国で最も多い。本藩だけで四四隊、支藩の徳山藩四隊、岩国藩三隊、豊浦藩一隊、吉敷毛利家二隊、須佐益田家一隊の合計五五隊であった。そのほとんどが文久から慶応年間(一八六一～六八)に結成され、各隊士は一〇〇名前後であった。

高杉晋作の奇兵隊は三七五名で藩内の代表格であった。白井小助の南奇兵隊は一二五名、別名第二奇兵隊といい大島郡、室積一帯で組織した。光明寺党は六〇名、久坂玄瑞が攘夷派と他藩脱藩者で組織、馬関攘夷戦に参戦したのち、奇兵隊の母体となった。遊撃隊は二三〇名、来島又兵衛、石川小五郎らで最初は遊撃軍を組織し、禁門の変で再編されて遊撃隊となった。

もっとも多いのはパトロン隊の約一〇〇〇名、火薬工場で働く女子挺身隊で萩の一向宗(浄土真宗)信徒であった。エレキ隊は八〇名、小郡《おごおり》の豪農・秋本治郎助の自警団で軍事調練もした。金剛隊は長蔵寺今雄による山伏部隊

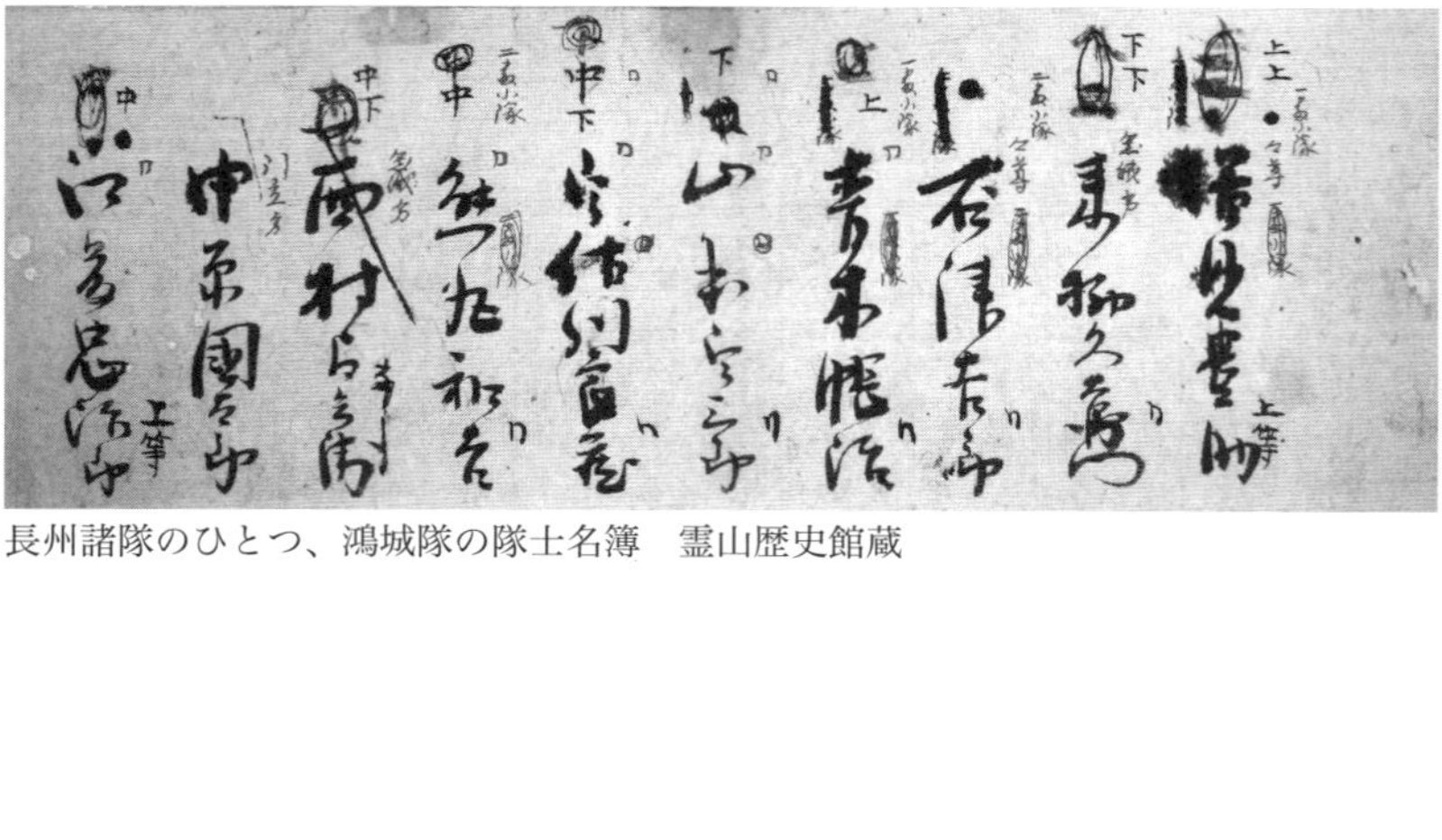

長州諸隊のひとつ、鴻城隊の隊士名簿　霊山歴史館蔵

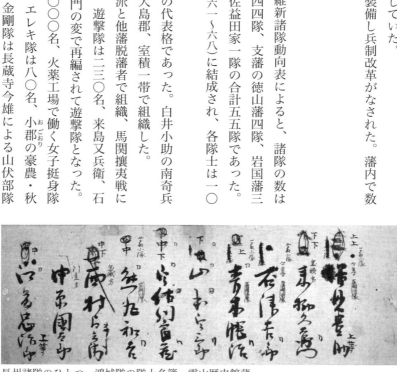

で、脱藩者が禁門の変に参戦した。狙撃隊は二〇〇名、平賀惣四郎が領内の猟師の名手たちで組織し、慶応元年(一八六五)から三年の四境戦争で活躍した。

鴻城隊は一五〇名、森清蔵が山口に駐屯し藩内の戦いに参戦した。御楯《みたて》隊と合併し整武隊となり、吉田松陰門下の山田市之允《いちのじょう》(顕義《あきよし》)が隊長となった。集義隊は一二〇名、桜井慎平が下級武士と豪農とで組織し俗論党と戦い勝利する。松陰門下の駒井政五郎が組織した鋭武隊四〇〇名は、八幡隊と集義隊が合併し戊辰戦争で転戦した。

支藩でも結成された諸隊

徳山藩では慶応年間(一八六五〜六八)に入ってから四隊が結成された。献攻隊は一五四名、新政府軍として箱館戦争に従軍し、新選組の土方歳三率いる部隊と戦い勝利した。郷勇隊は約一〇〇名、脇清義が率いて献攻隊とともに従軍し、箱館戦争で戦った。凱旋後は藩内の諸隊の反乱を鎮圧した。敬威隊は約一〇〇名、寺田良輔が統率した徳山の士族と農民との混成部隊で、東北各地に参戦し箱館戦争で勝利した。山崎隊は約六〇名、戊辰戦争で活躍し、凱旋後は藩内の諸隊の反乱の鎮圧に奔走した。

岩国藩では、三隊が結成されたがやはり慶応年間であった。日新隊は約八〇名で、岡本鉄之進が下級武士を率い、戊辰戦争の長岡の戦いや会津戦争に転戦した。清義隊は七八名、大屋政美率いる下級士族で、仙台駒ケ峯で戦い、会津戦争に転戦した。武揚隊は一〇〇名、士族の部隊で東北各地へ転戦した。

支藩は戊辰戦争への従軍がほとんどで、諸隊の戦歴などを分析すると、編成替えなどから政治の動向が垣間見えてくる。

幕府の軍制改革、現実味は……

遠藤胤統らが着手した改革

ペリー来航によって幕府は軍制改革に本気で取り組むようになった。

文久元年(一八六一)四月、若年寄の遠藤胤統《たねのり》(たねつぐとも)らを海陸御備向並軍制取調掛《がかり》に就任させ、まず講武所奉行、御軍艦奉行や大目付、目付、留守居らの軍制改革に着手させた。九月十五日には「海陸御備向見込大要」にまとめ、翌二年に老中・内藤紀伊守へ建白した。

大小目付へ提出した「御変革之儀ニ付取調書」では「人々いつも太平之心地ニ而、何事も因循怠惰ニ有之、眼前戦場実歴之夷人ハ御国内ニ居留いたし……御変革之御極意ハ軍艦大砲を初として、海陸之御実備充分相立、何時兵端相開き候とも御国騒動不仕」と、現状を具体的に訴えている。

幕府が攘夷論に振り回されているときに、軍制改革を具体的に指示していたことは、評価してよい。

長州への配備

文久二年の幕府の艦隊配備計画では、江戸近海と京坂近海にあわせて軍艦一隊と蒸気運送船一艘、小型蒸気軍艦三〇艘を置くとある。軍艦一隊の編成はフレガット蒸気艦三艘、コルベット蒸気艦九艘、乗組員三五一〇人(海軍歴史)であった。経費は一五〇〇万両であった。

長州への配備は下関にフレガット蒸気艦三艘、コルベット蒸気艦九艘、小型蒸気艦一〇艘の計二二艘。乗組員三九六〇人で、警備区域は龍崎(山口県周防大島町)から肥前(佐賀県)田付、芸州(広島県)御手洗から内海、対馬と広範囲であった。

しかし、一番多い箱館は九八艘、江戸は七六艘、長崎は七六艘。それに比べ下関の配備二二艘は少なかった。全国の配備総数は三七〇艘で乗組員六万一二〇五人。経費は三二〇〇万両にのぼり、文久二年の年間歳出七〇〇万両からみると、まさに非現実的な計画であった。

雄藩は自ら着手

西南雄藩の中でも薩摩・長州・宇和島(愛媛県)は自ら軍制改革に着手した。長州の長門練兵場蔵板の教本「生兵教練書」をみると、歩行教練に加えて、執銃法の基本では装塡《そうてん》法、点検、太鼓、ラッパなどがあり、小隊教練と大隊教練を含めて西洋調練を採用している。

宇和島藩主・伊達宗城《むねなり》はオランダ語の翻訳をさせるため、周防の医師・村田蔵六、のちの大村益次郎を招聘《しょうへい》しオランダ語の兵学書、医学書を訳させた。さらに長崎海軍伝習所へ留学させ、特別聴講生としてオランダ人から軍艦操縦を習わせている。

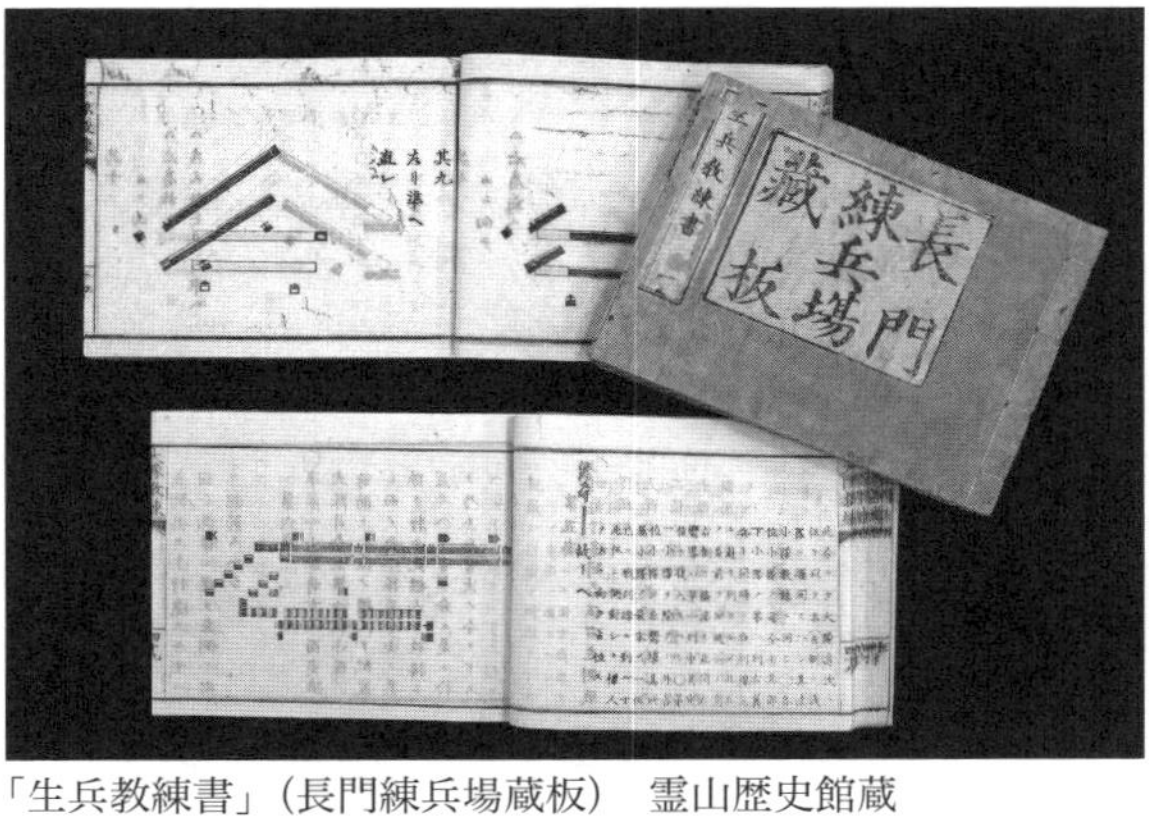

「生兵教練書」(長門練兵場蔵板)　霊山歴史館蔵
長州藩が西洋調練を採用していたことがわかる。

その後大村は幕府の兵学教授となった。大村は江戸で私塾をひらくが桂小五郎(木戸孝允)は、江戸にいた久坂玄瑞を塾に通わせ、その実力を調べさせたという。長州江戸麻布邸にある得一亭で藩主毛利敬親が主催した含密会(蘭学研究会)に、桂は大村を招いて講義させ、その実力を藩主も認めた。桂の推挙により大村は万延元年(一八六〇)、長州本藩のお抱えとなった。

大村は文久元年、萩の博習御用掛(洋学兵学所)で翻訳書による講義をおこない、語学が不得意な者でも兵学を学べるように変え、国民皆兵論を唱えた。

講義は兵学・航海・砲術の科目。兵学では行軍定則・戦闘術・将帥術。航海では運用・航海術・算術測量。砲術では弾薬製造・弾道論・射砲術。さらに他守城法・海岸防御法・攻城法・軍艦製法を教えた。

大村は西洋式銃器の選定にも意欲を燃やした。オランダのゲベール銃は重く、日本人の体形に不向きだとして、フランスのミニエー銃やイギリスのスナイドル銃へと変えていった。

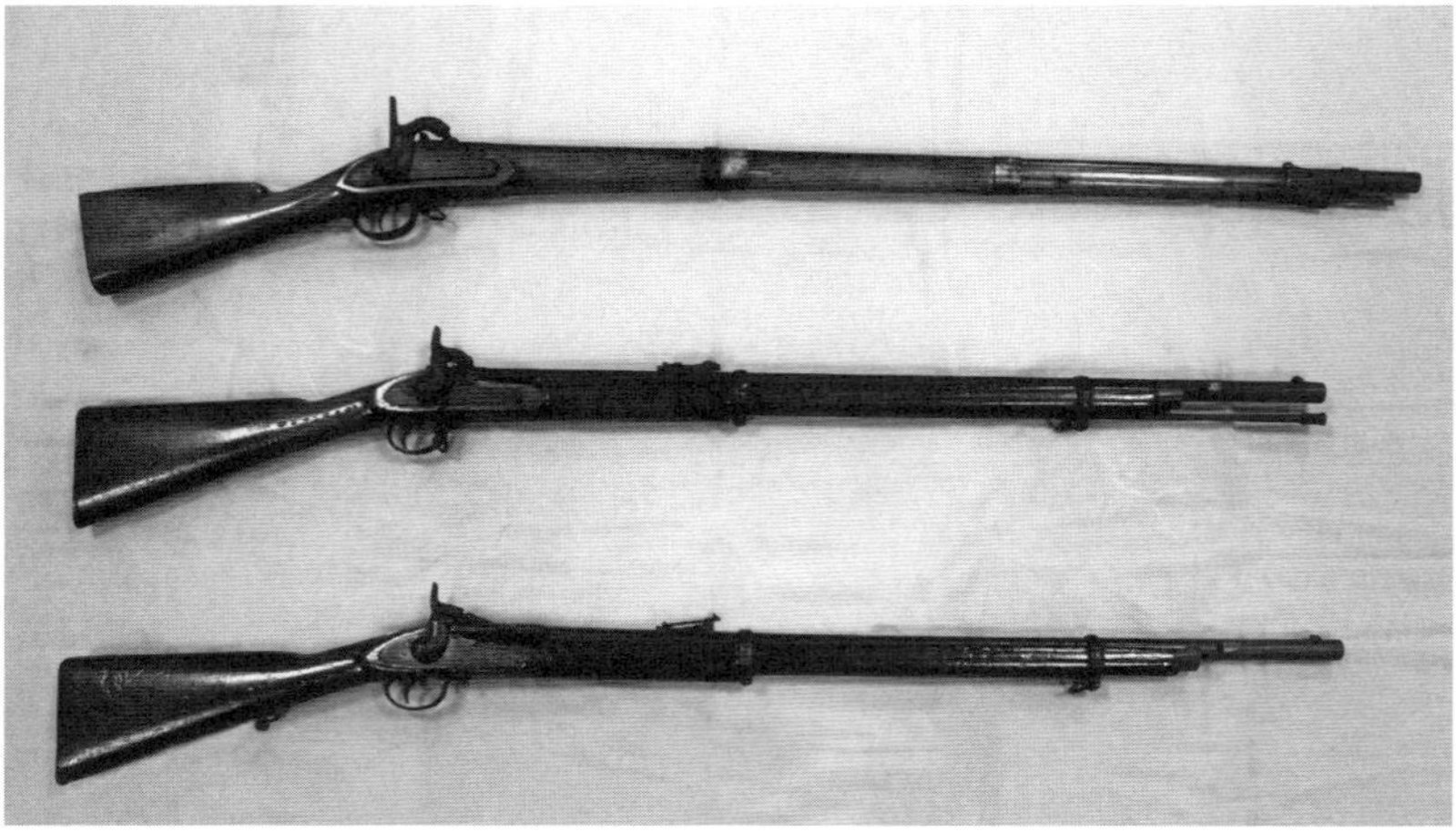

西洋式銃器　霊山歴史館蔵
上からオランダ製ゲベール銃、フランス製ミニエー銃、イギリス製スナイドル銃

第六章　時代の寵児・龍馬

大器晩成の洟垂れ小僧

「龍馬」と名づけられた理由

幕末の風雲児といえば土佐(高知県)の坂本龍馬である。時代の寵児《ちょうじ》といわれたこの男の人生はまさに波乱万丈であった。

龍馬が生まれた天保六年(一八三五)は、天保の飢饉のあとで世の中が疲弊していた。郷士の父・八平直足三十九歳、母・幸三十八歳のときの子で、兄の権平とは実に二十一歳も離れていた。世にいう季節はずれの子であったが、坂本家では大切に育てられた。長女の千鶴とも十九歳、三女の乙女とは三歳違いであった。年が近いこともあって乙女はわが子のように龍馬をかわいがった。父が易者に龍馬のことを占ってもらうと「この子は大器晩成で、天下を動かす大人物になろう」といった。

龍馬と名づけられた理由は、母が懐妊した際、雲龍奔馬が胎内に飛び込む瑞夢をみたことと、生まれてきたときに背中に生えていた黒々とした毛が馬のたてがみにみえたからという。

これは英雄伝説に多い話で、土佐では動物の名前をつけることが多かった。

厳しい身分制度

坂本家の屋号は才谷屋《さいたにや》で本家は城下でも屈指の豪商であった。よく近江(滋賀県)坂本の地名と取り沙汰されるが根拠はない。郷士株を才谷屋が買うまでは大浜姓で、才谷村には大浜屋敷の地名がのこっている。

土佐には上士と下士の厳しい身分があり、区別されていた。土佐は、戦国時代には長宗我部《ちょうそかべ》氏が支配していた。それにかわって遠州(静岡県)掛川の山内一豊《かずとよ》が、関ケ原の戦いの戦功で土佐をあたえられた。山内家の家臣は上士、長宗我部の元家臣は下士であった。「郷浦にいらぬものは郷士と犬の糞」とさげすまれた。

坂本家は譲受郷士の下士の身分であった。龍馬の父は養子で、山内家御廟所番という墓守役をつとめていた。趣味は和歌で万葉学者の鹿持雅澄《かもちまさずみ》から和歌の指導を受けていた。

姉・乙女の教育

坂本家の悩みの種は龍馬が十歳になっても寝小便たれ、洟垂《はな》れで「その所業沈着にして小児の如く思へず」(坂崎紫瀾『汗血千里駒』)。どうみても愚鈍であった。

龍馬が十二歳のとき、母が病死した。母親がわりになって龍馬の面倒をみたのが姉の乙女だった。龍馬を城下の楠山塾へ手習いに通わせたが、上士の子とけんかしたため退塾させられた。

乙女は龍馬を叱る教育で鍛えた。乙女は大柄で身長一七五センチ、体重一一三キロ。お仁王様と称され、龍馬は「天下第一の荒くれ先生」とよんでいた。

乙女は龍馬を小栗流剣術の日根野弁治道場に通わせた。龍馬はそこでメキメキ腕をあげた。

また、乙女は龍馬を浦戸湾から船で、種崎の廻船問屋下田屋の主人・川島猪三郎のもとへ連れていった。父と川島は歌会の友達であった。

川島は自慢の世界地図を広げ、龍馬に西洋の話をしてくれた。藩では川島を「ヨーロッパ」とよんでいた。

自慢の地図は、おそらく世界地理学者の箕作《みつくり》省吾《しょうご》が編訳した「新製輿地《よち》全図」で、弘化元年(一八四四)に刊行されたもの。フランス版世界地図を基本にしていた。それとオランダからの情報を長崎奉行の通詞《つうじ》が「和蘭《オランダ》風説書《ふうせつがき》」にまとめたものを持っていた。

龍馬は幼いころからすでに西洋に関心を持っていたのだろう。

その後、川島の長男・貞次郎が急死し、妻の伊予は身の振り方を考えていると、龍馬の父の後妻に迎えられた。

初めての江戸、世界への夢

父からの訓戒書

坂本龍馬は嘉永六年(一八五三)三月十七日、藩から剣術詮議(修業)のため一五カ月間の国暇が許され、江戸へ旅立った。龍馬十九歳だった。同志の溝渕広之丞と土佐を出立し、この時、父・八平から「修行中心得大意」をもらい懐に入れていたといわれている。

最近、この訓戒書をみて不思議に思った。折り目がないのである。龍馬は実際は懐中せず坂本家に置き忘れていたのだろう。実に龍馬らしい。

　　修行中心得大意

一、片時も忠孝を忘れず、修行第一のこと

一、諸道具に心移り銀銭費やさずのこと
一、色情にうつり、国家の大事を忘れ心得有るまじきこと
右三ヶ条胸中に染め修行をつみ目出度帰国専一に候　以上
　丑ノ三月吉日　　老父
龍馬殿

修行とは北辰一刀流の千葉定吉道場での剣術のことで、腕をあげることを期待されていた。龍馬は流行に敏感だったのだろう。父は無駄なものに金を使わず、女性の誘惑にも気をとられず、藩や国家のためになるような人物になれと励ました。

黒船を見る

龍馬の現存する書状（原本所在不明）で、最も古いのが黒船来航のものである。書状は父宛てで、このような内容だった。

「御状下され有難き次第に存じ奉り候。金子お送り仰せつけられ、何よりの品にご座候。異国船処々に来り候由に候へば、軍も近き内と存じ候。その節は異国の首を打ち取り、帰国仕り候。かしく」（嘉永六年九月二十三日付）

龍馬は父からの仕送りに感謝していた。六月、アメリカ艦隊が浦賀に来航した際、龍馬は土佐藩臨時雇として品川海岸警備についたといわれ、そのとき黒船に遭遇したのだろう。

黒船はマシュー・ペリー提督率いる艦隊でヘンリー・アダムスが副使兼艦長をつとめていた。龍馬は黒船

にカルチャーショックを受け、このままでは近いうちに江戸も戦いになるだろうと伝えた。その異人の首を取るとかなり威勢がいい内容であった。これを読み、父はさぞ満足であったに違いない。

河田小龍を訪ねて

龍馬は翌嘉永七年六月二十三日、江戸での剣術詮議を終え土佐へ帰藩することになった。帰藩すると日根野弁治から剣術の腕前を認められ、「小栗流兵法十二箇条」「同二十五箇条」各一巻を授けられた。

龍馬は江戸で遭遇した黒船が脳裏から離れない。藩内で西洋知識をもつ河田《かわだ》小龍《しょうりょう》を訪ねるようになった。河田は長崎に留学した経験があり、またアメリカへ漂流したジョン万次郎を取り調べたこともあって、くわしく西洋やアメリカの事情を教えてくれた。

龍馬は幼少の頃に乙女に連れられ、廻船問屋下田屋の主人・川島猪三郎から見せられた世界地図を思いだした。河田の話は耳に心地よく聞こえ、世界へ夢を膨らませた。

土佐勤王党の実力と限界

武市瑞山を盟主に、結成

文久元年(一八六一)八月、武市瑞山《たけちずいざん》が盟主となり、江戸で土佐勤王党を結成した。龍馬二十七歳のときであった。

武市は土佐の藩論を勤王に統一しようと画策した。藩内は上士、いわゆる山内侍と下士の長宗我部遺臣の二つにわかれ、身分格差は他藩に比べものにならないほど厳しいものであった。

土佐藩内では天保庄屋同盟が天保十二年(一八四一)におこされ、その二〇年後に土佐勤王党が結成された。その間、他藩の志士との交流や水戸学などの広がりで勤王思想が定着していった。

薩摩・長州の雄藩は連合を視野に胎動していた。薩摩は西郷隆盛、長州は高杉晋作が幕府との対抗意識を思考しだした。

武市や大石弥太郎らは、江戸で薩摩の樺山三円《かばやまさんえん》、長州の久坂玄瑞《くさかげんずい》らと口角泡を飛ばし議論した。そこには吉田松陰の草莽崛起《そうもうくつき》論があり、今でいうネットワークづくりができていった。長州では本藩や支藩でも藩論統一のために諸隊が結成され、組織力が藩論を動かした。

土佐勤王党はそんな状況の中で結成された。

名文の盟約書

武市の身分は白札格の郷士で、上士待遇で胸に白い札をつけた。

土佐勤王党の盟約書は大石弥太郎が名文で起草している。

> 堂々たる神州夷狄《いてき》の辱《はずか》しめを受け、古《いにしえ》より伝はれる大和魂は今は既に絶えなんと、帝は深く歎き給《たま》ふしかれども久しく治まれる御代の因循委惰といふ俗に習ひて、独りも此心を振ひ挙げて皇国の禍を攘《はら》ふ人なし。かしこくも我老公夙《つと》に此事を憂ひ玉ひて有司の人々に云ひ争ひ玉へども、却《かえ》ってその為に罪を得玉ひぬ。斯《か》く有難き御心に在しますをなど此罪には落入り玉ひぬる。君辱しめらるれば臣死すと。

況《いわ》んや皇国の今にも　衽《じん》を左にせんとするを他にや見るべき

　彼の大和魂を奮ひ起して異姓兄弟の結びをなし、一点の私意を挟まず、相謀りて国家興復の万一に裨補(たすけおぎなう)せんとす。錦旗一たび揚らば、団結して水火を踏むと、爰《ここ》に神明に誓ひ上は帝の大御心をやすめ奉り、我老公の御心を継ぎ、下は万民の患を払はんとす

　されど私もて何にかく争ふものあらば、神の怒り罪し給ふをまたで人々寄りつどひて腹かき切らせんと、おのれおのれが名を書きしるしをさめおきぬ

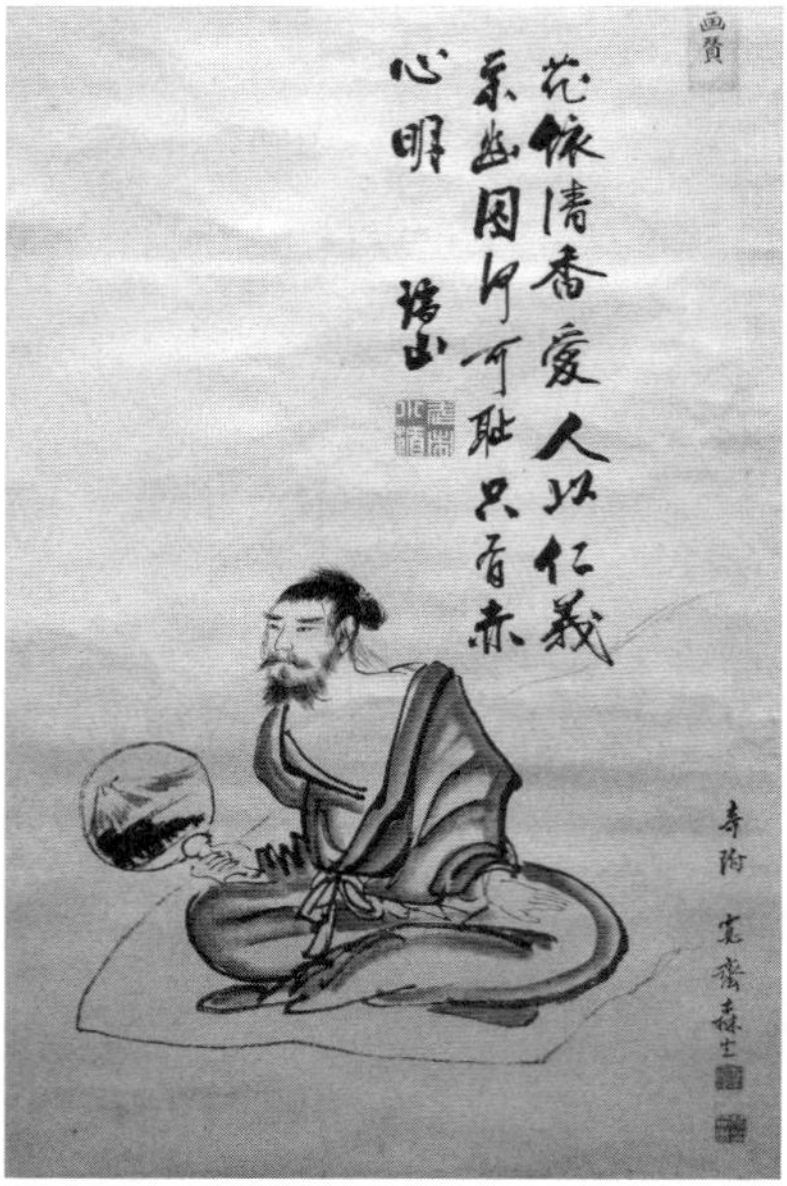

武市瑞山(半平太)自画像
霊山歴史館蔵

「国是」を憂う

　武市は日本が隣国のように西欧の極東政策によって、植民地化されるのではないかと危機感を募らせていた。老公つまり前藩主山内容堂の意志で、公卿の三条実美《さねとみ》に宛てた密旨の中で「錦旗ひるがえるときは、国力をあげて勤王に尽くす」と、藩論を一藩勤王にすると決意を表していた。

　土佐勤王党盟約書に署名した者は一九二名に及ぶが、他にも諸事情で署名できなかった同志もいた。この

組織は、藩論を覆すほどの勢力を、有していたことはまちがいない。龍馬は九番目に署名していた。ほとんどは下士や庄屋などであったが、上士では宮川助五郎らが加わっていた。

上士の中でも谷干城《たてき》、平井善之丞、佐々木三四郎らの賛同者も少なくなかったが、下士と同列に署名するには至らなかったことをみると、藩内には身分格差が存在していた。

武市は薩長らの勤王運動をつねに意識し、遅れまいと事を急いだことが、後の挫折を招く結果となった。武市は藩内の実力者の参政・吉田東洋から容堂へ、一藩勤王を進言しようと試みたが退けられた。そこで龍馬は武市の密命を受けて文久二年一月、萩に走り久坂と会談した。萩も長井雅楽《うた》の航海遠略策の公武合体運動が主流となり、苦しんでいた。

久坂は武市の返書に「失敬ながら尊藩も弊藩も滅亡しても大義なれば苦しからず」と過激な言葉で、国家救済のためなら長州も土佐もなくなってもいいではないか、と記していた。この一文に龍馬は感動したという。

大庄屋見習いの中岡慎太郎

龍馬との出会い

中岡慎太郎は土佐勤王党の盟約書の一七番目に署名した。坂本龍馬とは考えを異にすることもあったが、日本を刷新したいという考えには、寸分の狂いもなかった。

中岡は龍馬より三歳下で天保九年(一八三八)、土佐国安芸郡北川郷柏木の大庄屋・中岡小伝次の長男に生

中岡慎太郎

まれた。幼名は福太郎・光次といい、変名は石川誠之助・横山勘蔵、号は迂山と称した。同志からは石誠(石清とも)とよばれていた。
四歳で松林寺の禅定和尚に読み書きを習い、七歳で漢方医・島村策吾に四書を学び、十四歳では代講するほどの秀才であった。また、藩校の田野学館で「日本書紀」「古事記」「大日本史」「日本外史」を読み、西洋の「露西亜史略」「亜墨利加総記和解」などから海外の知識を得たという。
十七歳で田野学館に来た武市瑞山から剣術の手ほどきを受けた。翌年に城下の武市道場に入門し、そこで龍馬に初めて会った。
そのまま城下にとどまり、高島流の西洋砲術家の吉村謙次郎に入門したが、父が病に倒れたため帰村し、大庄屋見習いとなった。野友村の庄屋の娘・かね(十五歳)と結婚した。

大地震のとき救助方に

二十一歳のとき、土佐は大地震にみまわれ、安芸一帯も被害を受けた。このとき中岡は南北四五キロ、東西一二キロにわたる一四カ村の被害調査をした。

食糧がなく芋、ひえ、とちの実、葛《くず》で村民は飢えをしのいだが限度があった。中岡家の山林を抵当に米、麦を買い込み村民に与えた。父と奔走し藩より救助方に願い出て、金八〇〇両を借り受け復興にあてた。

山林の伐採跡には植林した「光次の並木」が現存している。田畑の開墾、作物の作付けを奨励し倉庫には米、麦の貯蔵をおこない、屋敷のまわりには柚子《ゆず》の植林をさせた。飢餓に備えた柚子は現在、高知の特産物となっている。

郷中の小島・和田・平鍋は被害が大きく、薩摩芋五〇〇貫を入手し配給して村民を救った。さらに藩の国老の桐間蔵人に貯蔵米を要求したが門前払いされ、翌朝まで座り込んでやっと陳情を聞き入れてもらった。晩年に田中光顕《みつあき》は、中岡が交渉するとなんでも成立が素早かったと回想している。中岡は話しだすと議論ずくめで、相手を納得させる話術を心得ていた。

松陰に傾倒

中岡が四歳のとき、天保庄屋同盟がおきた。この思想は土佐勤王党に受け継がれた。庄屋は朝廷の直臣であるという考えで、庄屋同士の横の結束を固めた。自由に議論をすることにより、みんなの意見を反映させた。この精神は自由民権運動にもつながった。

「時勢論」は、中岡が目指す政治論集で慶応元年(一八六五)冬にまとめた。

邑《むら》有ル者ハ邑ヲ擲《なげう》チ、家財アル者ハ家財ヲ擲チ、勇有ル者ハ勇ヲ振ヒ、智謀アル者ハ智謀ヲ尽シ、一技一藝アル者ハ其技藝ヲ尽シ、公明正大、各一死ヲ以テ至誠ヲ尽シ、然《しかる》後《の》チ政教立ツ可《べ》キ也

村ある者は村をすて、財産ある者は財産をすて、勇気ある者は勇気を奮い立たせ、知略ある者は知略をつくし、技術ある者はその技術を使い駆使すればいい。公明正大さをもっておのおのが一死をもって誠を尽せば、政治や教育が成り立つものである――。

この政治論集は、吉田松陰の草莽崛起論に共通するものであった。中岡は松陰の思想に傾倒していた。

慎太郎の夢「一藩勤王」

挙藩一致は夢のまた夢

土佐勤王党の活動の主流は、坂本龍馬より中岡慎太郎が受け継いだ。

土佐勤王党の盟主・武市瑞山が唱える、藩論を勤王に統一したいという夢に、慎太郎は陶酔しきっていた。思い込むと後ろに一歩も引かないのが土佐のいごっそう(一徹者)精神であった。

藩主山内家の家臣の上士と長宗我部の遺臣の下士の間には深い溝があり、慎太郎にすれば土佐藩がひとつにならなければ、他藩に後れをとるばかりか日本の行く末はない。藩主の山内容堂も安政の大獄で大老・井伊直弼《なおすけ》から処罰を受け、一線から勇退させられていた。

勤王運動をめぐり、事件がおこった。城西井口村の永福寺で、上士の山田広衛が茶道方を伴って歩いていると、下士の中平忠次郎が少年を連れ歩いていて肩がふれた。山田は中平と口論となり、中平を斬り捨てた。少年は中平の兄・池田寅之進に報告し、池田が駆けつけ、山田と茶道方を仇討《あだう》ちした。双方が勤王問題をからめ対立し結局、池田と少年は切腹させられた。

このとき龍馬も池田の家に駆けつけた。この井口村刃傷事件は慎太郎らの挙藩一致など夢のまた夢であることを示していた。このころ、慎太郎は北川竹次郎宛書状に「何分君は大道《だいどう》に志ある御方にて、志の儀は、僕といえども未《いま》だ廃し得ず、況《いわ》んや君に於てをや」と書き、大道を求めていた。

五十人組

文久二年(一八六二)四月八日、土佐勤王党に反目していた土佐藩参政の吉田東洋を勤王党の那須信吾、大石団蔵、安岡嘉助らが暗殺し、斬奸状《ざんかんじょう》には「此元吉(東洋)事、重役之儀に在りながら心儘《まま》なる政事を顧みず」と書き、さらに「料理(暗殺)した血を見に行くや初鰹」と一句つくった。

この暗殺で藩論は勤王に傾き、十月十四日に容堂の警護役を、江戸出府にあたる有志が私費でもって担った。五十人組の結成である。慎太郎は伍長となり、石川清之助と変名した。

京都から帰藩した武市は青蓮院宮から下賜された菊花の京菓子を同志と食べ、四カ条の結成綱領「有志義盟条約」を作成した。「死に後れざるは武士之本意に候得共《そうらえども》、暴に近き挙動これなき様、固く相戒め、終始義に当るの処置肝要たるべき事」など決意を表した。破った者は「割腹打棄之作配」と戒めた。切腹とは新選組の局中法度書《はっとがき》なみであった。

山内容堂

慎太郎は五十人組に加わる際、同志の村木虎次郎に宛てて「拝借仕居候金子《きんす》儀、返納仕申さず候故、来年帰国迄《まで》」と、借用した八両の返済を帰国するまで待ってほしいという内容の書状を送った。

十二月三日、土佐藩鍛冶橋の江戸屋敷で、慎太郎らは容堂に謁見を許された。容堂は酔えば勤王、醒めれば佐幕で本心を顔にも出さなかった。

象山を訪ねる

実は慎太郎は容堂から密命を受けていた。同志の吉本元助宛てには

「僕も去冬十一日江戸表出足、長州久坂玄瑞、山県半蔵同道ニ而、水戸表より上州信州辺遊歴、木曽美濃路を経、当春九日着京仕り候事ニ御座候」とある。

武市と別れ、慎太郎は久坂、山県《やまがた》半蔵(のちの宍戸《しし ど》璣《たまき》)らと十二月十三日、江戸千住から水戸へ向かった。十七日に水戸藩士住谷寅之介、岩間金平と会談し、二十三日、上州新田郡(群馬県太田市)では高山彦九郎の墓に参拝した。久坂は松陰が彦九郎を敬慕していたことから参拝したのである。

二十七日、信州(長野県)上田から松代《まつしろ》に入った。

このとき松代に住んでいた西洋学者の佐久間象山を訪ね、土佐藩への招聘《しょうへい》を申し入れた。容堂は洋学研究を藩内に広めようと考えていた。象山は当時五十二歳、松陰に密航をうながした人物であった。

象山は松陰の弟子・久坂に会えて高揚したのか、慎太郎らに、幕府が黒船来航に備えて江戸につくらせた台場は無用の長物と嘲笑し、これからは大砲の時代だと椎《しい》の実型の弾をもって講義した。だが、土佐藩の招聘には応じなかった。

土佐脱藩第一号の吉村寅太郎

思い切った事をやる男

坂本龍馬の同志に吉村寅太郎がいた。土佐国高岡郡津野山郷芳生村(高知県高岡郡津野町)の庄屋の子として、天保八年(一八三七)四月十八日に生まれた。諱《いみな》は重郷、号は黄庵と称した。一般には寅太郎と書くが、自らは虎太郎を使った。弟に熊弥がいた。

寅太郎が五歳の頃、弓術の稽古をするのを隣家の郷士・長山十次郎が見て「この子は将来見どころがある」と評した。長山につき読書や書を学んだ。

城下の小高坂に住む楠山庄助の塾に通うことになった。龍馬もこの塾に通っていたが、けんかがもとで退塾させられていた。寅太郎に学問や思想をあたえた人物が間崎滄浪《まさきそうろう》であった。間崎は通称を哲馬《てつま》といい、代々幡《は》多《た》郡間崎村（高知県四万十市）に住み、名はそこに由来するという。

中岡慎太郎・岩崎弥太郎・能勢達太郎も間崎の門人であった。間崎は学問好きで、細川潤次郎・岩崎惟謙とともに三神童といわれた。

庄屋になった寅太郎をよく知るのは、宮内大臣をつとめた田中光顕《みつあき》。田中は「吉村というおとこは、概して小柄な方だった。背丈は五尺二寸（約一五八センチ）位だったかな。丸顔で、色白で、愛嬌《あいきょう》者で居て、思い切った事をやる男、溌剌《はつらつ》として元気ものだったよ」と、別荘の寶珠荘で中秋の月を待ちながら回想したという。

長州の動向探る

土佐勤王党の武市瑞山は、密かに長州の政治の動向を探っていた。文久元年（一八六一）十月、龍馬は剣術修行の名目で土佐を出て、讃岐（香川県）丸亀の剣客・矢野市之丞を訪ねた。『維新土佐勤王史』には、龍馬はこのとき瑞山の密命を受けていたという。

龍馬は長州の久坂玄瑞の使者の長嶺内蔵太《ながみねくらた》、山県半蔵らと密会を持ったという。さらに翌十二月には、山本喜三之進と大石団蔵らも剣術修行で萩を訪れ玄瑞、高杉晋作、中谷正亮《なかたにしょうすけ》、大楽《だいらく》源太郎らと会談し、瑞山の勤王の意向を玄瑞に伝えるとともに、長州の動向を探っていた。

このころの長州は長井雅楽が藩内を牛耳り、土佐の吉田東洋と同じ佐幕開港論がはばをきかせていた。

山本と大石が二十二日、萩を去るときに託された玄瑞から瑞山宛ての書面には「尊藩御事も二君より承り候処、何とも御苦労の段察し奉り候」(十二月二十一日付)とある。

文久二年二月十七日、寅太郎は萩に入り、旅宿三笠屋へ三日間逗留《とうりゅう》したが、玄瑞が訪ねてきたので瑞山の書状を渡した。玄瑞の「江月斎日乗」には「十七日、晴、午後土州人の宿三笠屋を訪ふ、酌す、談数刻」とあり、寅太郎は連日、玄瑞や土屋矢之助と酒を酌み交わし論じた。その後寅太郎は、さらに九州に向かった。

武市瑞山の苦衷

前述の田中光顕は「土佐が一日立ち遅れになれば、一日だけ勤王倒幕が立ち遅れる、安閑としている時機ではない。たまらなくなって、九州から高知へかえってきた吉村寅太郎が、先《ま》ず脱藩した。吉村は、私の叔父那須信吾と同じ居村檮原《ゆすはら》の庄屋であった」(維新風雲回顧録)と振り返る。

文久二年三月二日、寅太郎は脱藩した。同志の宮地宜蔵《みやじぎぞう》と曾和伝左衛門に脱藩しようと誘っていた。曾和は瑞山に相談したところ「吉村は功名に急にして、勢制すべくもない。彼一人が去って平野(国臣)等の挙に加わるのも、今の場合仕方がない」(平尾道雄著『吉村虎太郎』)と、寅太郎の脱藩を認めていた。

脱藩の前夜に寅太郎らは宴会をもち、寅太郎は次の詩を朗吟し筆を走らせていると、人の気配を感じた。慌てふためきそこらにあった紙をかぶせた。墨が乾いておらずはがれてしまったという。「桜樹未だ開かず楊眼嬌なり　決心友を呼び酒終宵　一家一国何ぞ患ふるに足らん　本朝をして本朝たらしめんと欲す」という詩である。

三人が城下の東端、師松ケ鼻から船を使い、脱藩しようとしたところへ瑞山が駆けつけた。瑞山は「足下等の志を抑える事は好まぬが、曾和は目下監察吏の現職に在り、我等が藩庁の機密を知る唯一の者であるから、曾和のみは是非止まって貰いたい」(同前)と諭した。

瑞山は土佐勤王党の盟主であり、その言葉を無視できなかった。曾和は瑞山に従い、瑞山は寅太郎に「久坂(玄瑞)氏に面会の時は、必ず自分の苦衷の存する所を伝えられたい」(同前)と一書を手渡した。

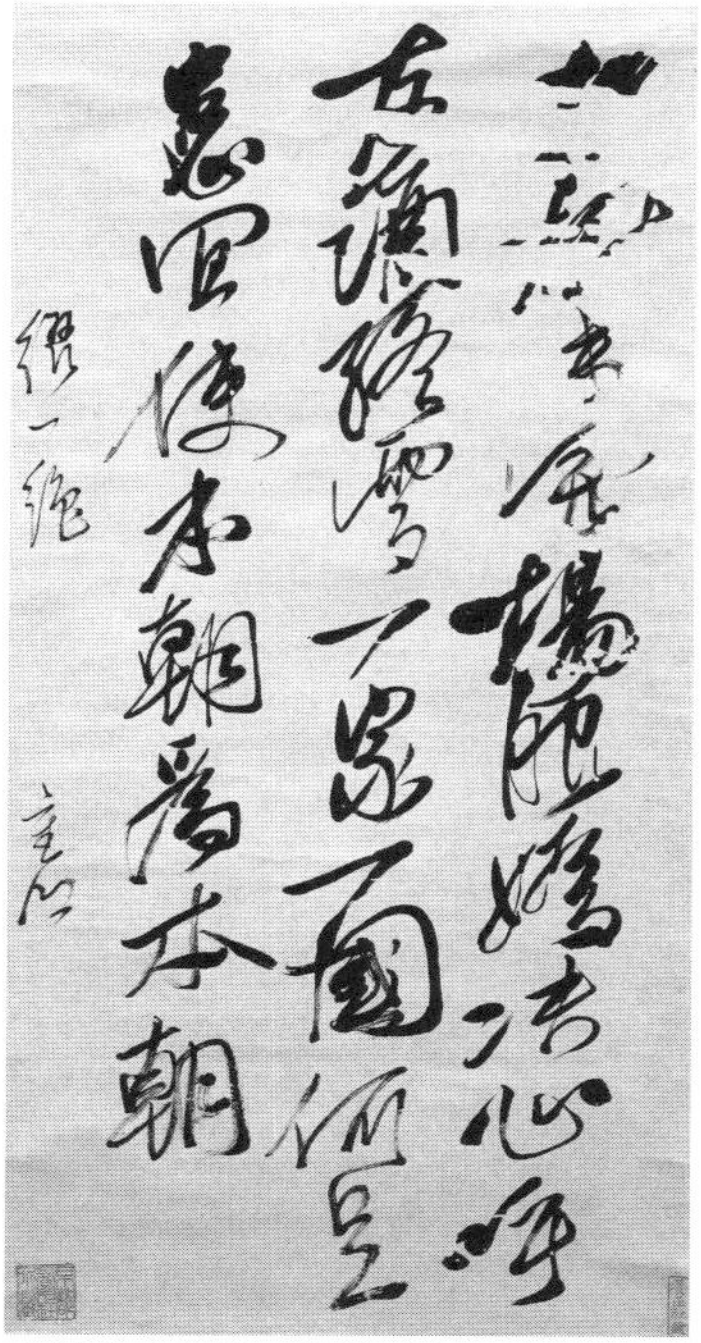

吉村寅太郎筆　脱藩前夜の詩
霊山歴史館蔵
右上の文字は、書かれたときからはがれている。

長州に走る

脱藩第一号となった寅太郎は文久二年三月七日早朝に立ち、船便をもって一夜海上で過ごし、同志の宮地宜蔵と周防(山口県)中ノ関に着いた。そこでかつてから気脈を通じていた越後(新潟県)の本間精一郎と偶然会い、雀躍《じゃくやく》してよろこんだ。精一郎が土佐へ勤王遊説に向かうというので、国元の那須信吾への紹介状を書き手渡した。

このとき、宮地は川淵内蔵之進と変名していた。長州の土屋矢之助と会ったが以前から面識があった。土屋は学識があり、吉田松陰とは肝胆相照らす仲であった。土屋の同志宛ての書状には「(寅太郎)すこぶる才子ゆえに野に虎を放った土佐の愚政を憫笑《びんしょう》し方向違い」と伝えていた。

土屋は寅太郎と談笑し、萩に入ればすぐ久坂玄瑞に会えばよい、馬関(下関)でまた会おうといってわかれた。三月十一日、萩に入るや寅太郎は、いわれたとおり玄瑞を訪ねた。玄瑞は手を打って大喜びして、寅太郎と宮地を広島屋に宿泊させ歓談した。十二日、馬関に赴き同志と議論したいと玄瑞に伝え、翌日に馬関に向かった。

そこで偶然、土佐の沢村惣之丞と会った。沢村は沢田尉右衛門と変名していた。玄瑞も後を追ってきた。十五日、豪商白石正一郎宅で玄瑞と土屋を囲み、土佐から寅太郎、宮地、沢村、薩摩の森山信蔵、久留米の原道太、荒巻羊三郎らが勤王運動に対して議論をかわした。

その後十七日、宮地は豊後(大分県)岡藩の探索に赴き、沢村は状況報告のため土佐に帰藩した。

大和に散る

文久三年八月十四日、寅太郎は書状で「この度天朝之御為、中山公を大将として義兵を挙て」と記している。中山忠光を盟主に仰ぎ、三総裁に寅太郎、松本謙三郎(奎堂《けいどう》)、藤本鉄石が就任した。

従軍した半田門吉の「大和日記」によれば、隊は三八名で組織し、そのうち一八名が土佐脱藩者で、大和(奈良県)に土佐主導の義挙をもって魁《さきがけ》とした。世にいう天誅《てんちゅう》組の変であった。

八月十七日、五條代官所を襲撃し、五條代官の鈴木源内を血祭りにあげ進軍した。だが、京都でおきた八・一八の政変で、勤王派は挫折し形勢は一変した。戦いには十津川《とつかわ》郷士も参戦していたが、郷士の野崎主計《かずえ》は京都の中川宮（のちの久邇《くに》宮朝彦親王）に意見を求めたところ「義挙の退去なくば、郷民米塩の資に窮して如何に成りゆくも測るべからず。よくよく御思慮を廻らしたまへ」と諭された。このままでは十津川郷士は犬死すると離反者が出始めた。

　十津川のはらわた黒き鮎の子は落ちていかなる瀬にや立つらむ

寅太郎は状況を見て悔しさをにじませ、こう詠んだという。
鷲家口《わしかぐち》（奈良県東吉野村）で最期の血戦を迎えた。

　吉野の山峯の紅葉をふみ別て都にかへる人ぞ恋しき

寅太郎は心境を詠んだ。鎮圧側の組頭・金谷健吉がきたので寅太郎は「士道の精を以て屠腹を許されよ」と切望したが、切腹は許されなかった。九月二十七日戦死、行年二十七歳。

　実弟の狂次郎（熊弥）は、大和に駆けつけ寅太郎の首を甕《かめ》に入れたが、顔はまるで生きているようだった。京都霊山聖域の飛び地に埋葬し、追悼詩歌集にまとめた。

　その後、寅太郎の墓碑の一角に高知招魂社も創建された。昭和四十三年（一九六八）にこれらの墓碑は龍馬の墓の近くに移された。

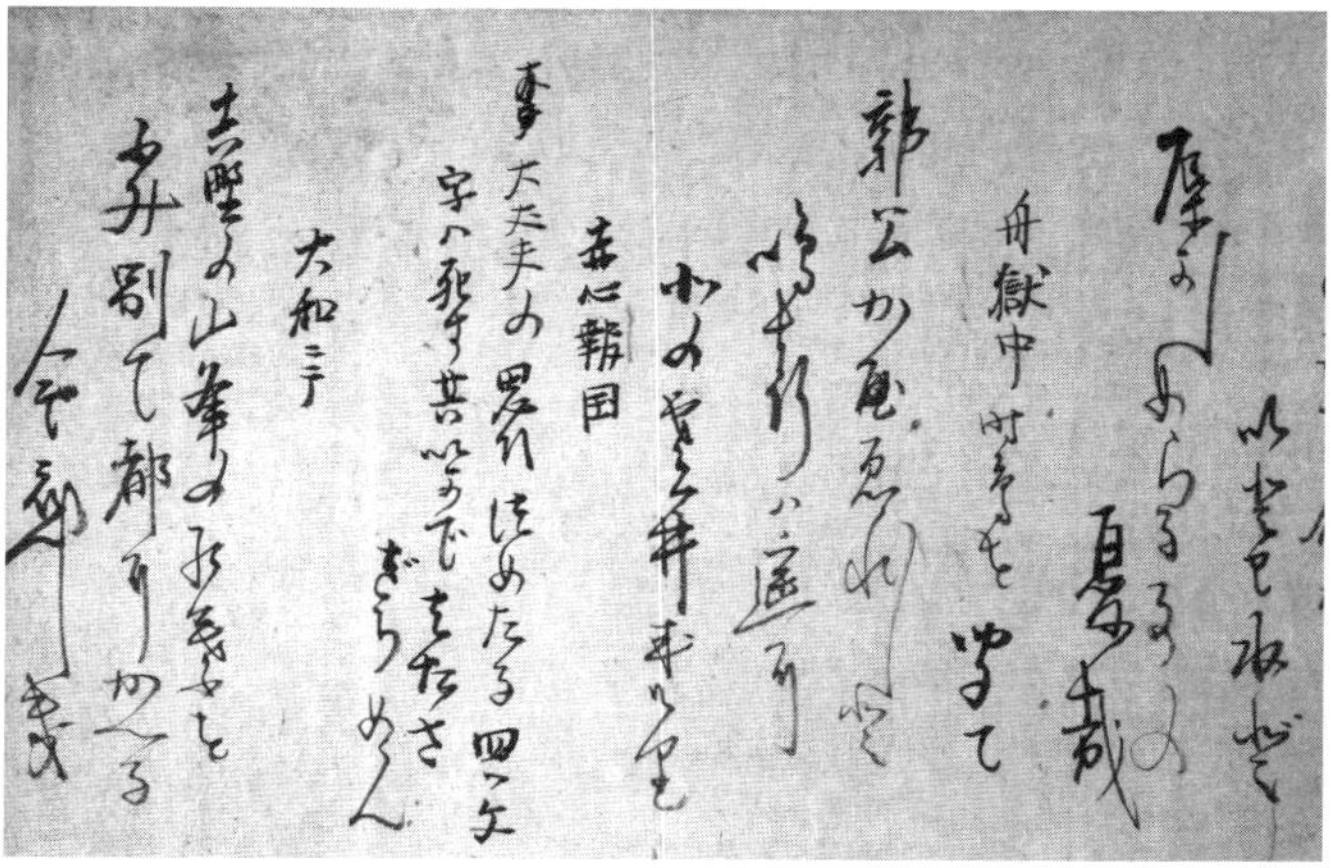

吉村寅太郎詩歌集　吉村熊弥筆（部分）　霊山歴史館蔵
寅太郎の辞世の句をしたためている。

天性の剣客、岡田以蔵

桃井春蔵の道場に入門

土佐の江ノ口村(高知市)に元気よく産声が響いた。名は岡田以蔵《いぞう》宜振、のち変名を土井鉄三といった。身分は郷士格の下士であった。天保九年(一八三八)生まれ、坂本龍馬より三歳下であった。

戌年生まれから野良犬のように扱われたが、以蔵の剣術は我流であったのを土佐勤王党盟主の武市瑞山に拾われた。瑞山は一剣客に捨てておくには惜しい男とみたのである。

瑞山は一刀流の使い手で、以蔵の剣を見たとき、体さばき、袴さばき、剣さばきに寸分の狂いもない天性のものを感じ取った。

嘉永六年(一八五三)夏、瑞山は藩庁へ剣術詮議(修業)のための江戸行きを申し出て、従者に以蔵を伴った。江戸はペリー来航とあって騒然としていた。以蔵は読み書きがままならず、見聞きし、肌身で時代を感じた。学問のないものは暴力で訴えるきらいがある。

土佐藩邸近くの京橋あさり河岸の桃井《もものい》春蔵《しゅんぞう》の道場に、瑞山と以蔵は入門した。流名は鏡心明智流、江戸三大道場のひとつで三千名の門人がいたという。この道場は各藩の上士が通っていた。

ちょうどそのころ、龍馬は北辰一刀流、桶町の小千葉道場に入門していた。このころの小千葉道場は桶町でなく新材木町にあって、桶町から約一キロの距離であった。

千葉道場同門の清河八郎がまとめた「玄武館出席大概」には、三〇九名の中に土州(土佐)人一四名が修業しており、龍馬の名もある。安政四年(一八五七)ごろで、龍馬は本部の大千葉道場(玄武館)へ出稽古に通っていたことがわかる。

桃井道場で以蔵は瑞山の弟子ということもあり、剣術もできたので門人からおだてられ天狗となり、道場近くの廓《くるわ》の藤棚という待合茶屋に通っていた。土佐に帰藩すると以蔵の風貌の変わり様にまわりは驚いた。万延元年(一八六〇)、以蔵は瑞山に従い西南雄藩を遊歴した。

天誅に手を染める

文久二年(一八六二)、藩主山内豊範《とよのり》の入洛に際し、以蔵は従者となり脚光を浴びた。その一方で、薩摩の田中新兵衛らとともに、幕府にくみする者を次々と血祭りにした。天誅と叫び、人を斬るテロ行為に手を染めて、「人斬り」の異名をほしいままにした。

同年八月二日、大坂で吉田東洋の暗殺者を探索していた土佐監察・井上佐一郎を、同志とともに絞殺した。八月二十日、越後の本間精一郎が勤王と偽って軍資金を調達する噂を聞きつけ、田中らとともに暗殺する。ついで宇郷重国《うごうしげくに》を斬る。幕府と通じていた千種《ちぐさ》家家臣の賀川肇《かがわはじめ》の首を一橋(徳川)慶喜の宿泊所へ置き、両腕を千種家と岩倉具視《ともみ》屋敷に献上し脅迫した。以蔵は天誅を瑞山がよろこぶと勘違いした。

勅使・姉小路公知《あねがこうじきんとも》の江戸東下の従者に以蔵は選ばれた。ところが、龍馬は以蔵が憎む幕臣警護に以蔵をつけさせた。以蔵が警護したのは、龍馬の師である勝海舟であった。

二条城あたりを海舟が歩いていると刺客が近づいてきた。以蔵は、一刀のもとに斬り伏せた。海舟も剣客である。「人を斬るは良士のなすべき所為にあらず」と以蔵を諫《いさ》めたところ「殺《や》らなければそんなことも言えませんぞ」と言い返した。

最期は毒殺計画も

京都所司代の者が以蔵を捕えた。土佐では勤王弾圧がはじまり同志が捕えられていった。以蔵は藩内の山田町の獄に投獄された。

以蔵が口を割り、勤王党の内幕をすべて明かせば水の泡である。そのため以蔵の毒殺計画があがった。『維新土佐勤王史』にはこう書かれている。

同志中の蘭医にて、平井隈山の親戚楠瀬春同に密囑し、一種の毒薬丸剤を製せしむ、即ち其《そ》の料には舶来の阿片《あへん》を多量に用いしなり、これを天祥丸と命名して、非常の用に供する事とし(中略)況や岡田以蔵をや、即ち其の口を緘せんとて、或《あるい》は差入の食物に右の丸薬を混入し、本人に知らせず之を食せしめたるも、以蔵は平然として更に其の毒に感ぜざりしという

食べ物に毒を混ぜたが、以蔵は、動物的な勘をはたらかせ食べなかったのだろう。

辞世にはこう心情が詠みこまれた。

君がため尽す心は水の泡消えにし後は澄み渡る空

慶応元年(一八六五)五月十一日斬首、雁切河原の獄門台の顔は穏やかに微笑んでいたという。行年二十八歳。

讃岐行きは口実。萩で密議

「奇観変幻」な龍馬の動き

文久元年(一八六一)十月十一日、土佐藩から剣術詮議を許可された。藩庁提出の文書には「御預郷士坂本権平弟龍馬儀、剣術詮議のため讃州丸亀、矢野市之丞方へ罷《まか》り越したく願いの趣、聞き届け候事」とある。

十月十二日、藩から二九日間の剣術詮議が龍馬の兄・権平の元へ伝えられた。権平は讃岐(香川県)行きの旅費を龍馬に渡したが、このとき、龍馬は武市瑞山から極秘に、萩へ行く密命を受けていた。

『坂本龍馬関係文書』を編述した岩崎鏡川は、龍馬を「舟筏をやとうて急灘を降るが如く、奇観変幻」と評している。龍馬は実に多くの地を訪ね、同志と密議をこらした。

同志の樋口真吉の日記「遣倦録」にも「十月十一日　坂龍飛騰」とあり、剣術修業を申し出れば出国は簡単にできた。讃岐の剣客・矢野市之丞を訪ねる口実をたてたが、萩まで行くには旅費が足りない。そこで十月十三日、龍馬は地組頭の田中良助宅に一泊し、金子の工面を申し入れた。

翌日に左記の借用証文を渡し、二両を調達した。田中は龍馬の萩行きを知ったら、脱藩の手助けで連座を恐れ貸さなかっただろう。

金子弐両也。右は下拙儀、讃州地方に罷り越し候につき、金子入用につき、借用候事、実正に候

龍馬は田中とは懇意で、よくウサギ狩りをしに同家を訪れていた。

玄瑞の攘夷論

十月下旬に龍馬は萩に着いた。瑞山から久坂玄瑞へ渡す親書を懐中に入れていた。

このとき、玄瑞を訪ねたが九月七日から江戸に旅立っていて不在だった。

龍馬の剣術詮議の許可は二九日間である。龍馬は丸亀に入るとすぐ藩へ「芸州砂防の立ち越、詮議致し度」として、「二月迄月延之願」と翌文久二年二月までの延期を願い出て脱藩を免れていた。龍馬は萩から瀬戸内海を横断し、芸州(広島県)砂防まで行き、その後大坂へ入ったという。

文久二年一月十四日、龍馬はふたたび萩に入り、やっと玄瑞に会うことができた。玄瑞の日記「江月斎日乗」には左記のように記されていた。

十四日、曇、土州坂本龍馬、武市書翰《しょかん》携え来訪、松洞(松浦)に托《たく》す
十五日、晴、龍馬来話、午後、文武修行館へ遣わす
廿一日、晴、土人の寓する修行館を訪、中谷(正亮)と同行
廿三日、晴、是日を以、土州人去る

萩では松陰門下の松浦松洞《しょうどう》に、瑞山からの親書を託して玄瑞に届けてもらった。龍馬は玄瑞に三度会い、膝をつきあわせて勤王運動について語った。

瑞山の親書の内容は伝わっていない。おそらく土佐一藩だけの勤王の藩論統一は厳しく、長州・薩摩の同志をも結集し、日本の指針にしようと考えていた。幕政改革でなく藩を超えて、日本の刷新を図ろうと呼びかけたものだろう。

玄瑞は内容が露見することをおそれ、親書を破棄したのだと思われる。

日本の刷新

玄瑞は瑞山宛ての返書を二十三日、萩を去る龍馬に託した。

> 此《こ》のたび坂本君御出浮あらせられ、腹臓なく御談合候事、委細御聞取り願い奉り候、ついに、諸侯たのむに足らず、公卿たのむに足らず、草莽《そうもう》志士糾合、義挙の外にはとても策これなく事と、私共同志中申し含みおり候事に御座候、失敬ながら、尊藩も弊藩も滅亡しても、大義なれば苦しからず、両藩共存し候とも、恐れ多くも皇緒綿々

返書の一部だが、玄瑞は「坂本君」と君づけにしている。松下村塾で吉田松陰は門下生を君づけで呼び、自分を僕といっていた。もう大名も公卿もあてにならない。これからは草莽の志士が力をあわせ、この国を創りあげなければならない。そのためにはあなたの土佐藩も、私の長州藩もなくなっても大義のためならいいでしょう――。

龍馬はこの言葉に感動せずにはおれなかった。土佐への帰り道、ある決断が頭をよぎった。

脱藩も「われのみぞ知る」

松陰に魅せられる龍馬

坂本龍馬は久坂玄瑞から吉田松陰の密航の心情を詠んだ歌を聞かされ、感激したのだろう。

> 世の人はよしあしごともいわばいえ　賤が誠は神ぞ知るらん

私（松陰）の密航について、世間では愚かな行為だと思うかもしれないが、百聞は一見にしかず、外国を見ないで外国のことを論ずるほど愚かなことはない。私が国を憂う真心は神だけが知ってくれるだろう――。

兄の権平から龍馬は、坂本の家を継げといわれる。権平は男の子に恵まれなかった。龍馬は若いからやりたいことが山ほどある、まわりは誰も理解してくれない。龍馬は自由奔放に生きたいと詠んだ。

世の人はわれを何ともいわばいえ　我がなすことはわれのみぞ知る

龍馬は松陰の詠んだものを読み替えた。無名の志士が心をひとつに至誠をつくせば、日本を変えることができるという松陰の唱える草莽崛起《くっき》論に魅力を感じていた。

姉の栄に脱藩を打ち明ける

権平は龍馬が脱藩しないか悩んでいた。龍馬はひそかに親戚から一〇両を借り、脱藩の胸のうちを姉の栄にだけ打ち明けた。

栄は龍馬の志をかなえようと名刀「肥前忠広」を贈り支援したと、小説などに美談としてとりあげられていた。だが、昭和六十一年（一九八六）の高知新聞によると、栄の墓が発見され、弘化二年（一八四五）に病死していて、龍馬が脱藩するときはすでに亡くなっていたことがわかった。

脱藩は無断で藩を出ることで、「亡命」「逐電」ともいい、徒士《かち》以上を「出奔《しゅっぽん》」といった。欠落は「かけおち」と読み、足軽以下などの軽輩の場合をしめす。脱藩は重罪で家名は断絶、死罪になることもあったが、幕末は志をもって国抜けしていると微罪で済まされることが多く、長州は処罰が軽く繰り返しおこなう者があとをたたなかった。そのたびに変名して逃れていた。

文久二年(一八六二)三月十一日、土佐勤王党の沢村惣之丞は、先に脱藩していた吉村寅太郎と合流して、長州の久坂玄瑞を訪れ会談した。同志を多く集める義挙、つまり挙兵計画を実現するため下関に行き、そこから土佐に帰った。龍馬は惣之丞と相談し三月二十四日夕方に脱藩した。龍馬二十八歳であった。

龍馬の脱藩を知った兄の権平は、翌日に家老・福岡孝弟《たかちか》に報告し、刀剣の紛失も出したため、坂本家はおとがめをまぬがれた。

土佐から日本へ

武市瑞山は龍馬の脱藩をすでに許していた。「後日瑞山、人に語りて曰《いわ》く、龍馬は土佐の国に余る奴なれば、広い処へ追ひ放ちたりと、蓋《けだ》し其《そ》の脱藩の挙が瑞山の黙許に出でたるや知るべきのみ、翌日坂本、沢村は彼の梼原村なる那須信吾を訪ひて一宿し、難なく宮野々の関門を脱し」(維新土佐勤王史)。翌二十六日、那須俊平、信吾父子の案内で韮ケ峠へ行き、そこから伊予(愛媛県)大洲《おおず》領に入った。四月一日、下関の廻船《かいせん》問屋・白石正一郎方に到着した。

瑞山は龍馬の雄飛をたたえて詠んだ。

　肝胆元より雄大にして　奇機おのずから湧出す
　飛潜誰か識る有らん　偏に龍名に恥じず

土佐の龍馬が日本の龍馬になった。

「実にお国(土佐)のような所にて、何の志ざしもなき所にてぐずぐずして、日を送るは実に大馬鹿ものなり」と、龍馬は脱藩後に姉の乙女に宛てて書いていた。

龍馬は志士らがいる京・大坂に向かわず、薩摩藩に向かった。江戸で佐久間象山に西洋砲術を学んだこともあり、薩摩の反射炉の視察を試みたという。

清(中国)が天保十三年(一八四二)、アヘン戦争でイギリスに敗れたことに、薩摩藩は危機感をつのらせ、嘉永四年(一八五一)、集成館事業に取り組むこととなった。

藩主島津斉彬《なりあきら》は仙巌園周辺の竹林を切り開き、反射炉の建設をはじめ溶鉱炉、ガラス工場、蒸気機関の製造所などの諸施設を設け、集成館とよんだ。薩摩藩は外国を排斥するのではなく、とくにイギリスから技術を学んだ。

しかし薩摩藩に入ることは厳しく、龍馬はあきらめ、六月十一日大坂に入り、それから京都へ向かった。

龍馬、京へ行く

龍馬の初恋相手・加尾

坂本龍馬の初恋相手は平井加尾といい、土佐勤王党の平井収二郎の妹であった。勤王党は下士の身分が多かったが、平井は上士で、下士の龍馬より格式が上であった。

加尾は才色兼備で龍馬より四歳下、城下であこがれの的だった。加尾も龍馬に淡い恋心を抱いた。加尾は土佐井口村の土佐藩士新留守居組、平井伝八の娘であった。

文久二年(一八六二)三月、龍馬が脱藩した翌日に兄の収二郎は加尾宛てに「坂本龍馬昨日廿四の夜亡命、定めて其地（京都）に参り申すべく、たとへ龍馬よりいかなる事を相談いたし候とも、決して承知致すべからず」と忠告していた。

加尾は安政六年（一八五九）から京都の公卿・三条家に仕えていた。山内容堂の妹・友姫が三条公睦《きんむつ》に嫁いだ際、お付き女中となった。入洛する土佐の志士の面倒をよくみていた。

文久元年春、上士と下士が小競り合いをおこした井口村刃傷事件があり、下士の龍馬と距離をおくように加尾に伝えていた。

加尾は晩年に「龍馬の奇行ハ今に始めぬことながら、定めて一大事を思ひ立ちしものならん、と女史（加尾）ハ人目もあれバ、袴地と羽織とハ親戚への土産物にかこつけ用意した」（平井女史の涙痕録《るいこんろく》）と、龍馬のいわれるままに袴、羽織をひそかに用意していた。

加尾はのちに立志社副社長や警視総監をつとめた西山志澄《ゆきずみ》に嫁ぎ、明治四十二年（一九〇九）病死した。行年七十一歳。

青蓮院宮令旨事件

平井収二郎は天保六年（一八三五）、龍馬と同年に生まれ、通称を幾馬といい、号を隈山と称した。

万延元年（一八六〇）十一月、京都に入り、儒者の山中信天翁《しんてんおう》邸を訪れ、時勢を論じた詩書がのこる。山中は安政三年に津（三重県）から京都に移り住み、梁川星巌《やながわせいがん》、梅田雲浜《うんぴん》、頼三樹三郎《らいみきさぶろう》と親交を結んでいた。

平井は山中を通じ、勤王思想に傾倒した。文久元年、土佐勤王党に加盟し、勤王運動に身をおいた。翌文久二年に将軍の入洛が決定し、長州の久坂玄瑞は勤王党らと攘夷実行を目論んでいたが、土佐藩内で味方に

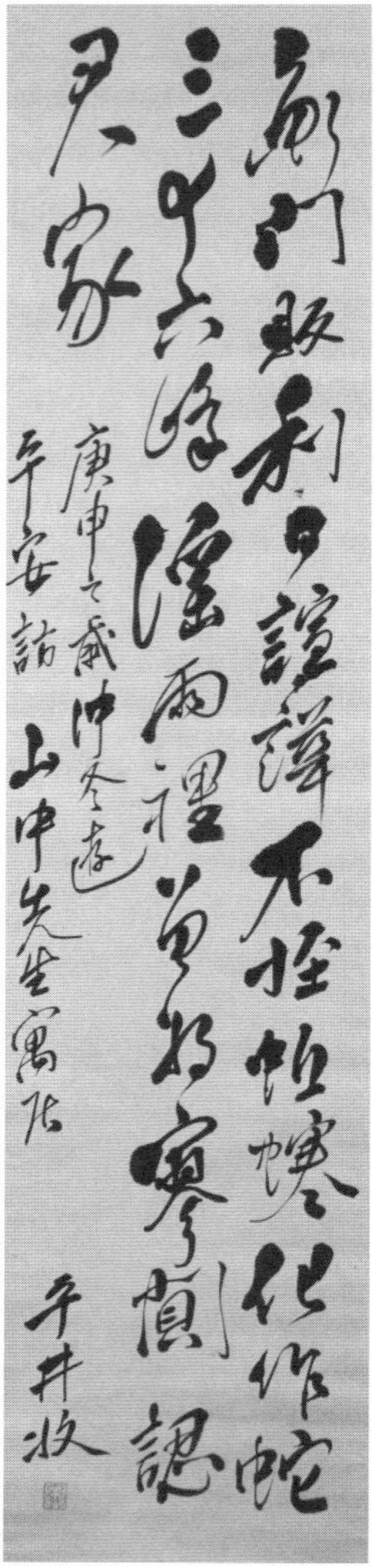

平井収二郎筆　漢詩「遊平安訪山中先生寓居」
霊山歴史館蔵
京都養正社の旧蔵品。

ついたのは家老の深尾鼎、小南五郎右衛門などで実現味が薄かった。

間崎滄浪《そうろう》は勤王運動の閉塞《へいそく》感を憂えていた。そこで平井・間崎・広瀬健太らは勤王を推進させる目的で、青蓮院宮《しょうれんいんのみや》(中川宮、のちの久邇宮朝彦親王)に、隠居していた前藩主山内豊資《とよすけ》宛てへ、国政への干渉を望む意向を伝える令旨《りょうじ》を出すようひそかに依頼した。

この越権行為に激高した藩主の山内豊信《とよしげ》(容堂)は大目附宛てで「御令旨申請候子細に付、御不快に思《おぼ》し召《め》され、右により、切腹これ仰せつけ」と三名に切腹を命じた。勤王党弾圧で初めての犠牲者となった。

平井は五月二十四日の投獄以来、筆硯《ひっけん》が許されず、爪書きで無念の辞世を詠んだ。

首打れんと思へるに、自刃を給ければよめる

百千度《ももちたび》生かえりつゝ恨みんと思ふ心の絶にける哉

恨報はんと思ふ人の多けれど、今は已《や》ぬ

文久三年六月九日暁に自刃した。行年二十九歳。

龍馬と春嶽との出会い

飛耳長目の実践

坂本龍馬は脱藩し江戸に向かった。頼れるところは、やはり千葉道場しかなかった。脱藩の身では品川の土佐藩邸にも近寄れない。土佐勤王党とは、ひそかに連絡をとっていた。

龍馬は人の意見をよく聞く。吉田松陰が門下生に求めた「飛《ひ》耳《じ》長目《ちょうもく》」を龍馬も実践していた。耳を飛ばして情報を集め、長い目で物事を考えることが、人生にはいかに大切かという考えである。

それにはその時代を一番動かし輝いている人物から、直接意見を求めることであった。そこで龍馬は、前の越前藩主松平春嶽《しゅんがく》に、現在の総理大臣にあたる政事総裁職就任の朝、会うことにした。

松平春嶽

春嶽の前に、土佐の一介の志士である龍馬と岡本健三郎が面会を求めたのである。

春嶽の手記には「老生、政事総裁職の命を受くるは(文久二年)六月也。或日朝登城の前突然二人の士、常盤橋邸に参入して春嶽侯に面会を乞ふ。諸して面話す。此二人は坂本龍馬、岡本健三郎なり。其後此両士を招き両士の談話を聞くに、勤王攘夷を熱望する厚志を吐露す。

其他懇篤《そのたこんとく》の忠告を受く。感佩《かんぱい》に堪へず」とある。

政事総裁職

春嶽は文政十一年(一八二八)、御三卿のひとつ田安家の徳川斉匡《なりまさ》の六男として生まれた。十一歳の時、十二代将軍徳川家慶《いえよし》の命で越前藩主松平斉善《なりさわ》の養子となり、三二万石の藩主となった。

名君の誉れ高く、すすんで中根雪江、村田氏寿《うじひさ》、橋本左内《さない》らの有能な人材を登用し、肥後国熊本から横井小楠《しょうなん》を招聘《しょうへい》し顧問に迎え、藩政改革に着手した。藩校明道館をはじめ種痘館《しゅとう》の開設、洋書習学、西洋調練などもおこなった。

ペリー来航により春嶽は幕府へ開国要求の強硬拒絶論の意見書を提出した。だが開明派の左内らの意見を認め、海防を充実させる一方で藩論を開国論に転じた。将軍継嗣問題では、英明の一橋(徳川)慶喜《よしのぶ》を山内容堂、伊達宗城《むねなり》、島津斉彬らと擁立したため、大老・井伊直弼と対立、とくに左内を使い朝廷内を開国論にするよう働きかけた。

しかし一橋派は敗れ、後継は血筋の強い紀州の徳川慶福《よしとみ》に決まり、家茂《いえもち》と改名し、十四代将軍となった。春嶽はこれに反対し登城しなかったため、井伊大老の逆鱗に触れ、江戸霊岸島別邸に隠居謹慎させられた。三十一歳の若さで藩主の座を追われたのである。

春嶽の養子・直廉《なおきよ》が、幕命により将軍家茂から一字を拝領し、名を茂昭《もちあき》と改め、藩主となった。

その後、幕府は公武合体の道を選び、文久二年(一八六二)七月、勅旨《ちょくし》によって春嶽は政事総裁職に就任し、ふたたび歴史の表舞台に立った。一橋慶喜と協力して幕政改革に取り組んだのである。

勝への紹介状

春嶽と容堂はことのほか仲がよかった。人生の辛酸をなめた春嶽は、龍馬の声に耳を傾けた。春嶽は「勝(海舟)、横井(小楠)に面晤《めんご》仕度《したく》、侯の紹介を請求す。余諾して」と回想している。龍馬は春嶽に勝と横井への紹介状を書くよう頼み込み、春嶽は龍馬の志をくんで快諾した。

同年十二月、龍馬は土佐藩士間崎滄浪・近藤長次郎と三人で春嶽に面会を求め、摂海の海防策を上申した。春嶽は感激し翌春、容堂に龍馬の脱藩罪の免責を申し入れた。

生麦事件の教訓を糧に

賠償金四四万ドル

文久二年(一八六二)の大事件といえば、生麦《なまむぎ》事件である。八月二十一日、薩摩藩士によるイギリス人殺傷事件であった。

イギリスの生糸商人マーシャル、ハード商会のクラーク、香港イギリス商人の妻ボロデール、上海より来日していたリチャードソンの四人が馬に乗り、川崎大師に向かう途中に事件がおこった。

薩摩の国父・島津久光が勅使の大原重徳に従い江戸へ東下し、幕政改革を進言、その帰途に生麦(現在の横浜市鶴見区)を通りかかった。行列の制止を振り切り、リチャードソンらは横切った。従者の奈良原喜左衛門らが無礼者と叫びながら上意討ちし、リチャードソンは即死、クラークは腕、肩を斬られ、ボロデールは頭髪を斬られての軽傷を負って、アメリカ領事館に逃げ込んだ。

イギリス代理公使ニールはすぐさま幕府に犯人の逮捕、外国人遊歩の保護を要求した。翌三年二月、イギリス本国からの指示で幕府に対し、賠償金を要求した。老中格の小笠原長行は専断でイギリス側に賠償金四四万ドルを支払い、即決を試みた。小笠原の英断だった。

小笠原は文政五年(一八二二)、肥前国(佐賀県)唐津に生まれ、唐津藩主小笠原長国の養嗣子となり藩政に尽力、前土佐藩主山内容堂の推挙により、文久二年七月に奏者番《そうじゃばん》、若年寄、九月から翌三年六月まで老中格になった。

薩英戦争の代償

イギリスはさらに薩摩藩に対し、幕府同様の要求をした。英国東インド艦隊司令長官クーパー提督は、艦隊を率い薩摩に向かって直接交渉した。文久三年六月、イギリスは薩摩藩に実行犯の処刑と賠償金を求めたが、二四時間の時間切れで不調に終わり、七月二日正午をもって大砲が火を吹き薩英戦争がおこった。

この戦いで薩摩藩は城下を焼失、砲台はことごとく破壊され、藩船三艘、琉球船三艘を焼かれた。イギリス艦船側も艦長、副艦長が即死、戦死者一三人、負傷者五〇人にのぼった。戦死者は水葬にして去った。

戦争が激しくなると、強風でイギリス船の錨《いかり》がはずれ湾内に入ったところへ、薩摩砲台からの砲弾がイギリス船に命中し、被害が大きくなった。九月二十八日に入り、横浜の英国公使館において薩摩藩代理とニールが、幕府立ち会いのもと数回の会談で決裂しかけたところ、軍艦購入の話が持ちあがり十月五日、和解が成立した。薩摩藩は十一月一日、幕府から賠償金二万五千両を借用し、イギリスに支払った。しかし犯人の処刑はおこなわなかった。これを機に薩摩藩とイギリスは友好関係となった。

勝海舟に弟子入り

「薩英戦争のようなことは、これから頻繁におこるだろう」。坂本龍馬は、尊攘論と開国論のはざまで心が揺れていた。土佐勤王党の武市瑞山のもとで奔走していたが、勤王運動に限界を感じ江戸で思案に暮れる日々であった。それが一八〇度転換したのは、幕府政事総裁職の松平春嶽から勝海舟宛ての紹介状をもらって、会いに行ってからだった。

春嶽にすれば、勝は弁もたつが剣術の腕もたつ。龍馬ごとき一介の浪人に勝を斬れるわけがないと踏んだのだろう。勝の『追賛一話』にはこのときの出会いがこう書かれてある。

坂本氏曽《かつ》て剣客千葉重太郎を伴ひ、余(勝)を氷川の僑居《きょうきょ》に訪へり。時に半夜余為に我邦海軍の興起せざる可らざる所以《ゆえん》を談じ、娓々《びび》止まず。氏(龍馬)に会する所あるが如く余(勝)に語りて曰く、「今《こ》宵《よい》の事窃《ひそか》に期する所あり。若《も》し公(勝)の説如何《いかん》に依りては敢《あえ》て公(勝)を刺さんと決したり。今や公(勝)を聴き大に余(龍馬)固陋《ころう》を恥づ。請《こ》ふ是よりして公(勝)の門下生と為《な》らん

勝海舟

晩年に勝は「彼はおれを斬りにきた奴だったが、なかなかの人物さ、その時おれはわらってうけたが、落ち着いていて、なんと冒しがたい威厳のある、いい男だったよ」と語ったという。

勝も龍馬のような浪人が毎日のように来るから心得ていて、世界の話をしたら、龍馬とは結構話が通じた。双方が意気投合し、海軍を一緒にやろうではないかということになった。幕府の海軍でなく、日本を代表するような海軍の組織を勝は熱く語り、龍馬はすっかり影響され、勝の弟子にしてくれと懇願したという。

海舟の夢、海軍構想

貧乏の中で鍛えた剣禅一如の精神

勝海舟は坂本龍馬より一回り上の同じ未年生まれであった。父の小吉は男谷《おたに》家から勝家へ養子に入った。本名は麟太郎といい、文政六年（一八二三）、江戸本所亀沢に生まれた。

父小吉は小普請《こぶしん》組の貧乏旗本、ふだんの仕事といえばけんかの仲裁、刀の鑑定、夜店の番人などだった。海舟は「子供の時には、非常に貧乏で、ある年の暮などには、どこにも松飾りの用意などして居るのに、おれの家では、餅をつく銭がなかった」（氷川清話）と回想している。

七歳のとき、十二代将軍徳川家慶《いえよし》の五男初之丞の遊び相手に選ばれ、江戸城に召し上げられた。

十六歳で家督を継いだが、相変わらず貧乏には変わりはなかった。浅草新堀の剣客・島田虎之助に直心影《じきしんかげ》流を学び、牛島の弘福寺で参禅し、精神を剣禅一如で鍛えた。島田から「剣は心なり、心正しからざれば、剣又正しからず、すべからく剣を学ばんと欲する者は、まず心より学べ」と戒められた。

海舟の夢は海軍構想であった。西洋学者の佐久間象山《しょうざん》に会い海防論を学んだ。象山の書斎の名が「海舟書屋」だったことから海舟と名乗った。

海防には蘭学の語学力をつけなければならない。幕府蕃書調所《ばんしょしらべしょ》教授、箕作阮甫《みつくりげんぽ》に入門を請うが許されず、永井青崖にも断られた。永井は福岡藩主黒田長溥《ながひろ》の御用学者であった。海舟は何度も藩主の謁見を試み、ついに藩主から福岡藩江戸屋敷で永井の聴講を許された。

海舟は蘭書の辞書ズーフハルマが六〇両の高価だったため買うことができず、本屋に謝礼を払って写本一冊を一年かけてつくり、もう一冊をつくって売却した。

海防意見

幕府は広く海防についての意見を求め、集まった七〇〇通の中でも、海舟の意見書は注目された。

一、人材の登用
二、海外に出て交易を盛んにし、その利益をもって国防にあてよ
三、江戸はもちろん海岸の防備を固めよ
四、旗本の困窮を救い、西洋式の兵制に改めて、江戸の近くに練兵学校を創設せよ
五、火薬に必要な硝石《しょうせき》等を製造する設備をつくるようにせよ

この意見に注目したのが幕臣の大久保一翁《いちおう》(忠寛)だった。海舟は蕃書翻訳勤務となり伊勢、大坂の海岸を巡視した。のちの神戸海軍操練所の創設構想につながった。

龍馬が海舟を斬りにいった際、海舟はこの海軍構想をひそかにもらしたのだろう。

咸臨丸

海舟は夢をまわりに語り、しかも行動派だった。「幕府も浪人も、口を揃へて海軍は必要を論じたけれども、しかし軍艦は、どうして製造するのか、金はどれぐらい入用なのか、また乗組員はどんな事をするのか、一向だれにも分らないのサ」(氷川清話)。

咸臨丸は木造のスクーナー・コルベット艦、長さ五〇メートル、幅七・三メートル、三〇〇トンの一〇〇馬力であった。海舟はこの船に乗って五島・対馬・釜山を航海、薩摩では藩主島津斉彬に謁見を許された。

万延元年(一八六〇)正月には、咸臨丸でアメリカ・サンフランシスコを目指した。海舟は咸臨丸艦長だが、船酔いで航海は木村喜毅《よしたけ》提督がつとめた。通訳には土佐のジョン万次郎が、アメリカへの一〇年間の漂流生活経験があったので選ばれた。木村の下僕が福沢諭吉であった。

咸臨丸到着の一二日後に、新見正興《しんみまさおき》以下七七名がポーハタン号で来て、日米修好通商条約の批准《ひじゅん》交換のためワシントンに向かった。

咸臨丸が万延元年五月五日に帰国し浦賀に入ると、幕吏が船に乗り込んできて、井伊直弼大老が水戸の浪士に討たれたので、水戸浪人を探索するという。この時、海舟は井伊大老の死を知った。

第七章　海運事業からはじまった薩長同盟

日本一の先生と強運な浪人

土佐を飛び出し「国のため天下のため」に

世の中の情勢はかわっているのに、なぜ土佐国(高知県)にしばられているのだろう。

坂本龍馬は土佐の河原《かわら》塚《つか》茂《も》太郎《たろう》宛ての書簡で「土佐一国にて学問致し候得バ、一国だけの論にいで(世界を)横行すれバ、又夫だけの目を開き、自ら天よりうけ得たる知を開かずバならぬとハ、今に耳ニ残り居り申し候」と疑問を呈している。

龍馬は目先のことにとらわれることが嫌いで、土佐を飛び出し自由に自らの人生を切り開きたいと考えた。その師と仰ぐ大人物があらわれた。

「国のため、天下のため」と、龍馬は夢を姉・乙女に宛てて伝えた。

> 日本第一の人物勝麟太郎(海舟)という人の弟子になり、日々兼ねて思い付きところをせいといたしおり申し候。其故に私年四十歳になるころまでは、うちに帰らんようにいたし申すつもりにて、兄さんにも相談いたし候ところ、この頃は大きに御きげんよろしくなり、そのお許しが出で申し候。国のため天下のため力をつくし居り申し候

勝海舟という日本一の大人物の弟子になることができた。思いめぐらしていることを、海舟はすぐ教えてくれた。今では精を出して頑張れるという。

兄・権平は龍馬に早く帰国して、坂本家を継げというが、龍馬は四十歳までどうか自由にさせてほしいと懇願した。最近は権平も渋々認めてくれていると心の内をうちあけている。

脱藩を許される

文久三年（一八六三）一月十五日、土佐の山内容堂が乗った大鵬丸と、海舟の乗った軍艦順動丸が下田港に入った。

海舟は容堂の宿舎の宝福寺をたずね、龍馬の脱藩の免罪を申し入れたところ、容堂は酔っていたこともあって龍馬の件は許すといい、海舟に「歳酔三百六十回」と大書した瓢簞《ひょうたん》絵を与えた。鯨海酔侯と号し、一年中酔っぱらっているとしたためたのであった。龍馬脱藩の免罪には、すでに松平春嶽《しゅんがく》が裏で口添えをしていたという。

晴れて二月十五日、脱藩の赦免書がおりた。自由の身になったことを、龍馬流の洒脱《しゃだつ》な表現で、姉乙女に宛てて語った。

　さてもさても人間の一世ハがてんの行ぬハ元よりの事、運の悪い者ハ風呂より出でんとして、金玉をつめ割りて死ぬるものもあり。それと比べてハ私などハ、運が強く何ほど死ぬるバへ出ても死なれず、自分で死のふと思ふても又生きねバならん事ニなり

龍馬は脱藩の「御叱」のため、土佐藩京都屋敷で七日間の謹慎を命じられたが、かなりつらい思いをしたのだろう、同志の望月亀弥太《もちづきかめやた》にきつくあたった。

海舟はよくも龍馬のような脱藩浪人を弟子にしたものだが、龍馬は龍馬で嫌いな幕臣を師と仰いだことも不思議だった。この劇的な出会いが、日本の将来を大きく変えることになろうとは、誰も予想もつかなかった。

勝塾と海軍操練所

文久三年四月二十三日、軍艦順動丸で十四代将軍徳川家茂《いえもち》は大坂湾を視察し、和田岬(神戸市)に上陸した。家茂は、海舟建言の神戸海軍操練所構想を受け入れ即決した。神戸村に海軍操練所を建設すると共に、各藩の優秀な藩士の海軍養成をおこなうことになった。

海舟は大坂の宿舎・専称寺に、まず私塾の勝塾をひらいた。海軍に志を抱く若者の中から将来、日本海軍をになう人物が育つことを望んでいた。龍馬をはじめその同志の近藤長次郎、陸奥宗光《むねみつ》らが塾生になり、熱心に取り組んだ。教官は佐藤与之助(政養《まさやす》)があたった。

九月二十四日、海舟は海軍操練所準備のために神戸に移り、龍馬らもついて行った。

神戸海軍操練所寮(古写真)

佐藤政養、伝習生から頭角をあらわす

低い身分のため、海舟の従者に

勝海舟の弟子・佐藤政養は文政四年(一八二一)、出羽国(山形県)遊佐に生まれた。

政養は手先が器用で「幼にして彫刻をたしなみ、三十四(歳)江戸に来たり、その技を後藤恒俊に学び」とある。幼少から郷里で真島佐藤治に彫刻や漢籍、絵画などを学び、経済的援助まで受けたという。政養の彫刻は、郷里の皇大神宮社殿に今ものこっている。

政養は三十四歳で江戸に出て、海舟に入門した。「西洋砲術の権威者勝麟太郎(海舟)に入門し、最新最高の研究に入れり、時に勝氏は幕府小普請組支配にして、赤坂田町に住宅を構ふ」(鳳山伊藤馨)。

安政四年(一八五七)九月、海舟の従者として長崎海軍伝習生となった。政養は身分が低いこともあり、海舟に従ってもぐり込んだ。そこでオランダ人から測量学、軍艦操縦、航海術など海軍全般を学んだ。またフルベッキから西洋科学と技術の指導を受けた。

人材の登用

海舟が長崎海軍伝習所で感じたのは、各藩からの伝習生は真面目だか、自ら汗を流して海軍に取り組まないことだった。海舟はそれが何より不満であった。政養のような海軍の技術者が、日本の将来を担うと海舟は確信していた。

政養の技術力をまわりも認めた。庄内藩は御組外徒士格、五石二人扶持料《ぶち》二石、手当金三両で優遇し、幕府も五人扶持、手当金三歩を支給し、軍艦操練所、蘭書翻訳の出役を命じた。

海舟は、畿内における海防の急務を幕府に訴えていたが、認められた。

政養は「元治元子年二月廿五日摂海御台場御取り立て御用仰せつけられ」と、現場監督となり、元治元年(一八六四)、外国船の襲来のための防備に、和田岬・湊川・西宮・今津に円形の石塁《せきるい》塔を建設した。

将軍家茂の大阪湾巡視のおり、五月十五日、大坂城白書院で政養は家茂の引見を許され、フランス皇帝ナポレオン三世から贈られた望遠鏡を下賜された。

勝塾の教官に

海舟は軍艦奉行並から軍艦奉行に昇進した。海舟は神戸海軍操練所と勝塾の練習生を、広く公募で呼びかけた。海舟のもとで政養は教官になった。

「この度海軍術大におこされ、摂州神戸村の操練所、御取建に相成り候につき、京坂、奈良、伏見に住居の御旗本御家人の子弟厄介は勿論《もちろん》、四国、九州、中国まで諸家家来に至るまで、有志の者は罷《まか》り出修行致すべく候」とあり「熟達の者は御雇《おやとい》または出役等」の処遇をもって、幕府は雇い入れるというものであった。龍馬は姉の乙女宛ての手紙で四～五〇〇人の練習生がいると伝えたが、すべて集めても二〇〇名ぐらいのものであった。

海舟は練習生についてこう回想している。「海軍所も追々《おいおい》盛大になる。諸藩の有志家もおびただしく私の門下に来るやうになった。そこで私が門閥階級といふものが、大いに国家の進軍を妨害するといふことを悟り得たから、その弊害を打破してやらうとおもったが、如何《いかん》せん、幾百年来の慣習は、全く親譲りの格式に甘んじて、上を笠に被るといふ有様《ありさま》だから、なかなか一朝一夕に断行されるものではなかった」（氷川清話）。

政養も海舟と同じようなことを感じていた。各藩からの練習生はいたって真面目だが、向学心がない。それに比べ龍馬らの勝塾の練習生は、情熱のかたまりのようだった。汗まみれ、油まみれで真剣に海軍の練習に取り組んだ。政養は勝塾の塾頭に就任した。

海軍を支えた政養の技術

神戸海軍操練所

神戸海軍操練所は現在の神戸市中央区にひらかれ、一万七千坪（約五万六〇〇〇平方メートル）の敷地には、練習船のドックなどが併設された。勝海舟は佐藤政養らの意見も入れて整備した。できあがると幕府の建設費では到底まかなえるものではなく、海舟の命を受けた坂本龍馬は資金調達に奔走した。

海舟はこう回想している。「既に幕府の方針も陸上より海上と移って来たくらいだから、無論外国との交通は頻繁となって、海軍所はいよいよ盛大を来した。ことに薩摩藩からは多くの門下生を出した。長州も初めは入門するものが多かったが、彼《か》の長州征伐の一件よりして、ひどく幕府を厭《いと》ひ、ひいて海軍所までも敵視するようになった」（氷川清話）。

練習生は長州からはいなかったが、薩摩から二〇名ほどが入門した。

安政五年（一八五八）三月、海舟が長崎海軍伝習所に在籍していたころ、練習航海で薩摩の山川港に入り、藩主島津斉彬《なりあきら》の謁見が許された。斉彬は海舟に「朝廷や志士は攘夷と叫び、開国を恥と思い込んでいる。だが、敗戦国となってから条約を結べばその関係が影響する。開国して第一に海軍を強くすることである」と開明的な考えを伝え、海舟は感激した。

薩摩から伊東祐亨《すけゆき》のような優秀な人物が練習生となった。伊東はのちに海軍大将になった。人斬りで名をはせた中村半次郎（桐野利秋《としあき》）も練習生に志願していたという。

政養の教育法

海舟は将軍家茂へ「軍艦は容易に求められるが、人材は求め難い」と進言した。当時、蘭語が読めなければ航海術もできないと、長崎海軍伝習所時代に嫌というほど知った。海舟は岡田新五郎宛ての手紙で「それも品に寄《より》候ては、はるかに原書を読候勝《すぐ》れ候場合もこれあり」と、講義の内容によっては、蘭書より勝ると実技を望んでいた。

政養は恩師の真島佐藤治から蘭人や唐人の書（蘭書）を入手してほしいとの依頼を受けた。政養は「蘭書は高金ニて手ニ入り申さず只書々宛写し取読候迄之事はかばか敷義これ無く候」と、蘭書は高価だったため写本した。

また「今般の伝習方相応研究ニ相成」といい、オランダ教官は講義では天文・測量・航海の研究ばかりであり、江戸に戻っても蘭書さえあれば研究はできるので、伝習所の講義には失望していた。海舟が政養を教官としたのは、伝習所の教訓をもとに、勝塾では講義や研究より実習を基本にしていたためだった。勝塾では龍馬をはじめ紀州（和歌山県）の陸奥宗光らが学んだ。龍馬らが航海術、西洋銃の知識、語学に優れていたのは、政養の教育法にあった。

伊東が回想するには、練習生への講義は午前中で終わり、午後からは同志が集まって国を憂い議論し、時には深酒して翌日の講義に参加できない練習生もいたという。

横浜開港に尽力

政養は品川台場の視察をして考えた。師の真島に宛てて「さて今度アメリカ船渡来、愈々《いよいよ》日米条約訂結之場所は神奈川を以てする事に相成候由に御座候へ共、横浜は地勢上東海道咽喉之要地に有之、将来大いに有望之場所に付、同地を以て条約地に宛、将来大に開発致度、恩師勝先生に相計り申居り候処、勝先生も大いに同意せられ」と知らせた。

つまり神奈川は東海道の要地で第二の生麦事件がおこるかも知れず、横浜は開発の余地もあると唱え、海舟もこの意見に賛同した。幕府へも献書して横浜港の造成が実現し、政養は横浜開港に尽力した。

政養は地理に対して卓越した知識があり、世界地図を訳した「官許新刊輿地《よち》全図」をつくり、海舟もこの地図を絶賛した。龍馬らが長崎に土佐海援隊本部をおいたのも、政養の助言があったのではないか。

政養は、日本近代化の基本として鉄道をあげ、長州ファイブのひとり、井上勝《まさる》の下で民部省の初代鉄道助《てつどうのすけ》(次官)となり、品川—横浜間の鉄道を開設させた。

政養の技術者としての手腕は高く評価された。

官許新刊輿地全図　佐藤政養が訳した世界地図

勝塾の資金不足を救った春嶽

海軍に夢を託す龍馬たち

坂本龍馬は勝海舟の門下生になったことを、まわりに自慢した。姉の乙女宛ての手紙でもこう書き送っている。

此頃は天下無二の軍学者勝麟太郎という大先生に門人となり、ことの外《ほか》かはいがられ候て、先客分のよふなものになり申候。ちかきうちにハ大坂より十里あまりの地ニて、兵庫という所ニて、おゝきに海軍をおしへ候所をこしらへ、又四十間、五十間もある船をこしらへ、弟子どもニも四五百人も諸方よりあつまり候事、私はじめ英太郎(高松太郎)なども其海軍所に稽古学問いたし、時々船乗のけいこもいたし、けいこ船の蒸気船をもって近々のうち、土佐の方へも参り申候(文久三年年五月十七日)

龍馬ははるかに身分の高い、海軍奉行の海舟から海軍の知識を得られることに、優越感を抱いていた。海舟も龍馬やそのおい高松太郎に海軍の夢を託した。

海舟は貧しい旗本の身分で、家禄四〇俵で身分差にあえいでいた。海舟に海軍のチャンスを与えたのは老中首座の阿部正弘で、人材の登用を積極的にすすめた。

越前で調達

神戸海軍操練所は、幕府からの三〇〇〇両が運営資金では何もできず、満足できるものではなかった。しかも、龍馬らの勝塾は私塾であるため、学生寮もなくたちまち資金不足となった。

文久三年(一八六三)五月十六日、海舟は越前藩の松平春嶽に資金調達を申し込ませるため、龍馬を越前に走らせた。「海舟日記」には「龍馬子を越前へ遣《つかわ》す。村田(巳三郎)生へ一書を附す。これは神戸へ土着命ぜられ、海軍教授の事に付、費用供わず、助力を乞はむため也」とあり、通説ではこの時、龍馬は五千両の調達に成功したという。司馬遼太郎著『竜馬がゆく』では、この龍馬の手腕を高く評価している。

龍馬は越前藩の財政担当の三岡八郎(由利公正《ゆりきみまさ》)と横井小楠に会った。由利は手記で「文久二年(三年の間違い)ノ秋、龍馬君我藩ニ来遊、小楠横井翁ノ客寓ヲ訪ハル。余亦偶《またたまたま》相会シ、共ニ与ニ時事ヲ討論シ、談数刻ニ及フ」と書いた。

三人が会談した翌日に小楠が三岡に宛てた書状には「昨夜添奉存候。然ば勝(海舟)拝借高承り候処、諸生寮等迄大分広大之打立にて千両程奉願度念願と龍馬申出候」とあり、実際には千両の調達に成功したことがわかる。五千両は越前藩の年間予算で全額の貸し出しは不可能であった。

春嶽は海舟の海軍構想に賛同したもので、龍馬はその使いにすぎなかった。

咸臨丸の航海術

海舟は万延元年(一八六〇)、幕府の日米修好通商条約批准書交換のため、新見《しんみ》豊前守正興《まさおき》を正使とし、アメリカ軍艦ポーハタン号で派遣されることが決まった。このとき咸臨丸《かんりんまる》は随伴艦となり太平洋を横断した。この体験が龍馬らの勝塾での航海術に大いに生かされた。

咸臨丸の水夫五〇人のうち三五人が、讃岐(香川県)の塩飽《しわく》諸島出身の水夫で、彼らの航海術によって航海できた。海舟や教官の佐藤政養は、咸臨丸の運航を通じてこのことを認識していた。政養は咸臨丸でアメリカ行きの海舟を見送ったが、政養は咸臨丸の運航をもっとも熟知していた。龍馬ら勝塾生は政養の指導のもと、航海術の練習を重ねた。

海舟は幕府海軍から日本海軍をめざし、さらに東アジア同盟からアジア海軍へと夢を膨らませた。一方、龍馬の海軍構想は雄藩を巻き込んだ商業海軍であった。政養は海舟、龍馬の海軍構想にズレを感じた。

尤《もっとも》、先生君之御迷惑筋に相成不申様、精々《せいぜい》取扱ひ可申との事(鳳山伊藤馨)

龍馬も海舟先生に迷惑をかけないと申していると、政養は報告していた。

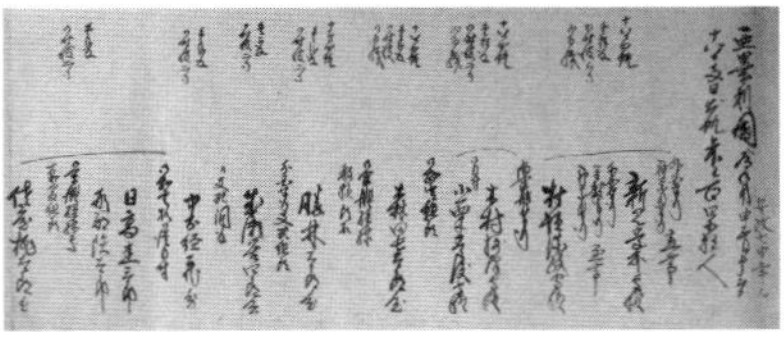

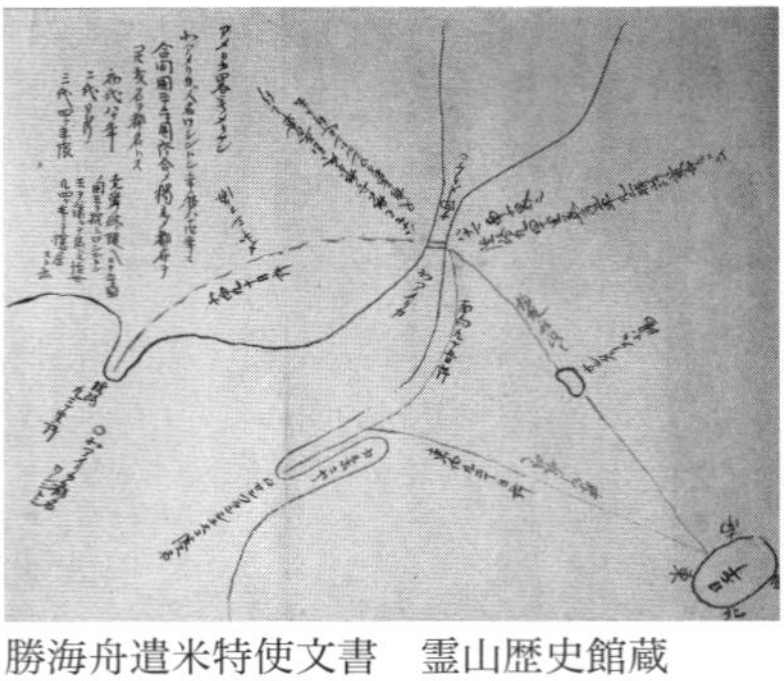

勝海舟遣米特使文書　霊山歴史館蔵
派遣員の名簿(上)　新見豊前守正興を筆頭に勝林太郎(海舟)も名を連ねる。
アメリカ大陸周辺の航路を記した略図(下)

河田小龍と龍馬、意気投合

土佐勤皇党から同志を募る

勝塾で海軍を学ぶ同志を龍馬は募ることにした。当然ながら土佐の同志に声をかけた。それも土佐勤王党から集めることにした。千屋《ちや》寅之助（菅野《すがの》覚兵衛《かくべえ》）、望月亀弥太、龍馬のおいである高松太郎、沢村惣之丞、岡田以蔵、田所荘之助である。

土佐の絵師で船役人の河田《かわだ》小龍《しょうりょう》の門下生、近藤長次郎、新宮馬之助らと庄屋の安岡金馬や広井磐之助ら、他藩からは紀州藩浪人の陸奥陽之助（宗光《むねみつ》）、越後（新潟県）長岡藩浪人の白峰《しらみね》駿馬《しゅんめ》らも加わった。

龍馬がのちに組織した海援隊で書記官となった長岡謙吉は、医師の子ではじめは今井純正といい、小龍に蘭学の手ほどきを受け、緒方洪庵の適塾でオランダ医学を学び、長崎に赴きシーボルトに師事した。

千屋寅之助は庄屋のせがれで、龍馬の信頼が厚かった。高松太郎は龍馬の長姉・千鶴の子でおいであった。沢村惣之丞は関雄之助といい、英語が得意で、龍馬脱藩の手助けをした。

近藤長次郎はのちに上杉宗次郎と改名、城下の饅頭屋のせがれで江戸の安積艮斎《あさかごんさい》に学び、学問好きで商才にたけ、頭脳明晰《めいせき》であった。新宮馬之助は焼継《やきつぎ》業で小龍に絵画を習い、龍馬から赤づら馬之助とよばれていたが美顔であった。

陸奥陽之助は、伊達小次郎といい、十九歳のころに龍馬に出会い、商法が得意であった。

商業で日本を守る

小龍は土佐藩きっての識者で、上士、下士の区別なく人脈を持っていた。龍馬はいきなり小龍をたずねた。龍馬二十歳、小龍三十一歳であった。

小龍はそのとき龍馬に日本のあるべき姿を熱く語った。その内容が河田小龍の「藤陰略話《とういんりゃくわ》」に書かれてある。

小龍ハ攘夷ニセヨ開港ニセヨ。其辺ハ説ヲ加ヘズ。然ニ何レニモ一定セザル可カラズ。愚存ハ攘夷ハト

テモ行ハルベカラズ。仮令開港トナリテモ、攘夷ノ備ナカルベカラズ

攘夷や開国に意見があるだろうが、今は攘夷をおこなうべきでない。たとえ開国しても軍備がないと駄目だ――。小龍の意外な発想に龍馬は身を乗り出した。

一艘ノ外船ヲ買求メ、同志ノ者ヲ募リ、之ニ附乗セシメ、東西往来ノ旅客官私ノ荷物等ヲ運搬シ、以テ通便ヲ要スルヲ商用トシテ、船中ノ人費ヲ賄ヒ海上ニ練習スレバ、航海ノ一端モ心得ベキ小口モ立ベキヤ

開国するには、まず商売して金を工面し、一艘の外国船を購入して、海軍の志ある者を募集し東西往来して運航させる。旅客、荷物を運搬させ、稼いだ金で航海術の練習をする。商業の利益をもって日本を守る。

龍馬は手をたたいて雀躍《じゃくやく》した。

僕(龍馬)ハ若年ヨリ撃剣ヲ好ミシガ、是モ所謂《いわゆる》一人ノ敵ニシテ、何ニカ大業ヲナサヾレバ、トテモ志ヲ伸ルコト難シトス。今ヤ其時ナリ、君ノ一言善吾意ニ同ゼリ

龍馬は小龍に「剣術の相手はひとりである。今、何かに挑戦したいが志を伸ばすことは大変難しい。今が実践するときと考えている」といい、小龍も同じ意見であるといった。

人材集め

龍馬は小龍に会ったことで、世界観や海軍構想の夢を描きはじめた。小龍の考えは「船且器械ハ金策スレバ得ベケレドモ、其用ニ適スベキ同志無レバ仕方ナシ。吾甚ダ此ニ苦シメリ」。海軍を興すには船や器械は必要で、資金さえあれば調達できるが、それを運用するには人材がいる。その人材を集めることは至難の業であるという。

さらに小龍は「従来俸禄ニ飽タル人ハ志ナシ。下等人民優秀ノ人ニシテ志アレドモ、業ニ就ベキ資力ナク手ヲ拱シ慨歎セル者少カラズ」と説いた。高級の給金をもらっている者は志がない。身分の低い者の中には優秀で志があるが、就くべき資力がなく手をこまねいて、憤り嘆く者が少なくない――。龍馬もまったくその通りだとうなずいた。

二人は意気投合した。「君(小龍先生)ハ内(土佐)ニ居テ人ヲ造リ、僕(龍馬)ハ外ニ在テ船ヲ得ベシトテ、相別レヌ」。小龍には人材を育ててほしいと頼み、僕はその船を手に入れると約束して、龍馬は別れた。

小龍に入門した年齢は、長岡十三歳、新宮十六歳、近藤は十七歳であった。

小龍は優秀な人材を育てあげ、龍馬に送り込んでくれた。それぞれが勝塾、亀山社中、土佐海援隊の隊士となって大活躍した。

海軍操練所と勝塾の崩壊

塾生が池田屋事件、禁門の変に参加

文久三年(一八六三)九月、勝海舟は神戸村名主の生島四郎太夫の別邸を仮住まいにしていた。生島は海舟のよき支援者で、神戸海軍操練所や勝塾の建設に尽力してくれた。

ところが元治二年(一八六五)三月十八日、幕府は神戸海軍操練所を閉鎖させ、同時に勝塾もなくなった。

海舟は世話になった生島に、神戸の地は今つまらない土地だが、いずれはこの地は、発展するから買い占め

よと助言した。
生島は海舟の言葉どおり土地を買いあさり、維新後は、土地が値上がりし富豪となった。生島は山手の別荘の庭に神戸海軍操練所の記念碑を建てた。
閉鎖の理由は、池田屋事件で勝塾の望月亀弥太らが加わっていたことだった。禁門の変を神戸で知った海舟は『氷川清話』でこう振り返っている。
長州の兵隊が宮闕《きゆうけつ》を犯したのは、元治元年七月十八日であったが、おれは例のごとく神戸の海軍局に居たところ、夜になると京都の方の空が真赤に見えた。これは何か変った事があるに相違ないとおもつて、観光艦に出帆の準備をさせておいたら、果して翌日大坂から飛脚が来て、長州藩が順逆を過ったために、昨夜蛤御門や、竹田街道や、伏見表で戦争があったといふ事を知らせた
そこでおれはすぐに船に乗って大坂へ行ったが、ちょうどこの時、毛利家の嫡男長門守が上京のため、十三日に国元を立つて今夜か明日か兵庫へ着くといふことであったから、かねておれの家へ隠れて居た長州の竹田庸二郎とほかに今一人を神戸へ残しておいて、もし長門守が着かれたら、昨夜の事はただ無謀の徒が一時の快を取るために起こしたので、決して深い考えなどあるのではない、長州侯(敬親)の御意見はもとより彼らと共に事をなさるといふのではあるまいと勝が申したと伝えてくれと頼んでおいた
禁門の変に塾生の土佐の安岡金馬が加わり、長州へ敗走し、幕府は問題にしていた。
さらに海舟は龍馬の甥・高松太郎に命じ、幕府の観光丸船員用の毛布を幕府の許可なしで購入した。その一部が長州の浪人によって流用されていると、日頃から海舟の言動に不満を抱く幕臣から嫌疑をかけられた。

海舟は薩摩好き

当初、勝塾の塾頭は佐藤政養が就任したが、神戸海軍操練所へ佐藤が移ることになり、後任の勝塾塾頭は坂本龍馬がなった。塾生は「高履を穿《うが》ち、漢詩を高吟し、長剣腰に横たへて兵庫神戸の市中を闊歩」(神戸開港三十年史)と壮士姿であったが、勝塾の閉鎖とともにその姿は神戸の街から消えた。

海舟は薩摩が好きだった。

長人と薩人のヤリ口を一言でいへば、長人は天下をとるために金を稼ぐが、薩人は金を得るために天下を稼ぐといふ相違があるよ。ソレと、モ一つ、長人は死んだ後々の事までも誤解されぬやうに克明に遺言などを書くが、ソコに行くと薩人は至極アッサリしたもので、斬られ場に直っては一言もいはず、知己を千載に待つといふ風があるのサ。吉田松陰や西郷(隆盛)など、よい対照だよ。土州では坂本(龍馬)と岩崎弥太郎、熊本では横井(小楠)元田(永孚《ながざね》)だろう(氷川清話)

海舟は西郷や龍馬と気がよくあった。海舟が西郷に初めて会ったのは、元治元年九月十一日、神戸海軍操練所から老中の阿部正弘に呼び出され、大坂に来たときだった。

西郷は初めて海舟を訪ね、第一次幕長戦に対して幕府の対策は手ぬるいと海舟に問いただした。海舟はもう幕府は腐敗しきっていて、西南雄藩でなんとかしなければならないというと納得して、西郷は幕府と距離を持つようになった。

龍馬と西郷の出会い

龍馬は西郷と初めて薩摩京都藩邸で会い、海舟に報告した。

成程《なるほど》西郷といふ奴《やつ》は、わからぬ奴だ。少しく叩けば少しく響き、大きく叩けば大きく響く。もし馬鹿なら大きな馬鹿で、利口なら大きな利口だろうといったが、坂本もなかなか鑑識のある奴だョ。西郷に及ぶことの出来ないのは、その大胆識と大誠意とにあるのだ(氷川清話)

海舟は西郷の大胆さと見識に脱帽していた。勝塾閉鎖とともに海舟は西郷に書状を送り、龍馬らの塾生の援助を依頼すると、大坂にいた薩摩藩の城代家老小松帯刀《たてわき》から快諾の返事がきた。万一のときは、薩摩大坂藩邸で庇護するといってくれた。

小松の援助

小松は天保六年(一八三五)十月十四日、薩摩国喜入《きいれ》領主肝付兼善《きもつきかねよし》の三男として鹿児島城下に生まれた。龍馬と同年の生まれだった。幼少から神童の誉れ高く、学問に優れていた。人望もあり、安政二年(一八五五)に奥御小姓で近習番勤を命じられ翌年、吉利《よしとし》領主の小松相馬清猷《きよもと》の養子となって、小松清廉《きよかど》と名乗った。

文久元年、側役となって国父・島津久光の補佐役となり、人材登用で大久保利通らを藩の役職につけ、藩政改革をした。翌年、筆頭家老となり、公武の周旋役となった。元治元年には薩摩京都藩邸に留まり、とくに禁門の変での処理をこなした。

小松は龍馬ら勝塾生の援助を快く受け入れ、大坂藩邸で匿《かくま》った。慶応元年(一八六五)四月、龍馬は小松・西郷に従い薩摩藩船の胡蝶丸で薩摩に向かった。その後、龍馬は長崎の小松の関係するところを仮の宿舎にした。

龍馬は海舟と政養の志を長崎の地で受け継ぎ、同志とともに亀山社中を立ち上げることにした。

亀山社中の同志たち

長崎で支援を受けて亀山社中を立ち上げ

薩摩の援助を受けた坂本龍馬は同志を引き連れ、長崎で商社の亀山社中を立ち上げた。事務所は長崎東部山手の亀山に置いた。現在の長崎市伊良林である。

亀山一帯は焼物の窯があった。龍馬らの同志の多くは脱藩者で、いつ捕えられるかわからない。長崎奉行所西役所や立山役所、長崎街道往来の様子がつぶさに眺望できる場所であった。西役所の一部が長崎海軍伝習所の教場や宿舎となっていた。勝海舟や榎本武揚《たけあき》、松本良順《りょうじゅん》らの伝習生が学んでいたところであった。

長崎海軍伝習所で海舟は、観光丸(スームビング号)、咸臨丸(ヤパン号)、朝陽丸(エド号)を練習艦にして使用していた。龍馬は海舟の人脈を頼りに、自ら練習船を持つのが夢であった。

龍馬と亀山社中の同志たち(古写真)
最近の研究では、左から長岡謙吉、溝淵広之丞、坂本龍馬、山本復輔(洪堂)、菅野覚兵衛(千屋寅之助)、白峰駿馬——という説が主流になりつつある。

亀山社中はのちに土佐海援隊と改称するが、商業と政治活動を展開していくには、長崎で支援者が必要であった。龍馬は海舟と親交の深い豪商・小曾根《こぞね》家に支援を求めた。

当主の小曾根乾堂は文政十一年(一八二八)に生まれた。廻船《かいせん》問屋であり文化人、書や篆刻《てんこく》を好み、絵筆をとらせてもすばらしい筆致で描いた。

海舟の紹介で乾堂は安政四年(一八五七)、江戸で越前藩主の松平春嶽に謁見し、越前藩御用達となり、物産を買い取り長崎小曾根町一帯で交易し巨利を得ていた。春嶽の推挙で翌安政五年には江戸で十四代将軍徳川家茂に拝謁して直筆「水哉」を賜った。

小曾根家は豪商で薩摩・長州の御用達で政商としてその名が知られていた。のち龍馬らが土佐海援隊を組織したときは、ここの屋敷に本部を置いていた。また、長崎で龍馬らが支援を受けた女傑に大浦慶がいる。

商売で情報収集

社中の給金は、薩摩藩から三両二分(約八万円)の支援を受け、隊長の龍馬と隊士にみな同等に分配された。薩摩だけの支援では、活動資金は不足し、来航船の交易品の積み下ろしや船の機械整備、水や食料の積み込み、掃除と、資金になることはなんでもやった。

龍馬の本家の才谷屋は、仕送屋という貸金業が主力で、商売人の血筋である。商売人は情報を集めるのが得意であった。

日本の中で長崎は世界の情報が日々もたらされる。情報は質と量と現場(視察)であり、龍馬は文久元年(一八六一)にアメリカの南北戦争がはじまったことを知ったといわれている。

南北戦争で使いふるしの廃銃が、死の商人によって世界に売りさばかれていた。龍馬は眼を輝かせた。

商業で薩長同盟を画策

亀山社中は土佐の脱藩者、河田小龍の門人、勝海舟の弟子たちで構成された。坂本龍馬は、優秀な人材が集まれば充実した商業活動ができると考えていた。長崎の地の利を生かした情報をもとに日本を外夷から守らねばならない――。

薩・長を結びつけるもの

土佐勤王党は、しばしば土佐藩や薩摩藩に対し「長州は土佐の親戚のようなものであるから宜しく長州を応援して外夷を撃攘《げきじょう》すべし」と訴えたが、土佐の藩論は佐幕であった。ただ、龍馬と西郷隆盛の考えは同じで、長州の唱える鎖港攘夷には反対であった。

三条実美《さねとみ》らに従っていた中岡慎太郎は、筑前勤王党隊士の藩医・早川養敬《ようけい》と長州で会談を持った。元治元年(一八六四)十二月、早川の紹介で中岡は西郷と会った。さらに早川は密かに西郷と高杉晋作を会わせたという。

その結果、三条ら五卿は太宰府(福岡県)の延寿王院に移ることになった。

中岡は薩摩と長州の軍事同盟を模索していた。慶応元年(一八六五)四月五日、龍馬の同志である土佐の土方久元《ひじかたひさもと》も、京都で薩摩藩士の吉井幸輔(友実《ともざね》)と時勢について論じた。このころ、土方は三条ら五卿の衛士役をつとめており、中岡とともに薩摩と長州の同盟に向けて奔走していた。

ところが、福岡藩の筑前勤王党への弾圧で早川は捕えられ、同盟の夢は挫折した。

遅々として進展しない同盟の話を、中岡は龍馬に持ちかけた。龍馬は、犬猿の仲の薩摩と長州を結びつけるには、商売しかないという考えが頭をよぎった。

優秀な隊士

亀山社中、土佐海援隊の在籍隊士は次の通りである。

土佐(高知県)から坂本龍馬・千屋寅之助・高松太郎・沢村惣之丞・新宮馬之助・近藤長次郎・池内蔵太《くらた》・安岡金馬・石田英吉・長岡謙吉・野村辰太郎・吉井源馬・山本復輔・宮地彦三郎・中島作太郎・坂本清次郎。

越後(新潟県)から白峰駿馬・橋本久太夫。

越前(福井県)から関龍二・渡辺剛八・三上太郎・小谷耕蔵・腰越次郎・佐々木栄。

兵庫(兵庫県)から竹中與三郎。

紀伊(和歌山県)から陸奥宗光。

因幡(鳥取県)から黒木小太郎。

讃岐(香川県)から佐柳高次。

長崎から小曾根英四郎。

龍馬は土佐に限らず他藩の脱藩者でも、海軍への志があれば同志として快く迎え入れた。龍馬の考えた通り、優秀な隊士のまわりには優秀な人材が集まり、商業活動も活発になった。

龍馬の血縁者たちの入隊

龍馬はおいの高松太郎を信頼し、仕事をまかせていた。

太郎の父は郷士の高松順蔵、母は龍馬の姉・千鶴だった。順蔵の母・千代は歌人と知られた井上真蔵の次女で、その姉・久は龍馬の祖父・直澄に嫁いでいた。血縁でも深い関係であった。

太郎は龍馬没後の坂本家を相続し再興した。さらに龍馬の兄・権平も太郎の弟・習吉を養子に迎えた。高松家の母方の家系と武市《たけち》瑞山《ずいざん》の家とは姻戚であった。

父の順蔵は文武両道に優れ、漢籍・経書・書・絵画が得意であった。居合は名人芸、土佐英信流で山川久蔵から手ほどきを受けた。順蔵は身体が弱く、太郎が生まれる前に末弟の勇蔵を養子に入れていたので、太郎は比較的自由に奔走し、土佐勤王党に入隊できた。

太郎は亀山社中、海援隊では航海術に優れていて、薩摩船の桜島丸(ユニオン号)に乗り込んでいた。龍馬は太郎の手腕を高く評価していた。

高松太郎

龍馬の血縁者の坂本清次郎は慶応三年(一八六七)に土佐を脱藩して、龍馬をたより海援隊に入隊した。清次郎は龍馬の兄・権平の娘・春猪《はるい》の夫で、龍馬の母・幸の血縁から坂本家の養子となっていた。

龍馬が描いた薩長の交易構想

龍馬は薩摩の看板を巧みに使い、薩摩と長州の交易構想を描いた。龍馬は花街で得た情報をもとに、かなり綿密に社中で実行に移していた。龍馬は三つの目標をかかげていたようだ。
一、世界の動向から、各藩の情勢をもとに先見力をもって、大胆な発想で商売に取り組む。
二、社中の人材育成をして堅忍不抜の実行力で取引に徹する。
三、取引には計画、実行の要素をすべて見逃さない。
やはり龍馬のどこかに商売人の血脈の発想があったのだろう。長州はうちつづく諸外国との戦いや、幕長戦で再軍備が急務であったが、外国商人は四カ国覚書と幕府の圧力に屈し、長州に武器を売り渡すことを敬遠していた。

めざとい龍馬は、薩摩名義で社中が買い付けた武器を長州に横流しする。長州は武器を大量に買い付けたい。まさに渡りに船で薩摩の小松帯刀と西郷隆盛にも内諾を得ていた。

龍馬の人脈は金脈につながるし、商売には必ず隙間の取引があると考えた。

龍馬は書状で「当時天下之人物と云ハ…薩にて小松帯刀(是ハ家老にて海軍惣大将なり)西郷吉之助(是ハ国内軍事に懸る事、国家之進退此人ニ預る)長州にて桂小五郎(国家之進退を預る当時木戸寛次郎)」と書いており、龍馬は大人物として薩摩は小松・西郷、長州は桂(木戸孝允)をあげ、のち龍馬の仲介でこれらの人物によって、薩長同盟が結ばれた。

グラバーとの大商い

小松帯刀は龍馬にイギリス商人トーマス・ブレイク・グラバーを紹介した。グラバーは薩摩の御用商人で龍馬を歓待してくれた。

グラバーは一八三八年、スコットランドに生まれた。父は海岸警備隊一等航海士で、近親者も海軍に関係していた。

一八五九年、情報が集まる上海に渡り、ジャーディン・マセソン商会の社員となり、長崎に来てマセソン商会長崎代理人となりグラバー商会を開設した。当初は生糸、茶などの輸出をおこなっていたが、外国人の死の商人が各藩と取引するのをみて、もうけの多い武器弾薬を取り扱う商会となった。

そのほか、長州ファイブの伊藤博文、井上馨らのイギリス留学の密航を斡旋し、各藩の販路を拡大した。社中とグラバー商会の初仕事は慶応元年（一八六五）七月、武器の取引であった。翌二年、小松は五代友厚《ごだいともあつ》とグラバーの協力を得て、長崎港小菅に修船場の建設計画をたてた。

グラバーはイギリスから建設機材を運び、小菅修船場を完成させた。船を載せる台がそろばん状に見えたため、通称そろばんドックと呼ばれ、のちに明治政府が買い取り、長崎造船所となった。

当時の交易の通貨はメキシコドル。一〇〇ドルが日本の一分銀《いちぶぎん》三一一枚の交換レートで通用し、下田奉行もこれを通貨とした。

しかしアメリカのタウンゼント・ハリスは「銀貨は同量等価」と主張した。一分銀は銀の含有量が価値の三倍もあり、日本の小判は外国商人によって大量に買い占められ、海外に流出した。長崎では次第に、砂糖で取引が行われるようになった。

外国商人の長崎での商売は、横浜に比べ三倍近い取引があり、魅力的なものであった。外国商人は西南雄藩との取引を拡大させようとした。その藩が薩摩藩であった。

銃器によって巨額の取引

慶応元年(一八六五)、龍馬は薩摩の小松帯刀の紹介で、グラバー商会と洋式銃七三〇〇挺の取引をおこなった。購入は薩摩名義だがこれにはからくりがあり、亀山社中は薩摩へ銃器を納めることなく、船で長州へ運び込んだ。長州は前年に四カ国連合艦隊と戦って敗北し、幕府は長州との銃器取引を外国商人に厳しく制限していた。名義貸しは、龍馬流の隙間商法である。

その銃器取引の内訳は、ミニエー銃・ゲベール銃・ピストル計四三〇〇挺で、一挺一八両(約四三万二千円)、計七万七四〇〇両(約一八億五七六〇万円)。別にゲベール銃の中古銃一挺五両(約一二万円)を三〇〇〇挺で計一万五〇〇〇両(約三億六〇〇〇万円)。総額九万二四〇〇両、約二二億円の取引であった。

中古銃はアメリカの南北戦争で使用済みの鉄くず同然の銃を手入れして、上海経由で長崎に運び込み、亀山社中に売り込んだ。グラバー商会は約三億六〇〇〇万円もぼろもうけした。龍馬は仲介手数料に加えグラバーから上乗せを受け取ったと思われる。

八月、薩摩藩船・胡蝶丸に銃器を満載し、下関に荷揚げして長州に売却した。

この一件にふれた文書にはこうある。

直柔(龍馬)ノ同志千屋寅之助、高松太郎ニ依テ小銃買得ノ事ヲ以来(依頼)スルニ、氏直ニ唯諾シ近藤昶次郎(近藤長次郎)ヲシテ、小松帯刀ノ旅寓ニ行カシメ備サニ事ヲ談ス。遂ニ長ノ二士(伊藤博文・井上馨)藩邸ニ入ルコトヲ得タリ。是ニ於テ高松太郎、伊藤俊助(博文)ヲ伴ヒ夜ル竊《ひそか》ニ英人ラウダ(グラバー)ノ家ニ行テ小銃ヲ買得スルニ、薩ノ名ヲ以テス事已ニ整頓シ、伊藤俊助ハ小銃ヲ運搬シテ馬関ニカエル(「龍馬の事歴」岩倉文書)

龍馬の商才開花。次は軍艦

社中、軍艦の取引に傾注

坂本龍馬はグラバーとの銃器の取引ですっかり商売に興味をおぼえた。次は軍艦の取引を精力的に考えるようになった。新品の軍艦の蒸気船より中古でも結構使えるものがあると丸山の芸妓から情報を得た。丸山の芸妓ほど外国の武器商人の情報通はない。

龍馬は蒸気船ほど便利なものはないと、河田小龍から教えてもらったことがあった。蒸気船はつぶれても、蒸気の機械を外せば帆船にもなるし、みかん船や砂利運搬船にも再利用できるというのである。小龍は舟役人だけあって船の知識は豊富であった。

小龍の弟子で近藤長次郎(上杉宗次郎)は土佐城下で饅頭を売り歩いていたが、江戸で手塚玄海に洋学を学び、軍艦の蒸気船にくわしかった。近藤のもとで奔走したのが沢村惣之丞であった。当時は関雄之助や前河内愛之助と名乗っていたが、勝海舟の門下生だけあって軍艦のことをよく知って、航海術にたけていた。

長州はのどから手が出るほど軍艦がほしかった。慶応元年(一八六五)六月二日、伊藤博文はこの一件にふれ木戸孝允宛てで「(坂本)良馬、(中岡)誠之助両人上京之節、彼の蒸気船買求之儀及談判候処」と書いている。

龍馬と中岡慎太郎は同年閏五月二十九日、下関から京都に向かい、薩摩藩邸で西郷隆盛と会談した。長州では第二次幕長戦に備え、軍艦と武器購入の仲介を龍馬に申し入れていた。また書状で「汽船買入ニ付、名を借り相求候等之事ハ狂介も至極同意仕居申候」とあり、奇兵隊軍監の山県狂介(有朋《ありとも》)も喜んで同意していると報告していた。

長州とユニオン号の取引

慶応元年十月十八日、龍馬は近藤長次郎を窓口にしてグラバー商会と軍艦の蒸気船取引をした。長州は取引のため伊藤博文(俊輔)と井上馨(聞多)を派遣した。龍馬は近藤に命じ、薩摩名義で長州(一部薩摩支払い)へ五万両(約一二億円)で売却した。その軍艦の船名はユニオン号とよばれた。

「(井上)聞多ハ尚長崎ニ止リ、遂ニ(小松)帯刀ト同船シテ鹿児島ニ至ル。聞多薩人ノ己ヲ懇待スルヲ見ルヤ、既往ノ疑念ヲ氷釈シ帰藩ノ後之ヲ藩主ニ説ク」(「龍馬の事歴」岩倉文書)とあるように、亀山社中と長州が武器の取引をした際、尽力してくれた薩摩の小松帯刀が薩摩に戻ることになり、近藤と井上は薩摩藩船の海門丸に乗船させてもらった。この薩摩では両藩の友好関係について論じられた。

龍馬の思惑通り、商売によって薩長両藩はすっかり友好関係を築き、薩長同盟の足がかりとなった。井上は藩主毛利敬親にそう報告した。

慶応元年十月三日、龍馬は長州の三田尻に行き、小田村素太郎(のちの楫取素彦《かとりもとひこ》)と同行して山口に行った。薩摩は米不足で、龍馬は西郷から兵糧米調達の要請を受けていた。龍馬は木戸孝允と交渉の末、米五〇〇俵の確約をとった。軍艦のユニオン号の取引をからめた、見返りともとれる交渉を龍馬はやりとげた。

ユニオン号はイギリスのロッテルヒーテで造船された木製四六メートル、三〇〇トンの蒸気船。当初、薩摩が桜島丸と命名、運航は亀山社中が受け持っていたが、薩摩、長州のいわば共同船であった。

薩摩の桜島丸から長州藩船・乙丑丸に

伊藤博文はユニオン号の取引に成功した記念として、長崎で集合写真を撮った。アメリカの南北戦争の軍服を着こんで社中の菅野覚兵衛(千屋寅之助)、長岡謙吉とおさまった。伊藤はかつて長州ファイブの一人としてイギリスに留学した際、みんなで背広を注文していた。彼らはオーダー背広を着た初の日本人といわれている。

慶応元年十二月、薩摩と長州はユニオン号について桜島丸条約を結んだ。長州が船価を支払い、薩摩旗をかかげ、薩長のため社中の高松太郎、白峰駿馬、沢村惣之丞、菅野覚兵衛、新宮馬之助らと火焚水夫が運用するという内容であった。

長州は船価を支払うからには、長州藩海軍局の所属であり、船長にあたる総督に中島四郎が就任すると主張、船名も桜島丸から慶応元年の干支を使い乙《いっ》丑《ちゅう》丸《まる》と名づけた。

龍馬、横井小楠を訪ねる

越前藩、挙藩上洛の画策

越前藩は文久三年(一八六三)の四月から七月にか

伊藤博文と亀山社中の同志たちの写真
霊山歴史館蔵
前列右から伊藤博文、菅野覚兵衛(千屋寅之助)、後列右から(長岡謙吉？)

けて、クーデターを画策していた。これを伝える龍馬の書状ものこり、中心的存在が横井小楠であった。前藩主松平春嶽、藩主松平茂昭《もちあき》が軍事行動をもって京都に入るという。このころは長州勢力が朝廷を牛耳り、尊王攘夷の嵐を吹かせていた。

事の発端は二月だった。春嶽は入洛した際、朝廷の攘夷運動を批判した上、幕府の政事総裁職の辞表を出し、許可を待たず帰藩した。これに朝廷は立腹し、公家衆からも非難の声があがり、春嶽は謹慎処分を受け越前藩は締め出された。

朝廷内では、尊攘派の発言力が強まり、急進派の三条実美らと長州勢力は攘夷の期限を迫り、五月十日、攘夷決行日が決定された。幕府が箱館、長崎の二港のみに交易を許し、横浜を閉める横浜鎖港問題にまで議論が沸騰していった。

挙藩上洛を呼びかけた小楠は、藩内の改革派の村田巳三郎(氏寿《うじひさ》)、三岡八郎(由利公正《ゆりきみまさ》)、松平主馬、牧野幹《かん》らと藩論統一を図った。内容は、春嶽を先頭に上洛して国内の各国公使を京都に招き入れ、朝廷の関白、将軍や重臣らを交え会談を持ち、外交の方向性を探ってから決議しようというものだった。

越前は開国論であり、出兵には農民を使い四〇〇〇の兵で組織し決行す

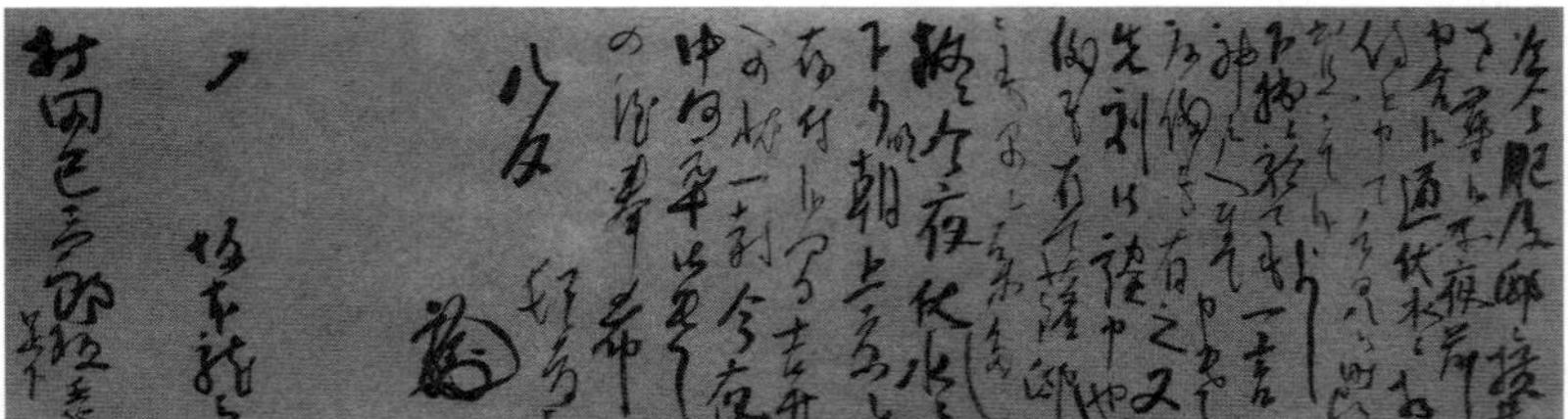

坂本龍馬筆花押入り書状(複製)
文久3年(1863) 7月8日付で、龍馬が越前藩邸の村田巳三郎に宛てたもの。内容は龍馬と横井小楠が密かに会談したことを記し、越前藩がクーデターを画策していたことがわかる。

るという。春嶽や藩主茂昭も賛同し盛り上がった。

ちょうどそのころ、勝海舟の使者として龍馬が神戸海軍操練所や勝塾の資金集めのため、越前を訪れていた。小楠の案内で龍馬は由利とも会談し、国事を論じた。

だが、挙藩上洛は思わぬことで挫折した。重臣の中根雪江が朝廷、幕府の者と会談したが、渋った返答しかなく、中根は京都から帰藩し慎重論に転じた。

一方、村田は京都で薩摩・肥後・尾張・加賀の各藩に協力を求めたが芳しくなく、帰藩しその状況下にないと藩主茂昭に報告した。さらに肝心の十四代将軍徳川家茂が江戸へ帰ることになり、将軍と朝廷の会談は不可能となり、計画は頓挫した。これを周旋していた小楠はじめ村田ら改革派には厳しい処分が下された。

昼夜にわたる議論の末に絶交

二年後の慶応元年(一八六五)五月十九日、龍馬は肥後(熊本県)沼山津の小楠を訪ねた。龍馬は白い琉球絣《かすり》の単衣《ひとえ》に着流し、鍔《つば》細の大小を差していた。このときの模様を「龍馬の事歴」(岩倉文書)からひろってみた。

龍馬は薩摩と長州の同盟を視野に入れて小楠に問うた。龍馬が「幕府再ヒ長州ヲ討ツト、貴藩(肥後)之ニ応援スルノ説アリ」というと、小楠は「長藩常ニ朝憲ヲ軽シ幕命ニ違フ、甲子(禁門の変)ノ挙人皆知ル所ナリ」、今だから長州を諸侯と討伐しなければならないと答えた。

龍馬は冷笑して「天下ノ事情ニ通セス」と小楠に向かって先生の意見は時代遅れであるといい「今、天下勤王ヲ以テ称セラルル者ハ、薩長二藩ヲ措テ誰ソヤ」と今、天下を治めるのは薩摩と長州しかないと指摘した。

昼夜にわたり議論したが意見は平行線をたどり、小楠は龍馬に二度と来るなと絶交したという。そうはいうものの、龍馬は小楠の政治学に傾倒していた。

小田村と龍馬が奔走、長州を動かす

藩主の懐刀として

長州藩主毛利敬親の懐刀に小田村久米次郎(素太郎)がいた。のちの楫取素彦《かとりもとひこ》である。

文政十一年(一八二八)三月十五日、萩藩医松島瑞蟠《ずいばん》の次男として萩城下に生まれた。十二歳のとき小田村吉平の養子となり伊之助と名乗った。十九歳のとき、養父が死去し家業の儒学者の道に進み、藩が藩士の学問所として建てた明倫館《めいりんかん》で司典助役となり、のち講師見習役をつとめた。

また、長州藩江戸屋敷内に有備館を設け、安積艮斎《あさかごんさい》、佐藤一斎らの高名な学者を招聘《しょうへい》した。江戸遊学中の吉田松陰も学んでいた。遊学中に松陰より二歳年長の小田村へ妹の寿が嫁ぎ、松陰は書状で「寿妹儀、小田村氏へ嫁せられ候由、(中略)彼三兄弟皆読書人」と、読書好きの小田村をかねがね尊敬していた。

小田村が表舞台に登場するのは安政六年(一八五九)、藩主敬親の御手廻組役に昇進し、側近として仕えたときである。その後、藩内の重要な役職の御内用掛となったが、椋梨藤太《むくなしとうた》の俗論派が台頭し小田村は失脚した。

慶応元年(一八六五)二月十五日、正義派が俗論派に勝利すると、小田村も復権し、しだいに幕府と対峙《たいじ》するようになった。藩内では高杉晋作、大村益次郎らが西南雄藩による連合組織を一日も早く実現したいと画策するようになった。

龍馬、三条実美らに拝謁

慶応元年五月十四日、藩主敬親の密命を受けた小田村は、太宰府(福岡県)の三条実美ら五卿に拝謁を許された。このとき、小田村は塩間鉄蔵と改名し、髪形を総髪にかえていた。小田村は藩内の実情を説明し、討幕を実現し新しい国家体制をつくるには、薩摩藩と手を結ぶことが急務だと述べた。

一方、坂本龍馬は五月二十三日、熊本から太宰府に入り、薩摩藩士渋谷彦助と会談した。翌日に三条らに拝謁し、薩摩と長州の和解策を熱弁した。同月二十五日、三条と同席した東久世《ひがしくぜ》通禧《みちとみ》は龍馬を「偉人なり、奇説家なり」と評した。二十七日、三条とふたたび拝謁。翌日、安芸守衛(土方久元《ひじかたひさもと》)とともに太宰府を出立した。

閏五月一日、龍馬は筑前(福岡県)黒崎から下関に渡り、小田村の紹介で下関の西の端の入江和作邸を訪ねた。入江の屋号は奈良屋で酢の製造で財をなし、高杉晋作と気脈を通じ奇兵隊へ軍資金を送っていた。野村望東尼《もとに》は入江を「大正義の町人」と評した。

さらに宮の越(長州)の綿屋弥兵衛方に投宿した。龍馬は体調を崩し二日間、外浜の町村屋清蔵方で療養した。五月五日、長府《ちょうふ》藩士の時田少輔と土佐の土方久元が訪ねてきたので、木戸孝允との会談を求め、太宰府での薩摩と長州の様子を語るつもりでいた。

六日、時田の案内で木戸に会い、薩長同盟が急務と説いた。木戸の会談の後に野村靖之助を訪ね、同盟の話を持ちかけたが理解を得られなかった。野村の兄の入江九一《くいち》は禁門の変で戦死していた。

龍馬、薩長同盟の周旋をする

慶応元年九月二十四日、京都を発った龍馬は西郷隆盛に同行し、同盟について話をつめていた。同月二十六日、兵庫から胡蝶丸に乗船し二十九日、周防(山口県)上ノ関にあがり、長州藩家老の浦靭負《うらゆきえ》に会った。浦は改革派の重臣として知られていた。龍馬は事前に藩内の情勢をつかんでいた。

龍馬を待っていた小田村は十月三日、宮市(三田尻)で合流し、山口まで行った。五日の木戸宛ての手紙には「三日、坂本龍馬老兄を指付け宮市迄来着、同人話頭重大之事件も有之」と伝えていた。

話の重大事件とは、討長の勅許を幕府はとりつけ、薩摩がこれに反対するには兵を京都に駐在させることになる。それには兵糧米が至急ほしい。この件で西郷から依頼された兵糧米の供給を長州に要請することであった。

さらに小田村は龍馬を広沢真臣《さねおみ》と引き合わせた。十月四日、長州は兵糧米の件には合意し、下関にいた木戸に調達するよう命がおりた。

小田村は、各藩が幕政を批判するのは今日にはじまったことではないと考え、朝廷の微力さを嘆いていた。龍馬の話では、同盟に対して薩摩の状況は厳しく、西郷の腹の内を広沢は承知している。西郷はあくまで朝廷に背くことだけはしたくないという。

十月二十一日、龍馬と木戸の会談は、小田村の周旋により実現した。龍馬はその際、木戸に上京をうながし西郷と会談するようすすめた。

ユニオン号で取り持つ仲

薩摩・長州・亀山社中の運用

慶応元年(一八六五)九月二十一日、第二次征長の勅許がおりた。しかし、幕府軍は戦闘能力がなく足並みもそろわなかった。長州は高杉晋作が奇兵隊をもって藩論を統一し、藩も西洋式軍備を備え、西洋銃を大量に買い入れた。あとは軍艦の導入であった。

十月十八日、亀山社中の近藤長次郎はグラバー商会からユニオン号を薩摩名義で買い入れた。一部薩摩の支払いで長州へ五万両(約一二億円)で売却した。近藤は当時、上杉宋次郎と名乗り長州の伊藤博文、井上馨らと親交があり、グラバーは坂本龍馬の右腕の近藤をわが子のようにかわいがった。

ユニオン号は英国のロッテルヒーテで造船され、鋼鉄製でなく木製の蒸気船。当初、薩摩が名山桜島から桜島丸と命名した。運航は蒸気船の航海技術がある亀山社中が受けもっていたが、薩摩・長州・社中の運用となった。

余談だが、桜島丸は後に乙丑《いっちゅう》丸と改名され、維新後の明治四年(一八七一)二月、山口商人の小畑新助に貸渡し伝便船として使用、同年七月、下関商人の小田屋藤吉へ払い下げられている。多くの蒸気船の機関部を外し、運搬船に転用していた。

龍馬は、ユニオン号の使用が薩摩と長州の関係改善につながると考え、この機会を逃すまいと二十一日、

黒田清隆

下関へ走った。木戸孝允(桂小五郎)と会談して両藩は同盟を結ぶべきだと進言し、まず長州から行動をおこし、京へ上るよう説いた。

同盟実現のため、黒田清隆を使者に

十一月七日、幕府は諸藩に対し長州再征のための出兵を命じた。龍馬は下関でユニオン号の入港を心待ちしており、見届けてから上京した。西郷隆盛には、兵糧米の件で木戸が快諾してくれ、藩の了解も取り付けたと報告した。西郷は龍馬の交渉を褒めたたえた。

龍馬は同盟を実現させるには、薩摩も長州へ使者を送るべきだと伝えた。西郷も了承し薩摩藩士の黒田了介(清隆)を使者にたて、山口に行かせた。

黒田は天保十一年(一八四〇)、鹿児島城下に生まれた。文久三年(一八六三)、薩英戦争に参戦。西洋砲術の時代を痛感し、江戸の江川塾に入門した。禁門の変で活躍し、西郷に実力が認められると、薩長同盟をめぐって西郷や大久保利通のもとで橋渡し役を演じた。

十一月直柔(龍馬)、薩人黒田了介、土人細川左馬(池内蔵太)ヲ伴ヒ馬関ニ至リ同志ノ士ニ会シ、薩長和解ノ端緒ヨリ桜島丸買得ノ事ヲ聞キ手ヲ拍テ喜ビ(「龍馬の事歴」岩倉文書)

龍馬は吉井幸輔に宛てて「この頃御国より相廻り候船、下の関に参り候時節、人なく幸に黒田了介殿御出に候得共、今少し御留りの儀故に是非なく候」(十二月十四日付)と記し、黒田の人柄を高く評価した。

龍馬は宿願近しと、その後も山口と下関を往来し木戸や高杉、井上、伊藤らと同盟につき協議した。

桜島丸新条約

ユニオン号(桜島丸)は長州へ引き渡され、乙丑丸と改名された。長州藩海軍局所属となり、初代艦長には中島四郎が就任した。

使用をめぐって紛議がおこり、桜島丸条約が結ばれた。

この条約について『井上伯伝』には「井上馨、近藤昶(長次郎)、坂本龍馬等商議ノ上、近藤ヨリ長藩海軍局員及海援隊長ニ提出シタル条約案文ナリ」とある。また、改められた桜島丸新条約については「十二月二十四日付、中島四郎ノ書簡ニ新条約ト称スルモノハ即、是ニシテ長藩海軍局ノ意見ニ拠リテ、中島、坂本両人ノ署名ヲ以テ草定シタルモノ也」とある。

桜島丸新条約を要約すると次のような内容である。

一、旗号は薩摩藩のものを借用する
一、毎日の事務、当番士官の管轄、賞罰は総管(中島四郎)へ相談する
一、薩摩より御乗込士官(亀山社中)の月俸(給料)は今までとする
一、水夫、火焚等は薩摩において費用を定めているが、今後は働きに応じて差し引く
一、商業の積み荷のすべては当番士官へ相談する
一、当船の海軍局規則外でも大方は海軍学校の定則に従う
一、停泊中の月俸以外の出費は認めない

一、船中一切の出費は会計方で支払う
一、当藩商業以外の薩摩の運搬費用は薩摩側で支払う
長州は平等の使用権を主張し、この条約を結んだ。

紆余曲折の末、薩長同盟成立

楫取素彦の回想

長州の小田村伊之助、のちの楫取素彦は晩年「楫取素彦翁談話」で、薩長同盟について「石川誠之助(中岡慎太郎)が来ます。その前に、今《のち》の土方(久元)が京都から帰って来られまして、西郷(隆盛)が近々上京するので、行きがけに馬関に立ち寄るから、そうしてお前に会いたいと云うので、木戸(孝允)が西郷を待っていると、突然石川がやってきて、西郷は今度は急ぐので、よられぬから御断りの通知に来た」と述べている。

この話に、木戸は西郷にいっぱい食わされたと怒り心頭であった。西郷は仮に下関で同盟を結べば、将来、長州に丸め込まれたと噂される疑念が脳裏をよぎったのかもしれない。

中岡慎太郎は「天下を興さん者は必ず薩長なるべし」(自勢論)と信念を持って奔走していた。重い腰をあげた木戸は、慶応元年(一八六五)十二月二十五日、西郷と同盟のつめの話し合いのため上京しようと、品川弥二郎らと下関をたった。二十九日、下関に滞在していた龍馬は印藤聿《いんどうのぶる》宛ての手紙で「山口よりは木圭小五郎(木戸)よりも長々敷手紙参、半日も早く上京をうながされ候」と書き、下関と長崎の間を往来していた

ことがうかがえる。長府藩士の印藤は藩庁に働きかけ、龍馬の随行に同藩の三好慎蔵を同行させることとなった。印藤は龍馬が下関で活動することに陰から支援した人物で、龍馬もいろいろと相談を持ちかけていた。

西郷の考え一つ？

中岡は西郷が決断しなければどうしても同盟の前進はないと考えた。「薩摩には西郷吉之助あり、ひととなり肥大にして後免の要石にも劣らず」(自勢論)と、土佐の御免にいる相撲とりの要石《かなめいし》によく似ていると評した。また木戸を「胆あり、識あり、思慮周密、廟堂の論に耐ゆる者は長州の桂小五郎」と評している。

土佐の土方久元は講演で「吉井(友実《ともざね》)や中岡君と一座になり、国事の話に及びますと、天下の形勢は危急に迫っておる。この際薩長両藩の間が是迄の通り反目軋轢して居ては何事も出来るものではない。これはどうしても両藩の間を和解させ聯合させる様にせなければならないとの話が出た。幸ひ薩藩の吉井も其処に居るものであるから如何にも其通であるということになり、私も微力ながら共に尽力しようと約束をして三好や井上(馨)とわかれましたが、私共三人は十五日に入京し、私は二本松の薩邸に潜伏し、諸方に出入し事情を探索して居る内、中岡君は一先づ立ち帰て、三条(実美)公にこの地の有様を報告」と話し、中岡と土方が同盟に奔走していたことがわかる。

その後も中岡が西郷の朋友・大久保利通に会い、「天下国家のために旧来の怨恨は一掃し、長州と手を握ってほしい」と説得した。大久保は第二次幕長戦の将軍親発前に、薩摩から西郷を上京させる。中岡は西郷を下関に立ち寄らせ、木戸との会談を画策するも、先に述べたように失敗した。

薩長同盟成る

中岡は下関で木戸に会うと大息した。同盟には高杉晋作・伊藤博文・井上馨も賛同。木戸もそこは大人になり、京都にのぼり小松帯刀邸で毎晩歓待されるも、一向に同盟の話は薩摩からない。木戸は西郷に不信を抱き、藩のメンツもあって自ら話を持ち出さない。肝心の仲介の龍馬の姿はない。土方は講演で「甚だ手持無沙汰で桂はもう帰ると言い出して居る処へ、正月の廿日に坂本君が長州の方から入京して参りまして西郷、大久保(小松の間違い)を始め薩摩の主立つものと桂との間を調停しまして、真の所謂薩長同盟というものはここに成立致しました」と振り返り、紆余《うよ》曲折の末に同盟は成立したことを伝えている。

龍馬は反目する西郷と木戸に向かい近代日本の構想を語り、二人は同盟に踏み切った。木戸は同盟を「うめと桜と一時に咲し　さきし花中のその苦労」と、長州を梅に、薩摩を桜にたとえ、都々逸《どどいつ》で詠んだ。

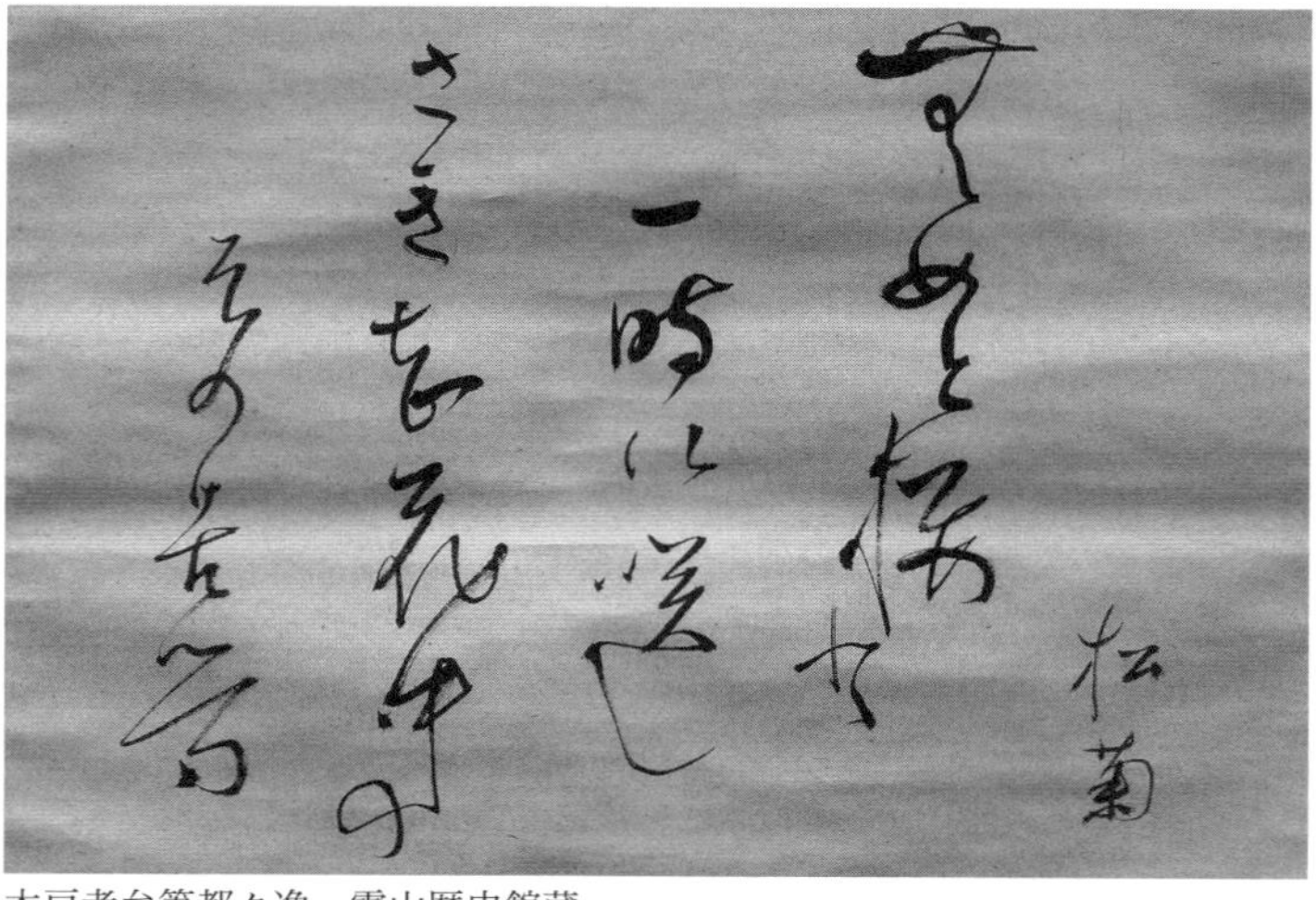

木戸孝允筆都々逸　霊山歴史館蔵
薩長同盟成立時の苦労と喜びを詠んだもの。

お龍が機転。龍馬、寺田屋から逃走

身を守るようにと忠告

龍馬は同盟成立前日の慶応二年（一八六六）一月二十日、亀山社中の池内蔵太《くらた》宛てで「先日大坂ニい申候時ハ、誠に久しぶりにかぜ引もふし薬六ふくばかりのみたれバ、ゆえなくなをり申候。それが京に参り居り候所、又々昨夜よりねつありて今夜ねられ不申、ふとあとさきおもいめぐらし候」と書き送っている。上京の長旅と心労から風邪をこじらせ発熱していたのだ。

「慶応二年、十日下関ヲ発。十七日神戸着、十八日大坂着、十九日伏見入。廿日二本松（薩摩藩京都屋敷）」（龍馬手帖摘要）とあるように、龍馬は長府藩士の三吉慎蔵を伴い下関から神戸を経て十八日、大坂の薩摩藩邸に入った。

ここで社中の池と新宮馬之助と会い、同夜、ひそかに改革派の幕臣・大久保一翁《いちおう》を訪ね薩長同盟について意見を求めたが、「いま、幕府は神経質になり探索が厳しい。身を守るように」と忠告された。龍馬は、薩摩藩邸に駆け込んで通行手形をもらい、淀川を遡上、十九日に伏見の寺田屋に入った。池と新宮を連れ、薩摩藩京都屋敷の木戸孝允を訪ねたが、同盟は遅々と進んでいない意外な状況だった。

慶応二年一月二十一日、龍馬の仲介で、西郷隆盛と木戸はようやく薩長同盟を締結した。一橋・会津・桑名といういわゆる「一会桑」に対抗する軍事同盟だったが、この同盟に幕府はまったく気がつかなかったという。同盟の会場は、薩摩藩京都屋敷でなく、近衛家の小松別邸という。同盟は六カ条からなり、密約のため文章化されなかった。

西郷は当初、下関で木戸と会い、同盟の結論を出そうと考え、中岡慎太郎と約束までしていた。それが船中で心がわりしたのである。おそらく、天皇の庭である京都でなら大義名分がたち、密約といえども新政府で薩摩が主導し、長州が柱となってひとつにまとめあげられると考えたのだろう。一方の龍馬はそんなことはどうでもよく、結果がほしかったのだろう。

幕吏が襲撃

伏見の船宿・寺田屋は、薩摩の連中がよく使い、浪士の出入りも多いので、新選組が探索に京都からやってきた。寺田屋の女将・お登勢は、龍馬らの面倒をよくみており、龍馬の恋人・お龍は、後年「反魂香」にのこした聞き書きの中で、「寺田屋の女将お登勢と云ふのが、男勝りの勤王家で、海援隊の為に秘密の階子、秘密の座敷なぞを造てあって」としている。龍馬は寺田屋にお龍を預け、お登勢はお春と呼んで店の下働きに使っていた。

一月二十三日、龍馬はその寺田屋で三吉とともに同盟成立を祝い、酒を酌み交わし談笑していた。その寺田屋を伏見奉行所の幕吏が包囲していた。

この状況を木戸宛てで「去月廿三日夜伏水ニ一宿仕候所、はからずも幕府より人数さし立、龍(馬)を打取るとて夜八ッ時頃二十人斗寝所ニ押込ミ、皆手ごとニ槍とり持、口々ニ上意々々と申候ニ付、少々論弁も致し候得ども、早も殺候勢相見へ候故、ぜひ無く彼高杉(晋作)より送られ候ピストールを以て打払、一人を打たをし候。何レ近間ニ候得バ、さらにあと射不仕候得ども、玉目少く候得バ、手を負いながら引取候者四人御座候」(慶応二年二月六日)と書き記している。

幕吏が寺田屋の様子をうかがっているのを、入浴中のお龍が気づき裸に浴衣をまとい二階の龍馬に知らせた。龍馬は部屋に乱入してきた幕吏に対し、すかさず高杉晋作から上海みやげに贈られたスミス&ウエッソンのピストルで応戦、幕吏数名を殺害したが、龍馬も右手を負傷した。三吉も槍で防ぐが戦いきれず、龍馬と隣家の雨戸を破り川岸を逃げ、材木小屋の二階に逃げ込んだ。犬にほえられ困ったという。

これまでと切腹しようとする三吉に、龍馬が「死ぬ覚悟であるなら薩摩藩邸へ走り助けを求めてくれ」と頼み、藩邸では、留守居の大山彦八が応対した。寺田屋の一件は西郷にも知らされ、西郷は吉井幸輔(友実)に命じ、一小隊と医師一名を龍馬の元に駆けつけさせた。

龍馬が隠れた材木小屋の写真　霊山歴史館蔵

薩長同盟を龍馬が裏書きで証明

木戸、六カ条をまとめる

薩長同盟に立ち会ったのは坂本龍馬と、薩摩側は小松帯刀・西郷隆盛、長州側は木戸孝允であった。以前

小松帯刀

木戸孝允

にも述べたが、薩摩側は木戸を歓待するばかりで遅々として同盟の話は出なかった。龍馬は同盟成立を確信しての入洛であったので、現状を知り、唖然とした。

木戸はこの状況に激怒して帰り支度までしていた。龍馬は西郷に国家論を持ち出し、薩摩側から同盟の話をするよう懇願した。西郷はかつて勝海舟から幕府の崩壊を知らされていたこともあり、早急に国家の立て直しを図らねばならないと痛感していた。幕府の屋台骨である薩摩が、討幕の急先鋒《きゅうせんぽう》の長州と手を結ぶとは、幕臣のだれもが想像もつかない。

同盟はあくまで密約で、口約束であった。木戸はそのときは納得し、翌日、内容を六カ条にまとめていたが、不安でならなかった。

木戸の自叙伝には、「その翌夜京都を発し浪華に下り留る数日。而て前に約する所の六条前途重大の事件にして、余の謬聞有らんことを恐れ、一書を認め良馬(龍馬)に正す。良馬其紙背に六条の違誤なきを誓て之を返す」とある。

木戸は慶応二年(一八六六)一月二十三日、帰藩の際に大坂より龍馬に六カ条の裏書きを求めた書面を送っていた。

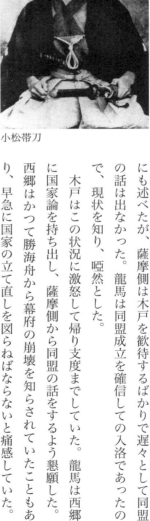

同盟の密約

一、戦いに入ったときは、薩摩はすみやかに兵二千を率兵上京させ、また大坂へも千人ほど遣わし、京坂を固めること。
一、長州の旗色がよくなったら、ただちに朝廷側に働きかけて長州を支援し、講和成立に尽力すること。
一、万一、長州の敗色が濃くなっても、半年や一年で壊滅はありえないので、その間に援護策を講ずること。
一、幕府軍が関東へ引き揚げたならば、ただちに朝廷に諮《はか》って、長州の冤罪《えんざい》を取り除くよう努力すること。
一、一橋、会津、桑名などが朝廷を利用し、薩摩の周旋をさまたげるときは、すぐさま血戦にいどむこと。
一、冤罪が晴れたうえは、薩長は誠意をもって皇国のために尽力し、天皇親政を実現すること。

要約すると、徳川慶喜、会津藩主の松平容保（京都守護職）、桑名藩主の松平定敬《さだあき》（京都所司代）に対する対抗勢力を鮮明にした同盟であり、薩摩が長州を援護することを前提にしていた。天皇親政により、王政復古を一日も早く実現し、近代国家建設に邁進しようと画策していた。

龍馬の朱筆

木戸の書いた六カ条の同盟密約に龍馬は朱筆で裏書きを書いた。龍馬は同盟直後に寺田屋襲撃事件で右手に深手を負っていたが、裏書きは右手で書かれたという。

表に御記被成候六条ハ、小（松）、西（郷）、両氏及老兄、龍（馬）等も御同席ニて談論セシ所ニて、すこしも相違無之候。後来といへども決して変り候事無之ハ、神明の知る所ニ御座候。丙寅二月五日　坂本龍この表裏の文書が同盟を証明する唯一の歴史的文書となった。裏書きが薩摩や長州のものでは意味がなく、成立に立ち会った龍馬だからこそ重みがあるといえる。薩長同盟以降、幕府は衰退の一途をたどるのである。

将軍入洛も及ばず幕府、長州に敗北

幕長戦は誤算

慶応二年(一八六六)五月十六日、十四代将軍家茂は江戸城から上洛し、閏五月二十五日、大坂城に入った。このときの姿をみてまわりは唖然としたという。金の陣笠に錦の陣羽織、銀造りの太刀姿で白馬に跨るその姿は、関ヶ原の戦いの家康公の勇姿がよみがえったようだった。馬印は金扇と銀三日月、戦国時代さながらの姿に、町人までが時代錯誤だと数え唄まで作った。「四ッとせ、よもや下(長州)へは行かれまい、浪花のあたりをうかうかと、此のひきょうもの」。

戦争による物価高騰を迷惑に思った町人たちは、家茂を嫌っていたという。

幕府の第二次幕長戦に対する考えはあまかった。幕府は第一次幕長戦で勝利し、長州三家老の首を差し出させ恭順させたが、藩内では高杉晋作らが藩論をくつがえし、討幕に一変させた。しかも、坂本龍馬の周旋で薩摩と長州は軍事同盟まで結んでいた。

幕府は日和見主義の大名らをまとめようとするが、肝心の薩摩が一向に動かない。しびれをきらした京都守護職の松平容保《かたもり》が将軍家茂の上洛を要求し、やっとの思いで動き出した。彦根藩、浜田藩(島根県)、旗本ら一五万の大軍で四方向から長州国境に攻め込む作戦にでたが、幕府軍兵士が、途中で土産品を買いあさるなど士気が高まらず脆弱なものだった。

四境戦争

長州は龍馬から秘密裏に買い入れたミニエー銃などの西洋銃に加え、大村益次郎(村田蔵六)が西洋調練で兵制改革をしていた。諸隊に対し「又々軍勢ノ四境ニ迫リ候ハ必然ノ事」と通達を出し、緊張は高まった。幕府軍はその「四境」、つまり芸州口、大島口、小倉口、石州口に進軍。第二次幕長戦、長州側から見た「四境戦争」である。

慶応二年六月十三日夜、安芸(広島県)と周防(山口県)国境の小瀬川《おぜがわ》で戦端が開かれた。幕府歩兵隊も西洋式だったが、幕府軍の各藩は財政難で大義名分もなく苦戦した。

「征長軍小瀬川戦争図」(霊山歴史館蔵)によると、久《く》波《ば》(広島県大竹市)に本陣、大竹や油見《ゆうみ》にも陣を敷いた彦

征長軍小瀬川戦争図　霊山歴史館蔵
四境戦争の様子を示したもの

根勢、紀州藩は木野や中津に陣を敷いた。榊原勢とは越後（新潟県）高田藩主の榊原政敬《まさたか》の軍で、長州軍から砲撃を受けて炎上する様子が描かれている。幕府軍は江戸勢と書かれている。

石州口の戦いで軍神とよばれたのが慶応元年十二月十二日、藩命により村田蔵六から改名した大村益次郎である。総指揮官は高杉晋作。大村は高杉に対し、「幕府軍を破るには一万挺の西洋銃が必要」と真っ赤な顔でかみついたことから高杉から「火吹きダルマ」とあだ名をつけられたという。

大村は参謀役として四境戦争に参加。六月十四日、島根県南部の石州口の戦いに精兵隊など七〇〇人を率いて出陣した。菅笠《すげ》にうちわを腰に差し、浴衣にくくり袴、大小の刀はさびついていたというが、兵士は新式のミニエー銃にだんぶくろの軍装であった。

二万の幕府軍に対し、大村は杉孫七郎、佐々木男也《おとや》と綿密に作戦をねり、農民に偵察させて敵の配置を調べ、寝込みを襲う戦法で一気に勝利に導いた。大村は屋根にのぼり指揮したという。

七月二十日、将軍家茂が大坂城で急死、二十一歳の若さだった。幕府軍は講和し、事実上の敗北となった。

第八章　大政奉還から王政復古

徳川慶喜が進める幕府軍の近代化

慶喜の十五代将軍就任

元治元年(一八六四)三月二十五日、一橋(徳川)慶喜は禁裏御守衛総督を命じられ、将軍後見職を辞職した。このとき十四代将軍の家茂《いえもち》は十九歳、慶喜は二十八歳であった。二人は不仲であり、慶喜は将軍後見職を辞めたいがゆえに禁裏御守衛総督を引き受けたとされる。

将軍家茂は政治的能力がなく、幕臣らの意見をよく聞き入れたことから、評判は良かったが、一方で慶喜の将軍後見職に頼っていた。

ところが老中の板倉勝静《かつきよ》の罷免問題に絡み亀裂が入る。慶喜が江戸に戻ったのは、朝廷と画策し、攘夷を唱えて江戸を焼き払い、さらに家茂を毒殺して将軍の席を奪うというデマが飛び交ったためだ。

そんな噂もある中で、老中人事を慶喜抜きで決めようとしたことに慶喜は立腹し、登城して家茂を詰問しようとした。家茂は病気を理由に会おうとしなかったが、後見職を解任してから人事を決めるべきと迫ると渋々応じた。慶喜は将軍が任命した後見職を辞す潮時とも思っており、禁裏御守衛総督は朝廷からの任命であったが、将軍にも配慮したものであった。

「禁裏御守護総督、摂海防禦指揮等、仰せつけられ候。是まで後見職仰せつけ置るるの処、今般内願により、免じ候。ただし、大樹(将軍)在京中は、以前同様心得これあるべき旨、御沙汰候事」と家茂が添状をつけ、慶喜に渡した。

慶応二年(一八六六)七月二十日、家茂は死去したが、慶喜がすんなりと十五代将軍に就任したわけではなかった。幼少から強情公とよばれ、一筋縄ではいかない。まず板倉勝静、松平容保《かたもり》、松平定敬《さだあき》らが説得して同月二十七日、徳川宗家の継承を承諾したが将軍職は固辞した。さらに慶喜は将軍職の対抗馬がないと思うや「上様」とよぶように宣告、これには松平春嶽《しゅんがく》も「将軍でもないものが」と、怒り心頭であったという。

十一月二十七日、孝明天皇は議奏、武家伝奏らに、慶喜を将軍宣下《せんげ》させるから説得させるように命じた。武家伝奏は京都所司代の松平定敬に伝え、定敬も慶喜に伝えた。十二月五日、慶喜は正二位、大納言、十五代将軍に就任した。

大の親仏家

幕長戦での武器調達でフランスのレオン・ロッシュに密かに依頼するなど、慶喜は大の親仏家だった。八月二十七日の幕長戦の停戦時には「まず至急に大綱変革、政体挽回、足下にも兼々注意せらるゝ強幹培根の大策を施行し、躬自ら率先して、部内の兵機を一新するに決定せり」と、兵制改革に着手することを宣言し、ロッシュに協力を求めた。

幕府の弱体と幕長戦の敗因は軍事力のなさが原因と考えた慶喜は、新式の西洋銃を導入しても使用するのは兵士であり西洋の調練の導入こそが必要と、各藩にも促した。旧来の雨具持ち、草履取りを廃止して、すべてが銃卒になりうる兵賦《へいぶ》(兵制改革に際し、旗本や代官所が徴発した兵卒)として歩兵隊に改編した。

また、陸軍奉行を新設し、歩兵奉行・歩兵頭に直属する歩兵隊と指揮系統を明確にした。武士の刀槍を教える師範代を除き、すべて銃隊に組み換えて西洋式調練を導入し、軍装も鎧や具足《ぐそく》から軽装の軍備に替え「部内の兵機の一新」と刷新を実行しようと考えた。上がかわらなければ士気はあがらないと、慶喜は自らフランスのナポレオン三世から贈られたアラブ種の馬に軍装姿で、大坂城内で記念写真撮影までおこなったという。

馬上の徳川慶喜(古写真)

孝明天皇の崩御と岩倉具視の討幕運動

不自然な天皇の死

慶応二年(一八六六)は多難な年であった。第二次幕長戦で幕府軍は苦戦をしいられ、長州軍は芸州口、石州口、小倉口で勝利した。長州軍は軍制改革で強くなったばかりでなく、坂本龍馬が尽力した薩長同盟で、幕府軍の主力である薩摩が不参戦となった。さらに高杉晋作より、亀山社中から改編された龍馬ら土佐海援隊士も援軍要請を受け、参戦した。

十四代将軍家茂の耳に入る戦況は敗戦ばかり、虚弱体質なこともあって大坂城で床に伏せ、七月二十日、二十一歳の若さで亡くなった。親幕派だった孝明天皇は、義弟の将軍家茂の急死に落胆。この年の十二月二十五日、その天皇も崩御した。

「同夜、九穴から血をふいて（天皇は）悶死された」（中山忠能日記）と書かれるなど、天皇の死について不自然だという噂が朝廷内でささやかれた。

たしかに体調はおもわしくなかった。十二月十一日、宮中行事の神楽へ臨席され風邪を召された。御典医の診断では天然痘であった。その後順調に回復したが、二十四日、護浄院の湛海権僧正の加持祈禱も済んだ夜から容体が急変、翌二十五日、早朝から苦しんで崩御したという。

イギリス公使館のアーネスト・サトウは、天皇の死を翌年一月四日、兵庫港に停泊中のプリンセス・ロイヤル号で日本の商人から知らされた。病名は天然痘ということだった。その後に信頼のおける日本人から、毒殺と知らされた。サトウは「天皇は、外国人に対していかなる譲歩をなすことにも断固と反対してきた。そのために、来るべき幕府の崩壊によって、否が応でも朝廷が西洋諸国との関係に当面しなければならなくなるのを予見した一部の人々に殺されたというのだ」と記す。サトウは、孝明天皇が政治の舞台裏から姿を消したことが、世間の噂になったとも記している。

天皇の大葬の儀は慶応三年一月二十七日に斎行され、のちに月輪《つきのわ》東山陵に埋葬された。

慶喜の外交

慶応三年一月九日、明治天皇の践祚《せんそ》の儀が小御所でおこなわれた。数えで十六歳。御名は睦仁《むつひと》。聡明な若き天皇である。孝明天皇の第二皇子で、母は中山慶子であった。天皇は幼年ということもあって、関白の二条斉敬《なりゆき》が摂政をつとめ、十五日には「心気一新、私心を去り大典を守り綱紀を張って国家を維持し、万民昇平之徳化に浴し候様、厚く申し談じ勤仕すべき事」と公卿に通達した。

一方、衰退する幕府は多難だった。十五代将軍慶喜がフランスのロッシュやイギリスのパークスらと精力的に外交を展開していった。サトウは日本の貿易商数人に会い、「彼らは近迫した兵庫の開港に大いに関心をもち、外国人の居留地として適当な場所について大いに意見を吐いていた」と伝えている。

1867年8月10日付のイラストレイテッド・ロンドン・ニュースに掲載された徳川慶喜の記事の部分
霊山歴史館蔵

三月二十五日、慶喜は兵庫開港についてイギリス・フランス・アメリカ・オランダの各公使に伝えた。パークスは慶喜にふれ「彼の統治能力には疑う余地はない」と評した。慶喜は二十七日に、パークスと再度会見。イギリス軍艦サーペント号のサットン大佐が撮影した慶喜の肖像と、翌日に歩兵護衛隊第九連隊分遣隊閲兵式の際の図版は、将軍の健在ぶりを内外にアピールするため、八月十日、イラストレイテッド・ロンドン・ニュースで大きく報じられた。

討幕の序曲

この状況の中、若き天皇を取り巻く公家衆が討幕を語りはじめた。公武合体論を推進して洛外に追放されていた公家の岩倉具視《ともみ》が幽棲先の岩倉村で次々に意見書を著していた。意見書のほとんどは討幕に言及したもので、政策論の「叢裡鳴虫《そうりめいちゅう》」は薩摩の小松帯刀《たてわき》・大久保利通におくった。さらに「全国合同策」の意見書を密かに関白・二条斉敬《なりゆき》に届けた。

岩倉らは、小松、大久保、西郷隆盛、土佐の中岡慎太郎、坂本龍馬らとも親交を持ち、武力討幕論を唱えるようになった。入谷昌長の親書で「堂上(公卿)の輩一心同力、列参建言之道これ有り候のみに候。このこと果して行なわれ候えば、列藩草莽之有志は、一挙を伝聞し、朝議正道に引き戻し申すべき」と述べている。公卿が先頭にたち志士らと行動し、政治の流れを一挙に変え、政権を明治天皇へ移すべきであると、岩倉は討幕の道を頭の中にすでに描いていた。

土佐海援隊の立ち上げ

海軍と商業を組み合わせた商業隊

坂本龍馬は慶応三年(一八六七)四月初旬に晴れて脱藩罪を許され、亀山社中を改編し「海援隊約規」で活動を明確にした土佐海援隊を立ち上げた。名前が示すように海軍と商業を組み合わせた商業隊を目指していた。龍馬の海援隊の運営方針を書記官の長岡謙吉がまとめたものとおもわれる。

海援隊約規には「運輸、射利、開拓、投機　本藩の応援を為すを以て主とす」とある。土佐藩の援助をもって、運輸では、いろは丸を運用したように大洲《おおず》藩の所有船で人を運ぶし、銃器や石炭などの軍事物資の輸送も請負い、さらに射利(営利)については、蝦夷地《えぞち》(北海道)の開拓事業に投機をすることを目論んだ。幕長戦で龍馬は、ユニオン号をもって長州海軍に参戦、同志が乗り組んでの戦況を小高い山から視察し、西洋軍艦の性能をまのあたりにした。

龍馬は西洋の株式会社を夢見ていたが、日本における株式会社は、幕臣の小栗忠順《おぐりただまさ》が慶応三年六月五日に設立の「兵庫商社」が最初であった。小栗は広く出資者を募り、兵庫商社は出資の自由な解除が許されるという株式会社の要件をそなえていた。龍馬は兵庫商社のことを知り落胆したはずだが「海援隊日史」には、一切ふれていない。

京都・下関に事務所

海援隊は本部を長崎に置き、主要港の下関、政治の町である京都・河原町に各事務所を置いた。北前船《きたまえぶね》で蝦夷地から下関を経る長崎航路が栄えていた。当時の番付には大関長崎、関脇下関とあげられている。

龍馬は下関本陣で長府《ちょうふ》藩大年寄の伊藤助太夫(九三)の離れを借り下関事務所とした。

伊藤に宛てて「私の志し実に十二ぶんもはこび申候間、すなわち大兄ニも兼ねて御同意の事ゆえ、天下の大幸と御よろこび遣わされべく候。いずれ夕方までの内、御咄し仕候。又商会のもの御引き合わせ仕候」(慶応三年三月四日)と書いている。龍馬は伊藤家と長崎を往来して親交を結び、土佐商会(土佐藩の藩営商社)の連中と共に引き合すと伝えていた。

土佐藩邸京都屋敷近くの酢屋には、海援隊士の宿泊先を置いた。酢屋は材木商を営み、燃料用の割木を土佐藩邸へ納めていた。

酢屋の主人・中川嘉兵衛の談話では「坂本氏ガ下宿サレタル時ハ二人ノ家来ヲ連レ居タリ。一人ハ長岡謙吉、一人ハ忘レタレドモなほノ字ノ付ク人ナリキ。右三人ニテ拙宅ニ下宿シ」とある。

龍馬が長崎から下関を経て入洛し、酢屋に投宿したのは、慶応三年六月中旬。ここで「船中八策」を長岡とまとめあげたといわれている。

中岡慎太郎、土佐陸援隊隊長に

龍馬の土佐海援隊、中岡慎太郎の土佐陸援隊をあわせ両援隊とよばれていた。中岡は龍馬と新しい国家建設を夢見ていた。慶応三年四月、後藤象二郎《しょうじろう》・福岡孝弟《たかちか》の指令で中岡も晴れて脱藩罪を赦免され、土佐陸援隊隊長に任ぜられた。

陸援隊規約には「陸援隊隊長一人、脱藩ノ者、陸上斡旋ニ志アル者皆是ノ隊ニ入ル。国ニ附セズ。暗ニ出京官ニ属ス。天下ノ動静変化ヲ観、諸藩ノ強弱ヲ察シ、内応外援、控制変化、遊説間諜ノ事ヲ為ス」とあり、海援隊は海軍とするならば、陸援隊は国事につくすという。

田中光顕は「諸藩の有志が各所に散在していたため、いざ事をあげるという場合、甚だ不便であった。のみならず、その保護を加えるものがなかった。そこで、中岡が、藩の重役福岡藤次(孝弟)、毛利恭介等に談じて、白川の邸をかりうけ、同志を収容した」(維新風雲回顧録)と当時を回想している。

陸援隊本部を京都白川の土佐藩邸内においた。経費は時折土佐藩から支給されたが、定額でなく各自で調達しなければならなかった。

近代日本の指針「船中八策」

坂本と後藤が語り、長岡謙吉が記録

慶応三年(一八六七)六月九日、坂本龍馬と後藤象二郎は土佐藩船・夕顔の船中で話し込んでいた。長崎から出帆し十二日に兵庫に入るが、同乗の海援隊書記官の長岡謙吉が談話のメモをとった。その八策の政治構想は近代日本の指針であり、これは「船中八策」とよばれた。

近年、この「船中八策」は存在しないという説がある。共通した内容の龍馬筆「新政府綱領八策」が国立国会図書館と下関市立長府博物館に二点現存している。

この八策のまとめ方は、表現が古いカルテの書き方と指摘されたことがある。長岡は長崎で西洋医学を修め、ドイツ人医師のシーボルトにも学んでいた。龍馬の語る内容をカルテ風に書きとめたのだろう。だが、長岡の八策メモは存在しておらず、いろんな憶測が語られている。

龍馬は京都に滞在中、老公山内容堂に大政奉還をうながすため、参政の後藤に口頭で進言したという。この八策をもって龍馬は、土佐の藩論とした大政奉還論のシナリオと考えていた。

大政奉還論のシナリオ

坂崎紫瀾編の『坂本龍馬海援隊始末』によると「八策」は次の内容であった。

一、天下ノ政権ヲ朝廷ニ奉還セシメ、政令宜シク朝廷ヨリ出ヅベキ事(大政奉還をして朝廷が政治に関与する)
一、上下議政局ヲ設ケ、議員ヲ置キテ万機ヲ参賛セシメ、万機宜シク公議ニ決スベキ事(上下両院を設置し議員をもって議会政治を行う)
一、有材の公卿諸侯及ビ天下ノ人材ヲ顧問ニ備ヘ官爵ヲ賜ヒ、宜シク従来有名無実ノ官ヲ除クベキ事(有能な人材を登用し、名ばかり官吏を除く)
一、外国ノ交際広ク公議ヲ採リ、新ニ至当ノ規約ヲ立ツベキ事(外国との不平等条約の改定を行う)
一、古来ノ律令ヲ折衷シ、新ニ無窮ノ大典ヲ撰定スベキ事(憲法制定を行う)
一、海軍宜シク拡張スベキ事(海軍を強くする)
一、御親兵ヲ置キ、帝都ヲ守衛セシムベキ事(御親兵を設置し、首都を守る)
一、金銀物貨宜シク外国ト平均ノ法ヲ設クベキ事(金銀の外国との交換レートを正常化にする)

以上八策ハ方今天下ノ形勢ヲ察シ、之ヲ宇内万国ニ徴スルニ、之ヲ捨テ他ニ済時ノ急務アルナシ。苟モ此数策ヲ断行セバ、皇運ヲ挽回シ、国勢ヲ拡張シ、万国ト平行スルモ、亦敢テ難シトセズ。伏テ願クハ公明正大ノ道理ニ基キ、一大英断ヲ以テ天下ト更始一新セン(この八策を国民に伝え、近代日本の政治構想としたい)

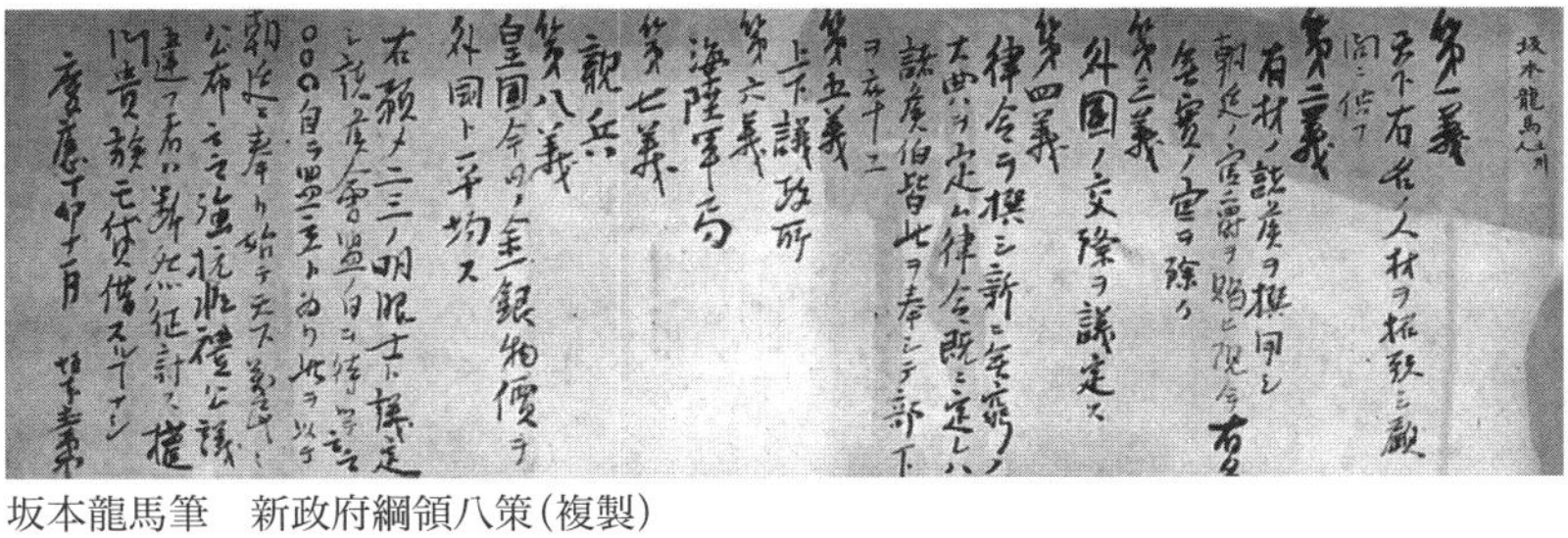

坂本龍馬筆　新政府綱領八策(複製)
原本は国立国会図書館の所蔵。

時代を先取りした秘策

定説では、龍馬が長岡に命じ、この八策を京都の海援隊事務所の酢屋でまとめさせ、さらに「新政府綱領八策」(前ページ写真)に書き直されたという。

その過程で「海軍」は「海陸軍局」となり、末文には「右予メ二三ノ明眼士ト議定シ、諸侯会盟ノ日ヲ待ツテ云々　〇〇〇自ラ盟主ト為リ　此ヲ以テ朝廷ニ奉リ　始テ天下万民ニ公布云々　強抗非礼公議ニ違フ者ハ断然征討ス　権門貴族モ貸借スルコトナシ　慶応丁卯(一八六七)十一月　坂本直柔(龍馬)」と付け加えられた。

龍馬の八策は、文久二年(一八六二)に真木和泉守《まきいずみのかみ》が著した「経緯愚説」や松平春嶽が政事総裁職に就任した際に、越前藩顧問の横井小楠が上申した「国是七条」などを参考にしたといわれている。その内容は公議政治・富国強兵・殖産興業で、龍馬が時代を先取りした秘策であった。

幕府と距離を置く薩摩、土佐と盟約

幕長戦に薩摩は動かず

慶応元年(一八六五)九月、坂本龍馬は西郷隆盛と薩摩へ船で下った。十月三日に長州へ入った龍馬は、大久保利通が西郷に宛てた同年九月二十三日付の書状の写しを懐中に入れていた。内容は長州追討にふれ「非義の勅命は勅命に有らず候故、不可奉所以に御座候」とあり、幕府の一部の者が、天皇の御心を曲げ得た勅命に義はないために薩摩は賛同できず、幕長戦に不戦であるというものだった。

これを裏付ける内容を龍馬は池内蔵太《くらた》宛てで「去月(九月)十五日、将軍上洛、二十一日、一、会、桑、暴に朝廷にせまり、追討の命をコフ。挙朝是にオソレユルス。諸藩さゝゆる者なし。唯薩独り論を立たり。其よしは将軍廿一日参内、其朝大久保尹君に論じ、同日二条殿に論じ、非義の勅下り候時は、薩は不奉と迄論じ上げたり。されども幕のコフ所にゆるせり」(慶応元年十月三日)と送っている。

「一橋慶喜、会津の松平容保、桑名の松平定敬らが孝明天皇に追討の勅命を迫り、朝廷はこれを怖れ勅命をだした。諸藩は異議を唱えず、ただ薩摩のみ反対した。二十一日、将軍は参内した。中川宮(のちの久邇宮《くにのみや》朝彦親王)が大久保と論じ、関白二条斉敬とも論じた。もし非義の勅命が下ったとしても、道理を曲げたものに薩摩は動かないといった。しかし、朝廷は幕府の要望を受け入れた」という内容で、これから薩摩は幕府との距離を置くようになったことがわかる。

藩論、薩長と統一

慶応二年(一八六六)一月二十一日、中岡慎太郎の念願の夢である薩長同盟は龍馬の奔走もあり成立した。一日も早く武力討幕へ拍車をかけたかった中岡は、西南雄藩の結束が不可欠と考えた。土佐も乗り遅れまいと薩摩の内情を探っていた後藤象二郎は、薩摩の中井弘を通じ、西郷が討幕論に腹を決めているということを知った。

翌年六月十九日、後藤と中岡は共に二本松の薩摩藩邸に挨拶に行き、翌日も二人は小松帯刀邸で薩摩と土佐の盟約の話をつめた。同月二十二日、三本木《さんぼんぎ》(京都市上京区)の料亭で薩摩藩の小松・西郷・大久保、土佐藩の後藤・福岡孝弟・真辺栄三郎・寺村左膳らが会談した。このとき龍馬と中岡は有志として陪席を許され、薩土盟約が成立した。

薩摩は二本松藩邸からほど近い三本木の花街を同約の場所に選んだ。この花街は「此のところ舞芸者は、往昔、白拍子(遊女)余流の由」(京都府下遊郭由緒)とあり、西郷は龍馬らを歓待するために、小松邸では宴席が盛り上がらないとみて、三本木に招いたのだろう。

寺村は盟約にふれ「後藤氏は先日の大条理を以て懇に説き終わり、是より急々帰国いたし、主君之命令を受けて再出京すべしという、薩之三格別異論なし、外に呼置たる浪人之巨魁も承服せり」(寺村左膳日記)と記した。後藤は土佐の藩論を薩長と統一したい狙いがあった。

大条理旨主の内容

慶応三年六月二十二日、薩土盟約は「大条理旨主」をもって論じられた。

一、国体ヲ協正シ、万世万国ニ亘テ不恥、是第一義　一、王制復古ハ論ナシ、宜ク宇内ノ形勢ヲ察シ、参酌協正スヘシ　一、国ニ二帝ナシ、家ニ二主ナシ、政刑唯一君ニ帰スヘシ　一、将軍ニ居テ政柄ヲ執ル、是天地間アル可ラサルノ理也、宜ク侯列ニ帰シ、翼戴ヲ主トスヘシ

右方今ノ急務ニシテ、天地間常有ノ大条里也、心力ヲ協一ニシ、斃テ後已ン、何ソ成敗利鈍ヲ顧ニ暇アランヤ皇　慶応丁卯(三年)六月

六月二十六日、土佐藩は将軍の大政奉還論を目論み、薩摩藩への「約定書」にも「将軍職ヲ以テ、天下ノ万機ヲ掌握スルノ理ナシ、自今宜ク其職ヲ辞シテ、諸侯ノ列ニ帰順シ、政権ヲ朝廷ニ帰ス可キハ勿論ナリ」と書いた。

大政奉還論は薩摩の藩論でもあり、土佐藩の意見に賛同した。

幕臣・大久保一翁、大政奉還を説く

徳川柱石の臣、龍馬を絶賛

開明的な幕臣のひとりに大久保一翁《いちおう》(忠寛《ただひろ》)がいた。坂本龍馬は「当時天下之人物ト云ハ、徳川家ニハ大久保一翁、勝海舟」とし、勝海舟と共に英傑と称賛した。一翁も「龍馬は土佐随一の英雄、謂はば大西郷の抜目なき男なり」と評した。

一翁は文化十四年(一八一七)に生まれた。老中の阿部正弘に登用され、主に軍制改革に着手。蕃書調所《ばんしょしらべしょ》の頭取、長崎奉行・駿河奉行・京都奉行・外国奉行・講武所奉行・勘定奉行を歴任した。一翁は勝海舟・山岡鉄舟とともに徳川柱石の臣と称された。

その一翁は松平春嶽に宛てて「此度、坂本龍馬に内々逢い候処、同人は真の大丈夫と存じ、素懐も相話」(文久三年四月三日)と書いた。松平春嶽も開明派で大政奉還論者であった。一翁は龍馬のことを攘夷一点張りでなく、「龍馬は真の大丈夫」と、開明的な話もよくできると満足していた。

大久保一翁

一翁は横井小楠にも「坂本龍馬、沢村惣之丞両人は大道《だいどう》解くべきかなと見受け、話中に刺され候覚悟にて懐相開き、公明正大の道は此外これあり間敷と素意の趣、話し出で候、両人だけは手を打ちばかり」(文久三年四月)と送っている。一翁は龍馬と沢村の二人をよほど気に入ったのか、大道をよく踏まえ、「公明正大の道」を踏まえ手を打つほどにわかっていると絶賛した。

攘夷が条件

孝明天皇は将軍後見職の一橋(徳川)慶喜に対し、政務を将軍に一任する条件に攘夷を求めた。政事総裁職松平春嶽のまわりも、条約破棄で戦争も辞さない破約必戦論にかたむいていた。

文久二年(一八六二)十月二十日、御側御用取次の一翁は、将軍家茂の命で越前藩邸へ春嶽の病気見舞いに赴いた際、攘夷が実行できないならば将軍の政権返上もありえると説いた。春嶽は別室で越前藩顧問の横井小楠と一翁を交え会談した。そのとき一翁は大開国論を展開し、春嶽をうならせた。

春嶽も「断然、政権を朝廷に奉還せられ、徳川家は神祖の旧領、駿遠三(駿河《するが》・遠江《とおとうみ》・三河)の三州を請い受けて、一諸侯の列に降るべし」(続再夢紀事)と述べた。

一翁は勅使の三条実美に従って江戸に入り、土佐の山内容堂にも大開国論を説き、人を褒めない容堂が大いに称賛したという。容堂の正室のお正は、実美の父・実萬《さねつむ》の養女で三条家とは姻戚関係であったので、このころよく耳をかたむけた。このような一翁の公言を幕府は忌諱に思い、講武所奉行から左遷した。このころ、龍馬は一翁に大政奉還の急務を説かれた。

龍馬の進言

龍馬は一翁の考えを「幕府にとって大不幸、我らにとっては大幸」とよろこんだという。この一連の考えには勝海舟も賛同しており、衰退する幕府に政権の舵取りはこのさき不可能と読んでいた。武力討幕を画策する薩長の中にあって龍馬は「公議政体論に基づく政権の返上」というまったく違う道を考えていた。

薩摩・長州・岩倉具視らが唱える〝討つ討幕〟ではなく、龍馬は政権返上を目論んだ。内戦を拡大すれば国力の低下につながる。龍馬の政権返上は無血であるがゆえに、徳川の延命につながりかねないが、内戦になれば、幕府はフランス、薩摩はイギリスがそれぞれ軍事支援をするに違いないと読んでいた。

龍馬は後藤象二郎へ「船中八策」を示し、大政奉還論を進言した。老公の山内容堂は一翁の意見に耳をかたむけたこともあり、将軍に建白書を提出した。大政奉還は急に降ってわいたものではなく、紆余曲折の駆け引きがあった。

大政奉還、慶喜が決意

幕府の威信にかけて食い下がる慶喜

十五代将軍徳川慶喜にとって、大政奉還への心境は複雑であった。水戸藩主の徳川斉昭《なりあき》を父に持ち、有栖《ありす》川宮織仁親王《がわのみやおりひと》の王女・吉子を母に持つ慶喜は、いわば、徳川家と天皇家の血筋を引く男。プライドは人一倍高かった。また、将軍の在任期間百日あまりの間、二条城と大坂城を往来して執務を黙々とこなし、一度も江戸城に入らなかった唯一の将軍であった。

親幕派の孝明天皇が慶応二年（一八六六）十二月二十五日に崩御され、明治天皇が弱冠十六歳で践祚《せんそ》すると、朝譴《ちょうけん》をこうむっていた下級公家の岩倉具視らが急に台頭してきた。薩摩・長州の武力討幕派と密かに手を結び、王政復古を画策していた。

慶応三年五月十四日、二条城で、慶喜と島津久光・松平春嶽・山内容堂・伊達宗城《むねなり》の四賢侯との間で会談が開かれたが、議論が白熱、兵庫開港と長州処分で賛同を求めた。しかし長州処分を優先すべきとする久光と慶喜は互いに一歩も譲らず散会となった。五月二十二日、宮廷大会議が午後八時から御所内の虎の間でひらかれたが、四賢侯のうちで出席者は春嶽のみ、公家衆も雑談ばかりで、徹夜の審議で結論がでないという状況に、慶喜が不機嫌な顔となったのも無理はなかった。

岩倉の腹心・大原重徳が流会というと慶喜は幕府の威信にかけて食い下がり、慶喜擁護派の二条斉敬と鷹司《たかつかさ》輔政《すけまさ》と裏で打ちあわせした。二条が「大樹公（慶喜）の申される通りである」と述べ、幕府の延命がなされたという。

返上の時期

晩年、慶喜は大政奉還のことにふれ「我が手により幕府を葬り、一朝一夕にあらず、すでに宗家の相続の際（慶応二年八月）にも、はた将軍職御請けの際（同年十二月）にも、これを断行せんと」と語っていた。

新選組隊内でも「卯年（慶応三年）五月頃ヨリ王政復古ノ議論コレ有リ」（島田魁日記）だったようだ。

十月三日、山内容堂は坂本龍馬の公議政体論に基づく内容の建白書を、後藤象二郎に託し、二条城の閣老・板倉勝静《かつきよ》に提出させた。

一方、武力討幕派は薩土盟約を結び、さらに広島藩も加わり幕府の延命を阻止しようとしていた。

大政奉還

慶応三年(一八六七)十月十一日、幕府から「国家之大事見込み御尋ねの儀これ有り候間、詰め合いの重役、明後十三日四ッ時(午前十時ごろ)二条城へ罷り出づ可く候」との招集状が各藩に届く。各藩邸は留守居役の不在の藩もあるなど苦慮し、幕府に問い合わせると代表でなくても良いという返答で、人数集めに奔走していた。大政奉還前日の十一月十三日、在洛各藩から約五〇名が二条城へ登城した。

明治神宮聖徳記念館所蔵の邨田丹陵筆「大政奉還図」に描かれているようににぎにぎしく、裃《かみしも》姿の諸大名が二条城大広間に並び、上段の間に将軍慶喜が臨席した。しかし、大政奉還のセレモニーは一切なく、肥後藩士田中典儀の報告では、板倉勝静から一枚の書面が配られた。諸藩の者は大政奉還を事前に知っていたこともあり慌てることもなく、ご意見のある方はのこって下さいと淡々とつげられたという。

二条城二の丸御殿大広間一の間・二の間　大政奉還意思表明の再現風景

「いよいよ朝権一途に出でず候ては綱紀立ち難く候間、従来の旧習を改め、政権を朝廷に帰し、広く天下の公議を尽くし」という内容だった。これに異議にある者は、署名してほしいと目付が筆硯をもって廻った。

結局、居残りは薩摩の小松帯刀、土佐の後藤象二郎・福岡孝弟、広島の辻将曹《しょうそう》、岡山の牧野権六郎、宇和島の都築《つづき》荘蔵の六名であった。まず四人がよばれ、そのあと牧野と都築は一人ずつ招き入れられた。

小松が一同を代表して「今日は誠に未曾有の御英断で、誠に感服仕ってござる。ありがたいことでござる、といってお辞儀をした。ほかの者もその通りだと申し上げた」（昔夢会筆記）。

このとき、最後の将軍慶喜の心境は解放感にあふれていた。

大政奉還の報に歓喜する龍馬

慶喜の大政奉還後の構想

最後の将軍徳川慶喜は、大政奉還後のことまで構想していた。坂本龍馬の八策にも「〇〇〇自ラ盟主ト為リ此ヲ以テ朝廷ニ奉リ、始テ天下万民ニ公布云々」とあり、この伏せられた〇〇〇は徳川慶喜を示していたという。幕府の長期政権と自らの天皇家との血筋に自信をもっていた慶喜自身も新政府において要職に就くつもりでいた。

一方、武力討幕派の薩摩、長州らは勢力を拡大し、岩倉具視らは朝廷改革と王政復古を視野に入れていた。後藤象二郎は大政奉還が、緊迫した中でおこなわれると予測し、根回しに奔走していたという。

そのころ、龍馬は兄の権平に宛てて「その後芸州の船より小蝶丸ニ乗かへ須崎を発し十月九日ニ大坂に参り申し候。則今朝上京仕り候。此頃京坂のもよふ以前とハよ程相い変り、日々にごてごてと仕り候得ども、世の中は乱れんとして中々不乱ものにて候と、皆々申しおり候ことに御座候」（慶応三年十月九日）と書いた。

十月一日朝、震天丸で浦戸から京都に向け出帆したが風波のため故障し、須崎に引き返し、五日、土佐藩船空蟬（別名小蝶丸）で向かうこととなった。六日、土佐堀にある藩の定宿・薩摩屋に投宿、ここで同志の菅野覚兵衛、高松太郎、白峰駿馬《しらみねしゅんめ》、長谷部卓爾らと会い、九日、兄に書状を送ったことになる。これが坂本家に書いた最後の書状になった。

龍馬は中島信行、・岡内俊太郎・戸田雅楽《うた》と共に上洛し、近江屋新助宅に投宿していたが「不乱もの」と大政奉還が気がかりであった。

後藤の決意

龍馬は後藤に宛てて「去ル頃御建言書ニ国体を一定し政度ヲ一新シ云々の御論行われ候時ハ、先ヅ将軍職云々の御論は兼而《かねて》も承り候。此余幕中の人情に行われずもの一ヶ条これあり候。その儀は江戸の銀座を京師ニうつし候事なり。此一条さへ行われ候得バ、かへりて将軍職は其まゝにても、名ありて実なければバ恐るゝにたらずと存じ奉り候」（慶応三年十月十日ごろ）と書いた。

龍馬は将軍がかりに大政奉還に応じなくても、江戸の銀座を京都に移す、つまり幕府の財源を朝廷に移せば、政治も軍事も刷新でき、また将軍職は飾りものにすぎなくなると決意を述べていた。大政奉還当日は、後藤と福岡孝弟が土佐を代表して二条城に登城した。

「三条實美公履歴　巻一」に描かれた近江屋の二階で話し合う坂本龍馬
霊山歴史館蔵

感激した龍馬

後藤は大政奉還後に龍馬ら同志に「唯今下城（二条城）、今日之趣取敢えず申上げ奉候。大樹公（慶喜）政権を朝廷に帰するの号令を示せり。此事を明白奏聞、明後日参内勅許を得て直様政事堂を仮に設け上院下院を創業する事に運べり。実に千載之一遇天下万世の為大慶之に過ぎず」と報告書を書き、使者に三条小橋の京都海援隊事務所にしていた「酢屋」に届けさせた。これを龍馬ら隊士は車座になって読んだ。龍馬は「よくぞ断じ給えるものかな。余は誓ってこの公のために一命を捨てん」と感涙したという。

龍馬と大政奉還を見届けた戸田は、維新後に尾崎三良《さぶろう》と名乗った。明治・大正・昭和の憲政の神様とよばれた尾崎行雄は娘婿である。

戸田の手記には「坂本初め我々京都に上ったとき、予も土州藩小沢庄次で河原町四条上る醤油屋某方（近江屋）に同宿した。其時坂本等の評判が高くなり、其頃散らし紙の新聞様のものを時々発行する事がある。それを見ると今度坂本龍馬が海援隊の壮士三百人をつれて上ったと書いてある。実は我々痩せ侍が僅か五、六人であると、大に笑ひたり」（尾崎三良自叙略伝）とある。

龍馬が大勢の海援隊士を引き連れていたという噂があったという。密かに龍馬と戸田は近江屋の二階で大政奉還を論じている様子が「三条實美公履歴」に描かれている。このときすでに幕吏から目をつけられ、龍馬は酢屋や近江屋など居場所を変えて潜んでいた。

経済状況に高まる民衆の不満

一揆、打ちこわしで治安悪化

慶応二年（一八六六）の経済の冷え込みにより、十四代将軍家茂《いえもち》の悪政に対する民衆の不満がたまっていた。大坂の経済をみると、安政六年（一八五九）から慶応三年の八年間で物価は高騰し、大麦は四倍、小麦は九倍、酒一〇倍、醬油は四倍、種油は六倍となったほか、米・風呂・髪結いの料金も軒並みあがり、江戸や京都もおなじ状況となっていたという。

この年は百姓一揆がもっとも多く、西宮（兵庫県）の打ちこわしからはじまり、兵庫・灘（神戸市）、池田（大阪府）でもこれに続いた。いずれも煽動者を捕えると「張本は城中にあり」と、無能な将軍が原因だと言い張った。江戸でも品川で群衆が集まり、四谷、下町本所辺でも白昼に一揆がおこり豪商・貿易商・米屋が打ち壊され「御政事売切れ申候」と落書きがあった。庶民の台所は苦しくなるばかりで、貧富の格差がひろがり、治安も著しく悪くなった。

政事総裁職の松平春嶽は、幕府の財政が破綻寸前にあることを危惧していた。慶喜が徳川宗家になるとき、春嶽は慶喜に宛てて、兵庫開港、外交、金銀貨幣など「天下の大政、一切朝廷へ御返上相成り候事」と七カ条にまとめて出した。しかし、慶喜は孝明天皇の親任を得て将軍職についたものの、在任一〇〇日あまりで大政奉還。経済は悪くなる一方で、幕臣らも慶喜《けいき》を景気とかけ、景気が悪いと陰口をたたいた。

財政問題

幕末の人口は約三〇〇〇万人、公称石高は約三〇〇〇万石だった。内訳は天領とよばれる将軍家の直轄領は四二〇万石、譜代《ふだい》大名の旗本知行《ちぎょう》地は二六〇万石、御三家とよばれる将軍家と血筋をともにする尾張・紀州・水戸をあわせ一四九万石、二代将軍秀忠の兄・秀康とゆかりが深い越前はじめ松江・津山・明石《あかし》の諸藩八八万石、その他の諸藩二〇〇〇万石だった。この約三〇〇〇万石の三分の一、すなわち一〇〇〇万石が徳川家の財政であった。

ちなみに天皇家は三万石で宮家・宮門跡《もんぜき》・五摂家《せっけ》、公卿などあわせても一〇万石であった。慶喜が大政奉還で将軍職のみを返上した場合には、徳川家の領地はそのままになり、薩長ら雄藩の新政府が樹立しても財政面でなりたたなくなる。

慶応三年十月十四日、慶喜は大政奉還を上表し、朝廷は翌日に勅許したものの、同月二十四日に提出した将軍職辞表は保留されたのである。岩倉具視ら薩長の武力討幕派は、公議政体論の不戦派の土佐を封じ込めることを陰で画策した。龍馬はあくまで政権返上の倒幕で、山内容堂や春嶽もこれに賛同していた。

慶喜は復権を目論む

先述のように慶喜は新政府の樹立の際、議長の席が約束されていると考えていた。側近の西周《にしあまね》に西洋の議会制度を調査させ、二院制による議題草案をまとめさせていた。

西は文政十二年（一八二九）、津和野《つわの》（島根県）の医家の長男に生まれた。幼少から学問好きで土蔵に籠り読書にふけり、家人が油を買いに行かせると左右別々の下駄をはいて、読書しながら出かけた。「周助の油買い」と、まわりは笑ったという。その後江戸に遊学し、蘭学に取り組み、幕府の蕃書調所教授手伝並となった。文久二年（一八六二）、津田真道《まみち》と共にオランダに留学、ライデン大学のフィセリング教授から性法（自然法）・万国公法・国法・経済・統計の五科を修めて慶応元年（一八六五）に帰国し、慶喜の側近となった。

そこで徳川宗家の日本憲法である議題草案を立案し、徳川中心の会議制度の創設をまとめた。西洋の三権分立を取り入れ、慶喜が行政権、各藩が司法権、藩主が立法権を持ち、三者で構成された議政院を立ち上げ、天皇は象徴とする内容であった。この文書の「議題草案」「別紙　議題草案」は、国立国会図書館の西周関係文書にある。

まぼろしとなった討幕の密勅

偽勅と言われるゆえん

武力討幕派の巻き返しという形で「討幕の密勅」が密かに薩摩と長州へ下されていた。徳川幕府のすべてをこの世から葬りさらなければ、三百年の歴史に終止符は打てない。

正親町《おおぎまち》三条（嵯峨）実愛《さねなる》は、徳川慶喜追討の詔書《しょうしょ》という形で明治天皇から勅をとりつけたという。本来、勅書を決める際には、公家たちの朝廷会議が開催されるが、その会議すら開かれておらず、まさに密勅であった。偽勅といわれるゆえんである。

慶応三年（一八六七）十月十三日、密勅は薩摩の国父・島津久光と藩主の忠義に下された。同日、朝廷は、剝奪していた長州藩主毛利敬親と世子・定広の官位を復権させ、その翌日に長州へも密勅を下した。

この密勅にはこれまでにも不自然な点が多いと指摘されてきた。公家の中山忠能《ただやす》・正親町三条実愛・中御門《なかみ》経之《かどつねゆき》の署名があるその請書は、正親町三条邸で密かに薩摩の大久保利通、・広沢真臣《さねおみ》に渡され、さらに小松帯刀《たてわき》、西郷隆盛、大久保らが署名した。長州へは中御門から出された。この討幕の密勅の画策は、公家の岩倉具視が腹心の玉松操《たままつみさお》らと相談の上で起草させたという。

腹心・玉松操

岩倉の智嚢《ちのう》（知恵袋）とよばれた玉松は、大政奉還から王政復古にかけ、重要な役割をはたした。玉松は文化七年（一八一〇）、従二位参議侍従・山本公弘の次男として京都に生まれた。八歳で醍醐寺の無量寿院で得度し、法名を猶海《ゆうかい》と称し大僧都《だいそうず》法印《ほういん》に任ぜられたが、僧律改革を唱え三十歳で還俗《げんぞく》して山本毅軒と改名し、その後に玉松操と名乗った。近江（滋賀県）の坂本に私塾を開き、国学をきわめ、勤王を唱えた。

慶応三年、門人の三上兵部こと三宮義胤《さんのみやよしたね》の紹介で、玉松は幽閉中の岩倉と会った。この出会いは岩倉が三上に「心端正にして文筆の才に恵まれし士を識らぬか」と尋ね、即座に玉松と答えたということがきっかけとなったという。以来玉松は、岩倉と気脈を通じ、討幕の密勅、王政復古、錦《にしき》の御旗《みはた》の製作にかかわった。

密勅の内容

玉松の密勅の草案は、岩倉の思案するとおりの名文であった。最近の研究では、慶喜が大政奉還に異議を申し出た際に、勅命として次の詔書を出す模擬文書だったという。

詔す。源慶喜、累世(世を重ね)の威を藉《か》り、闔族《こうぞく》(一門)の強をみ、妄《みだり》に忠良を賊害し、数《しばしば》王命を棄絶し、遂には先帝の詔を矯《た》めて懼《おそ》れず、万民を溝壑《こうがく》(谷間)に擠《おと》し顧《かえり》みず、罪悪の至る所、神州に傾覆(滅び)せんとす。朕《ちん》、今、民の父母たり、この賊にして討たずむば、何を以て、上は先帝の霊に謝し、下は万民の深讐《しんしゅう》に報いむや。これ、朕の憂憤(世を憂う)の在る所、諒闇《りょうあん》(喪に服す)を顧みざるは、萬已《や》むべからざれば也。汝《なんじ》、宜しく朕の心を体して、賊臣慶喜を殄戮《てんりく》(葬り)し、以て速やかに回天の偉勳を奏し、而して、生霊を山嶽(険しい山々)の安きに措《お》くべし。此れ朕の願なれば、敢へて或ひ懈《おこた》ること無かれ

慶喜の配下にあった京都守護職の松平容保、京都所司代の松平定敬に対する勅書も出され、「右二人、久しく輦下《れんか》に滞在し、幕府の暴を助け、其の罪軽からず候、之に依り速やかに誅戮《ちゅうりく》を加うるの旨、仰せ下され候事」と激しい内容であった。

この討幕の密勅は明治天皇の裁可もなく、摂政二条斉敬の認めもない。二条は慶喜の従兄であり、そもそも朝廷会議の開催は不可能だった。正親町三条が晩年になって、この密勅にふれ、知っていたのは中御門・中山・岩倉だけで中心的役割は岩倉だったと打ち明けている。

慶喜は十月十四日、大政奉還を上奏したため、討幕の密勅は実現せず、朝廷は同月二十一日には薩摩と長

州へ討幕の延期を伝えていた。このときすでに岩倉は王政復古を模索していた。

大政奉還後、龍馬を狙う幕吏たち

狙われながら、日々奔走

坂本龍馬は京都で幕吏に狙われながら、日々奔走していた。大政奉還の三日後に土佐の望月清平に宛てて「拝啓。然ニ小弟(龍馬)宿の事、色々たずね候得《そうらえ》ども何分これなく候所、昨夜(薩摩)藩邸吉井幸輔より、こと伝えこれあり候ニ、いまだ(土佐)屋敷ニ入事あたハざるよし。四條ポント町位(四条河原町近江屋)ニ居てハ、用心あしく候。其故ハ此三十日計後ト、幕吏ら龍馬の京ニ入りしと謬伝して、邸(薩摩藩邸)へもたずね来たし。されバ二本松藩邸(薩摩藩邸)ニ早々入候よふとの事なり。小弟思ふニ、御国表《くにおもて》の不都合の上、また、小弟さへ屋敷(土佐屋敷)ニハ入ルあたハず。また、二本松邸ニ身をひそめ候ハ、実ニいやミで候得バ、万一の時もこれあり候時ハ、主従共ニ此所ニ一戦の上、屋敷(土佐藩邸)ニ引取申べしと決心仕居申候」(慶応三年十月十八日)と書いた。

宛先の望月とは土佐小高坂の生まれで、龍馬と共に土佐勤王党に入っていた。弟の亀弥太《かめやた》は龍馬の紹介で勝海舟の勝塾に入門していたが、勤王運動に走り、池田屋で新選組に手傷を負わされ、その後自刃している。

書状は「私は宿泊先を色々あたっていますが、何分適当なところがみつかりません。昨夜に薩摩藩邸の吉井幸輔より伝言があり、今もって土佐藩邸に入ってないと聞き、先斗町《ぽんとちょう》ぐらいでは用心しないと危険なのではないか」とはじまる。龍馬はこのとき寺田屋での幕吏射殺犯で、手配人であったため、幕吏が龍馬が潜んでいると勘違いし、薩摩藩邸へも尋ねてきたという。

「土佐藩内では私や海援隊の連中のほとんどが脱藩者であることに疑念をいだき、私だけが京都土佐藩邸に入るわけにもいかず、まして二本松の薩摩藩邸に入り身を隠せば、土佐のメンツもあり、嫌みなことなので、万一の際には、主従共にここで、幕吏と戦った上で、どうしても身の危険がおよんだときは、土佐藩邸に逃げ込むと決心している」と続けられている。

隠れ家探し

龍馬の本心は、二本松の薩摩藩邸では花街から遠いことにある。「音曲が聞けないのは寂しい」と、まわりにもらして嘆いていたという。そこで龍馬は、材木商の酢屋や土佐藩御用達の近江屋に身を隠した。幕府では、禁裏《きんり》御所や二条城、各藩邸などの重要地区は、所司代・守護職が警護を担当した。守護職は見廻《みまわり》組や新選組に花街での浪士狩りを命じ、四条河原町・木屋町・先斗町の探索を強化させていた。

龍馬は隠れ家にしていた近江屋の一室で、前記書状をしたため、藩邸近くに下宿していた望月に届けているが、さらに次のようにつづっている。

思うニ、大兄(望月)は昨日も小弟(龍馬)宿の事、御聞合せ下され候。かの御屋敷の辺り寺、松山下陣(松山藩下屋敷)を、樋口真吉に周旋致させ候よう御世話下され候得ば実に大幸の事に候

かの御屋敷の辺り寺とは、蛸薬師《たこやくし》通りにある松山藩下屋敷の前の池坊《いけのぼう》六角堂(中京区)で、「このあたりは安全なので、樋口真吉に探してもらえたら、大変助かります」と書いた。

書状はさらに、「上件は、ただ大兄(望月)ばかりに内々申し上げ候事なれバ、余の論を以て、樋口真吉及其他の吏々ニも御申し聞きなされ候時ハ、猶幸の事ニ候」と続く。望月にのみ話していることなので、話のついでがあったときは、樋口や同志にも伝えて欲しいというわけだ。

樋口は龍馬とは土佐勤王党時代からの同志で、脱藩した龍馬と大坂で再会した際に、金に困っていた龍馬に一円を贈り、彼の日記「遺倦録」に「逢う龍馬贈る一円」と記した。

文武に秀でた樋口は筑後国(福岡県)柳川へ剣術修行に行き、大石進から大石神影流の免許皆伝を授かり、長州の来島《きじま》又兵衛らにも指導した腕前だった。のち家塾をひらいたときには、門弟千名を数えたと伝わる。

幕吏が狙う

陸援隊の田中光顕は晩年語る。「彼(龍馬)が、かくの如き運動を企てゝいたことは、佐幕派の間にも、知れわたっていたらしい。見廻役、新選組のものに、しきりに、つけねらわれた。君は、危険だから、土佐藩邸に入れ。伊東甲子太郎が、こうすゝめたこともあったが、彼は聞入なかった。藩邸に入ると、門限其の他、万事窮屈の思をせねばならない。自由奔放、闊達不羈の彼は、そういふことを好まなかった。で、やはり名をかへ藩邸の付近に宿をとっていた。のみならず、彼は、平生、王政維新の大業さへ成就したなら、此の一身、もとより吝しむ所に非ず、もう無用の身だといっていた」(維新風雲回顧録)。

新選組から離脱した伊東甲子《かし》太郎から龍馬は、見廻組や新選組が狙っていると忠告されていた。大政奉還後の龍馬は、まわりから目障りな存在だったという。

中岡慎太郎が語る龍馬暗殺の様子

暗殺者の謎

慶応三年(一八六七)十一月十五日、坂本龍馬と中岡慎太郎は、近江屋の二階で襲撃、暗殺された。

坂本龍馬暗殺直後、新選組の犯行ではないかとの噂が流れた。

龍馬、中岡(慎太郎)の両豪を暗殺せしは最近新選組近藤勇の手のものと信ぜられたが、全く会津藩に属する京都守護職の見廻組取締佐々木只三郎の所為なること判明した。佐々木は会津藩手代木直衛門《てしろぎすぐえもん》の実弟(雋傑坂本龍馬)

実行犯は、見廻組を使い犯行に及んだ京都守護職配下の佐々木只三郎《ただざぶろう》であり、新選組ではないということだ。

元新選組隊士で高台寺党の伊東甲子太郎が、龍馬に「新選組や幕吏の者が、貴殿の命を狙っている」と忠告したが、そのとき、龍馬はまわりに「草莽志士の活動すべき幕は最早や終れり、何時死んでも遺憾なし」(前記)と語り、大胆にも、福岡孝弟の紹介で幕臣の永井玄蕃《げんば》(尚志《なおゆき》)宅を訪れ、新国家構想を語り合ったという。

暗殺の噂を気にした近江屋の主人・井口新助は、龍馬に土蔵の中に隠れることを勧めていた。

一方、十一月二日、三岡八郎(由利公正《ゆりきみまさ》)と会談した福井への旅で体調を崩し、風邪をこじらせていた龍馬だが、暗殺当日の慶応三年年十一月十五日は積極的に外出している。

午後三時ごろ、隣家の酒屋に間借りしていた福岡を訪ねるも不在、さらに五時に再訪したが不在であった。龍馬は福岡が愛していた白拍子《しらびょうし》のおかよに、「福岡先生は帰りが遅いから、よかったら私の下宿で話でも」と誘った。

一方、菊屋に下宿していた中岡は、貸本屋の倅、峰吉に書状を渡し、薩摩藩に届けるよう伝え、「私は龍馬の下宿、近江屋に行く、返書はそこへ届けてほしい」と伝えた。中岡は河原町四条に谷干城《たてき》を訪ねたが不在であったので、午後三時、近江屋に行った。

密談の内容

中岡との密談の内容は、龍馬ら土佐勤王党時代の同志、宮川助五郎の受け取り問題と新国家の諸問題であったという。

受け取り問題の経緯とはこうだ。慶応二年八月、三条大橋の制札場に「元来長州人名を勤王に託し、種々手段を設け、人心を惑し候故、信用致候者もこれあり候」の高札《こうさつ》が立てられてあった。同月二十八日夜、大和国(奈良県)十津川《とつかわ》郷士の中井庄五郎、前岡力雄らが高札に墨を塗りつけ、鴨川に投げ捨てた。その後も度々いたずらを働いた。

幕府は新選組を張り込ませたところ、九月十二日夜、宮川ら同志が高札を引き抜いたため、新選組に捕縛され、会津藩から町奉行へ引き渡された。

その後、町奉行は宮川の引き渡しについて土佐藩に照会したが、宮川が脱藩者であったことから、福岡は宮川の身柄を中岡に渡すことにした。これが暗殺前日の慶応三年十一月十四日のことである。

翌十五日午後七時に峰吉が、その後しばらくして土佐藩下横目の岡本健三郎が近江屋にきた。中岡は龍馬と岡本がそろったところで、宮川の協議をおこなった。

龍馬は風邪気味であったので、近江屋の土蔵から出て母屋の二階、八畳の間で宮川の件について話していた。話もおわり龍馬は峰吉に、「腹がへった。軍鶏《しゃも》を買ってきてくれ」と頼み、岡本も誘ったが、岡本はこれを断り、龍馬に「女の所に行くのか」と冷やかされながら峰吉とともに出ていった。峰吉は四条小橋の鳥新へ軍鶏を買いに行ったがあいにくなく、店の手代が九条あたりまで取りに走る間、しばらく待っていた。

中岡の証言

暗殺で深手を負った中岡が、田中光顕らに語った暗殺の様子がのこっている。

午後九時過ぎ、見廻組の刺客が近江屋を訪ね、「十津川郷士だが坂本先生にお目にかかりたい」と、龍馬の従僕、藤吉に札名刺を渡した。受け取った札名刺を持って龍馬の部屋に入った藤吉の後を、刺客三人ほどがついていき、龍馬に取り次ぎ部屋から出てくるのを待って藤吉を斬りふせた。その物音に龍馬は

龍馬が暗殺された近江屋の二階内部（古写真）

「ホタエナ(さわぐな)」と言った。

すかさず部屋に二人の刺客が踏み込んだ。刺客は「コナクソ」の奇声を発して龍馬の額をなぎり、龍馬は床の間の愛刀を取ろうとして、右肩口より背中まで大袈裟《おおげさ》に二刀目を浴びた。

龍馬は渾身の力を振り絞り、刀の鞘ごしに受けるも、刺客の三刀目は、龍馬に刀を抜く暇を与えず、天井を削るように降りおろされた。龍馬の刀身は三寸ばかり削られた。

龍馬は「石川(中岡の変名)、刀はないか」と叫んだ。

坂本龍馬が斬られる瞬間を目の当たりにした中岡慎太郎だが、彼もこのとき屏風の後に置いていた刀をとることもできず、腰の短刀で応戦した。

この短刀は田中光顕が中岡へ贈ったもので、信国の銘が入った白柄朱鞘の九寸のものだった。田中が薩摩藩邸に潜伏していたとき、西郷隆盛が田中のために琉球の朱を取り寄せ、これを鞘に塗らせたものであった。鍔ははみだし(長円形の小さな鍔)、図柄は海士《あま》に茅屋の景あり、縁頭は奈良彫だった。中岡はこれを田中に懇望し、常に愛用していた。

暗殺時、中岡は右手に短刀をもって刺客と応戦し、刺客を払い斬った。このとき中岡は刺客に頭を斬られ、初太刀の傷で体の自由を奪われた。中岡は短刀で応戦するも全身を斬られ右手はわずかに皮一枚でのこり、全身の傷は一一カ所であった。

刺客は「もうよい、もうよい」と言いのこし、階下に降りていった。中岡は傷の痛みで蘇生したが、刺客がいると思い死を装い、「卑怯悪むべくも剛胆亦愛すべし、尋常の士にあらず」と呟いたという。

その時、龍馬が甦り、刀を杖に行燈前に這っていき、刀を抜き光にあて「残念、残念」といい、中岡に「手は利くか」とたずねた。中岡は「手が利かぬ」と答えた。龍馬はよろめきながらも隣の六畳の手すりまで行き「新助、医者を呼べ」といったが返答がなかった。龍馬は「脳をやられた、もう駄目だ」といって倒れた。

中岡は痛みをこらえ裏の物干しに出て、近江屋の主人・新助を呼ぶが応答はなかった。その後新助は、二階の惨劇に気づき、妻子をのこし裏木戸から抜け、土佐藩邸に注進した。

龍馬は間もなくして息絶えたが、中岡はこれら暗殺時の模様を証言し、二日後の十一月十七日に死んだ。

役目は終わった

国際法学者の蜷川新は、龍馬暗殺になぜ至ったかの経緯について、著書『維新正観』で「坂本は、脱藩後、薩長人と交遊し、薩長の出先人の連合を周旋し、それに成功した人であったが、その有名な船中八策によっても知られる如く、公議政治の主張者であり、自己の栄達本位の薩長人とことなり、大局に立って、日本民族の未来を憂える至人であった。そのため、慶喜が自ら政権を放棄するや、その誠意に深く感動し、偉なる哉将軍、我れ将軍の馬前に中死するに躊躇せずと賞揚し、慶喜を新政府の内大臣にすべしと公言したと伝えられている。薩人等がその豹変を憤り、坂本を憎悪したのは、権略のみを重んずる薩人としては、当然であったろう。坂本は、そのために、暗殺せられたのであった」と語っている。

蜷川は、公議政治をめざす龍馬と藩閥政治をもくろむ薩摩・長州との溝は深まるばかりであったとしている。龍馬の役目は、徳川にとっても、薩長にとっても終わっていた。

当時、龍馬は岩倉具視から、長期政権を担ってきた徳川幕府の、政権返上後がそう簡単には運ばず、ひと波乱がおこるに違いないといわれていた。龍馬は武力討幕も視野にいれて、西洋のミニエー銃を買い込むなどしていた。大政奉還した徳川慶喜を擁護した龍馬の発言が命取りとなったという。

ついに徳川幕府が廃止に

龍馬が描いた新官制案

坂本龍馬は徳川慶喜による大政奉還の英断に、「若し慶喜公の身の上に大事起らんには吾れ必ず一死以て之を護り、天下の為に其公儀の程を謝すものだ」とまわりの者に語ったという。大政奉還の功労者は龍馬だったが、ほとんどが後藤象二郎のように伝えられ、上海・香港に加え、欧米の新聞紙にまで後藤の名が知れわたったというが、後藤も龍馬の実力を認めていた。

京都では奉還後にかかわらず、朝廷からは「徳川支配の地、市中の取締まりなどは、先ず是までの通りにて、追ってご沙汰及ぶべく候こと」とご沙汰書が下された。市中の治安維持が命ぜられると、守護職の松平容保と所司代の松平定敬は、返上後の任務に不満をもらした。

龍馬は、大政奉還後の新官制について戸田雅楽《うた》(尾崎三良)と密かに相談した。戸田は朝廷の典例に精通し、岩倉具視の朝廷改革、王政復古もふまえて次のようにまとめた。

一、関白　一人

公卿中最も徳望知識兼ね修めの者を以てこれに充つ、上一人を輔弼《ほひつ》し、万機を関白し、大政を総裁す

一、議奏　若干人

親王公卿諸侯のもっとも徳望知識ある者を以てこれに充つ、万機を献替し大政を議定敷奏し兼て諸官の長を分掌す（島津久光・毛利敬親・山内容堂・伊達宗城《むねなり》、松平春嶽、鍋島閑叟《かんそう》、公家の岩倉具視・東《ひがし》久《く》世《ぜ》通禧《みちとみ》、正親町三条（嵯峨）実愛、中山忠能の諸卿を選任）

参議　若干人

公卿、諸侯大夫士庶人を以てこれに充つ。大政に参与し兼て諸官の次官を分掌す（小松帯刀、西郷隆盛、大久保利通、木戸孝允、後藤象二郎、由利公正、横井小楠、細川護美《もりよし》らをいう）

龍馬は将軍慶喜を内大臣にすえる案を描き、これを後藤や中岡慎太郎に見せた。さらに中岡を通じて岩倉に上申したが、龍馬自らは官吏に参画せず、あくまで世界の海援隊を夢見ていた。結局、岩倉の王政復古案には総裁・議定・参与の三職が受け入れられた。

王政復古なる

大政奉還後から岩倉は命を狙われていた。そこで大久保利通が有力公家に短銃を贈った。岩倉から大久保宛てで「当今急務の品柄忝く申し受け候」（慶応三年十月十六日）とある。岩倉は短銃を受けとったので取り扱いのできる者を寄越してほしいと要望した。岩倉の短銃をみた正親町三条実愛が自分もほしいと言い出し、大久保が用意した。そんな緊迫した中、十二月九日、徳川幕府は廃止された。朝廷改革のため摂政、関白なども廃止された。これは二条斉敬や賀陽宮《かやのみや》（中川宮、のち久邇宮《くにのみや》）朝彦親王は、親幕派であり、慶喜擁護派を排除しなければ意味が薄れることになる。

西郷は岩倉に「公卿方にして真に一命を惜しまざれば王政復古は難しい」と告げた。岩倉は西郷・大久保と手を結び、中岡も岩倉と討幕の道を選んだ。慶喜は天皇親政のもとで主導的役割を果たす道を模索していたが、慶喜の排除をもって体制固めを目論む岩倉はじめ薩摩、長州、広島らの雄藩は一気に政権の改革にのりだした。

三条実美らの復権

また八・一八の政変で朝廷から官位を差し止められていた三条実美《さねとみ》ら五卿や毛利父子は復権をめざした。西郷と戸田は同船して下り、太宰府の三条らに会い、大政奉還を報告した。三条らは雀躍して喜び、太宰府天満宮で官位復権の報告祭を執り行った。三条の一代記には「十二月九日にわかにして摂政、関白、征夷大将軍の職を廃止し、薩摩藩等の周旋により、勅して(三条)公等の復職帰京をゆるされしかは、土方楠左衛門指揮して荷造その他出発の準備をなす」(三条實美公履歴)とある。

三条は心境を次のように詠んだ。

かしこくも復位の勅命を蒙りて都へのほるとて
身にあまるめくみにあひておもひ河うれしきせにもたちかへるかな

「ええじゃないか」扇動者の謎

神札が降り、人々は踊り歩く

約二六〇年続いた徳川幕府の崩壊は、民衆にもかなりの影響を及ぼした。京都では慶事の前触れとされ、一方、世の中の乱れから、全国的に狂乱事態となった。民間信仰と深くかかわる「ええじゃないか」は、伊勢神宮のおかげ参りと混同されるが、まったく異なったものであった。

ええじゃないかは、京都からわきおこった。慶応三年(一八六七)八月二十八日朝、「京都の仏師京屋の軒に伊勢の外宮の神札が降り、人々が群集し市中祭り、二見之浦などの作り物これあり、衣装美々しく飾り、おどり歩く。夜は八ッ時ごろまで太鼓打ち、囃子にて山手などへ聞え申し候」(丁卯雑拾録)。

江戸でも「この風俗江府の市中におよびし、古き守札などひそかに降らして、惑はせし族もありけるが、程なく止みたり」(武江年表)と、京都や江戸で民衆が仮装して踊り歩いたり、お札を降らしたりした。

各地では、ええじゃないかで狂乱をあおる輩があらわれた。横浜で唐人の屋敷に石が降ったとか、三島の本陣でも、金塊が降って人々がこぞって三島明神へ参詣したという。京都では、祇園の八坂神社へ参った。徳島では十一月ごろから御札や御幣だけでなく、十六歳の娘や小判が降った。さらに阿波踊りとつながり、阿波ええじゃないかおどりが四国に広まった。日が増すごとに伊勢のお札のみならず、各地の社寺のお札が、作為的に降らされた。

また、ええじゃないかは民衆の不満のはけ口となった。その矛先は庄屋や豪商に向けられ、みだらな歌詞に鉦太鼓を打ち鳴らし、酒肴を強要し、揚げ句の果ては家財道具を強奪する者もあらわれた。

狂乱する民衆

「ええじゃないか」は京言葉ともいわれ、京都から東海・関東・四国へと広がり、変革期の民衆運動のひとつになったとされる。岩倉具視の伝記『岩倉公実記』には「ヨイジャナイカ、エイジャナイカ、エイジャーナカトと叫んだという。(慶応三年)八月下旬に始まり十二月九日、王政復古発令の日に至って止む」とある。

イギリス公使館員のアーネスト・サトウも当時の民衆の騒ぎを目撃していた。

大坂では市民が総出で、間近に迫った貿易の開始と同市の開港を祝って、お祭り騒ぎに夢中になっていた。イイジャナイカ、イイジャナイカーと、うたい、踊る、晴着をきた人の山が、色とりどりの餅やミカン、小袋、わら、花などで飾られた家並みを練り歩く。着物はたいてい緋縮緬《ひぢりめん》だが、青や紫のものも少しはあった。大勢の踊り手が、頭上に赤い提灯をかざしていた。このお祝いの口実として、最近伊勢の内、外宮の名前の入ったお札の雨が降ったと言いはやされていた（一外交官の見た明治維新）

サトウは、民衆の狂乱をみて、大坂の開港を祝っていると勘違いした。さらに、「この私が長崎で知った土佐の才谷梅太郎（坂本龍馬の変名）は、数日前京都の宿で三名の姓氏不詳の徒に暗殺された」と　サトウは龍馬が凶刃に倒れたとつづっていた。

扇動したのは討幕派志士？

「ええじゃないか」は、世直しと称して討幕派の志士が扇動したとされるが、誰がおこしたかは謎である。大隈重信も「何れ誰かの上手に巧んだ芸当には相違あるまいが、今にまだ其種明しがされて居らぬ」（早稲田清話）と、扇動した者がいたことを、ほのめかしている。

昭和時代に神事研究などで活躍した民俗学者の井上頼寿は「民心を一変せしめるために、京都の急進の公家は諸方に人を派して、鳩を未明に放たしめて、盛んにお札を下降せしめたが、もはや民衆の頭が近代的になってきていて、人為的に策動には乗らなくなっていた」（御蔭詣の源流）と分析している。

一説には「御祓の札を鳩にくくりつけて放すときは、空にて羽ばたきして落す是を御祓のふりしといはせ」

とある。公家からええじゃないかの扇動を受けた攘夷派の志士らが、横浜の唐人を追い払うという動きに合わせて、石が降ると民衆を恐怖させたかのように思える。

しかし、王政復古が実現した慶応四年ごろには、ええじゃないかは、次第に沈静化していった。

岩倉具視、王政復古を画策

岩倉の深謀遠慮に敬服

慶応三年(一八六七)六月二十五日の岩倉具視の日記には「早朝、石川清之助(中岡慎太郎)、坂本龍馬ら両人入来、内々出会種々内話の事」とあり、王政復古の画策が動き出したことがうかがえる。九月には中岡が太宰府に走り、三条実美に岩倉の画策を密かに伝えていた。

それに付随するように、岩倉派の公卿の中山忠能、正親町三条(嵯峨)実愛、中御門経之らも結束して、薩摩を抱え込んでいた。中御門は岩倉の義兄にあたり、意思疎通ができていた。

十月六日、大久保利通の日記には「品川弥二郎(長州)同道、岩倉、中御門の御別荘え参り、岩・中両卿え拝謁、両藩の国情を尽し、言上いたし、秘中の御話伺い奉り候事」とあった。大久保はこのときはじめて岩倉に面会。岩倉は大久保に、密かに太政官の職制案を示し、薩長の武力討幕をもって実現したいと熱弁した。

品川の回想談には「岩倉卿は大変革(王政復古)に関する順序方法等について詳細に語られた。初め自分は岩倉の身体が矮小《わいしょう》で風采があがらないのを見ておもったことは、大久保がこのような人物と結んで天下の大事を謀ろうとするようなことはその平生に徴してはなはだ不似合いなことである。岩倉卿のために誤られたのではないだろうか、と心ひそかに憂慮した。しかるにその後、大変革に関する趣意および着手の順序方法等をこまかにしめさるにおよんで、はじめて岩倉卿の深謀遠慮なのに敬服した」とあり、岩倉の手腕を高く評価している。

大局的に日本の将来を語って、王政復古を実現しようとする岩倉の姿勢に、品川は敬服したのだ。

事前会議開始

慶応三年十二月八日、午前八時から朝議がはじまった。徳川慶喜はじめ松平容保・松平定敬は病気を理由に姿を見せなかった。

長時間の会議で決まったことは、(一)長州藩主・毛利敬親父子の官位を復旧する、(二)文久二年(一八六二)の幽閉人出仕の還俗、(三)三条実美らの五卿の官位を復旧する、であった。

だが本来の目的は、天皇親政の王政復古の大号令、財政再建のための徳川の領地返上、会津・桑名の追放であった。

王政復古の大号令は、翌十二月九日午前六時と決まった。土佐の後藤象二郎は老公・山内容堂の到着が遅れると延期策を申し入れたが、聞き入れられず、松平春嶽に注進した。驚いた春嶽は急いで二条城の慶喜の耳に入れたが、慶喜は平然として、あえて容保と定敬には知らせなかった。

会津の松平容保、桑名の松平定敬は兄弟で軍事力があり、いつでも出動できる親幕派で、関白の二条斉敬ともつながっていた。慶喜は八・一八の政変のような事態を避けたかったのだろう。岩倉の手はず通り西郷

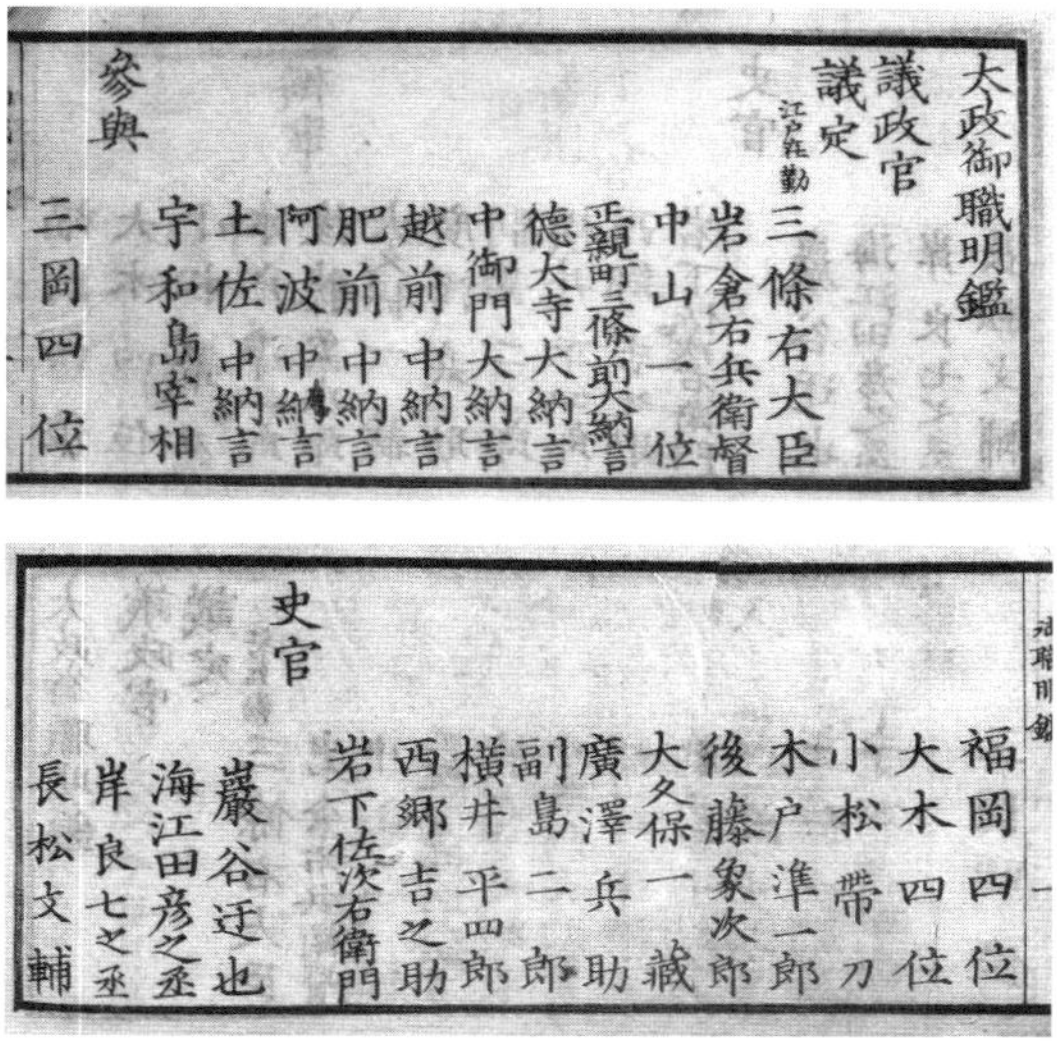
大政御職明鑑
議政官
議定
江戸在勤
三條右大臣
岩倉右兵衛督
中山一位
正親町三條前大納言
徳大寺大納言
中御門大納言
越前中納言
肥前中納言
阿波中納言
土佐中納言
宇和島宰相
參與
三岡四位
福岡四位
大木四位
小松帯刀
木戸準一郎
後藤象次郎
大久保一藏
廣澤兵助
副島二郎
横井平四郎
西郷吉之助
岩下佐次右衛門
史官
巖谷迂也
海江田彦之丞
岸良七之丞
長松文輔

「太政御職明鑑」の部分　　霊山歴史館蔵
議定、参与をはじめ、王政復古で定められた役職が記されて刊行された。

隆盛の指揮のもと、薩摩藩らは禁門を固めた。

岩倉は自信に満ちた顔で衣冠を身にまとった。丁重に抱えた箱には、王政復古の詔勅が入っていた。従者を従え、御所の宜秋《ぎしゅう》門から堂々と入った。岩倉派の中山らの公卿と尾張の徳川慶勝《よしかつ》、越前の松平春嶽、安芸の浅野茂勲《もちこと》(長勲)らが待ち受けていた。

明治天皇から御学問所で裁可された王政復古の詔勅には、岩倉の知恵袋といわれた玉松操の「王政復古、国威挽回ノ御基、立タセラレ候間、既往ヲ論ゼズ、更始一新スベシ」の名文があり、庶民はここから「御一新」とよぶようになった。

王政復古の実現

同日、明治天皇ご臨席のもと、小御所《こごしょ》で会議が開かれた。

「自今、摂関幕府等廃絶、即今先ズ仮リニ総裁、議定《ぎじょう》、参与ヲ置カレ万機行ナワセラル」――幕府時代の守護職、所司代や、摂政・関白・議奏の役職はすべて廃止。新しく総裁に有栖川宮熾仁《ありすがわのみやたるひと》親王、さらに議定・参与が定められた。会議では人事が刷新され、右側に総裁・議定・参与、左側に各藩士の重臣が並んだ。

山内容堂はすこぶる機嫌が悪く、後藤からこの一件の報告を受けると、岩倉より身分が高い三条家と姻戚にあたることもあって「岩倉ごときが何をいう」と息巻いた。

中山がか細い声であいさつした。酔っ払っていた容堂はまわりを見渡し「すぐさま徳川慶喜公をここにお呼び頂きたい」と言い放った。越前の中根雪江はこのときの状況にふれ「土老侯(容堂)大声を発して、このたびの変革一挙、陰険の所為多きのみならず、王政復古の初に当たって狂気を弄する」とのこしている。

このように容堂が薩摩を牽制すると、春嶽も同調してうなずいた。容堂は酔った勢いで冗舌になり「幼《よう》冲《ちゅう》の天子を擁して権柄《けんぺい》を窃取するとは」といって言葉を失い、顔色が変わった。

岩倉はすかさず「聖上(天皇)は不世出の英才である。すべては陛下の決断によるもの、御前において何たる暴言」と頭を垂れた容堂を叱責した。岩倉と薩摩・長州の積年の王政復古は実現し、徳川慶喜の辞官納地が決まった。

第九章　鳥羽伏見の戦い

——戊辰戦争の前哨戦

岩倉具視、錦の御旗の作製を指示

幕府を一掃しなければ、新政府樹立はありえない

大政奉還一〇日前の慶応三年(一八六七)十月四日、武力討幕派は十五代将軍徳川慶喜《よしのぶ》を追い詰めるような画策をしていた。長州から上京した品川弥二郎が石薬師寺町の大久保利通邸を訪れ政局を論じた。酒宴となり、後藤象二郎が大政奉還建白書を出した話になったという。土佐は公武合体派だから、当然な一手だとまわりは考えていた。

一方の大久保は幕府を一掃しなければ、新政府の樹立はありえないと唱えていた。岩倉具視はそのことで妙案があるという。近々、討幕の密勅が下され、その件で大久保が岩倉と密談を持つので、行かないかと品川もさそわれた。

同六日、中御門経之《なかみかどつねゆき》別邸で岩倉と大久保・品川は密談した。岩倉は弁舌あざやかに王政復古にまで言及し、幕府との一戦に備えての秘策を述べ「一件袋」と書かれた中から、おもむろに一枚の絵図を取り出した。

錦の御旗

絵図に描かれていたのは「錦《にしき》の御旗《みはた》」だった。岩倉が笑みをたたえながら品川に「錦の御旗はご存知かな」と問うたが、品川は返答に困った。誰も錦の御旗を見たことがない。その絵図は、岩倉の智嚢と呼ばれた玉

松操が平安後期の儒学者・大江匡房《おおえのまさふさ》の「皇旗考」をもとに図案化したものだった。

この御旗を掲げれば、討幕軍は皇軍となり、御旗に弓引くものは賊軍となる。岩倉は御旗の布地調達と製作を二人に託したいという。

大久保は品川と相談して、材料の錦の布地を、どう入手するか思案していた。大久保の愛人お勇は、祇園一力《いちりき》で芸妓をしていた。お勇は舞妓の帯地がほしいと大和錦《やまとにしき》と紅白緞子《どんす》の調達に奔走し、西陣から帯地を大量に買い込んだ。品川は長州に有職故実《ゆうそくこじつ》に精通している人物がいることを知り、この帯地を持って帰った。

長州で製作

錦の御旗の由来記が山口県立山口博物館にある。少し長くなるが引用したい。

慶応三年、朝議討幕に決するや岩倉右府は大久保利通、品川弥二郎を召し之を薩長両藩に伝

錦の御旗の大将人形　霊山歴史館蔵
明治5年に三井家から番頭の土方家に贈られた京都丸平製のもの。

ふるに当り嘱するに錦旗(錦の御旗)製作の事を以てす。両人欣諾して藩邸に帰り大久保は直に大和錦及紅白緞子数匹を購入し品川に送り携て長州に帰らしむ。品川は広沢真臣、世良修蔵等と共に山口に帰り藩主に謁し討幕の朝旨を伝達すると共に錦旗製作の内命を言上し許可を得たり。因て山口石原小路諸隊集会所に於て之を製せしむ

然れ共此の事たるや当時の大秘密に属し諸隊集会所の如き外人の出入頻繁なる家屋にて裁縫するは漏洩の虞ありとし水の上養蚕局中御下りの間と称する一室を以て錦旗製作所とし萩の人、岡吉春郎を前陸軍大臣岡市之助の父を主任とし約卅日間詰切り岩倉右府秘書官玉松操の作りし錦旗図と大江匡房所著の皇旗考とを参照し日月の標章ある錦旗と菊花章を繍せる紅白の御旗とを完成せり

同年十月十四日　朝廷より薩長代表たる大久保利通、広沢真臣を召され討幕の密勅を賜ふ。此の時錦旗は実物未た到着せさりしに因り目録を以て授与せられたり。明治元年幕軍の京師に入らんとするや伏見鳥羽に於て薩長軍と衝突す。此の時嘉彰親王征討大将軍として出軍したまひ山口に於て製作せし錦旗は始て陣頭に翻りしなり。品川作の俚謡中―宮さん宮さん御馬の前にひらひらするのはありゃ何じゃ―云々是れ其の後有栖川宮熾仁親王征東大総督に任せらるゝに当り節刀と共に賜ひたるは此の錦旗なり

錦の御旗の帯地は三〇〇両だった。四方を竹垣で囲った家屋で密かに製作された。長さ約一丈五尺位、幅は錦を三枚あわせ約四尺五寸、表に金で日、裏が銀で月が刺繍された。二旗でき、萩から神官を呼んでお祓いをさせ、その後、二〇旗を製作し京都の薩摩と長州藩邸に、半分にわけて秘蔵したという。

錦の御旗については、他にも仏壇に使う敷物でつくったものや、菊紋入りのものなど数種類が現存している。

旧幕臣の反発と江戸の薩摩藩

高まる内乱の機運

王政復古後、静観する徳川慶喜に、主戦派幕臣は不満の声をあげ、政権奪取を主張した。慶喜は、それらの幕臣を押さえ込むのに躍起になっていた。勝海舟も慶喜に恭順し、内乱だけは避けたいと奔走していた。

イギリス人外交官のアーネスト・サトウは「勝(海舟)安房守は私たちに、大君(将軍)派が事を早まった結果、内乱がおこる恐れがあることを懸念しているといった。旗本の間に秘密の回状がまわった。それは、慶喜を責むるに前将軍家茂の毒殺をもってし、誠忠の士は慶喜の命に抗して江戸向島に集合せよ、という檄文《げきぶん》だった。幕府の軍隊は給料を払えといって騒いでいた。京都の動乱は不可避の情勢にあった。実際、古い制度の終末がきたものと思われた」(一外交官の見た明治維新)と、この状況に触れている。

江戸で戦争の機運が高まる中、慶応三年(一八六七)十二月二十三、二十四日、慶喜の辞官納地に関して朝廷で会議がひらかれた。

一、今般辞職きこしめされ候については、朝廷辞官の例にならひ、前内大臣と仰せいだされ候こと

一、政権返上きこしめされ候へは、御政務用度の分、領地のうちより取りしらべのうえ、天下の公論をもって御確定あすばさるべきこと

この御沙汰書は、新政府総裁の有栖《ありす》川宮熾仁《がわのみやたるひと》親王から旧幕府の徳川慶勝《よしかつ》・松平春嶽へ伝えられ、さらに

慶喜に知らされた。

　永井主水正《もんどのじょう》尚志《なおむね》は慶喜の降官削地に憤激し、「大坂城の旧幕兵を鎮めるには、情勢を王政復古の大号令前の状況に戻し、上様(慶喜)を罪人扱いする薩摩の西郷隆盛を排除すべきである」といきまいた。

薩摩藩上屋敷焼き討ち事件

　新しい政権樹立について、西郷隆盛は一気に進めなければ成功しないと考えていた。江戸では浪士が旧幕府に対し、挑発的な行為をしかけていた。江戸と京都で暴発すれば、民衆は新政府に心が動くという心理作戦に出たのだ。

　武力討幕をもくろむ西郷は、薩摩藩士の伊牟田尚平《いむたしょうへい》、益満《ますみつ》休之助《きゅうのすけ》、相楽総三《さがらそうぞう》、落合直亮《おちあいなおあき》らを江戸に送り込んだ。薩摩は藩邸を本拠地に五〇〇人の浪士を募り、集まった浪士は「天朝の御用」と称して挑発行為に走った。この時の様子を紀州藩士は「江戸市中は白昼悪党横行し、夜間は凶器を携え、商家を却掠《きょうりゃく》毎夜の如く、庶民に安ずる暇なく人心恟々《きょうきょう》なり」と記録していた。江戸中が、昼夜を問わず混乱に陥った。

薩摩藩屋敷の焼き討ち事件を描いた錦絵
「近世史略　薩州屋敷焼撃之図」　霊山歴史館蔵

浪士らは、旧幕府の御用商人・唐物商人、浪士を嫌う豪商らを狙って略奪や放火を繰り返し、幕吏に暴行を加えることもあった。庶民は、御用強盗と呼んで恐怖し、江戸の治安は急激に悪化した。

この緊急事態に、旧幕府は「目に余る盗賊や浪士を見かけ次第捕えよ、手に余れば討ち果たしても苦しからず」と厳命した。旧幕府と薩摩がせめぎ合う中、江戸三田の薩摩上屋敷焼き討ち事件がおこった。戦闘をおこさせまいとしていた勝が、最も懸念していた事態がついに勃発した。後に戊辰戦争へとつながる重大事件であった。

十二月二十五日未明、江戸市中の警備にあたっていた庄内(山形県)藩士らと新徴《しんちょう》組が、薩摩藩邸と支藩の佐土原《さどわら》(宮崎県)藩邸へ砲火を次々と浴びせて焼き討ちにした。薩摩藩が、庄内藩の屯所を襲撃した報復だった。この焼き討ちの一報は、すぐに大坂城にもたらされた。一報を聞いた会津・桑名の主力兵は「薩摩討つべし」と声高に叫び、慶喜に出陣を迫った。

慶喜の母は、天皇の血筋の有栖川宮織仁親王の娘・吉子であった。京都は天皇の庭であり、兵を進めることは逆賊となる。決断を迫られた慶喜は、苦渋の末に静かにうなずき、出陣を認めた。

五卿の帰還

三条実美ら五卿は、太宰府を発つときの心情を詠んだ。

かへらじと思ひ定めし家路にもかへるは君の恵みなりけり

薩摩藩邸が焼き討ちされているころ、三条ら五卿は、薩摩藩がイギリスから買い入れた春日丸で大坂の安治《あじ》川河口に上がり、土佐堀の薩摩藩邸にひとまず入った。大広間には、三条はじめ三条西季知《すえとも》、東久世通《ひがしくぜみち》禧《とみ》、壬生《みぶ》基修《もとおさ》、四条隆謌《たかうた》が晴れやかな顔で並んだ。

十二月二十六日早朝、入洛するにも旧幕府兵の見張役があちこちに立ち、藩邸裏から乗船し、伏見に午後九時に入った。伏見の薩摩藩邸には在京各藩の重臣が次々とあいさつに訪れ、深夜に及んだため、投宿することになった。二十七日は快晴だった。薩摩藩・福岡藩・土佐藩・彦根藩・十津川郷士の御親兵《ごしんぺい》らが警護する中、伏見街道を進み、伏見稲荷大社に参拝した。京都から届けられた衣冠に着替えて、堺町御門から参内《さんだい》した。明治天皇に拝謁が許された三条らは、朝議で新政府の議定に三条、参与に五卿らが任命された。出迎えた岩倉具視は、三条の手を取り感涙した。

新政府を警戒する土方歳三

新選組と薩摩の衝突

慶応三年(一八六七)十二月二十一日。伏見の町の民衆が正月準備で慌ただしく往来する中で、警備隊の新選組と薩摩の都城兵が衝突した。ただの小競り合いから、戦闘にまで発展することが多かった。

伏見出張の都城兵七人命を受けて斥候となり、奉行所に新選組の抑え居《い》たるを伺ふ。新選組其体《そのてい》を見て三十余、追掛け小銃を発す。私領兵其場を逃去り散々にかえる。依《より》て軍律を以《もっ》て七人の首を斬て衆に示す(鹿児島県史料)

この日は、急激に気温が下がった。雪が降りしきり、見通しが悪かった。そんな中、都城兵が伏見奉行所内にいた新選組の様子をうかがっていた。その様子が新選組に見つかり、三〇人ほどが小銃を持ち出して発砲、都城兵を追いかけた。都城兵は臆したのか、戦わずにバラバラになって逃げ帰った。後に、戦闘を放棄したと、七人全員が首を斬られて処罰された。

このときの論功行賞とした新選組の「金銀出入帳」には、次のようにある。

一、同三両也
　　井上源三郎賊相手節渡
一、同拾壱両也
　　拾壱人賊相手被下候事

受け取った額が最も多いことから、井上源三郎が一隊を指揮し、都城兵を追い返したことがわかる。豊臣秀吉がつくった城下町・伏見での戦闘は、地理に詳しい新選組にとっては有利だった。

「狂犬」と呼ばれ

一方、土佐藩の後藤象二郎《しょうじろう》は兵を率いて上京した。新選組の情報を得て衝突の様子を伝え、後藤は新選組を「狂犬」と呼んでさげすんだ。

伏見を過ぎ、藤の森の立場茶屋に憩ふや、新選組の壮士らしき者五十人ばかり、車座に酒酌みかはし居たるが、其の体何となく殺気を帯び、何藩か名乗れ、名乗れーと、駕籠に立ち寄り詰《つま》り問へど、誰も返答する者なきより、彼ら益々侮りて、垂れ越しに木履《ぼくり》にて蹴つくるにぞ、皆刀の柄に手をかけ、短銃の鳴るを今か今かと待ち居るうちに、立場茶屋にて、早くも駕籠人足をさしかへ京に向かひしが、彼等は執念深くも半里を追跡せし後、竹田街道へと立ち分れぬ、今や新選組は殆《ほとん》ど狂犬に斉《ひと》しく、其の相手を選ばず、噛みつかんとするのを窮地に陥れるなり(維新土佐勤王史)

この衝突の前、新選組から離脱し、高台寺党隊士だった富山弥兵衛らが、近藤勇を狙撃する事件がおこった。肩を撃ち抜かれ、負傷した近藤が戦線から離脱したため、新選組は薩摩兵を恨んでいた。富山は薩摩生まれで、近藤の狙撃も薩摩の指示があったのだろう。その後も富山は薩摩藩の援助を受けていた。

特別手当を支給

近藤の負傷を受け、土方歳三《ひじかたとしぞう》は新選組を率いて伏見の町を警備した。土方は薩摩・長州・土佐兵らを警戒していた。十二月二十五日、旧幕府軍の尾張藩士荒川甚作・中村修之進が、土方に新政府兵との衝突を極力避けるよう、伏見から退去するよう交渉しようとした。

伏見幕府の蔵屋敷に近藤勇等が率る新選組其他の兵数数百屯在、事態穏《おだやか》ならず。(徳川)慶勝之を憂え荒川甚作、中村修之進を遣《や》り兵を撤せしめんとす。時に近藤勇不在、副長土方歳三に面し利害を述ふ。彼れ其理に伏すと雖《いえど》、其長たる永井主水正(尚志)に説り肯容し聴かす。平山図書頭は之を容んとするもの如く、大小監察を招きて議せしも設楽備中守、榎本対馬守、妻木多宮等脅かす(慶応三年雑記録)

尾張藩主の徳川慶勝は王政復古の大号令で、新政府の議定に就任していることもあって、荒川と中村を新選組へ派遣した。土方は元は一橋家家臣であった大石鍬次郎《くわじろう》に応対させた。尾張藩の記録では「はじめ隊長留守にて大石内蔵二郎という者応接す。一向分らぬ人なり」。尾張藩士らは、応対した大石の態度に「聞く耳をもたない」「頑固者」と報告していた。

大石は一橋家の家臣・大石捨二郎の長男として生まれた。一時、一橋家の家臣であったが、職を辞し大工職人となった。土方の姻戚の名主・佐藤彦五郎の剣術道場で稽古に励み、腕をかわれて新選組に入隊、沖田総司の一番隊に属して目付などをつとめた。

大石は小野派一刀流も使える居合《いあい》抜きの名手で、「人斬り鍬次郎」とよばれるほど恐れられていた。

十二月二十八日、「一、同百八拾五両也、伏見にて一同被下候事」と新選組の「金銀出入帳」とある。二十九日、隊士土方に尾張の指示を受け入れる気持ちはなく、新選組から隊士に特別手当が支給された。二十九日、隊士の小幡三郎を薩摩藩陣営に密偵として潜入させた。

岩倉・西郷ら、討幕へ密会

「いかに玉を握るかである」

慶応三年(一八六七)十二月二十九日、京都の御所梨木町の三条実美邸で密会がひらかれた。同席したのは岩倉具視・西郷隆盛・大久保利通、長州の広沢兵助(真臣《さねおみ》)、井上馨らで、討幕についての話し合いだった。十五代将軍徳川慶喜は公武合体派に押し切られ、大政奉還した。新国家建設の重要な財源となる領地返納の話は棚上げ状態で、メドがつかないままであった。

密会を仕切ったのは岩倉と西郷であった。西郷が「戦争に入ればこちらが不利なことは百も承知だが、戦いはそんなもので決まるものでない。いかに玉を握るかである。握ったものが勝ちだ」とまくしたて、岩倉

岩倉具視

西郷隆盛

は自信満々で一座を見回した。

玉とは玉座《ぎょくざ》のことで、天皇の隠語だった。天皇を抱き込んだものが官軍、つまり皇軍を意味した。天皇を担ぐとは大変なことで、皆は半信半疑で、不安そうに西郷の言葉に聞き入った。旧幕府軍はいまだ一万五千の兵を温存し、大坂城には慶喜が控えていた。しかし、諸藩は日和見に徹していた。

これに対し薩摩・長州ら五千の新政府軍は、最新の西洋銃をそろえていた。それでも、旧幕府軍の三倍の兵に対して勝算はなかった。

旧幕府の主力部隊であった会津藩は、すでに京都への入洛《じゅらく》を差し止められていた。大坂城にいた兵士の中には「薩摩兵を一人斬るごとに、一五両の賞金を出す令を出そう」と気勢をはる者もいて、戦意は高まるばかりであった。

弱腰の兵士の態度に、西郷は士気を高めようと「天皇さえ握っていれば皇軍である、敵は何万いようと臆することはない。天皇の錦の御旗に発砲すれば、ただちに賊軍となる。賊軍は勝利しない」と檄を飛ばした。

慶喜参内への画策

一方、慶喜を擁護する松平春嶽・山内容堂・後藤象二郎らは密かに、慶喜を参内させる画策を練っていた。なるべく早く新政府の議定に慶喜の席を設け、政治の安定を図る必要があった。領地返納の財政面も、徳川家のみならず諸藩にも均等に負担させるべきと、朝廷に直訴することになった。

この内容を知った岩倉は「旧幕府の入洛を阻止せよ。命に従わなければ、朝敵として処置せよ」と厳命した。このころ、旧幕府軍は伏見奉行所に本部を置いていた。新選組、旧幕府歩兵二大隊が駐屯し、さらに会津・高松・鳥羽の各藩兵らが送り込まれた。

慶喜は擁護派の意見を聞き入れ、朝廷へ直訴する奏聞書《そうもん》を書き上げて入京をうかがった。

臣慶喜、謹みて去月九日以来のご事体を恐察し奉り候へば、一々朝廷のご真意にこれなく、まったく松平修理大夫奸臣共の陰謀より出で候は天下の共に知るところ、ことに江戸、長崎、野州、相州、処々の乱妨および却盗も、同家家来の唱導により東西饗応し、皇国を乱し候所業、別紙の通りにて、天人共に憎むところに御座候間、前文の奸臣共お引き渡し御座候様ご沙汰下されたく、万一ご採用あいなれず候わば、やもえず誅戮《ちゅうりく》を加え申すべく候。この段、謹みて奏聞奉り候

旧幕府軍は、薩摩の悪行の数々は許し難く、「討薩の表」をもって宣戦布告すると主張した。

薩摩への挑戦状

慶応四年(一八六八)一月二日午後八時、薩摩の島津式部が使者となり、会津の本営の伏見奉行所を訪れ「武装しての入洛は強訴であり、朝敵とみなす」と高圧的に告げて引き揚げた。

慶喜は「薩摩奸党の者罪状の事」を表明した。

一、大事件には衆議尽くすと仰せ出され候ところ、去月九日、突然、非常のご改革を口実とし、幼帝(明治天皇)侮り奉り、諸般ご処置、私論を主張し候事

一、主上ご幼沖のおりから、先帝のご依託《いたく》あられ候、摂政殿下を廃し、参内止め候事

一、私意をもって、宮、堂上黜陟《ちっちょく》(人材を進退)せしむる事

一、九門そのほかご警衛と唱え、他藩の者を煽動し、兵杖をもって宮闕《きゅうけつ》(御所)に迫り候条、朝廷をはばからざる大不敬の事

一、家来共浮浪の徒を語り合い屋敷へ屯集し、江戸市中に押し込み強盗致し、酒井左衛門尉人数屯所へ発砲乱妨、その他野州、相州処々焼き討ち却盗に及び候は、証跡分明にこれあり候事

薩摩の行為を綿々とつづり、事実上の挑戦状であった。薩摩が江戸で挑発行為をおこない、江戸城西ノ丸炎上も、薩摩の仕業ではないかとささやかれはじめた。

各藩兵は徳川政権信じ、楽観

慶喜、「薩摩討つべし」

薩摩の益満休之助・伊牟田尚平が脱藩浪士らと共におこなった幕府の御用商人、豪商への略奪・放火は薩摩側の策謀だった。そのため、薩摩の公文書には「云々事件」と隠語でつづった。

この薩摩の挑発行為に対し、徳川慶喜は「薩摩討つべし」と、旧幕府と在坂諸藩にも参戦するよう、決起文を回覧させた。

予、宇内《うだい》の形勢を熟考し、政権を朝廷に帰し奉り、王政一途に出、万国に並び立たん事を欲す。あにはからんや薩摩奸賊《かんぞく》、幼帝を擁し奉り、公議を尽くさず、叡慮《えいりょ》(天皇のお考え)を矯《た》め、偽勅(偽りの天皇の許可)を下し、ほしいままに公卿を黜陟《ちっちょく》(官位の上げさげ)し、天下の乱階を醸し候件々、枚挙に暇あらず。これにより別紙両通の奏聞《そうもん》を遂げ、大義によりて君側の悪を誅戮《ちゅうりく》(罪を正し処罰)し、自然本国を征討におよび候に付き、国々の諸大名、速やかに馳せ登り、軍列にあい加わるべきものなり。もっとも軍賞の義は平定後、鉾先の勲労に応じ土地を割与すべき候事

薩摩を非難し、討ったあかつきには、論功行賞として新しい土地を与えるという。宣戦布告であった。かつての禁門の変では、幕府の主力部隊は薩摩と会津で構成されていた。その薩摩が今では薩長同盟・薩土盟約に流れが急変していた。

旧幕府軍の軍配書

宣戦布告をした旧幕府軍は、諸藩の各配置を書いた「軍配書」を作成した。主な配備計画をひろってみると、綿密に練られた計画であることがうかがえる。

一、奈良街道小堀口
　　牧野駿河守
一、福王寺駿河守

荘勘兵衛付属一大隊

右は大津より三条大橋まで繰り込み候事

一、紀伊殿人数(紀州徳川家)

天王寺、真田山ならびに市中巡邏《じゅんら》

一、御城廻り開門十四ケ所小林端一歩兵一大隊ほかに外国人旅宿廻り

巡邏の事

一、大坂御城御警衛

戸田肥後守、大久保能登守奥詰銃隊八小隊ら

一、大坂蔵屋敷

天野加賀守、塙健次郎撤兵九小隊、吉田直次郎砲兵二門、会津四

百人

一、兵庫

須田敬一撤兵半大隊大砲二門

一、橋本関門

酒井若狭守　松平下総守人数

一、淀本営

騎兵三騎　別手組十人

松平豊前守出張差図次第京都へ繰り込み候事

「戊辰戦争絵巻」会津藩伏見上陸の部分　霊山歴史館蔵

一、鳥羽街道
竹中丹波守　秋山下総守歩兵一大隊
小笠原石見守歩兵一大隊
桑名四中隊砲兵六門
右、攻撃当朝、鳥羽に出張、東寺へ向け候事
一、伏見
城和泉守　窪田備前守歩兵一大隊
新選組百五十人騎兵三騎兵
右、攻撃前日、出張の事
一、二条城
大久保主膳正　佐々木只三郎見廻組四百人
本圀寺二百人　築造兵四十人
右、攻撃前々日、出張繰り入り候事
一、大仏
高力主計頭　横田伊豆守歩兵二大隊
会津藩四百人
右、攻撃前日、大仏へ出張の事
一、黒田

河野佐渡守歩兵二大隊
会津藩四百人
右、攻撃前日、黒谷へ出張の事

慶喜は旧将軍の名をもってすれば、朝廷への直訴も簡単に済むと考えていた。旧幕府軍一万五〇〇〇に対して、新政府軍は五〇〇〇。軍配書もやはり、過去の名声をもとに配置した。各藩の兵士も、二六〇年余り続いた徳川政権の兵力を信じて楽観的に構えていた。

兵士一万五〇〇〇人と五〇〇〇人の対峙――旧幕府軍と新政府軍

幕府軍に立ちはだかる新政府軍

慶応四年(一八六八)一月一日夕方、京都の鳥羽、小枝橋の堤で、旧幕府軍と新政府軍が対峙《たいじ》した。新政府軍は市中を含め五〇〇〇人の軍勢に、旧幕府軍は総数一万五〇〇〇人。三倍ものひらきがある兵力に、だれもが旧幕府軍の勝利を確信していた。この戦況を、新政府軍の総大将・西郷隆盛が東寺の五重塔から、西洋の遠鏡(望遠鏡)で見つめていた。東寺は小枝橋の直線上にあり、戦況を把握するのに適した場所であった。

旧幕府軍は、鳥羽方面に大目付の滝川播磨守具挙《ともたか》と、護衛隊の徳山出羽守率いる歩兵大隊七〇〇人を配した。それに加え、砲兵隊はフランス製の四ポンド砲を四門据えた。

佐々木只三郎《ただざぶろう》率いる見廻組五〇〇人は、淀城下から北上して小枝橋を固めた。現在の京都市伏見区中島流作町、秋ノ山町、同市南区上鳥羽塔ノ森東向町、洲崎町あたりである。後方には総督の松平豊前守率いる大垣・桑名藩の一〇〇〇人が、大砲二門で控えていた。

同日午後五時ごろ、進軍する旧幕府軍の前をふさぐように、新政府軍の主力、薩摩五番隊の軍監・椎原小弥太が立ちはだかった。旧幕府軍は道を通すように要求したが、まったく聞く耳を持たない。旧幕府軍は、しかたなく本営に引き返した。

旧幕府軍の兵力と配備をみた新政府軍は諸隊の配備を転換し、東福寺に陣営していた薩摩は、早速作戦にでた。まず、長州軍の中から三〇人を竹田村へ移した。大仏と東寺の四ッ塚関門の兵士を小枝橋へ移動させ、鳥羽街道を越えて城南宮、旧鳥羽離宮一帯へ横一列に布陣させた。

さらに、小枝橋東側の鳥羽街道へ小銃五番小隊を配備させた。農家二、三軒を借り受け、陣を張り大砲一門を据えた。東側にも二番砲半隊の大砲三門を横斜めに据えた。

完璧だった鳥羽の布陣

鳥羽伏見の戦いは、鳥羽の戦い、伏見の戦いの二つの戦いであった。西郷は鳥羽の戦いは、勝利か引き分けかの一戦のみであると覚悟していた。

薩摩軍の精兵本府六番小隊右半隊は、外城三番隊小隊右半隊と共に小枝橋東から鴨川東堤を固めた。外城三番小隊左半隊は小枝橋西端、鴨川西から二町ほど南の竹やぶの中にかくれさせ、六番小隊左半隊は西岸から八町ほど南の渡船場付近、赤池付近など、至るところへ潜ませた。完璧な布陣であった。

西郷の右腕といわれた川路利良《かわじとしよし》は、禁門の変で抜刀隊で戦功をあげ、力量を認められていた。西郷は、城南宮の森に遊撃一番小隊を伏せさせ、念のために小銃を所持しない比志島抜刀隊三二人を川路に控えて指揮をとらせた。城南宮の東側から竹田街道にかけては、八〇〇人が横一列に布陣した。

一方、旧幕府軍の滝川率いる先鋒隊は三日夕方に北に進軍、後方援軍の松平豊前守は横大路付近まで布陣した。

一発の閃光

旧幕府軍の進軍の目的は、朝廷への直訴のためだった。これに対し、新政府軍は「軍備での進撃は強訴とみなす」と、双方のにらみ合いが続いた。そのとき、薩摩の兵士が空に向かって一発の銃声を響かせ、閃光《せんこう》が夜空を走った。

伏見に布陣していた新選組の土方歳三は、銃声と閃光を確認したという。西郷は「鳥羽の一発の銃声は、百万の味方を得たるよりも嬉しかり」(伊集院兼寛手記)と語り、新しい歴史のはじまりと感激した。

一発の閃光を合図にしたかのように、小枝橋で双方の銃撃戦がはじまった。旧幕府軍の兵士は古式銃で風下から新政府軍を狙い撃つが、撃つたびに黒色火薬の火の粉を兵士は顔に浴び、真っ黒になった。さらに、寒風で苦戦を強いられて体は冷え、戦闘能力は低下するばかりであった。

「鳥羽伏見戦跡」の碑(京都市伏見区中島秋ノ山町、小枝橋東詰)

それに比べ新政府軍は、イギリス製の最新洋式銃に、軍服も筒袖にズボンを身につけて動きやすい。旧幕府軍は羽織に袴と、みぞれ交じりの悪天候に悩まされた。食糧の支給も不十分で、正月用のしめ縄についていた餅やみかんを火に入れて食べ、飢えをしのぐありさまであった。

西郷は旧幕府軍の現状をみて、相手が三倍の兵力でも、作戦次第で勝算があると確信したという。

鳥羽から伏見での戦いへ

三倍の兵力しのいだ新政府軍

鳥羽の戦いで、兵力では劣勢の新政府軍は旧幕府軍の勢いに押されたが、よくしのいだ。西洋式の軍事調練と最新式の西洋銃が威力を存分に発揮した。

戦いは伏見へと移る。慶応四年（一八六八）一月四日午前五時、まだ夜が明けきらないころ、一面濃霧の中から突如、旧幕府軍が徳川家の葵の大旗を翻し、整然とした軍列で進軍。淀方面から援軍として駆けつけた各藩も藩旗を翻した。

新政府軍の伏見方面の指揮官は薩摩の島津式部であった。豊後と称し、一万石の加治木《かじき》領主、城代家老となった。この戦いでは、本営付の任についていた。参謀は吉井友実《ともざね》（幸輔）であった。

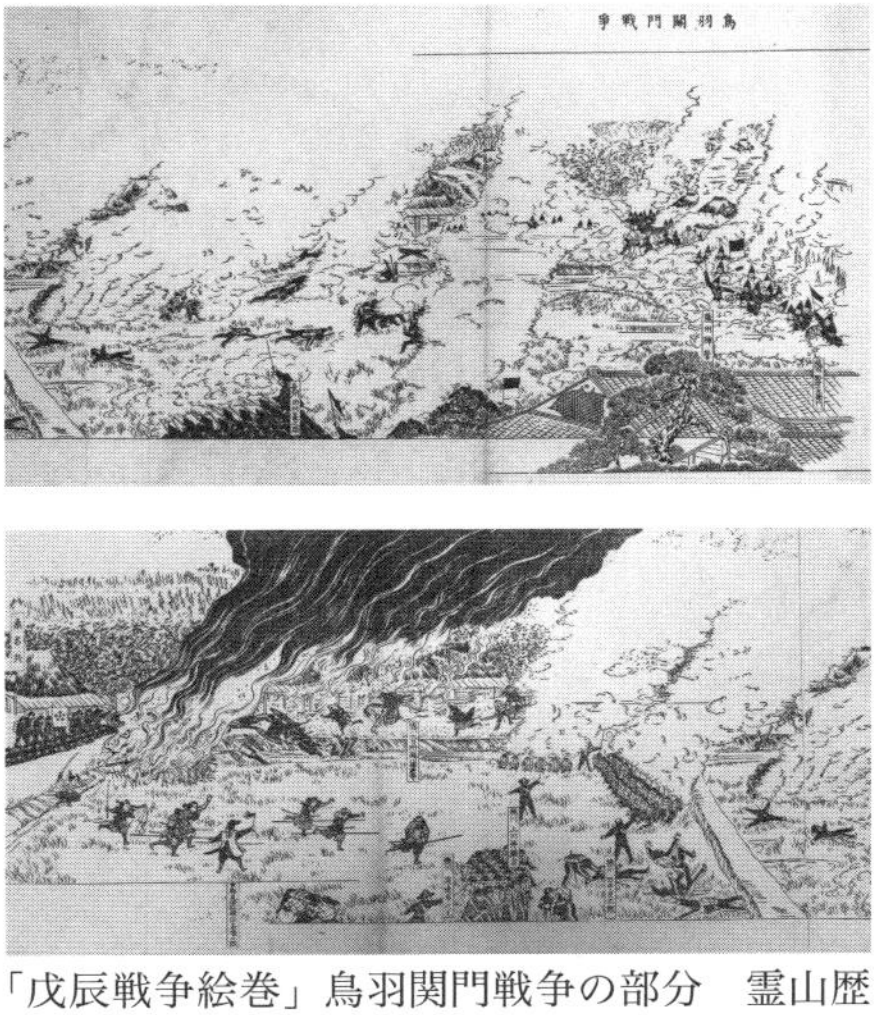

「戊辰戦争絵巻」鳥羽関門戦争の部分　霊山歴史館蔵

第一小隊長は洋式兵学者の鈴木武五郎だった。中岡慎太郎が土佐陸援隊を組織した際、鴨川の鴨東操練所で時折、郷士集団の十津川郷士らに調練を指導したという。

第二小隊長は篠原国幹《しのはらくにもと》。藩校の造士館で首席となって句読師(教官)をつとめ、剣術は薬丸《やくまる》半左衛門に自顕《じげん》流を学んだ。薩英戦争では、沖小島砲台の守護をまかされて戦功をあげた。軍略に秀で、厳正にして威望があり、西郷隆盛を師と仰いだ。

第三小隊長は辺見十郎太で、その後の戊辰戦争で東北各地を善戦し、近衛陸軍大尉となった。

第四小隊長は砲術に優れた川村純義《すみよし》で、藩で選抜され、長崎海軍伝習所で学んだ。

第六小隊長は市来《いちき》政武で、禁門の変で斥候《せっこう》長として乾御門を守備する活躍をし、戦功をあげた。

薩摩兵は西洋銃で装備していたが、剣術はみな薬丸の自顕流で鍛えていたため、一太刀の打ち込みで敵の刀ごと切り倒すという剛強な剣術で、旧幕府軍を圧倒した。

一方、旧幕府軍はほとんどの兵士が古式銃で装備していたが、風にあおられ命中率が低い。その上、羽織袴姿はみぞれ交じりの寒風にずぶぬれとなった。

旧幕府軍遊撃隊の堤兵三郎が当時の劣悪な環境を記している。

稽古衣の上に鎖帷子《かたびら》を着し、その上に袷《あわせ》の割羽織、単《ひとえ》袴といういでたちなれば中々さむく、よって中書島付近の人民空き家に入り、正月の飾り餅を探し出し、数多の炭を起こしその中に投じ、これを喰いてようやく暖を取り、飢えを凌ぐ(徒草叢書)

薩摩軍は炊き出しに伏見の店の者があたったが、旧幕府軍は劣悪な環境で戦わなければならなかった。

薩摩の砲撃に新選組、応戦

京都市伏見区の御香宮《ごこうのみや》神社は、平安時代に、病気に効く香水が境内からわき出て、清和天皇から名前を賜ったことに由来する。豊臣秀吉が伏見築城にあたって寄進、徳川家康も社殿を増築し、御三家がこぞって寄進したこともあって、徳川家と縁が深い社であった。

御香宮神社には「明治維新　伏見の戦跡」の記念碑が建ち、銘板で当時の伏見の戦いにふれている。

「慶応三年十二月七日の明方、当社の表門に徳川氏陣営と書いた、大きな木札が揚げられた。神官三木善郷が早速、社人を遣して御所へ注進すると、翌日薩摩藩の吉井孝助(幸輔)が来てこの札を外し、ここに部隊を置いた」

「やがて年が明けて慶応四年正月二日、徳川慶喜は大軍を率いて大坂より上洛せんとし、その先鋒は翌三日の午後伏見京橋に着いた。そこでこれを阻止せんとする薩摩藩との間に小競り合いが起こった。その折しも鳥羽方面から砲声が聞こえてきたので、これをきっかけに当社の東側台地(現在の桃山善光寺)に砲兵陣地を引いていた大山弥助(大山巌)の指揮により御香宮と大手筋を挟んで目と鼻の先にある伏見奉行の幕軍に対し砲撃を開始した。これに対し土方歳三の率いる新選組は砲撃の火蓋をきって応戦した」と、克明に伝える。

新選組の永倉新八の手記にはこうある。

三日、新選組の永倉、原田など二十五、六人の隊士が奉行所の集会所に一団となって灘の銘酒の鏡をぬいて酒をくみかわした。午後四時ごろになると伏見の幕府方陣屋を見おろす御香宮という社のある山へ薩摩の兵がぞくぞくと大砲をひきあげるのが見える。いよいよ開戦の形勢となって永倉などもいつでも出陣の用意をしていた其の夜の七時ごろになるとはたして御香宮の砲門がひらかれた。伏見市中のめだつ建物はつづいて標的となってうちくだかれる。奉行所へも十発ばかりの砲弾が飛んできて集会所の屋根へ焼弾や破裂弾がこもごもみもうて危険となった。副長の土方歳三はもはやこれまでと隊士を広庭に集めて応戦の令をくだす

伏見の酒でなく、男酒《おとこざけ》の灘の酒で気勢をあげた。薩摩軍は、御香宮の裏山から伏見奉行所を弥助砲で狙い撃ちした。

土方歳三の決断

永倉新八に斬り込み命じる

新政府軍は御香宮神社の薩摩陣営から道をへだて、伏見奉行所で旧幕府軍との砲撃戦を繰り返した。応戦していた新選組の土方歳三は、双方の撃ち合いでは決着がつかないと判断、永倉新八に斬り込みを命じた。新政府軍は、まだ伏見奉行所の長屋に一発も撃ち込んでいなかった。土方は「今こそ反撃しないと、ズルズルと守りに入るばかり」と戦況を読んだ。

攻撃は最大の防御である。土方は、隊内で戦いの勝敗が論じられ、士気がそがれることを懸念した。隊内の士気が崩れれば、もはや勝ち目はない。

土方は、剣術師範をつとめる永倉の剣の腕を信じていた。近藤勇・土方・沖田総司・永倉の四人の幹部は、

新選組四天王とよばれた。だが、この戦いに近藤と沖田の姿はなかった。近藤は伏見の墨染《すみぞめ》で高台寺党の富山弥兵衛に狙撃されて負傷していた。沖田は池田屋事件の突入の際に肺結核のため離脱し、二人とも大坂城内で療養中であった。

土方が指揮をとり、永倉は土方に命じられるままに、土塀を乗り越えて討ち死に覚悟で斬り込んだ。壁の外では、深手を負った隊士がもがき苦しんでいた。あまりの苦しさに「はやく首をうってくれ」と懇願され、仕方なく首をおとした。

永倉は雨あられと飛びかう新政府軍の弾丸の中をかいくぐった。もとの壁に戻ったが、高すぎてのぼりきれない。永倉に気づいた巨漢の島田魁《かい》が、壁の上から鉄砲を差し伸べて「はやくつかまれ」といった。身長約一八〇センチもあったという島田が軽々と永倉を引き上げ、鬼瓦に手がとどいてやっとのことで戻れた。永倉は島田に、「まだ多くの隊士が手負い孤立していると土方に伝えてくれ」と頼み「はやくはしごをかけ助けてくれ」と訴えた。

火に包まれた伏見

新政府軍は、伏見奉行所へ焼玉《やきだま》を雨あられのごとく撃ち込んだ。奉行所ではあちこちで火の手があがり、消火するのに新選組は大わらわとなった。新政府軍が伏見奉行所の裏側を激しく攻撃しているため、とても近づくことができない。

新選組は会津兵とともに、土方らの指揮で表門を開け、三方へ斬り込んだ。対する新政府軍は西洋銃で激しく撃ち込み、新選組は決死の覚悟で気勢を上げて薩摩軍を御香宮神社まで追いかけた。

「戊辰戦争絵巻」伏見奉行所炎上の部分　霊山歴史館蔵

新選組は桃山(伏見区)あたりまで新政府軍を追い上げた。このとき、会津の大砲奉行をつとめた林安定(権助《ごんすけ》)が八発も被弾し、顔の半分を失って座り込んでもなお指揮をとったが、戦死した。

新政府軍は退却の際に火を放った。風にあおられた火はまたたく間に広がり、伏見の狭い町一帯は火の海となった。旧幕府軍の本陣である伏見奉行所へも飛び火した。伏見の町に火が燃え広がり、町人、農民が逃げまどった。

薩摩の大山弥助(のちの大山巌《いわお》)は、西郷隆盛のいとこにあたる。大山は一二ドイム臼砲《きゅうほう》や四斤山砲《さんぽう》を改良し、「弥助砲」とよんだ。御香宮神社の山手の高台からこの弥助砲が伏見奉行所に向けて撃ち込まれ、大打撃を与えた。

武力討幕派の画策

戦いの裏では着々とあることが進められていた。一月四日未明、仁和《にんな》寺《じ》宮(のち小松宮)嘉彰《よしあき》親王の征東大将軍の任命が決まり、御所内の「八景の間」で、明治天皇から宣旨《せんじ》(命令の伝達)が下された。

錦の御旗を御休所で、節刀《せっとう》を御学問所で賜り、「東寺へ出陣して諸軍を統督せよ」のご沙汰を賜った。

仁和寺宮は伏見宮邦家親王の八男。仁和寺に入り純仁と名乗ったが、慶応三年(一八六七)十二月に還俗《げんぞく》していた。

これらは武力討幕派の岩倉具視と西郷隆盛、大久保利通らの画策であった。徳川慶喜派の宇和島藩主・伊達宗城《むねなり》は、仁和寺宮を担ぎ出したことにふれ「この戦いは薩摩、長州が仕組んだこと、他藩は巻き添えになっている。このような事態では朝議は薩長のおもいのままである」とまわりに不満をもらした。

これを機に、新政府軍は勢いを増すばかりであった。

絶大な存在、錦の御旗

反旗をひるがえした淀藩

慶応四年(一八六八)一月四日、新選組は、新政府軍の勢いに押されていた。土方歳三は「このままでは敗走隊士が増える」と危惧し、淀城(伏見区淀本町)までの退却を決めた。

淀藩主・稲葉正邦《まさくに》は旧幕府軍の最後の砦《とりで》であった。この城で援軍策に転じる作戦であった。旧幕府軍総督の大河内《おおこうち》正質《まさただ》は、淀藩の藩校・明親館を陣所に借り受けていたが、正邦は城内に一兵も入れなかった。大河内が淀城留守居役に開城を申し入れると「藩主が江戸の老中会議のため不在である。開城、援軍を望むならば勅命を示してもらいたい」と一蹴された。この言葉の裏には、藩内の複雑な内情があった。

正邦は陸奥国二本松(福島県)藩主・丹羽《にわ》長富《ながとみ》の七男に生まれ、子息のなかった淀藩主の稲葉正誼《まさよし》に養子入りした。正邦は幕府の改革派として頭角をあらわし、会津藩・桑名藩・薩摩藩と同盟を結び、築き上げた人脈を通じて京都所司代となり、さらに老中に昇進した。

当時、淀藩は藩主派と家老・田辺権大夫の保守派にわかれていた。家老が藩主を無視して随行せず、しばしば対立した。正邦は江戸で外国御用取扱や、内国事務総裁をつとめていた。その一方、家老らはひそかに新政府への恭順の密約を結んでいた。

旧幕府と新政府の板挟みのようになった正邦は同年二月、老中を辞任した。このとき、江戸から京都へ向かう途中の三島宿で、徳川慶喜の新政府への嘆願書を所持していたのが見つかり、小田原の紹太寺《しょうたい》で謹慎させられた。さらに、新政府から京都へ戻るよう命じられた。だが、皮肉にも家老の新政府への寝返りの功績が認められ、正邦は淀藩知事に就任した。

富ノ森の激戦

淀藩家老の田辺は、戦いがはじまると、密かに藩主の許可なしで新政府への恭順決定を下した。これは異例のことで、この寝返りが鳥羽・伏見の戦いを一変させた。

一月五日午前八時、富ノ森と千両松(いずれも京都市伏見区)で両軍の激戦が繰り広げられた。旧幕府軍が築いた胸壁《きょうへき》を新政府軍の薩摩の三番隊・五番隊・一番大砲隊と長州第三中隊が南下し、富ノ森の陣を攻撃した。

賊兵(旧幕府軍)刀槍を携え、十人くらい金切り声にて突き出し候えども、味方烈しく打ち掛け候ところ、ついに右台場のよう築き立て候場所乗っ取り候(慶応出軍戦状)

会津は敗走するとき、淀小橋で民家に入り込み、住民を楯にして応戦した。会津の大砲隊長の白井五郎太

「戊辰戦争絵巻」征討大将軍節刀拝受の部分　霊山歴史館蔵
明治天皇から節刀を下賜される嘉彰親王の姿がみえる。

夫が戦死したのをはじめ、槍隊士が薩摩兵の砲撃の前に戦死し「（会津）残兵ようやく二十名」（結草録）と、多くの兵が戦死した。

しかし、会津兵も善戦し、薩摩兵の戦死一〇人、負傷者二五人を数えた。砲撃の前に次々と倒れる兵たちに、土方は「もう刀槍の時代は終わった」とつぶやいた。

広島・土佐藩の出兵

一月三日夜、総指揮の西郷隆盛は伏見方面に向かい、戦況を見聞して大久保利通宛てに手紙を書いた。「追討将軍の儀、いかがにて御座候や、明日は錦旗を押し立て、東寺に本陣をお据え下され候えば、一倍官軍の勢いを増し候事に御座候」と、錦の御旗の要請をうながした。

さっそく、大久保は岩倉具視と相談した。一月四日午前、軍事総裁の仁和寺宮嘉彰《よしあき》親王が征討将軍の役職に就き、天皇の皇軍として御旗をあげることとなった。

この錦の御旗の存在は絶大で、広島藩は当初出兵をためらっていたが「皇軍」ならばと参戦し、土佐藩も出兵を決めたという。

一月五日、新政府軍の勢いが一気に強まった。午前八時、仁和寺宮の馬の先頭にきらびやかな錦の御旗がひるがえった。富ノ森の自陣の二〇〇メートル手前まで進軍、戦況をうかがった。

苦戦の官軍、淀河塘《つつみ》上にある大将軍ならびに錦旗を拝し、踊躍喜悦の声、天に響き地に轟《とどろ》き、官軍勝利未曾有聞のところなり(東伏見宮家記)

この錦の御旗をみた旧幕府軍は、一斉に逃げ去ることはなかったという。悠長な話だが、御旗の存在を知らない旧幕府軍の守備隊は、あの旗はどこの藩のものか眺めて、新政府軍の兵士に聞いたという。兵士が「これは天皇の錦の御旗じゃ」と答えると「われわれは賊軍か」と聞き直した。「そういうことになる」と聞くや、慌てふためき守備兵は走り去った。

退却する幕府軍と徳川慶喜

幕府海軍の艦船で江戸に帰還

慶応四年(一八六八)一月四日、千両松の戦いで、新政府軍の薩長が洋式銃で発砲した。「川向、蘆原より打ち掛け候、砲声ややあい止み」と午後二時ごろ、旧幕府軍は激しい発砲が少しやんだ隙をみて、陣営を捨てて退却した。この戦いで、新選組古老隊士の井上源三郎が戦死した。

新選組の兵三名、堤上に大砲をすえ巨砲を発して敵をうてり、敵弾あまりに激しければ堤下に避けるに、たちまち流丸来てその一名の腹部を貫き、どっと倒しければ種々介抱するも蘇生《そせい》せず、よりてすなわちその首を斬り、傍らに穴を掘りこれに収め、死骸は川中に水葬とし終わんぬ(徒草叢書)

このとき、井上の首が重く、近くの欣浄寺《ごんじょうじ》に埋めたという。

薩摩の増光甚太郎は淀城に走り、淀藩が旧幕府軍を入れなかったか確認したとされる。一月六日午前六時、薩摩・長州軍は淀藩が用意した船で宇治川を下った。

作戦を八幡《やわた》(京都府八幡市)の旧幕府軍の側面攻撃にかえ、田んぼの藁束《わらたば》に身を潜めていた兵士を狙い撃ちした。たちまちいたるところで銃撃戦となり、見廻組与頭《くみがしら》の佐々木只三郎が腰に流弾を受けて重傷を負い、近くの酒屋に飛び込んで治療を受けた。

その際、礼に「まかな(真鉋)もて弓けの川水にこす世を清き流れにかえすきみかな」という歌を大書した。

一方、旧幕府軍の要《かなめ》、津(三重県)藩主・藤堂高猷《たかゆき》は「幕府は兄、朝廷は父」と唱えていた。勅使の錦旗奉行・四条隆平《たかとし》が訪れ、藤堂采女《うねめ》と会談した。このとき、藤堂は「心は幕府にあれども表面は勅命に従わざるを得ず」と心中は穏やかでなかった。

天王山に登りて戦状を観《み》れば、賊兵ついに大いに敗走す(四条隆平手記)

要であった藤堂の寝返りに旧幕府軍は総崩れとなった。

大坂城での軍議

徳川慶喜は大政奉還で退去後、大坂城で外国公使と謁見した。その様子をアーネスト・サトウが「私(アーネスト・サトウ)がこれまで見た日本人の中で、最も貴族的な容貌をそなえた一人で、色が白く、前額が秀で、くっきりした鼻つきの立派な紳士であった」(一外交官の見た明治維新)と書きのこしている。

慶喜は、大坂城で外国公使と謁見した大広間に主だった者を集め、軍議を開いた。公使と謁見したときとは違い、表情は厳しかった。新政府軍がまさか錦の御旗をもって進軍して来るとは慶喜も想定外であった。このままでは賊軍扱いである。慶喜が失意のあまりすっかり憔悴《しょうすい》した中で軍議がはじまった。

会津藩家老の神保内蔵之助《じんぼくらのすけ》は撤退論を「山崎天王山と八幡山が落とされては大坂城も危ういので、ここはひとまず江戸へ、碓氷峠、小仏峠、箱根山へと兵を配備されてはどうか」と進言した。

これに新選組の近藤勇が猛反対した。「私に三百人の兵をお預けになれば、兵庫と堺に兵を置き、私が御城内で命令を下す。今月一杯は防御できると思うので、その間に関東の兵を派遣してくだされたい。もし負け戦となったときは、御城内で討死する覚悟である。一人も城で討ち死にするものがなければ、東照宮(徳川家康公)に対して申し訳が立たない」と毅然《きぜん》としていうと、城内には涙ぐむものまでいたという。

最後の決戦表明

慶喜は軍議の席で最後の決戦を表明した。「よし、これよりただちに出馬せん、皆々用意せよ」(徳川慶喜公伝)。

知らせを聞いた兵士らは勇み喜び、持ち場で出陣の用意に入った。ところが、慶喜はまったく別行動に出た。決戦を避けるために慶喜は江戸へ帰還準備し、松平容保、松平定敬、板倉勝静《かつきよ》らを従えた。大坂城の後門より脱出しようとしたところで門衛に見つかり、とっさに「小姓の交替」と偽った。

夜、慶喜は八軒屋から漆黒の海を小船で天保山に出た。沖合には幕府海軍の艦船である開陽・富士山・蟠《ばん》龍《りゅう》・翔鶴・順動が停泊中だったが、闇に包まれた海上では判別がつかない。

開陽への乗船を断念し、近くに停泊していたアメリカ軍艦にひとまず乗船。翌一月八日、開陽に乗船した。

艦長の榎本武揚《えのもとたけあき》が見当たらず、副艦長の沢《さわ》太郎左衛門に命じて出港できたのはその日の夜であった。この乗船のとき、慶喜の側室・お芳《よし》も一緒にいた。お芳は江戸の町火消・新門辰五郎《しんもんたつごろう》の娘であった。

一月十一日、開陽は品川沖に入った。慶喜らは下船し、午前十一時ごろ、江戸城西の丸に入った。

戦略で勝った新政府軍

過去の外国との戦争経験生かす

旧幕府軍の総指揮の要だった徳川慶喜は、全軍を大坂城にのこして敵前逃亡した。なぜ、あっけなく敗戦してしまったのか。決して錦の御旗だけで敗れたわけでない。

西郷隆盛は旧幕府軍の三分の一の兵数で勝利し、「戦わなければわからないことが多くある」と豪語した。さて、旧幕府軍の敗因はどこにあったかである。

慶応三年、慶喜は軍制改革に取り組み、歩兵・騎兵・砲兵を編

徳川慶喜の江戸逃亡を描いた錦絵
「徳川慶喜公天保山乗船図」　霊山歴史館蔵

成した。フランスから軍事援助を受けた幕府は、フランス軍事顧問団のシャノワンやオーギュスタン・デシャルム、ジュブスケー、ブリュネー、メッスローらから教練指導を受けた。

しかし、財政難の幕府にとっては、高価なオランダのゲベール銃、イギリスのエンピール銃とガン・パウダー（火薬）の入手が困難で、実戦教練が思うようにできなかった。その上、慶喜の大政奉還で十月以降の教練は取りやめとなり、幕府兵の西洋銃の技術が未熟なままであった。

当初、旧幕府軍は兵力数で新政府軍を圧倒し、会津・桑名・見廻組・新選組は善戦した。しかし、ほとんどが烏合《うごう》の衆で、大半の戦場で指揮官と戦略が機能していなかった。

一方、新政府軍の薩摩や長州は、過去の外国との戦争経験を生かした。

薩摩では身分にかかわらず優秀な指揮官の養成をした。慶応年間（一八六五〜六八）になると、西洋新式銃やアメリカの南北戦争で使われたスペンサー銃を買い入れた。新政府軍が入手した新式銃の元込め銃は、旧幕府軍が一発撃つ間に一〇発も発砲できた。

陰で支えた岩倉具視

鳥羽伏見の戦いを陰で支えたのが岩倉具視だった。朝廷内では「負けたらどう責任を取られるのか」と冷笑された。

『岩倉公実記』にも当時の岩倉の様子が記されている。岩倉が御所内の休息所で脇息《きょうそく》に寄りかかって熟睡している姿から、朝廷内では官軍敗走の噂が広まった。岩倉と気脈を通じた公家の烏丸光徳《からすまるみつえ》が「ああ、ついに岩倉、大事を誤る」と怒り、岩倉と刺し違える覚悟で短刀を忍ばせていた。

寝ていた岩倉を揺り起こし「官軍大敗、敵が押し寄せ来ましたぞ」と告げると、岩倉は眠い目をこすり「さよか、ではワシは責任を取って死にましょう。諸君はあとをたのみます」と答えたという。烏丸は岩倉の度胸の深さに敬服した。

鳥羽伏見の戦いでは、旧幕府軍の会津藩中間《ちゅうげん》部屋の頭役も五〇〇人の子分を連れ、軍夫として参戦した。会津藩中間は子分を使い、敗走した戦地に横たわったおびただしい数の死体を、黒谷《くろだに》の金戒光明寺《こんかいこうみょうじ》(京都市左京区)の墓地に埋葬した。会津は朝敵とされ埋葬もままならなかった。会津本陣だった金戒光明寺は松平容保が五年間執務したところであった。

会津藩殉難者墓地(京都市左京区黒谷町　金戒光明寺)

戦死者、各地に埋葬

鳥羽伏見の戦いでの戦死者は、新政府軍が約一一〇人。これに対し旧幕府軍は約三〇〇人だった。敗れた旧幕府軍は、賊軍の汚名をおわされた。埋葬地顕彰碑には榎本武揚揮毫《きごう》の「戊辰役東軍戦死者之碑」が、野戦病院のあった長円寺の門前に建てられた。おそらくこの時から、旧幕府軍を東軍、新政府軍を西軍とよぶようになったのだろう。

伏見の御香宮神社にある「戊辰東軍戦死者霊名簿」によれば、鳥羽伏見の戦いでの旧幕府戦死者は、歩兵隊・砲兵隊・遊撃隊・新選組の一一九人、会津藩砲兵隊長の林権助以下一三〇人、桑名藩一二人、大垣藩一〇人、浜田藩六人、岡崎藩（愛知県）一人、小浜藩一人、淀藩二人、高松藩（香川県）一三人であった。

このほかの戦死者は、納所《のうそ》（京都市伏見区）の愛宕《あたご》茶屋、伏見の悟真寺、淀の文相寺・長円寺・東運寺に埋葬された。

新政府軍の戦死者の埋葬地は、薩摩は東福寺即宗《そくしゅう》院だった。西郷隆盛が揮毫した「薩摩藩士東征戦亡の碑」には、鳥羽伏見の戦いから戊辰戦争の殉難者名が刻まれた。また東山区月輪山の麓には「鳥羽伏見戦防長殉難者之墓」と「防長藩士崇忠碑」が建碑された。

敗走する旧幕府軍、藩外へ逃がした紀州藩の苦悩

冷ややかな庶民の対応

旧幕府軍のまさかの敗走を伝える瓦版《かわらばん》をみた庶民の反応は、冷ややかだった。

今度ふし見の、かっせん（合戦）ハ、打ちあい勝負ハ土俵ぎハ、みぶ浪（新選組）をうちはらひ（打ち払い）天（皇）のかみ（神）とハ、日月のはた（錦の御旗）に会津のくひちがひ、藤堂（藩）、井伊（藩）もあきれはて、勝に勇みて薩（摩）、長（州）、土（佐）つつ（大砲）先に、その手ハ桑名と出てみれバ、小枝（鳥羽小枝橋）の焼きもち（お

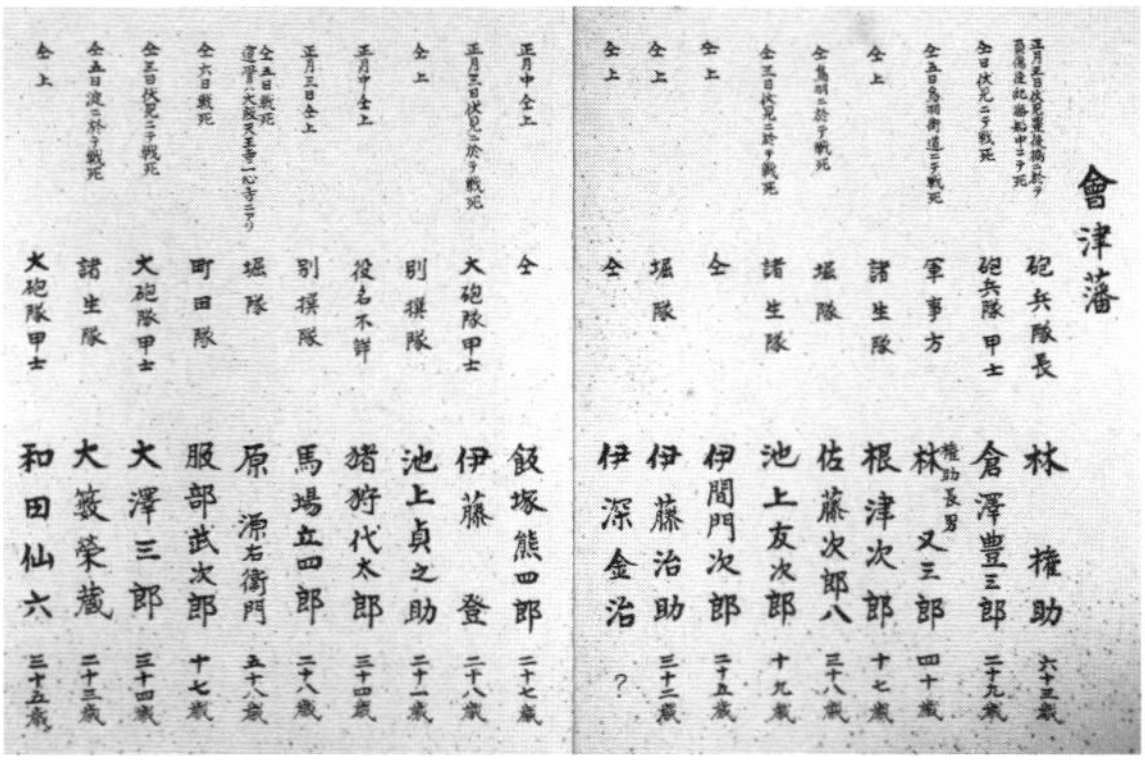
會津藩

正月五日伏見豊後橋ニ於テ負傷後紀州船中ニテ死	砲兵隊長	林 権助	六十三歳
仝日伏見ニテ戦死	砲兵隊甲士	倉澤豊三郎	二十九歳
仝五日鳥羽街道ニテ戦死	軍事方	林 権助長男 又三郎	四十歳
仝上	諸生隊	根津次郎	十七歳
仝鳥羽ニ於テ戦死	堀隊	佐藤次郎八	三十八歳
仝三日伏見ニ於テ戦死	諸生隊	池上友次郎	十九歳
仝上	仝	伊間門次郎	二十五歳
仝上	堀隊	伊藤治助	三十二歳
仝上	仝	伊深金治	?
正月中仝上	仝	飯塚熊四郎	二十七歳
正月三日伏見ニ於テ戦死	大砲隊甲士	伊藤 登	二十八歳
仝上	別撰隊	池上貞之助	二十一歳
正月中仝上	役名不詳	猪狩代太郎	三十四歳
正月三日仝上	別撰隊	馬場五四郎	二十八歳
仝五日戦死 遺骨ハ大阪天王寺一心寺ニアリ	堀隊	原 源右衛門	五十八歳
仝六日戦死	町田隊	服部武次郎	十七歳
仝三日伏見ニテ戦死	大砲隊甲士	大澤三郎	三十四歳
仝五日淀ニ於テ戦死	諸生隊	大籔榮蔵	二十三歳
仝上	大砲隊甲士	和田仙六	三十五歳

「戊辰東軍戦死者霊名簿」（写本）の会津藩の部分　霊山歴史館蔵

せき茶屋のおせき餅)、富のもり(富ノ森)しもへ鳥羽(下鳥羽)、鳥羽、横大路

京都の町衆は、新選組を関東侍とみて蔑視し「壬生の狼」と陰でささやいた。紛争中なので報告される戦死者の数もまちまちだったが、「戊辰東軍戦死者霊名簿」では、正月三日から六日までの戦死者は二七九人とある。名簿によると、新選組の山崎烝《すすむ》が「負傷後船中において死亡」したとある。山崎は生まれが大坂とも徳島とも、または壬生の針医師の子ともいわれ、新選組では諸士役となって探索をしていた。戦いで負傷し、江戸への敗走中に船中で死亡した。遺体は水葬されたという。

同じく、新選組隊士であった横倉甚五郎の日記にも「古参隊士の井上源三郎、今井祐二郎、真田四目之進ら一三人とともに山崎も五日戦死」とある。一方では、山崎は橋本で戦死したともいわれる。

佐々木只三郎の死

見廻組与頭《くみがしら》の佐々木只三郎は、松平容保からの信任厚く、和歌は国学者の長野主膳《しゅぜん》に習い、高崎正風《まさかぜ》、黒田清綱らと歌会をひらいた。とくに書は重厚な筆致であった。

佐々木は戦いの最中に腰に被弾し、近くの造り酒屋に飛び込んで手当てを受けた。手当てをしてくれたお礼に手持ちの資金を使うわけにいかなかった佐々木は、居間の襖を取り外し、和歌二首を大書し、高城の号を入れた。

その後、佐々木は紀州藩の葵の定紋入りの長持ちに入れられ、二〇〇人の敗走兵とともに、紀三井寺《きみいでら》(和歌山市)まで落ち延びた。敗走兵の数人が、軍資金二〇〇両を盗もうと企て、佐々木の手当てもほどこさなかった。佐々木の臨終の際には、二〇人ほどの敗走兵が、寺納すべき回向《えこう》料と預かっていた金一〇〇両で毎日ば

くちと酒色に溺れ、使い果たしてしまった。

佐々木の死後、気の毒に思った紀三井寺瀧之坊の住職が、墓を建てて弔ったという。

この戦いで坂本龍馬暗殺に関与した佐々木、桂早之助、渡辺吉太郎、高橋安次郎、土肥仲蔵、桜井大三郎らのほとんどが戦死した。

御三家の紀州藩を頼りにしていた敗走兵を、新政府軍は見逃さなかった。

新政府改革案

紀州藩では、鳥羽伏見の戦いの戦端がひらかれ、出兵の準備にかかっていた矢先の一月六日深夜、旧幕府軍敗戦の知らせが入った。

藩が敗走兵をすべて受け入れると朝敵になる。苦肉の策として出したのが、敗走兵をすみやかに藩外へ逃すことであった。藩は敗走兵の宿泊料や食料の未払い分は、後日藩が責任をもって負担することを商人に知らせた。敗走兵はみかん船を使い、東帰した。

敗走兵の情報を密かに得た朝廷が紀州藩に問いただしたが、「事実無根」との返答しか返ってこない。そこで、紀州藩主の徳川茂承《もちつぐ》を京都に留め、奥州征討軍一五〇〇人の出兵と、軍資金一五万両の献金を命じた。

茂承を京都に人質にとられた紀州藩は、交換に勢州領(三重県)一八万石を朝廷に献上する約束を交わし、岩倉具視へは敗走兵の受け入れはないと嘆願した。

それでも、朝廷からの疑惑が解けない紀州藩は、苦肉の策で陸奥宗光に援助を求めた。しかし、陸奥は以前に紀州藩から追放処分の扱いを受けたことから、いったんは申し入れを拒絶した。

しかし、藩からの使者の必死の懇願に陸奥は折れ、茂承に会った。陸奥が「紀州藩が新政府への貢献案を示すべき」と伝えると、茂承は「藩士の津田出《いずる》ならば、解決策をもっているかもしれない」と応えた。陸奥が津田に会うと、さっそく新政府の改革案を提案した。

旧来の制度を廃止し、郡県制度に改め、士族を廃止し徴兵制度にきりかえるべき

陸奥は津田の改革案を受け入れ、岩倉に相談の上、新政府の指針にすることにした。津田案が紀州藩の命運をわけた。津田は破綻寸前だった藩の財政改革に取り組み、藩主・藩士の俸禄を減額、財政を立てなおした。津田案は、武士のみの隊を廃止し、二十歳の農工商の独身男子から選抜、徴集し交代兵にあたるというもので、明治二年（一八六九）十月に「交代兵要領」として公布、明治六年には「徴兵令」が制定され、明治日本の兵役制度に影響を与えた。

品川弥二郎が作詞した「トコトンヤレ節」

兵士を鼓舞する赤心を表現

鳥羽伏見の戦いで勝利した新政府軍は、さらに旧幕府軍を追って進軍した。このとき長州の品川弥二郎は、わが国にとって第一号となる軍歌「都風流トコトンヤレ節」を作詞した。作曲は品川のなじみの祇園芸妓《げいこ》の中西君尾《きみお》が、歌舞音曲を元につけた。

品川は変名を使って橋本八郎と名乗り、京都の書林の田中屋次兵衛に版刻を注文した。これを新政府軍兵

士に配布し、士気を鼓舞させた。歌詞に出てくる薩・長・土は薩摩・長州・土佐の新政府軍のことである。

一、一天万乗のみかどに手向いする奴をトコトンヤレトンヤレナねらいはずさずどんどんうち出す薩、長、土トコトンヤレトンヤレナ

二、宮さま宮さまお馬の前のびらびらするのはなんじゃいなトコトンヤレトンヤレナありゃあ朝敵征伐せよとの錦の御旗じゃ知らなんかトコトンヤレトンヤレナ

三、伏見、鳥羽、淀、橋本、くずはの戦はトコトンヤレトンヤレナ薩、土、長士のおお手際じゃないかいなトコトンヤレトンヤレナ

四、音に聞こえし関東侍どっちゃへ逃げたと問うたればトコトンヤレトンヤレナ城も気概も捨てて東へ逃げたなトコトンヤレトンヤレナ

五、人を殺すも国を奪うのも誰も本意じゃないけれどトコトンヤレトンヤレナわしらが所のお国へ手向いするゆえにトコトンヤレトンヤレナ

六、雨の降るような銃砲の玉のくる中にトコトンヤレトンヤレナ命も惜しまず先駈けするのもみんなお主のためゆえじゃトコトンヤレトンヤレナ

トコトンヤレ節の歌詞には、封入り赤帯をいれ、兵士を鼓舞する赤心をあ

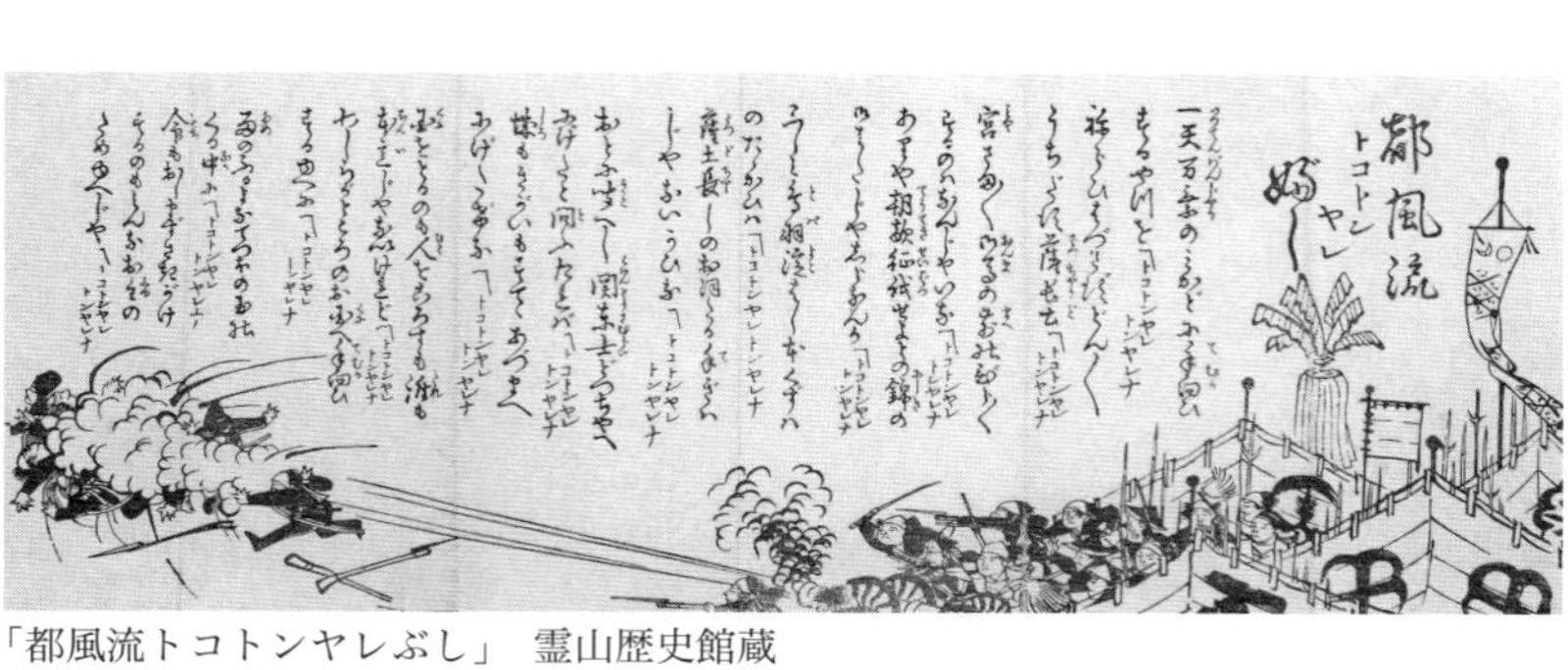

「都風流トコトンヤレぶし」　霊山歴史館蔵

らわした。作曲は君尾が祇園囃子風の鼓笛をアレンジした。行進曲にはぴったりで、トコトンヤレ節の替え歌までできたという。

明治十八年(一八八五)、トコトンヤレ節はロンドンで上演されたオペラ「ミカド」に登場し、人気を博した。

新選組の江戸帰還

鳥羽伏見の戦いに敗れた徳川慶喜が開陽丸で江戸に戻ったのを受け、新選組の近藤勇、土方歳三らも運送船の富士山丸と順動丸に分乗して江戸に帰った。

船には、戦いで負傷した兵士も多く乗っていた。旧幕府兵糧方《ひょうろうがた》の坂本柳佐は「その船の中には会津の手負いと新選組の手負いなどがおりました。それと船中で死にました者も大分ございまして、まさか水葬も出来ませんところから、その死臭で耐えられんという事を覚えております」(史談会速記録)とした。

富士山丸には新選組負傷者が乗り込んでおり、一五〇〇人のうち江戸に戻れたのは一一七人だったという。開陽丸艦長だった榎本武揚は、一八万両の大枚を富士山丸に積み込んでいた。そのうち一五万両が後の箱館戦争の軍資金になり、三万両が欧州留学生の旅費に当てられた。

西郷の慟哭

新政府・旧幕府軍の墓碑は、京都市の鳥羽・伏見の各所に建碑された。薩摩兵のものは東福寺即宗院に「東征戦亡」顕彰碑があり、西郷隆盛が揮毫した。五基の碑には五二四人の戊辰戦争殉難者の氏名が刻まれている。明治二年五月、除幕式がおこなわれ、西郷も参列した。

南洲翁(西郷)の姿は、フロックコートに白羽二重に草履をはき、大小(刀)を手挟み、しずしず霊前に、しばし黙禱《もくとう》、おもむろに祭文を読まれ、しばらくして、滂沱《ぼうだ》として、慟哭《どうこく》また慟哭、声なく、全軍の士また貰い泣き、また慟哭(永田喬談)

碑には西郷の弟、吉二郎(隆広)の名が刻まれていた。その名をみて、感情が込み上げたのだろう。

吉二郎は慶応四年(一八六八)八月十四日、戊辰戦争中、越後(新潟県)五十嵐での戦傷がもとで死亡した。西郷は吉二郎のことを「私が国家にご奉仕できたのは、弟吉二郎が私のかわりに兄の役目をつとめてくれたにほかならない。実質の兄は吉二郎だ」と回想していた。

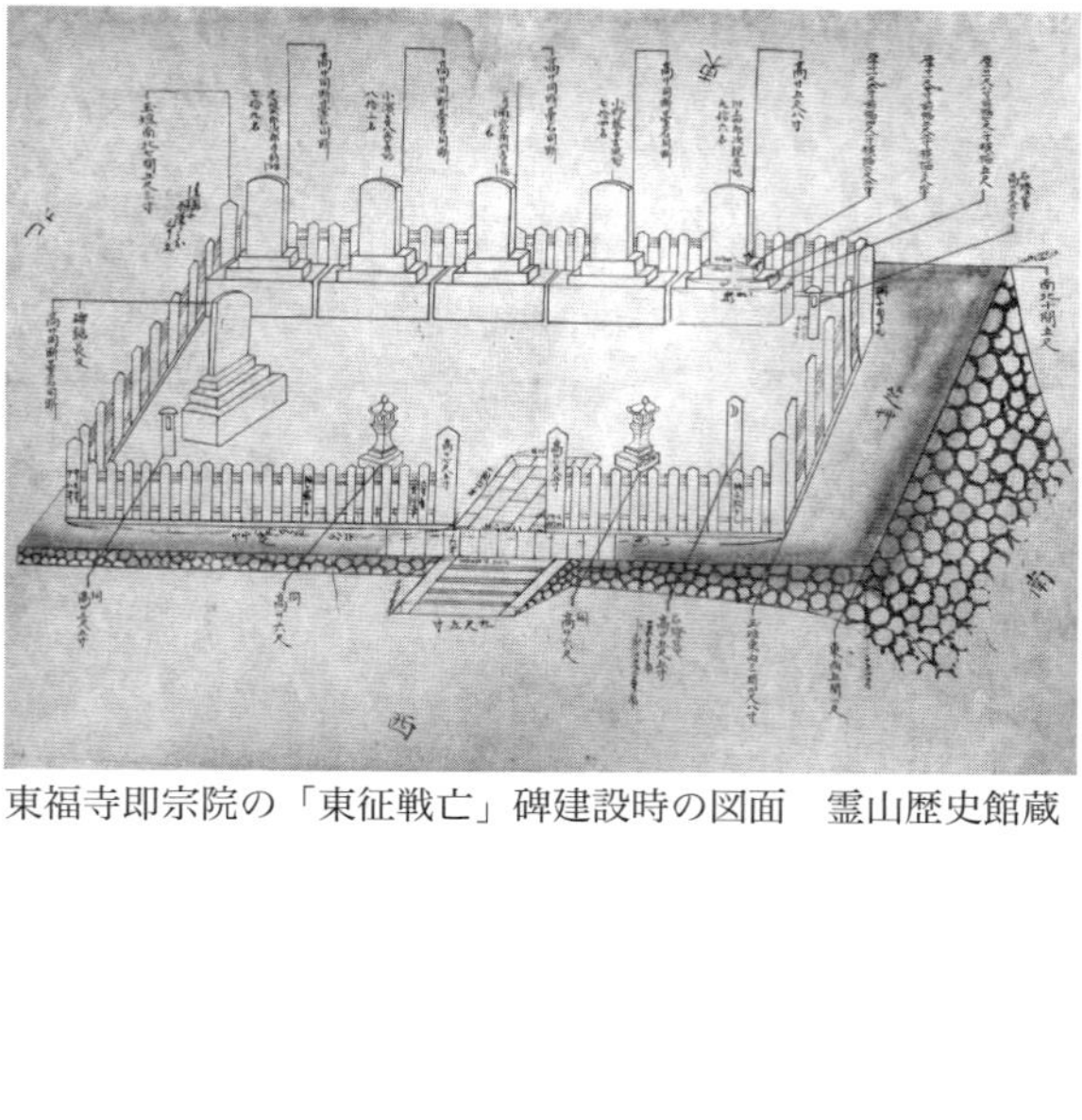

東福寺即宗院の「東征戦亡」碑建設時の図面　霊山歴史館蔵

第十章　江戸開城をめぐる交戦

伊庭八郎、幕臣へ抜擢

練武館を開設の後、講武所教授方に

剣客の伊庭《いば》八郎は、天保十四年(一八四三)、伊庭軍兵衛秀業《ひでなり》(三橋銅四郎)の長男として、江戸の下谷御徒町《したやおかちまち》に生まれた。幼名は八郎、諱《いみな》は秀頴《ひでさと》と称した。幼少の頃は詩文をはじめ蘭学にも才があったが、剣術をはじめたのは遅かったという。しかし、剣術には天性の素養があった。秀業と養父の伊庭軍兵衛秀俊に手ほどきを受け、メキメキと上達した。

八郎が修めた心形刀流《しんぎょうとうりゅう》始祖の伊庭秀明(是水軒《ぜすいけん》)は、新陰流《しんかげ》を学んだ。さらに、妻片貞明から本心刀流の印可を受け、天和二年(一六八二)、心形刀流の一派をたてた。

総合武術のこの流派は、一刀のみならず二刀も使い、抜合《ぬきあい》とよばれる居合《いあい》術、枕刀《まくらがたな》の小薙刀《なぎなた》術と多彩であった。

二代目の秀康は弟子の指導に熱心で、高弟の水谷忠辰は心形刀流甲州派をうちたて、平戸藩主の松浦静山も『心形刀流目録序弁解』を著すほど剣術に熱心に取り組んだ。

秀業は八代目を継ぎ、剣術道場「練武館」をひらいた。どの流派も形を重視していた中で実戦主義を貫き、竹刀《しない》と防具を用いた打ち込み稽古に取り組んだ。その実力は相当なもので、江戸四大道場に名を連ねるほどであった。八郎は伊庭の小天狗、麒麟《きりん》児《じ》とよばれ、一目置かれる存在となっていった。

九代目の秀俊が講武所の剣術師範役となり、剣術道場は幕臣子弟の剣術を主力とした武術養成所に成長した。剣術教授方には三橋虎蔵、中條金之助、湊信八郎らが就任し、各藩士がこぞって門弟に名を連ねた。八郎は元治元年(一八六四)、幕府の大御番士として登用された。常備兵力として旗本を編成した部隊で、同じ職の「五番方」は大番はじめ小姓組、書院番、新番、小十人組があった。

大御番組に登用された八郎は、奥詰とよばれる将軍直属の親衛隊となり、優れた剣術の腕前から講武所教授方に就任した。

慶応二年(一八六六)、奥詰の改編がおこなわれ、八郎と講武所剣術師範役の秀俊は、幕府遊撃隊に移ることになった。翌三年十月、軍政改革で改編されて遊撃隊は六〇〇人となった。京都勤務のため、八郎は入洛した。その後、大政奉還に合わせて十五代将軍徳川慶喜が大坂城へ下る護衛をつとめた。

八郎は鳥羽伏見の戦いで一三〇人の遊撃隊頭の今堀越前守に率いられ、善戦した。

新政府へ反発し、箱根山で激戦

遊撃隊は新政府軍に敗北、江戸に帰った。前将軍の慶喜が上野の寛永寺で謹慎になると、八郎ら遊撃隊が警備を担当した。さらに、慶喜が水戸(茨城県)で蟄居《ちっきょ》することが決まると、同じく水戸へ向かった。

しかし、遊撃隊の中には新政府軍に屈することに反発する者もあらわれた。その首謀者が八郎と人見勝太郎であった。

人見は京都の幕臣・人見勝之丞の子で、剣は西岡是心《ぜしん》流、学問好きであった。遊撃隊が希望者を募ると、すぐに名乗りをあげた。

上総《かずさ》国請西《じょうざい》(千葉県木更津市)藩主の林忠崇《ただたか》(昌之助)は二人の様子を「今、遊撃隊の両士を見るに、剛柔あい兼ね、威徳並行の人物なり。ことに隊下の兵士よくその令を用い、いずれも真の忠義に志すの由聞こえければ、ここにいたりて固く約して同心す」(林昌之助戊辰出陣記)とのこしている。

遊撃隊と請西藩連合隊の総勢二〇〇人で軍議をひらいた。軍議では、館山港から伊豆へ渡って諸藩も巻き込み、新政府軍に一矢報いんと企てた。

慶応四年(一八六八)五月、遊撃隊は企てに賛同した小田原藩と同盟を組んだ。同藩から武器弾薬と軍資金一五〇〇両の援助を受け、湯本に出陣した。しかし五月二十四日、小田原藩へ江戸の新政府軍総督府から問罪使が送られ、驚いた小田原藩は急に寝返った。

五月二十六日、ついに箱根山の戦いがはじまった。新政府軍は先陣に小田原藩はじめ長州、鳥取、岡山、津の各藩が出陣した。小田原藩は戦いで、新政府への忠誠を誓わされた。

一方、遊撃隊は第一軍に堀屋良輔、第二軍に八郎、第三軍に小柳津《おやいづ》要人《かなめ》が就き、第四軍が箱根関門を固めた。午後二時から

伊庭八郎の箱根山の戦いを描いた錦絵
「箱根血戦」 早水松山筆　霊山歴史館蔵

戦端がひらかれ、最初は遊撃隊が有利であったが、箱根山崎村の三枚橋で激戦となった。八郎の激しい戦いぶりが記録にのこされている。「隊長伊庭八郎、兵卒を指揮するところ、腰を撃ち抜かれ、そのうえ左の腕を切り落とされた」(遊撃隊起終録)。

八郎は小田原藩の高橋藤太郎に左手首を斬られたが臆することなく反撃、のこった右手で相手を斬り倒した。その気迫はすさまじかったようで、実弟の伊庭想太郎《そうたろう》は、八郎が高橋を斬り伏せた刀が、力あまって岩まで斬ったと伝えている。

八郎の左手首は皮一枚でつながっている状態で、その夜に医師が切断したという。

新政府軍、諸藩を無血平定

西南諸藩の大半が開城

慶応四年(一八六八)一月五日、鳥羽伏見の戦いで新政府軍が優勢とみるや、山陰道鎮撫《ちんぶ》総督の西園寺公望《さいおんじきんもち》は、新政府精鋭部隊の薩摩・長州兵を率いて丹波《たんば》(京都府中部から兵庫県中部)方面へ向かった。旧幕府軍をまわりから孤立させ、援軍を断つためであった。

さらに、新政府軍は旧幕府寄りの藩主に対し、朝廷の権力を誇示する手段に出た。藩主みずから勤王請願書を新政府へ提出すれば、天皇の御心をもって罪は問わないし、藩士が誤って参戦したことも許すとした。

鎮撫使が進軍すると、亀山藩(京都府)はあっさり開城した。これにより、園部《そのべ》藩(京都府)と篠山《ささやま》藩(兵庫県)、福知山藩《ふくちやま》(京都府)は次々と帰順した。西園寺の思惑通り、丹波・丹後《たんご》・但馬《たじま》の山陰までの諸藩を無血平定させた。

旧幕府軍が大坂城を放棄したことも、諸藩に影響を与えた。土佐兵は、讃岐国《さぬき》丸亀藩《まるがめ》(香川県)とその支藩である多度津藩《たどつ》と協力して高松藩を開城させ、家老二人に責任を取らせて切腹を命じた。伊予国松山藩(愛媛県)も開城、謹慎したことにより四国はすべて平定された。

長州兵は、当時旧幕府軍の牙城と思われていた福山藩(広島県)へ兵を進め、家老に勤王誓書を提出させた。姫路藩(兵庫県)は藩主の酒井忠惇《ただとし》が徳川慶喜に従って留守であったが、開城を受け入れた。西南諸藩の大半が開城し、江戸城陥落を目論んだ。

新政府は一月七日、慶喜に対して追討令を下した。十日には慶喜・松平容保《かたもり》・松平定敬《さだあき》をはじめとする旧幕府の要職にあった大名の官位を剝奪した。

急な流れに戸惑いをみせたのが、諸外国の公使たちだった。新政府と旧政府の内戦とみて、中立の態度を示して静観した。

幕臣の恭順派と主戦派、江戸城で対立

一方、江戸城では恭順派と主戦派が対立していた。江戸庶民が幕府に期待を寄せていたこともあり、新政府軍との戦闘を唱える主戦派は陸軍奉行並の小栗忠順《おぐりただまさ》、歩兵頭の大鳥圭介《おおとりけいすけ》らが勢いづいていた。

勝海舟も主戦派に傾き「あくまで戦い給わんとならば、よろしくまず軍艦を清水港に集めて東下の敵兵を扼《やく》し、また一方には薩州の桜島を襲いて、敵の本拠を衝《つ》くの策に出ずべし」(昔夢会筆記)と具体的な戦略を語っ

たが、慶喜は耳を一切貸さず恭順した。

慶喜は本心を語ろうとせず沈黙を守り続けた。一月十五日に主戦派の小栗を罷免していることからも、新政府軍と交戦する気はさらさらなかったことがうかがえる。

一月二十一日、慶喜は松平春嶽・山内容堂宛ての手紙でも、隠居の意志を伝え、新政府への夢や希望もうせたかのように見えた。しかし、二十三日、勝海舟を陸軍総裁に、大久保一翁を会計総裁に任命し、譜代大名が勤めてきた要職に旗本を就け、徳川家存続のみに心血をそそいだ。

慶喜の復帰を願い、彰義隊が決起

二月十二日、慶喜は江戸城から出て、上野の寛永寺に入り、謹慎生活を送るとともに、新政府に謝罪文を提出した。

しかし、慶喜の復帰を願う旧幕府軍兵士六〇〇人あまりが、慶喜の汚名をそそごうと十二日に、江戸雑《ぞう》司《し》ケ《が》谷《や》の茗荷《みょうが》屋で決起を誓う会をおこなった。これを聞きつけたほかの兵士までもが、続々と集まった。

二月二十三日、彰義《しょうぎ》隊が結成され、渋沢栄一のいとこ、渋沢成一郎が頭取に、天野八郎が副頭取に就任した。徳川家が江戸市中の警衛を認めると、彰義隊は慶喜の護衛役として上野に駐屯した。その数は三〇〇〇人に達した。

三月九日、有栖《ありす》川宮《がわのみや》熾仁《たるひと》親王が東征大総督に任命され、十五日、新政府軍を引き連れて江戸に進軍した。

大村益次郎、作戦通りに彰義隊を討伐

西郷が「軍神」とたたえた男

慶応四年（一八六八）一月三日、新政府は維新の功績のあった長州藩士に対して出仕の命を出した。参与職には井上馨《かおる》・広沢真臣《さねおみ》、続いて十日に楫取素彦《かとりもとひこ》、二十五日には伊藤博文を置いた。

さらに、兼職として広沢は内国事務局、井上・伊藤は外国事務局判事、木戸孝允《たかよし》は参与並びに外国事務掛《がかり》となった。

大村益次郎

大村益次郎《ますじろう》はその中でも異色の存在だった。二月二十二日、従五位下、軍防事務局判事加勢の補佐官になった大村は藩内でも変人扱いされていた。弟子が「おはようございます。今日は天気がいいですね」というと、大村はそっけなく「天気は見ればわかる」と応え、取り合わない。

弟子の一人、三宮義胤《さんのみやよしたね》は大村について「大村先生は食事のかわりに、酒の肴《さかな》にとうふを食べ、寸暇を惜しんで読書していた」と語っている。

あるとき、大村は三宮の刀を見て「だいぶ短くなったな、これでお前と話ができる」と話したという。大村は攘夷嫌いの合理主義者だった。西洋調練を取り入れ、「長刀は無用の長物である」とよく持論を述べた。

大村は軍制の近代化を叫び、藩士から嫌われていた。若き明治天皇は、天保山沖での軍艦操縦や洋式調練をごらんになり、軍制の近代化を痛感された。

閏《うるう》四月二十一日、官制改革に着手した新政府の軍防事務局は軍務官を置き、海軍局、築造司、馬政司、兵器司と軍事省の組織替えをおこない、大村は判事となった。

一方、江戸開城については、新政府の西郷隆盛と旧幕府の勝海舟の英断により無血開城となった。それに彰義隊など旧幕府軍の兵士が反発した。彰義隊は「彰」の字を赤く染め抜いた提灯を持ち、江戸市中を巡回した。

緊迫感が高まる中、新政府軍兵士の錦《きん》切《ぎ》れとよばれていた袖章を彰義隊士が引きちぎる事件がおこった。引きちぎられた袖章は祇園のなじみの芸《げい》妓《こ》の帯の切れ端だという噂が流れ、双方の小競り合いがおこった。

「早い枝打ちを」

西郷は以前から、大村の戦略を高く評価していた。薩摩には、残念ながら大村ほどの指揮ができる実力者はいなかった。西郷が彰義隊討伐を躊躇《ちゅうちょ》すると、大村は「枝打ちは早いほうがいい、即刻作戦に移すべき」と進言した。

大村が軍議で戦略を堂々と語ると、長州に反発する薩摩の海江田《かえだ》信義(有村俊斎)・桐野利秋・村田新八が猛反対した。だが西郷は決断し、大村に全面の指揮を任せた。

大村の作戦は、薩摩兵を最前線で戦わせ、そこへ佐賀藩のアームストロング砲を本郷から上野の山に向け撃ち込むというものだった。ひとつ間違えば薩摩兵に着弾してしまう危険極まりない作戦だった。海江田が「薩摩兵の頭上を大砲の弾丸が飛ぶのはとんでもない」と激高すると、大村は平然として「戦いに犠牲はつきものです」と取り合わなかった。

五月十五日午前四時、新政府軍は江戸城大手門から出陣。あいにく、この日は天気が悪かった。総指揮は大村で、薩摩、鳥取、熊本の各藩兵らを上野の黒門口に配置した。長州兵は大村の援軍として団子坂、不忍《しのばず》池《いけ》対岸の本郷台に、肥前砲隊がアームストロングで攻撃する手はず通りの作戦に出た。対する彰義隊士らは新政府軍を黒門で迎え撃ち、薩摩兵と砲撃の激しい打ち合いをしたが、決着がつかない。新政府軍の小野保は当時の戦況に触れ「三橋の外松坂屋の前辺までは大砲の丸は雨の様に飛で来た」(史談会速記録)とした。

彰義隊士の阿部弘蔵は「朝、五ッ時から四ッ過ぎ頃まで彰義隊が強かった為に、広小路の方面に向かった敵の隊がひるんで仕舞った」(史談会速記録)とした。

新政府軍は戦端がひらかれたときから有利であったという。「松原並びに雁鍋(共に料理屋なり)の楼上へも大砲引上げ、山下辺戦い相始り候と直ちに発砲した」(中外新聞)。

新政府軍は地理がよくわからず苦戦したが、兵力が彰義隊の二倍強の一万人と数で圧倒し、常に有利に進めた。

最小限の被害

大村は、彰義隊を短期で壊滅させるには、アームストロング四斤山砲《さんぽう》しかないと考えていた。

広小路の正面より攻撃を初め、午後第五字（七ッ時）までは官軍（新政府軍）利あらざりしが、その時肥前の手にてアルムストロングといえる大砲二門を放発せしより、戦機変じて、まったく官軍の利となれり（江湖《ごうこ》新聞）

結果的に大村の作戦通りとなった。大村は梅雨入りを狙った。戦いに戦火はつきものだが、雨で江戸市中の被害を最小限に抑えることができると大村は判断していたからだ。雨が降り出すタイミングに合わせ、彰義隊の背面の不忍池を越え、上野の山の彰義隊をめがけてアームストロング砲の弾丸を撃ち込んだ。

午後二時、黒門口の彰義隊の戦力がおさまった。そこへ彰義隊の援軍と称した会津藩兵が駆けつけてきたので彰義隊の酒井良助が迎え入れると、これが薩摩の偽部隊で一気に乱入されて彰義隊は敗北した。

彰義隊の戦死者はおよそ二二三人。新政府軍の薩摩は戦死者八人、負傷者三九人、鳥取一〇人、負傷者一七人であった。以来西郷は大村を軍神とたたえたという。

彰義隊と新政府軍との戦いを描いた錦絵
「東台大戦争図」　長島芳虎筆　霊山歴史館蔵

江戸を守る勝と西郷の英断

山岡鉄舟、西郷と会談

慶応四年(一八六八)一月の鳥羽伏見の戦いで勝利した新政府軍は、東征大総督に有栖川宮熾仁親王、参謀に西郷隆盛を置き、江戸に迫っていた。もし戦いがおきれば江戸は廃虚と化す。幕臣の勝海舟は最悪の事態だけは避けなければならないと思っていた。

二月十二日、江戸城を出た徳川慶喜は、上野(台東区)の寛永寺の大慈院に移り、ひたすら謹慎することとなった。

徳川宗家だけはつぶすわけにはいかないと考えていた勝は、徳川宗家存続のために、輪王寺宮《りんのうじのみや》(北白川宮能《よし》久《ひさ》親王)にも周旋していた。

さらに三月六日、西郷の真意を探るため、勝は山岡鉄舟と大久保一翁に会った。はじめて山岡に会った勝は、見識があり、剣と禅で精神を練っただけあって肝が据わった人物とみた。西郷と交渉するため、山岡を使者にたてることにした。ちょうどこの日、駿府(静岡県)では軍事会議がひらかれ、大総督府は、十五日に江戸城総攻撃を決定した。

三月九日、駿府で山岡と西郷は会談を持った。このとき勝は山岡に書状を託していた。

無偏無党、王道堂々たり、今官軍(新政府軍)鄙府《ひふ》に逼《せま》るといえども、君臣謹《つつしん》で恭順の礼を守るものは、我《われ》徳川氏の士民といえども皇国の一民たるを以《もっ》てのゆえなり、且《かつ》、皇国当今の形勢昔時に異なり兄弟牆《かき》にせめげども外其侮《そのあなどり》を防ぐの時なるを知ればなり

江戸を戦火から守りたい勝は西郷に思いを伝えた。

「われわれは思想や主義主張でどの党にも属さず、新政府軍が江戸に迫るといえども日本人は、天皇を戴く国民であり、徳川の臣も天皇の民であることにかわりない。したがって恭順している。しかし、今の状況では、そうとはかぎらない。新政府軍の威光でもって江戸の秩序を守れるだろうか。戦いになればその責任をあなたがたでとってもらう。江戸百万都市は二度と戻らない」。勝の真意は、西郷の心をゆさぶった。西郷は返答に困ったという。

会談が実現

西郷は山岡の力量を高く買った。西郷のそばにいた桐野利秋が山岡を斬ろうとしたが、山岡は剣豪だけあって、寸分の隙がなかったという。

西郷から山岡へ徳川処置案が手渡された。

一、慶喜儀、謹慎恭順の廉《かど》を以て備前藩へお預《あずかり》仰付《おおせつけ》られるべき事

一、城明渡《あけわた》し申す可き事

一、軍艦残らず相渡すべき事

一、軍器一切相渡すべき事

一、城内住居の家臣、向島へ移り、慎み罷《まか》り在るべき事

一、慶喜妄挙を助け候面々厳重に取調べ謝罪の道屹度《きっと》相立
つべき事

山岡は西郷に謹慎先を水戸へ変えるよう申し出た。西郷が求めたのは、江戸城の明け渡しと武装解除であった。

徳川処置案を受け取った勝と一翁らは不満であった。この案を知った旧幕府軍は激高し、一戦交える声があがった。一方、和宮《かずのみや》や篤姫《あつひめ》は必死に新政府軍への嘆願を続けていた。

三月十三、十四日、ついに勝と西郷の会談が持たれた。会談の場所については高輪・薩摩藩下屋敷、芝田町の蔵屋敷、三田の旧屋敷の説があるが、会談記念碑は芝田町に建っている。

会談ははじまった。十四日、勝は修正案を提出した。

第一、隠居の上、水戸表へ慎《つつしみ》罷在候《まかりありそうろう》よう仕《つかまつ》りたき事

第二、城明渡しの儀、手続取計らい候上、即日(御三卿の)田安へ御預け相成候様仕度候事

第三、第四、軍艦軍器の儀は残らず取収め置、追て寛典の御所置仰付られ候節、相当の員数相残し、其
余は御引渡し申候仕度事

第五、城内住居の家臣共、城外へ引移、慎罷在候様仕度事

第六、妄挙を助け候者共の儀は、格別の御憐憫《れんびん》を以て、御寛典に成下され一命に拘《こだわ》り候様の儀これなき
様仕度事

「江戸開城　西郷南洲 勝海舟会見之地」の碑(東京都港区)

無血開城の日

勝は無益な争いを避け、慶喜の寛大な処置の要求をした。慶喜は水戸で謹慎生活を送り、江戸城はただちに田安《たやす》家へ預け、武器類も徳川宗家の維持にある程度のこす。慶喜に切腹はさせない。すでに大政奉還で慶喜の身分は朝廷内で決着済みというのである。

『勝海舟』（松浦玲著）によると、勝はひそかにイギリス公使のパークスと通じ、新政府軍の攻撃に正当性はないと苦言を呈させたという。

西郷は判断しかね、十五日の総攻撃を延期し、新政府軍は撤退した。

西郷は総督府と協議し、京都の意見を求めた。四月四日、勅使から、江戸城は尾張徳川預かりと報告を受けた。勝の要望を受けた西郷の英断であった。十一日、江戸城無血開城の日は西郷は緊張していたが、勝は連日の交渉の疲れで居眠りをしていたという。

和宮と篤姫、徳川存続のために最後の抵抗

篤姫、近衛家の養女に

鳥羽伏見の戦いで敗走してきた徳川慶喜の姿に、江戸城内は唖然とした。将軍時代の徳川葵紋の紋付姿ではなく、なんとラシャ地の洋服姿であったという。真偽はともかく、慶喜は憔悴しきっていた。

十四代将軍家茂《いえもち》の御台所《みだいどころ》の和宮《かずのみや》は静寛院、十三代将軍家定の御台所の篤姫は天璋院《てんしょういん》と名乗っていた。

西郷隆盛は、篤姫が将軍家へ嫁ぐのに身分が外様《とざま》大名ではと、近衛家の老女・村岡局《むらおかのつぼね》に働きかけて近衛家養女にした。婚礼道具について、西郷は京都で大名道具を扱う象牙屋に注文したと思われるが、将軍家は薩摩の藩紋ではなく、近衛牡丹《ぼたん》を入れるよう命じた。

武家風と御所風が対立

武家出身の篤姫に対し、和宮は孝明天皇の妹である。しかし、和宮はしゅうとめの篤姫から徳川家の武家教育を強いられ、武家風と御所風の対立があった。

『清華閣雑編』によると、篤姫付の奥女中は七三人、和宮は五七人。徳川家の行事、日常生活に至るまで、武家風で決められていた。御所風は有職《ゆうそく》故実に基づいており、和宮の乳母《うば》で上臈《じょうろう》の富士の方(土御門《つちみかど》藤子)は武家風を軽視した。

和宮は武家風を無視した。宰相典侍《ないしのすけ》・庭田嗣子《つぐこ》の手記に「五月二日、足袋をはかされ申すこと江戸方御用に懸《かかわ》り候人々式日にて眉なし」とある。城内では年中足袋をはく決まりだったが、御所風では勅許が出ない限り素足だった。この日は日光輪王寺の強飯《ごうはん》式で、嗣子は眉を置かないことを冷笑している。

徳川宗家の寛大な処分には、朝廷と深い関係のある和宮しかないとまわりは期待をかけた。和宮は徳川宗家存続のため東征鎮撫《ちんぶ》使の橋本実梁《さねやな》へ嘆願書を送った。

慶応四年(一八六八)一月二十一日、和宮は富士の方に嘆願書を持たせ、橋本に届けさせた。「慶喜一身は如《い》何様《かよう》にも仰せられ、何卒家名立ち行き候様幾重にも願ひ度候」と、慶喜のいかなる処分も受ける代わりに、徳川宗家の存続を申し入れた。

さらに「私一命は惜しみ申さず候へ共《ども》、朝敵と共に身命を捨て候事は、朝廷へ恐れ入り候事と誠に心痛致し居り候」と、自らの一命を捨てることを惜しまず、朝敵として処分を受ける覚悟の心積もりを酌んでほしいと嘆願した。

当時、朝廷では慶喜の処分について、寛大派の岩倉具視、厳罰派の西郷と意見が対立していた。西郷は大久保利通に宛てて「慶喜隠退の嘆願、甚だ以て不届千万、ぜひ切腹迄《まで》には参り申さず候はでは相済まず、必ず越前・土佐などより寛論起り候わん。然らば静寛院(和宮)と申しても、矢張《やは》り賊の一味と成りて、隠退位にて相済み候事と思しめされ候はば、致し方なく候に付、断然追討在らせられ度事と存じ奉り候」(慶応四年二月二日)とした。

西郷は和宮の嘆願書に立腹した。一方、朝廷では和宮の嘆願とあって、公家の万里小路《までのこうじ》博房《ひろふさ》が議長となり、三条実美・中山忠能《ただやす》と慎重に協議した。

結果、富士の方へ渡された返答は「この度の事は、実に容易ならざる義に候へ共、条理明白」で、門前払いであった。

西郷への嘆願書

徳川宗家の存続を求めていたのは、和宮だけではなかった。篤姫も老女の幾島《いくしま》を使者に出し、進軍してくる大総督府参謀の西郷へ嘆願書を届けさせた。

「徳川家無事に相続相い叶《かな》い候様御取り扱いの程、偏《ひとえ》に偏に御頼り申し候」とあった。

さらに三月七日、この嘆願書を輪王寺宮公現《こうげん》(のちの北白川宮能久親王)が自ら携え駿府に赴き、大総督の有栖川宮熾仁親王に伝えたが、慶喜の寛大処置と江戸総攻撃の中止は拒絶された。

何度も退けられた嘆願だが、三月十三日の西郷と勝海舟の会談では勝の意見を受け入れ、十五日の江戸城総攻撃は中止となった。篤姫と和宮の嘆願書が、西郷の脳裏をかすめたことは間違いない。

四月十一日、江戸城明け渡しのため、参謀の海江田信義、長州の木梨精一郎はじめ薩摩、長州、尾張、熊本など各藩兵士が入城し、尾張藩に引き渡された。すでに、和宮は江戸城大奥を下がり、清水家屋敷に入っていた。西郷が篤姫に薩摩藩邸に戻ることを勧めたが、「私は徳川の者、城内で死ぬ覚悟」と拒んだ。

篤姫が目論んだ徳川家の抵抗は、徳川の二六〇年あまりの栄華を、新政府軍に見せつけてやることであった。豪華な江戸城の御休息の間、御座の間などのしつらえは、そのままにして退去した。床の間には、雪舟、狩野探幽の三幅対の軸を掛け、大奥の道具類を持ち出さないように伝えたという。

その後、篤姫は千駄ヶ谷の徳川宗家に移り住んで余生を送った。江戸城を退去する際の所持金は三円で、現在の約六万円であったという。

近藤勇が抱いた夢と甲陽鎮撫隊

新選組再起のため軍資金調達

鳥羽伏見の戦いで旧幕府軍は敗走したが、榎本武揚は大坂脱出の際、一八万両の大枚を富士山丸に積み込んだ。そのうち一五万両が箱館戦争の軍資金になったという。

慶応四年（一八六八）一月八日、近藤勇、土方歳三ら新選組は、富士山丸と順動丸に分乗し、大坂から東帰。十二日には、品川の茶屋・釜屋に投宿した。近藤、土方、永倉新八、沖田総司、斎藤一《はじめ》ら総勢九〇人だった。

江戸に入った一月十九日、再起の軍資金調達のため、会津藩の江戸和田倉門藩邸を訪れた近藤・土方は藩から二〇〇〇両を支給され、軍備にあてていた。

永倉の手記によると、「江戸到着早々、近藤勇は徳川慶喜公へ建白し、新選組に甲府城支配を一任してもらうよう願い出て、二月一日に釜屋を引き払った。鍛冶橋御門内大名小路若年寄御後屋敷を拝領し、これが新選組の屋敷となった」という。

一月二十日、新選組の屯所となる元秋月屋敷が引き渡された。三一九坪の広大な屋敷であった。二十三日、隊士らは釜屋から鍛冶橋（江戸）へ引っ越した。負傷した隊士は二月二日から翌日にかけて横浜病院から和泉橋の医学所に移った。

過剰な警備が原因で、新選組解任

二月十二日、近藤が江戸城へ登城した際、上野・寛永寺の慶喜の警護を命じられた。このとき、近藤は勝海舟へ甲府出張を申し入れていた。

勝の「解難録」によると、このとき近藤が勝に「新政府軍の中に、われわれを理解してくれる人物がいる。会って徳川家の恭順を伝えたい、ぜひ甲州へ出張したい。けっして暴動はおこさない」と約束していたという。

島田魁《かい》の日記には「近藤隊長が登城した。慶喜は東叡山で恭順あそばされるので、この護衛をするようにということだった。十五日、新選組は半分ずつ勤めた。遊撃隊と交代ということになり、二十五日お役ご免となった」とある。

これには理由があった。

近藤は慶喜に万が一のことがおこったときを考えていた。「新選組の面々と申し合わせ、城より上野までの間、処々に部下を配置し、密に護衛せんと苦心せしに、評議一変して常の如く人払いせしめば、近藤は大に憤怒せりという」とある。

旧幕臣の中には給金の遅配を理由に警備任務を拒否する者もいたので、近藤らは密かに警備を強化していた。これが過剰な警備とみられ、新選組は解任された。近藤は怒り心頭だった。

しかし、勝は慶喜が謹慎生活に入っているのに、過激な警備をする新選組を江戸から立ち退かせたかった。

民間紙に描かれた近藤勇

近藤は新政府軍から受けた賊徒扱いの新選組の名を捨て、甲陽鎮撫隊と名乗ることにした。近藤の夢は大名になることであった。甲府城を落とせば一〇〇万石に匹敵する。大久保大和と名を変え、城を攻略したあかつきには、大久保大和守と名乗るつもりであった。

二月二十四日、江戸では開成所頭取の柳河春三《やながわしゅんさん》が「中外新聞」を創刊した。五月には京都で「都《と》鄙《ひ》新聞」が出された。このように全国で民間紙が次々と誕生した。しかし、六月五日、新政府は市政裁判所の官(政府)の許可のないものは発行禁止とした。

三月十三日付の中外新聞には近藤の甲陽鎮撫隊が掲載されていた。

甲州路よりの報告に、近藤勇百余人の兵を引連れ甲州を指して往《い》きしに先だって、甲府城既に敵手に落ちたり。よって府城に入る事あたわず、退きて屯守《とんしゅ》せしに敵より兵を出して急に襲い掛りしかば、やむ事を得ず一戦し勝利を得たり。しかるに敵兵再び来り攻めしによりこの方は援兵なく衆寡対し難く大敗に及べりという

近藤は多摩(東京都)に入り、甲陽鎮撫隊を組織したが、東征の新政府軍が先に甲州に入っていて先手を取られ、あえなく敗北したことを伝えていた。

二月二十三日、新政府は京都で官報「太政官日誌」を創刊した。

慶応四年四月発行の「太政官日誌」では、因州藩(鳥取藩)から届いた書の写しからの情報を官報で報じた。それによると「四月五日、(薩摩)有馬藤太、(土佐)上田楠次《くすじ》両人、越ケ谷駅より兵を潜めて急に流山の賊を襲う、賊徒狼狽《ろうばい》しなす所を知らず、ことごとく兵器を献じ降伏す、賊徒大久保大和(近藤勇)を捕えて御本営へ送る」とある。近藤が甲州から敗走し、流山(千葉県)で捕縛されたことを伝えていた。

鎮撫隊の結成と崩壊

募集かけるも人集まらず

慶応四年(一八六八)二月二十四日、土方歳三はマントに身を包み断髪した。洋装に着替えることで心機一転したかった。そして近藤勇と土方は甲府城接収に意欲を燃やし、甲陽鎮撫隊を組織した。

永倉新八の日記に「二月二十九日、近藤勇が願い出ていた甲州御城内御委任が認められ、御朱印を拝領し、

一日も早く甲州へ出発する支度をせよとのことで、慶喜の警備を遊撃隊頭取の榊原鍵吉《けんきち》、精鋭隊の中条金之助に託し鍛冶橋の屯所へ戻った。徳川公より金三千両、大砲八門、元込め銃三百挺《ちょう》に弾薬を添えて拝領した。三月一日に江戸を出発し、新選組を鎮撫隊と改め、隊長には近藤勇改め大久保剛、副長を土方歳三改め内藤隼人、副長助勤・永倉新八、原田左之助《さのすけ》、斎藤一、諸士調役《しょししらべやく》・大石鍬次郎《くわじろう》、隊長付頭・岸島芳太郎、小荷駄《こにだ》・安富才助、弾内記《だんないき》は名を改めて矢島直樹といい道中払方となった」とある。

近藤は鎮撫隊の募集をかけたが、世間は敗走してきた者に耳を傾けない。軍医の松本良順《りょうじゅん》に話した。松本は徳川の身分制度に批判的で「浅草に弾左衛門という身分は低いが徳川に義をもっている者がいる。弾は十万人の配下がいる」と、弾左衛門を弾内記に改名させ、旗本に取り立てさせた。

弾は松本の配慮に大感激し、一万両と一〇〇人の入隊を申し入れたが、近藤はこれを受け入れず、隊士約八〇人で結成した。さらに、会津藩と松本藩から四二〇〇両の軍資金をもらい、小銃五〇〇挺、一人につき実弾一〇〇〇発も調達できた。

援軍が来ると偽った近藤

鎮撫隊の一行が甲州に入ると悪天候に見舞われた。大雪、極寒に加えて食糧の調達が遅く、離脱隊士が続出した。

駒飼宿(山梨県甲州市)に入ったときには隊士はさらに減っており、一〇〇〇発の弾薬は重いと半分を谷に投棄する隊士がいた。このとき、新政府軍の板垣退助《たいすけ》が率いる東山道軍が甲府城を開城させ接収していた。進軍している最中に情報が入り、永倉、原田、斎藤らは、近藤に援軍が来なければ離脱すると言い出した。

近藤は土方を使者に出して菜葉隊一六〇〇人の援軍を求め、神奈川宿まで戻らせた。途中、佐藤家で洋服を脱ぎ、羽織、袴に着替え、駕籠にした。馬と洋服は目立つからだった。

しかし、援軍工作は失敗に終わってしまった。近藤は苦し紛れに、隊士らに「あす会津藩兵六百人の援軍が来る」と偽った。

三月四日、鶴瀬・勝沼両宿に関門をたて、かがり火を焚いた。これを甲州城からみた東山道軍の偵察が鎮撫隊の進軍と勘違いし、東山道軍は二〇〇〇人に増兵させた。

永倉らが反発

近藤は観音坂に大砲二門を備え、原田が守備した。間道は斎藤が五人一組で横一線に配備し、永倉が猟師三〇人を率いて山に登って待ち構えた。

三月六日、東山道軍の使者が挨拶に来ると、いきなり銃撃戦となった。東山道軍は勝沼の関門を破り、鎮撫隊は観音坂まで攻め込まれた。鎮撫隊の戦死者、負傷者が続出した。それでも、耐えても援軍は来ず、近藤の援軍話は嘘とわかった永倉らが反発して撤退、隊士らが次々と敗走した。

近藤勇の「勝沼の戦い」を描いた錦絵
「甲州勝沼駅於近藤勇驍勇之図」月岡芳年筆　霊山歴史館蔵

永倉は医学所で近藤と会談した。永倉は会津での抗戦を主張したが、近藤は徳川の指示に従った。近藤は「我が家来に相成るなら同志いたすべく左様なければ断り申す」と決別した。

永倉は新たに靖兵隊《せいへいたい》を結成した。隊長には芳賀宜道、副長に永倉・原田が就任し、北関東にて参戦したが、米沢藩滞留中に会津藩の降伏を知って江戸へ帰還した。

大名に憧れた近藤勇、はかなく散った夢

口論の末、瓦解

慶応四年（一八六八）三月六日、甲州城攻防戦で敗れた近藤勇は大名になる夢を捨てきれなかった。

永倉新八は日記で、敗走後の近藤との二回目の口論に触れ、「近藤勇に面会して速やかに会津へ下るとの論を伝え、近藤勇が不承知ならば、これまで世話になったことの礼を述べ、ただちに会津に下る支度をしよう、と永倉新八と原田左之助がいうと、一同は承知した」としている。

続けて「医学所で近藤勇と土方歳三に、同志一統が面会した。このとき近藤勇は怒らず穏やかに挨拶すればよかったのに、自分の家来になるのならば同意とするが、そうでなければお断りすると怒って一同にいったので、一同は立腹し、そうであればこれまで永々とお世話に預かり、ありがたく存じると告げて、一同はその場を引きとり、また新選組は瓦解《がかい》した」と記す。

甲府城を新政府軍に接収された近藤は「甲府城主になれたのに」と残念がり、三月十一日、甲府城奪回の

挙兵のために五兵衛新田(東京都足立区)に向かった。

近藤は五兵衛新田の名主・金子左内の母屋を占領して隊士募集に奔走し、大砲の訓練も行った。綾瀬川を一つの決戦場と想定し、伊藤谷橋、水戸橋周辺に隊士を配置して強化した。

四月二日、偵察していた新政府軍の大軍監・香川敬三、斥候《せっこう》・有馬藤太《とうた》が、近藤らが隊士二〇〇人とともに流山(千葉県流山市)方面に向かったという情報を得た。

早速、新政府軍は結城藩・宇都宮藩を帰順させるべく、途中で敗走する隊士を一掃。有馬隊は流山を完全に包囲する作戦に出た。

一方、近藤は隊を率いて流山に入った。本陣を長岡屋に置き、隊士の一部は光明院に分宿した。

永倉の日記によると「近藤勇の計画では、甲府城がいったんは御委任となり、御朱印まで拝領しているのに、実に残念なことだと、もう一度、甲州城を攻めとるつもりだった。そこへ、流山に兵が屯集していると官軍(新政府軍)が押し寄せたので、急いで近藤勇の組下の者が裏の山へ兵を配備した。これを敵が包囲したものと近藤勇は勘違いして、もはや勝ち目はないと切腹しようとしたところ、土方歳三が差し止めた」という。

四月三日の早朝、調練の最中に新政府軍の斥候が突然あらわれ、驚いた隊士らは二五〇挺の小銃をのこして一斉に逃走した。

近藤の投降とその最期

島田魁の日記には近藤の投降から最期までの様子が書かれている。それによると「四月三日の昼、敵兵に不意に襲われた。このとき薩摩の有馬藤太という者が応接として本営にきた。これに土方公が会い話をした。

近藤公と付き添いの野村利三郎、村上三郎が有馬と一緒に板橋の官軍本営へ行った。村上三郎は途中で流山に帰ってきた。この夜、土方は付き添いの両人を連れて江戸に行き、大久保一翁、勝安房の両公と対談した」。

「これにより形勢を察してしばらく江都にいた。このとき相馬主計《そうまかずえ》が大久保、勝、土方公の封書をもって板橋へ行き、近藤公へ渡した。このとき近藤公は官軍の者と議論しており、むろん潔白であるとし、官軍もことごとく納得した。しかしその能力をおそれて謹慎を申しつけた。付き添いの野村と相馬は途中より帰ってきた。同二十五日、板橋で斬られた。近藤公の死に臨む顔色は平生とかわりなく従容《しょうよう》として死につき、見る者は涙を流して近藤公を惜しんだ。実に古今の無双の人傑である」。

投降した近藤は大久保大和と変名していた。彦根藩の記録では「大砲三門、小銃一一八挺を押収、同夜首領大久保大和を越ヶ谷に連行し、翌四板橋へ押込」とある。

そのとき、近藤の前にあらわれたのは、薩摩藩に従軍していた元伊東甲子《かし》太郎一派の加納道之助(鷲雄)と清原清であった。二人は「いや近藤先生こんなところでお会いでき光栄ですなあ」と慇懃《いんぎん》無礼に笑ったという。

翌日、近藤は土佐の上田楠次が護送役をつとめる中、板橋の脇本陣・豊田市右衛門邸に送られた。

投降を聞いた土方は江戸に走り、大久保一翁・勝海舟に嘆願を申し入れたが、失敗に終わった。

土方の奔走もかなわず、近藤の処刑が決まった。処刑当日、白衣姿で一里塚刑場(東京都板橋区)に向かった。

魂魄《こんぱく》天地帰し　この生いずくんぞ涯《はて》あらん　定まって知る泉下の鬼　これ応《まさ》に皇基を護《まも》る

右の詩をのこして近藤の夢は、はかなく散った。

四月五日、新政府軍がまわした回状には「賊兵之長大久保大和、実ハ近藤勇ト申者《もうすもの》ヲ召捕候」とあった。大久保大和が近藤勇であると彦根藩の渡辺九郎左衛門が証言しただけでは、土方の勝への嘆願で解放される可能性があったという。そこで、加納らが近藤の面通しをして見破った。

処刑後の近藤勇

介錯人・横倉喜三次

近藤勇を介錯《かいしゃく》した横倉喜三次《きそうじ》がその経緯を四枚の罫紙につづっている。

横倉家は、寛永八年(一六三一)に美濃国(岐阜県)の旗本・岡田善同《よしあつ》の五三〇〇石の領地を預かり、武術に秀で、武術師範として仕えた。

喜三次は一刀流に加えて、神道無念流を極め、柔術は楊心流だった。この流派は投げ業《わざ》のみならず絞め業、医術も取り入れていた。

明治元辰年二月東征軍トシテ、岡田藩出兵ニ当リ副隊長ヲ命セラレ、同二十日、大垣ニ至り東征総督岩倉殿ニ従ヒ中軍御馬廻リ役ヲ勤メ、三月二日、信州宿滞陣中、賊徒相良惣蔵(相楽《さがら》総三《そうぞう》)刎首ヲ命セラレ、同月十九日、板橋宿ニ於テ賊ノ間諜《かんちょう》歩兵清次郎ヲ取押ヘ相成リシニ付、上板橋山中村ニ於テ、検使ノ上刎首ヲ為ス

相楽は赤報隊《せきほうたい》を組織して戊辰戦争に参加。東山道軍先鋒《せんぽう》隊として進軍し、年貢半減令などを掲げて民衆の支持を得たが、略奪などの行為から最後は偽官軍との烙印が押された。

横倉は、新政府軍に捕えた相楽を介錯した。捕えられたほかの赤報隊の関係者の首も刎《は》ねたという。

手記にみる近藤の最後と首の行方

横倉喜三次の手記には、近藤の最期の詳細がつづられている。

四月三日、総州　流山ニ屯スル賊将近藤勇ヲ東山道大軍監香川敬三、兵ヲ流山ニ進メ謀《はかりごと》ヲ以テ、近藤勇ヲ誘致シ之ヲ擒《とら》ヘ板橋本陣ヘ護送セラレ、岡田藩ヘ御預ケトナルヲ以テ、警護取締役仰付ケラル（横倉喜三次）同月二十五日、近藤勇処刑ニ依リ（板橋宿一里塚）総督府ヨリ太刀取リ仰付ラル、其当時忍城ニ総督警護中ニ付、特使矢野和助、石原甚吾早打チニテ迎ヒニ依リ、直追籠ニテ同道板橋宿到着、検使トシテ軍監脇田頼三出張ニ付着届ヲシ伺ノ上、近藤勇ヘ最後ノ挨拶ヲ為シ、何ニモ申シ遺《つかわ》サルコトナキヤト申シタルニ

また手記によると「宜《よろ》シク頼ムノ一言アリ自若トシテ刑座ニ就ク」とある。近藤は「よろしく頼む」と落ち着いた様子で静かに処刑のときを待ったという。

近藤の首の行方についても詳細にふれている。

其ノ時警護ノ各藩ハ岡田藩ヨリ日根野順平外銃手一六人道中取締役トシテ中村宗七郎、大島堅司、平松外史郎、薩、長、土ノ三藩士数百人並ニ宿役人等（遺体ハ宿役ヲシテ同地某寺院ニ埋葬セシメラル）右首級ハ、首桶ニ入レ御本陣ニ持チ行キ、参謀北嶋仙太郎又々改メノ上、更ニ首ヲ白木綿一反ニテ巻キ、アルコールニテ詰メ、二重ノ檜箱ニ入レ駕籠ニ乗セ、御用荷物ニ仕立テ、翌二十六日早朝、道中取締役トシテ、本陣ヨリ北嶋仙太郎、長州藩片山正作、岡田藩今村半三、矢野和作、付添三限リ昼夜京都太政官ヘ参着

首桶に入れられた首は白い木綿の布でまかれ、檜の箱に二重に詰められて京都に到着した。

同地三条大橋ノ東詰河原ニ、三日間サラシノ上、東本願寺ノ請願ニ依リ、御下トナリ同門主、自ラ大谷

ニ埋葬セラレタリト。二十六日、総督府ヨリ右慰労トシテ、酒肴料二千疋、大軍監香川敬三殿ヨリ金千疋、藩主岡田督之助殿ヨリ金五百疋、軍監宇田栗園殿ヨリ賞詩ヲ賜フ

手記には、近藤の首は、東本願寺の門主が大谷の墓地に埋葬したとある。しかし、その埋葬された場所がどこかは不明である。

また勇の義を重んじた横倉は、介錯で得た褒賞金を投じて法要を営んだ。法要の際の「大和守法会入用覚帳」が横倉家に伝わっている。近藤の最期に立ち会った横倉は、近藤の悲願であった大名「大久保大和守」になる夢を、「大和守法会」という表現でかなえてやっていた。

横倉の愛刀は明治天皇もごらんになった名刀だ。天皇は刀剣に造詣深く、横倉の愛刀を名古屋城で興味深くごらんになったという。

諸説ある遺骸の行方

近藤の処刑の際の辞世には、武士の気概が感じられる。

孤軍援《えん》絶えて浮囚《ふしゅう》と作《な》る
顧《かえりみ》て君恩を念《おも》えば涙更に流る
一片の丹衷《たんちゅう》能《よ》く節に殉《じゅん》ず
睢陽《すいよう》千古これ吾《わ》が儔《ともがら》
他に靡《なび》き今日復《また》何をか言わん
義を取り生を捨つるは吾が尊ぶ所

快く受けん電光三尺の剣
只将《ただまさ》に一死をもって君恩に報いん

近藤の処刑を目撃した養子の勇五郎は、帰村後に叔父・宮川弥七らと相談、近藤の遺骸を引き取る決断をした。四月二十八日夜、近藤を郷里に葬るために雨が降る中、処刑場所を訪れ、番人に頼み込んで遺骸を掘りおこした。勇五郎は用意した棺に遺骸を入れ、近藤の実家の宮川家の菩提寺である三鷹(東京都)の龍源寺へ改葬した。ところが、当時新選組の者が近藤の遺骸を取り戻しに来るというので、遺骸を新政府軍の刑場から移し、滝野村の旧家・石山家の庭に改葬したという。この土地が後に東京都北区の寿徳寺に寄進され、境外墓地となった。そのため、勇五郎が番人から引き取った遺骸は別人ということになる。今となってはわからないが、手厚く葬られた。石山家の話では、近藤が処刑された刑場は分家があった畠の近くで、斬った首が落ちる穴が掘られていたという。遺骸は塚に埋葬され、首は京都へ運ばれた。

初代軍医総監となった、近藤の旧友の松本良順は、明治三十三年(一九〇〇)四月十四日の「医海時報」で近藤の遺骸についてふれており、それによると、遺骸は松本が引き取り、板橋(東京都板橋区)に埋めて墓石を建てたという。

永倉新八が建てた「近藤勇と新選組隊士供養塔」も寿徳寺の境外墓地にある。いずれも、板橋に埋葬したという説である。

三条河原に置かれたのち、会津へ

斬首された近藤の首は、京都の三条河原の晒台《さらしだい》に置かれた。本来首は土型の上に置くものだが、盗まれるという噂が流れたため、五寸釘で止められた。その横に斬奸《ざんかん》状が添えられた。

右は元来浮浪の者にて、初め在京新選組の頭を勤め、後に江戸に住居致し大久保大和と変名し、甲州並びに下総流山において官軍へ手向い致し或《あるい》は徳川の内命を受け候などと偽り唱え、容易ならざる企てに及び候、上は朝敵下は徳川の名を偽り候次第、その罪数うるにいとまあらず、よって刑死に行い梟《きょう》首《しゅ》せしむるもの也

近藤の首の行方は――。新選組の中島登の「戦友絵姿集」には、近藤の首は会津の天寧寺(福島県会津若松市)に葬送とある。同寺にある近藤の墓は、土方が招魂墓として建立し、戒名は松平容保《かたもり》が「貫天院殿純忠誠義大居士」と大名級の名前をつけた。

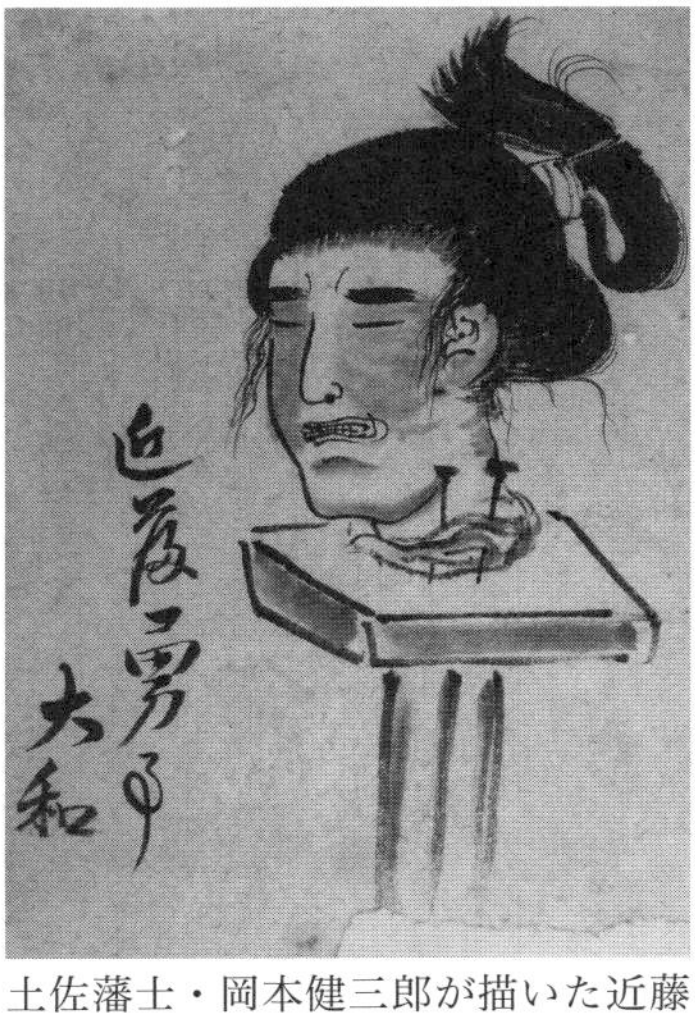

土佐藩士・岡本健三郎が描いた近藤勇のさらし首の図　霊山歴史館蔵

近藤勇の愛刀

近藤は身長一六五センチのガッチリした体格で、特注の愛刀も少し重いものであった。この近藤の愛刀は阿波(徳島県)の刀工・吉川六郎《きっかわろくろう》の作で、霊山歴史館に所蔵される。この刀には戦いで使用した形跡はなかったが、居合術の素振りで使用したのか、かなり柄が擦り減っている。

長さ七五・八センチ、反り一・二センチ、目釘穴二個、重さ九四〇グラム。銘は表に「阿州吉川六郎

源《みなもとの》祐芳《すけよし》」、裏に「慶応元年丑八月日」とある。

銘にある「祐芳」の名は、慶応四年、明治天皇が王政復古の報告と奥羽平定の祈願のために伊勢神宮に作刀を命じた刀工一〇人の中に含まれており、実力者であった。

この近藤の愛刀を所持していた松江豊寿《とよひさ》は、その経緯を伝来覚書に記していた。

近藤所持阿州吉川六郎源祐芳、幕臣新選組隊長近藤勇捕イラレ斬首ノ上獄門トナル一夜下僕首ヲ盗ミ生前ノ愛刀ナリシ、此《こ》ノ刀持チテ会津ニ走リ密カニ葬ル。余《よ》郷土ノ歴史ニ関心アリ諸々ノ寺社仏閣ヲ尋ネシ所コノ史実ヲ知リ首級ノ碑ヲ建テ此ノ刀ヲ受ク。陸軍少将　若松市長松江豊寿

松江の書き付けの通り、近藤の首が天寧寺に埋葬されたことを裏づける「近藤勇の首級奪取、会津へ運ばす」と書かれた書物が見つかった。

松江は明治五年、会津藩士の子に生まれ、仙台陸軍士官学校、第七師団副官を経て日清・日露戦争に従軍。のちに徳島県の坂東俘虜《ふりょ》収容所の所長をつとめた。晩年は郷里に帰って若松市長をつとめ、近藤の墓碑や飯盛山の白虎隊の墓の整備に尽力し、その折に、ある人物から近藤の愛刀を譲り受けたという。

沖田総司、病いに死す

天然理心流の天才剣客

新選組で「四天王」といわれたメンバーは、近藤勇・土方歳三・沖田総司・永倉新八であった。

とくに沖田は天性の才能を持ち、新選組きっての剣客として知られた。名前の読みに関しては過去に「そうじ」か「そうし」かで論争になったこともあった。しかし、幼名が「総司郎」で、東京都日野市の八坂神社にある天然理心流奉納額には「惣次郎」、専称寺(東京都港区)の沖田の墓碑には「宗治郎」、小野路(東京都町田市)の名主・小島為政の日記には「惣二郎」とあり、今では「そうじ」と読みが統一されている。

沖田は天保十三年(一八四二)、江戸麻布の白河藩下屋敷で生まれた。長男に生まれたが、父とは幼少のころに死別した。姉・みつが十四歳のときに井上家から婿を取り、沖田林太郎元常と称した。林太郎もまた白河藩士で、新徴組《しんちょうぐみ》であった。

沖田は九歳で天然理心流の宗家・近藤周斎(周助)の内弟子になった。この流派は実戦に強く、多摩の名主や八王子千人同心(八王子に配置された郷士出身の幕臣集団)の入門が多かった。

積極的に出稽古に出向いた沖田は、他流派との稽古で汗を流し、剣術の腕を磨いた。四代目宗家を継いだ近藤勇が、沖田に宗家を譲りたいと思うほどの腕前にまで成長していた。

沖田の得意業は、速さで圧倒する三段突きであった。相手の首筋めがけて体ごと突いていく。手で押すのではなく、体全体で素早く突き、これを一本の連続突きの技にしたという。

座右の銘は「忠孝」

新選組は思想がない無頼の徒のように思われていたが、決してそうではない。沖田は、天然理心流の伝書にある「忠孝」を座右の銘にしていた。

要約すると「この流派を修める者は、業に死生存亡をかけて取り組み、まず忠孝の心構えを持たなければならない。修業中の未熟な術しかないときは相手の変化に応じて危急にあたる、わが命を刃の下におき、捨て身で戦えば、勝利を納め天下に恥をかかなくて済む。嗚呼《ああ》これが真の勝ちである。したがって、当流の秘術を修業する者はこの志を忘れず、多年にわたって稽古を積むべきである。このことを日々勉め、片時も怠ってはいけない」となる。

沖田は一番隊組長として剣術師範をつとめ、「忠孝」の精神を持ち続けた。流派の免許皆伝には「国を護《まも》り、身を護る。剣術は、中国の故事にもあるように、天下国家を定めるための武備として必要であって、万民の安泰も得られる。天然理心流に入門したからには日々稽古に励まなければならない」と示されている。

若くして試衛館《しえいかん》の塾頭までつとめた沖田の原点は、ここにあった。

病魔に倒れる

元治元年(一八六四)六月五日の池田屋事件のとき、すでに沖田は肺結核を患っていた。志士を斬った際に吐血したため、戦線から離脱し、祇園の会所へ引き上げた。病状はかなり進んでいたようである。

その後も病状はますます悪くなるばかりであった。慶応三年(一八六七)に隊士の浅野薫を粛清したのを機に、その後の活躍はほとんど見られなくなる。

鳥羽伏見の戦いでも沖田は持病で参加できず、松本良順の神田・和泉橋にあった医学所へ入院した。それでも甲州勝沼の戦い(甲州城攻防戦)に再起をかけて近藤に参戦を申し出たが、かなわなかった。

戦うことができなくなった沖田は辞世の句「動かねば闇にへだつや花と水」をのこして、慶応四年五月三十日、ふたたび剣を握ることなく息を引き取った。

戒名は賢光院仁誉明道居士。行年二十七歳。墓は沖田が生まれた屋敷の近くにある専称寺に建てられた。

土方歳三の愛刀「大和守源秀国」

斬味抜群の大業物

新選組の鬼の副長とよばれた土方歳三の愛刀といえば、和泉守兼定《いずみのかみかねさだ》や葵紋入り越前康継《やすつぐ》が有名であるが、もう一振り、大和守《やまとのかみ》　源《みなもとの》　秀国《ひでくに》がある。

長さ六八・五センチ、反り一・四センチ、目釘穴一個、重さ八三〇グラムで、銘文は表に「大和守源秀国　秋月種明懇望帯之」、裏に「幕府侍　土方義豊戦刀　慶応二年八月日　秋月君譲請高橋忠守帯之」とある。

秀国は会津藩お抱えの刀工。斬味は抜群の大業物《おおわざもの》として知られ、近藤勇も多摩の知人の佐藤彦五郎・井上松五郎へ土産として贈っていた。

京都守護職に就任した松平容保が入洛の際、秀国も従って京都守護職屋敷内に鍛錬所を設け、作刀した。

この土方の愛刀も慶応二年（一八六六）八月、特別注文したと思われる。八月に打ち上がっても、それから研師《とぎし》が刀身を研ぎ、鞘《さや》師に鞘をつくらせ、塗り師に漆塗りさせ、刀装具をそろえ、巻師

土方歳三

に柄巻きさせるまで数カ月はかかる。土方は正月用に注文したのだろう。

刃紋は直刃《すぐは》の板目で、鎺《はばき》の位置からわかるように刀身を短くすりあげていた。刀装具の縁金《ふちがね》は「安宅《あたか》の関」での弁慶と源義経の図柄と、とくに土方が好んだ梅。土方の詠んだ「豊玉《ほうぎょく》発句集」では四一首中の四首が梅の歌で、「梅の花壱輪咲ても梅はうめ」は有名だ。

鞘の栗形《くりがた》の位置が鯉口《こいぐち》の近くにつけられている。土方は身長が一五五センチと小柄で手のひらも小さかったと推測される。栗形の位置は指四本分が常寸だが、三本分の位置につけられているのが特徴で、手のひらでの擦れが確認できる。右手で振れるように八三〇グラムと軽く、刀身も短い。だが刀身に比べ鞘は長く、見せ鞘にしていた。

この刀の茎《なかご》に「戦刀」と刻まれていて「いくさがたな」と読む。鳥羽伏見の戦いから戊辰戦争で使用され、柄巻きの糸が傷んだのか巻き直している。

秋月種明と高橋忠守

刀身の茎にある銘「秋月種明懇望帯之」から、会津藩士の秋月種明(登之助《のぼりのすけ》)が、この刀を頼み込んで譲り受け帯刀したとみられる。また「秋月君譲請高橋忠守帯之」とも刻まれており、さらに高橋忠守(巳之助)が秋月から譲り請けている。やはり土方所持ともなれば付加価値がついたのだろう。同志間では、刀の交換や譲り請けが頻繁におこなわれていた。

秋月と高橋の戦歴をみると、秋月は松平容保に従い入洛し、鳥羽伏見の戦いで土方とともに戦い敗走後、大鳥圭介の幕府伝習隊第一大隊長となり、土方は市川の大林院参謀役となった。土方は宇都宮の戦いで負傷し、会津に逃れ東山温泉で三カ月にわたり治療し、このとき天寧寺に近藤勇の墓碑を建立したという。

一方、秋月は会津の母成峠《ぼなり》の戦いで行方不明となり、箱館戦争に参戦しなかった。高橋は武蔵国生まれの幕臣で、秋月の部下として会津戦争に参戦し、その後に土方付属士官隊所属として仙台で入隊。箱館戦争の伝習士官隊第二小隊嚮導役《きょうどう》となり、土方と二股口へ出陣し負傷した。降伏後は川越藩預かりとなった。

土方の愛刀は意外にも北海道で発見された。刀の来歴である「土方義豊氏戦刀寄贈之記」をしたためた糟谷良循《りょうじゅん》は土方の実兄で、糟谷家に養子入りしていた。良循の娘・ゆきは吉野泰之助へ嫁いだ。吉野は北海道へ土方の遺品を探しに行き、そこで地元の友人が偶然、土方の愛刀を見つけ吉野に贈った。糟谷は刀の発見のいきさつをまとめ、土方の追悼文とした。現在、この刀は霊山歴史館の所蔵となっている。

宇都宮城の戦いで、土方奮戦

民衆困惑の中、進軍

勝海舟は、徳川幕府崩壊で火が消えたような江戸の様子を「氷川清話」でこう記した。

(江戸の)人口はざっと百五十万ばかりあった。そのうち徳川氏から扶持《ふち》をもらっておったのはもちろん、そのほか諸大名の屋敷へ出入りする職人や商人などは、みな直接、間接に幕府のおかげで食っていたのだから、幕府の瓦解《がかい》とともにこんな人たちは、たちまち暮らしがたたなくなる道理だ江戸の市民も複雑で、諸大名の屋敷に出入りし食べられた者もいれば、豪商は御用金の名目で、ことあるごとに幕府に苦しめられた。薩摩藩士の黒熊、長州藩士の白熊、土佐藩士の赤熊の冠《かぶ》りものをつけて彰義《しょうぎ》隊と戦う新政府軍に、ひそかに喜ぶ商人が多くいたという。各地の農民は、年貢半減を公約した新政府軍を諸手をあげて歓迎した。

そんな中で新政府軍は板橋総督府の出兵を決定し、宇都宮へ進軍させた。

大軍監：香川敬三、小軍監：平川和太郎、斥候：祖式金太、同：有馬藤太、同：上田楠次、同：南部静太郎、斥候隊：彦根藩二小隊、須坂藩一小隊、岩村藩一小隊、岡田家一小隊

慶応四年（一八六八）四月十八日早朝、土方歳三と旧幕府先鋒軍の秋月登之助（種明）は一〇一四人を率いた。土方は下館《しもだて》（茨城県筑西市）から進軍し宿陣地の蓼沼《たでぬま》（栃木県上三川町）に入り、城下の探索をはじめた。十六、十七日の旧幕府軍との小競り合いで、小山から引き揚げてきた新政府軍の香川は、十八日、近隣の諸藩へ援軍要請をかけた。

城を奪取

土方の配下の島田魁の日記には「脱走軍の陣容を整え、三千余人が同所に集まった。ここで土方公、大鳥公、秋月公が評議し、大鳥公の第二大隊の七連隊等が本道から宇都宮城へ向かった。土方公と秋月公は第一大隊、回天隊、桑名士官隊を率いて水海道より宗道村に至った。軍監の井上清之進、峯松之介、倉田巴、私（島田）の四人は東照神君（東照大権現）の白旗を翻し」とある。

新選組は、輪王寺宮（のちの北白川宮能久《よしひさ》親王）が「東照大権現」（徳川家康）と大書した二大幟をひるがえし、進軍した。この大幟の一旒《いちりゅう》は霊山歴史館蔵になっているが、島田は激戦になると体に巻き、小銃で撃たれた

新選組の大幟
霊山歴史館蔵

際にできたとみられる小銃弾の痕がのこっている。

土方は大幟をもって下館藩の石川若狭守と交渉した。石川若狭守は幕府に加担するといいながら出兵は渋り、最後に二〇〇両を出し、これでおさめてほしいと言い出した。その裏では、小藩の苦しさから、新政府軍総督府に書状を送り、新政府軍へ歯向かうものでないと哀訴していた。

一方、土方と決別していた永倉新八は、靖兵隊《せいへい》をもって参戦していた。

永倉の手記には「靖兵隊は岩井宿をへて室宿へすすみ、小山の官軍(新政府軍)をやぶって(四月)十九日、鹿《か》沼《ぬま》宿(栃木県鹿沼市)に着いた。そこへ幕兵をひきいる大鳥圭介が会津の秋月登之助のひきいる同藩兵に合して、明朝、宇都宮を攻めるというて、おしよせてくるのにあった。靖兵隊もこれに合して翌早朝、大砲二門で城中にうちこみ三隊を両面にわけて猛烈に攻めた」とある。

このとき永倉は抜刀し、城兵に斬り込んだ。あわてた城兵が敗走しながら三〇〇〇両の軍用金を濠《ほり》に投棄したのをみて、永倉は引き上げた二〇〇〇両を大鳥に渡し、一〇〇〇両を自ら軍資金にもらい受けた。四月二十日早朝、大鳥が宇都宮城へ攻めたとあるが、すでに陥落したあとであった。

城下は火の海

土方は前日の四月十九日早朝、宇都宮に進軍した。敵は城外東南から攻めてきた。土方は一気に突破、城に迫り激戦となった。旧幕府兵士の臆病者が逃げ出そうとした。土方は「退く者は斬る」と一喝し斬り伏せた。ついに宇都宮城は陥落したが、折りからの突風にあおられて城下は一面火の海となり、二〇〇〇戸が焼失。土方は蓼沼に戻った。

翌朝、土方が入城すると大鳥隊が先に来ていて、戦勝でにぎわっていた。大鳥隊は焼け出された者に救済米を配給し、一部の農民が減税を嘆願したところ、投獄されていた者を解放した。

第十一章　戊辰戦争と箱館戦争

軍艦引き渡しを拒否した榎本武揚

新政府海軍より勝った旧幕府海軍

慶応四年(一八六八)四月十一日、江戸城の明け渡しは、西郷隆盛と勝海舟の英断によってなされ、百万都市の江戸は焦土から免れた。まさに日本人の英知だった。

この明け渡しの条件に旧幕府海軍の艦船の引き渡しが含まれていた。幕府の海軍副総裁・榎本武揚《たけあき》は、旧幕府海軍の所有軍艦の引き渡しを拒否した。

旧幕府海軍は新政府軍海軍より軍事力では勝っていた。ペリー来航以来、幕府は海岸防備などと共に長崎海軍伝習所を開設。オランダ人教官を招き航海術、造船学、機関学などをここで勝海舟も学んだ。このときオランダから練習艦として寄贈を受けた観光丸をはじめ、新造船の咸臨《かんりん》丸・朝陽丸が乗組員養成に使用されていた。

また幕府の御用船方が瀬戸内に存在した。香川県から岡山県にかけての塩飽《しわく》諸島は繁栄を極め、この地の塩飽大工は船大工として技術力が高かった。

勝が咸臨丸で太平洋横断に成功したのは、とりもなおさず水夫五〇人の乗組員のうち三五人が塩飽出身の船乗りだったからだ。

西郷、四隻のみの引き渡しで決着

旧幕府軍艦八隻のうち、開陽丸・回天丸・蟠龍《ばんりゅう》丸・千代田形はどれも性能は抜群だった。

開陽丸は二五九〇トン、砲二六門で幕府がオランダで製造させた軍艦。愛称は「夜明け前」であった。木造帆船で長さ七二・八メートル、幅一三メートル、三本マストの蒸気コルベットであった。

回天丸は一六七八トン、砲一一門でプロイセン(ドイツ)で製造され、イギリスで機関が改装された。木造船で長さ六九メートル、幅一〇メートル、外輪式コルベットであった。

蟠龍丸は三七〇トン、砲四門、イギリスのビクトリア女王より幕府に贈られた木造船で長さ四二・二メートル、幅六・四メートル、スクーナー型蒸気船だ。

千代田形は一三八トン、砲三門、幕府が石川島造船所で造船した初の軍砲艦で、長さ三一・三メートル、幅四・八メートルであった。

西郷と榎本の交渉で、すべての軍艦を新政府側へ引き渡しするはずが、なぜか西郷は譲歩し、旧艦船の富士山丸(一〇〇〇トン、砲一二門)・朝陽丸(三五〇トン、砲一二門)・観光丸(四〇〇トン、砲六門)・翔鶴丸(三五〇トン、砲四門)の四隻のみで決着した。

四隻だけの引き渡しに不満を抱いた薩摩藩士の飯牟礼《いいむれ》喜之助は、西郷に「老朽のくされ船のみ朝廷に献納せしむるは、さても何の理由ぞや」と問いただした。

すると西郷は「今もし我に良艦を取り、彼に劣等の艦のみを与えんか、朝廷は軍艦の欲しさに良艦をむさぼりといわん。もはや勝敗の大局は決せり、彼に良艦を与うるはもっとも公平の事にあらずや」(薩藩海軍史)と答えた。

西郷は鳥羽伏見の戦いで、旧幕府軍から戦利品を得ることを禁止したといわれ、新政府軍が略奪するために戦争をしたのではないことを示した。西郷は旧幕府軍からすべて没収することに抵抗があり、榎本らが蝦夷地《えぞち》(北海道)で開拓事業に艦船を使えばと考えたのだろう。

榎本は旧幕府軍による新国家樹立の夢を抱き、のこりの艦船を使って新天地の蝦夷地へ向かうつもりでいた。榎本は旧幕臣らの救済の道を模索していた。五月二十四日、新政府は徳川家の処遇について、当主を徳川家達《いえさと》とし、駿府(静岡県)七十万石と決定した。すべての旧幕臣の救済はできず、榎本は蝦夷地開拓の計画を立て、家達の駿府入りを確認してから計画を実行に移すつもりでいた。

榎本は新政府が蝦夷地開拓を認めなかったとしても、旧幕府海軍をもって強行するつもりでいた。その後、西郷は艦船を榎本に与えたことを悔やむ戦いが、おこることになる。

奥羽越列藩同盟――盛り上がるも戦況一変で崩壊

会津藩追討の命

慶応四年(一八六八)一月十七日、東征大総督の有栖川宮熾仁親王《ありすがわのみやたるひと》から仙台藩主の伊達慶邦《だてよしくに》へ命令書が出された。仙台藩に会津藩を討てというその内容に、藩内では戸惑いの意見が交差した。このころ、米沢藩(山形県)にも同じ命令書が届いた。容保は慶喜と相談の上、自ら隠居して家督を養子の喜徳に譲り、謹慎した。しかし、大総督は容保の首、領地のすべての返上を求めていたという風聞が流れていた。

庄内藩（山形県）は会津藩擁護派で、徳川の威信にかけて行動し、三田の薩摩藩邸焼き討ちを実行し、鳥羽伏見の戦端を切ることになった。藩主・酒井忠篤《ただずみ》が江戸を引き上げる際、幕府艦を使い武器弾薬を国元に持ち帰ったほか、新徴組《しんちょうぐみ》を随行させ、大総督府に抗戦の姿勢を崩さなかった。大総督府の出兵命令にも、徳川の臣としての主従関係を楯に断った。

新政府軍は九条道孝の奥羽鎮撫《ちんぶ》総督の任命に際し、庄内藩・会津藩の追討を目標としていた。

会津藩と庄内藩、同盟のために動く

奥羽越《おううえつ》列藩同盟の結成の発端は、会津藩の救解だった。仙台藩は会津藩の救解に奔走した。救解とは「幕府すでに勅を報じて長州の罪を問う、今将《はた》すべからず」のことで、仙台藩も会津藩に同情的であった。

慶応四年三月に入り、奥羽鎮撫総督の九条は仙台入りし、会津征討を厳命した。仙台藩は使者を会津藩に送って降伏の件で交渉し、四月には、会津藩の藩主父子の謝罪、首謀者の処刑、領地削減で折り合いがついた。

しかし、鎮撫参謀の世良修蔵《せらしゅうぞう》らは会津を「天地に入るべからざる罪人共」と無理難題を押しつけた。そのため閏四月二十日、世良は仙台藩士らに斬殺された。

四月十日、会津藩と庄内藩は同盟のため動きだした。会津藩主松平容保《かたもり》の命を受けた会津藩士の南摩《なんま》八之丞（綱紀《つなのり》）が庄内藩へ行き、松平権十郎と会談。このとき松平は同盟に仙台・米沢を加えての全国の平定を熱く語った。後に越後（新潟県）の長岡藩らも加わることになった。

実は会津藩と長岡藩は、慶応二年、薩長同盟の成立直後に、すでに両藩の間で同盟の話し合いがあったが、長岡の藩論が決まらず流れた経緯があった。

会津藩・庄内藩が抗戦的なのに対し、仙台藩・米沢藩は穏健的で、奥羽各藩の結束をもって、公議政体論を実現しようと考えた向きもあった。

同盟の条約

奥羽越列藩同盟の内容は次のようなものだった。

今度、奥羽列藩、仙台に会議し、鎮撫総督府に告げ、もって盟約、公平、正大の道を執り、心を同じくし、力を協せ上王室を尊び、下人民を撫恤し、皇国を維持し、宸襟《しんきん》を安んぜんと欲す。よって条約左のごとし。

一、大義を天下に伸ぶるをもって目的となす。小節、細行に拘泥すべからざる事

一、同舟海を渉るがごとく、信をもって居り、義をもって動くべき事

一、もし、不慮、危急の事あらば、比隣の各藩速やかに援救し、総督府に報告すべき事

一、強を負うて弱を凌ぐなかれ。私を計りて利を営むなかれ。機事をもらすなかれ。同盟を離間するなかれ

一、城堡《じょうほ》を築造し糧食を運搬するは、やむを得ずといえども、漫《みだ》りに百姓をして労役、愁苦に勝《た》えざらしむるなかれ

一、大事件は列藩集議し、公平の旨に帰すべし、細微は則ちそのよろしきに随うべき事

一、他国に通謀し、あるいは隣境に出兵する、皆同盟に報ずべき事

一、無辜《むこ》を殺戮《さつりく》するなかれ。金穀を掠奪するなかれ。およそ事不義に渉らば、厳刑を加うべき事右の

条々、違背する者は、列藩集議し、厳刑すべきものなり

同盟は一時的に盛り上がり、薩摩・長州を迎え討つ機運があった。ただ大総督府は天皇政府軍でもあり、天皇に矛先を向けるものは朝敵。さらに仙台藩と米沢藩の間にずれが生じ、戦況が一変すると崩壊する同盟であった。

河井継之助、奥羽越列藩同盟の表明を決断

藩の生きのこりをかけて、冷静沈着な姿勢

越後国（新潟県）長岡藩の初代藩主・牧野忠成は徳川十七将のひとりの譜代大名だった。歴代藩主は徳川家の忠臣ばかりであった。

上席家老の河井継之助《つぐのすけ》は、弱小藩七万四千石の生きのこりをかけて、決断を迫られていた。

河井継之助

河井は文政十年（一八二七）、勘定奉行の河井代右衛門の子と生まれ、名は秋義、蒼竜窟と号した。藩政改革を断行し、中島に兵学所を設け、フランス式調練を採用した。兵士の食糧はパンを導入し、製造までしていた。江戸の藩邸所蔵の美術工芸品を売却し、最新式の連発機関銃であったガトリング砲を購入した。

江戸で米の価格が暴落すると買い占め、箱館で売りさばき財政難を乗り切るなど、経世済民を実践し高い評価を受けた。

かわいかわい(河井)と今朝までおもい今は愛想もつきのすけ(継之助)

一方、藩内の保守派からは河井は冷遇され、からかわれていた。

長岡藩は中立を貫こうと、河井は新政府軍の討幕論に真摯に向き合った。

会津藩の佐川官兵衛は越後に乗り込み、河井と閏四月中旬に会談を持った。河井は佐川が精兵八〇〇人を引き連れて領地に入り込むことは、はなはだ迷惑であると伝えた。「長岡藩はあくまで中立であり、迅速に退去してほしい」。佐川は河井に「それは本心か」と詰め寄った。武闘派の佐川に対し、河井は冷静沈着で歯車がかみ合わなかった。

小千谷へ使者送り、東征軍と会談へ

北越の戦いがはじまる前に、東征軍は長岡藩に対し、三万両の軍資金を献金するよう命じたが、これを河井は無視した。東征軍は閏四月二十七日、小千谷《おぢや》(新潟県小千谷市)の慈眼寺に本営を置いた。小千谷は会津藩の領地で陣屋があった。

『戊辰北越戦争記』(野口団一郎著、明治二十六年)にはこのあたりの状況がくわしくつづられている。

「河井は花輪彦左衛門を小千谷に遣《つか》はし、重役河井継之助なるもの哀訴の筋之あり、出頭致し度、許容之有《これある》べきや否やを伺はしめ、且官軍の模様を視察せしむ」とあり、東征軍は花輪を歓待し河井の申し入れを許可し、花輪は安心し長岡に戻った。

花輪は長岡の蒼柴《あおし》神社の用人で、銃士隊長をつとめていた。花輪の報告に河井は豁然《かつぜん》として大いに悟り、六日市（新潟県長岡市）地方の兵を摂田屋（長岡市）の本陣に退却させた。新調の大砲は光り輝くので樹木の間に隠し草をかぶせた。血気盛んな兵士は河井の姑息《こそく》な作戦に不満をもらした。

河井は大川隊の加藤一作・小林寛六郎を「一兵卒にして、軍機にくちばしを容《い》るべきものにあらず。もし強て言論せば、藩籍を剝奪せん」と叱責したため加藤も憤慨した。河井は言い過ぎたと謝罪した。

軍監・岩村の態度により、会談は決裂

五月二日、河井は長岡藩士の二見虎三郎と従僕の松蔵を引き連れ、摂田屋本陣を出発した。いよいよ談判が慈眼寺の本堂でおこなわれた。

「直に面談を許され、監軍岩村精一郎（高俊）を始め、諸隊長左右に列席し、頗《すこ》ぶる荘厳に装う。河井先《ま》づ言を発して曰く。今日の時態ほぼ了知せざるあらずと雖《いえ》ども、特に北越に出兵ありて、弊藩如きを召さるるは、抑も何んぞや。希《こいねがわ》くは嘆願書爰《ここ》にあり。閲覧を経ば幸甚なりと」と河井は嘆願を伝えようとした。

応対した岩村は土佐藩士で、土佐陸援隊として活躍した。坂本龍馬・中岡慎太郎が暗殺されると、紀州藩の三浦休太郎が黒幕とみて、天満屋を襲撃した。北越の戦いでは東山道軍応接係となっていた。

藩主・牧野忠訓《ただくに》の嘆願書を河井が渡そうとした。内容は会津藩を説得するものであったが、岩村は単なる時間稼ぎと、聞く耳をもたなかった。

岩村は慇懃《いんぎん》無礼な態度で、河井が懇願すれども、「いまさら出兵のことは無用である。早く帰って恭順をあらわすよう藩兵を集めよ、いまさら嘆願書をみるべき必要はない」と言い放った。河井は岩村の袖をおさえたが振り払い、岩村は席を蹴った。

小千谷の会談は決裂した。河井は旅宿で思案にくれた。翌日、小千谷を後にした。五月四日、摂田屋の陣営でついに奥羽越列藩同盟の表明を決めた。

岩村の評価は東山道軍でも悪く、毎朝、贅沢な膳を村の娘に作らせ食べていた。これを見た山県有朋は激怒し、土足のまま膳を蹴り飛ばした。晩年、品川弥二郎が「弱冠二十四歳の岩村の小僧を出さずに、黒田清隆か山県有朋が河井と会談していれば、戦いは回避したかもしれず残念」と回想した。

岩村も述懐し「(河井のことを)ざらにある門閥家老並みにみて、談判の仕様もあったであろうに頭ごなしに斥《しりぞ》けた。談判が決裂したのちも河井は幾度となく面談を乞《こ》うた」と悔やんだ。

長岡の戦い――新政府軍への憎悪

長岡藩内に戦闘ムード漂う

河井継之助は、攘夷は不可能であり、外交を重んじ殖産興業、富国強兵策をもって、政道を刷新するという斬新な考えをもって新国家構想を唱えていた。また壮士たちの乱暴を戒めるべきだと言っており、東山道軍ともあえて戦うつもりはなかった。だが、河井が東山道軍と小千谷会談で決裂し、長岡藩内はきな臭い戦闘ムードが漂いはじめた。

「薩摩・長州をまないたにのせて　大根切るようにチョキチョキと」と藩士は東山道軍憎しと囃《はや》し立てる。

五月十日、東山道軍は信濃川西側の三仏生《さぶしょう》村(新潟県小千谷市)に布陣した。長岡藩兵と対峙したが五月十一日、あいにくの雨天の中、長岡の戦いの火ぶたが切られた。

朝日山、榎峠は長岡兵が地の利を活かし占領していたが、東山道軍の銃器は勝るも、攻めあぐねていた。東山道先鋒総督軍参謀の山県有朋(狂介)が指揮を握っていたが、信頼していた友人の時山直八が戦死するなど、八方塞がりで嘆き、詠んだ。

越後国にて有朋戦ひけるとき　仇《あだ》守る砦《とりで》のかがり影ふけて夏も身にしむ越の山風　うち出す筒の煙の
かきくもり玉はあられの心地のみして

山県は奇兵隊を投入する一方、信濃川は増水し渡れるか否かで戦況が変わると判断し、小舟を用意し奇襲作戦をたてた。薩摩兵はこれに猛反対し、長州兵の単独での朝日山の敗戦を引合いに出し批判した。

そこで山県は柏崎本営へ走り、薩摩の黒田清隆と会談し「長岡の勝敗が天下分かれ目の関ケ原になる」と訴えた。黒田は奇襲作戦を認めるかわりに薩摩、長州兵の共同作戦にすべきと求めた。これを山県は受け入れたが長府《ちょうふ》藩報国隊の三好軍太郎に宛てて「事情不可なるものあれば、必ずしも渡河を試みるにおよばず、余(山県)は別に長岡城攻略の手段を講ずるであろう」と伝えた。

だが、山県の五月十八日の作戦は、長岡兵に見つかり失敗し、薩摩兵からは嘲笑された。それでも三好はあきらめず、強硬作戦を続けた。濁流にのまれるか、狙い撃ちで死すかのどちらかで、死を覚悟し長岡城をめざした。

長岡落城

三好らの報国隊は、五月十九日暁、信濃川の濃霧をつき、対岸の寺島(長岡市)にたどり着き、銃撃戦を繰り返した。守っていた長岡兵は、老兵二〇人ばかりであった。三好は一〇〇人の兵を二手に分け、砲撃しながら進軍し長岡城下に入った。

長岡藩は十五〜十八歳の予備隊一五〇人で防戦したが、少年隊のため戦闘経験不足であり、兵学所を焼き、神田口御門まで後退した。薩摩兵は長州兵を意識し、小銃隊を縦列して激しく撃ち込んだ。長岡予備兵は薩摩兵の黒のダンブクロの調練服をみるや、蜘蛛の子を散らすように逃げ去った。

長岡藩兵が重臣に作戦の指示を仰ぐと、家老の牧野図書の言葉に啞然とした。

両殿様(前藩主・牧野忠恭《ただゆき》、藩主・忠訓)は立ち退き遊ばされ、各所に火の手が上がり候ては、防戦もできかね候につき、ひとまず立ち退きて戦いを致すほかなき

牧野が蚊のなくような声で告げると、藩兵は城をすて、東山の方に退却しはじめた。このとき、河井は落城の知らせを受け、望月忠之丞を連れガトリング砲一門と一大隊を率い、ガトリング砲を大手門口に据え薩摩・長州兵に応戦した。自らガトリング砲を連射したが、左肩を小銃弾で撃ち抜かれた。長岡兵は硝薬庫に火を放ち、爆死する兵士もいた。

河井継之助の長岡城奪還作戦

危険おかしてでも奪還を熱弁

河井継之助は慶応四年(一八六八)七月十七日、栃尾(新潟県長岡市)にある長岡藩仮本陣に、奥羽越列藩同盟

の諸軍幹部を召集し、軍議をひらいた。そこで河井はある作戦を提案。「七月二十日夜に八丁沖《はっちょうおき》(長岡市)を強行渡河して長岡城を奪還する」と言い出した。八丁沖は底なし沼で反対の声が出たが、危険をおかしてでも長岡城下へ攻め入り、奪還したいと熱弁したという。

河井の作戦では七月十九日昼ごろから平野部で戦っている米沢・仙台・会津各藩の兵士を、山間部で戦っている長岡藩兵と総入れ替えした上で、長岡兵が八丁沖から対岸の宮下村付近へ上陸。一気に長岡城下に奇襲作戦を展開して、長岡兵に米沢兵を投入し勝利に導くというものであった。

作戦当日の七月十九日はあいにく暴風雨。これが幸いし、敵兵に見破られることなく米沢兵らと長岡兵の配置転換に成功した。翌日は天候に恵まれたが昨夜の増水で、八丁沖は見渡すかぎり湖になり渡ることはできず、河井は七月二十四日に作戦延期を諸軍に通達した。だが米沢兵にはどうしたことか伝達されず、米沢兵らは河井に対し憤慨したという。

河井は七月二十四日昼に諸軍を集め、兵士に作戦の軍令書と肴代《さかな》に金二朱、餅、弾薬方から弾丸一〇〇発、青竹一本が渡された。兵士の中には、どうせ死ぬ身と宴会をひらき、酒を酌み交わす兵士もいたという。

軍列二キロ、八丁沖を強行渡河

長岡城奪還作戦にくわしい稲川明雄氏によれば「午後六時に太鼓の合図で見附の本陣に兵士六九〇名が召集され、出陣に際しての作戦が大隊長から告げられた。夜に八丁沖の北に位置する四ッ屋村に着いた。前哨兵が前から地元の農民を使い渡渉路をひそかにつくり、水深のあるところは稲舟をつなぎ、浅瀬は青竹に目印の布をつけ道標にした。満月に近い月が雲間から見え隠れするようになり、そのつど兵士は息を潜め立ちすくんだという。八丁沖の南北四キロを渡り二キロの軍列ができた」という。

七月二十五日午前四時、作戦に随い先陣をきって、大川市左衛門隊がひそかに上陸を開始した。前哨兵の鬼頭熊次郎がライフル銃を背負い抜刀して敵陣の新政府軍に近づいたところ、薩摩兵に狙い撃ちされ被弾した。この発砲を機に太鼓を打ち鳴らし、奇声をあげて斬り込み、銃撃戦となった。長岡兵の四斤旋条砲《きんせんじょう》は二門で三時間にわたり六〇〇発を撃ち放すほどであった。

長岡兵は新政府軍に銃剣で立ち向かうに際し「死ねや死ぬや」と叫び突撃した。このとき、薩摩十三隊の軍監、牧野正之進が斃《たお》れたため、指揮系統がくずれ敗走していった。

河井は長岡城へ長岡兵らと軍列を整え、町口御門から入城し奪還に成功した。河井の作戦に不満をもっていた米沢兵の姿はなかった。城内は見る影もなく荒れ果てて、三の丸役所に本陣を置いた。河井は朝日が昇るのを見て涙をこぼしたという。

河井の死

河井は城内を出て新町口に向かう途中で銃弾を受け負傷した。河井の従者の外山脩造《とやましゅうぞう》は目撃し「河井さんも左側の雁木から右側に移ろうとして、往来におでになったところへ、思いがけなく丸が飛んできて、河井さん左足の膝下にあたった。二歩、三歩ヨロヨロとして、ほとばしる鮮血と一緒にお倒れになりました」(河井継之助伝)。

余談だが従者の外山は、日頃から河井の経済思想を受け継ぎ、維新後は実業界に入り、日銀大阪支店長、阪神電鉄初代社長になるなど関西経済に多大な足跡をのこした。

河井の負傷で戦力は落ちていった。長岡城奪還三日目には、新政府軍が十日町《とおかまち》に進軍してきて放火した。

七月二十九日、参謀の山県有朋は一二〇〇人を超える兵士を三方にわけ、長岡兵と激戦の末に勝利した。その後も奥羽越列藩同盟の兵士は各地で敗走し、会津へ落ちていった。

河井は足の負傷で歩行が困難となり担架で運ばれ、吉ヶ平の庄屋屋敷に投宿した。まわりの兵士に八十里越えで、会津に落ちて再起をかけるべきと説得され、それを受けいれた。

河井は越後を何度も振り返り「八十里、腰抜け武士の越す峠」と詠んだ。八月五日、会津の只見《ただみ》(福島県)に入り、八月十二日には塩沢の医師・矢沢宗益に治療を受けたが完治せず「我れ死なば、之(身体)を火せよ」といい、八月十六日に死んだ。行年四十二歳だった。

同盟軍と新政府軍、越後での攻防

新徴組が善戦、庄内藩兵とともに矢島で勝利

慶応四年(一八六八)七月二十日、庄内藩主の酒井忠篤《ただずみ》は海道口の久保田から鶴岡(山形県)の間の状況を視察し、庄内藩兵を激励した。その後藩主自ら軍議をひらき、海道口の反攻計画が決定された。これによって庄内兵は三番大隊、四番大隊の編成で守備の地域分担を決めた。

三番大隊は酒井兵部が街道筋を固め、四番大隊長の水野藤弥は新政府軍の守備の弱い鳥海山《ちょうかいざん》の東側から矢《や》島《しま》領(秋田県由利本荘市)を急襲し、三番大隊と街道で合流する作戦をたてた。四番大隊の斬り込みは新徴組《しんちょう》、新整組があたることになった。新徴組は旧幕府の江戸市中取締役をつとめたが、過激派で放火・略奪を繰り

返した末、西郷隆盛の挑発にのって江戸・三田の薩摩藩邸を焼き討ちしたことが、戊辰戦争の引き金となった。新徴組は江戸からの引き揚げの際は庄内藩とともに行動していた。

新徴組が作戦をたてた矢島は、山道口、海道口を結ぶ重要な位置にあり、補給基地に最適でここを押さえるかで戦況は一変する。新政府軍は矢島に通じる本道を警戒していたが、鳥海山は無防備に近かった。新徴組三小隊は、最少の食糧と弾薬で二〇〇〇メートル級の鳥海山の山頂から下る作戦を決定した。

七月二十七日、四番大隊の主力部隊が進軍し、新徴組は細い山道を登り鳥海山頂の大物忌《おおものいみ》神社で野営し焚火で暖をとった。村人が山頂の赤い火をみつけ噴火と勘違いしたという。

翌日早暁から新徴組は下山しだした。途中で新政府軍兵士と遭遇したが、攻めたてると蜘蛛の子をちらすように矢島の方へ逃げていった。矢島には秋田兵と矢島領兵が固めていたが、新徴組はなんなく鎮圧。新徴組が矢島の村に放火したため、矢島領主の生駒親敬は陣屋を自焼し、兵士とともに落ちていった。

庄内兵と新徴組は矢島を陥落させ、新政府軍はまさかの敗北で重要拠点を失った。

庄内藩・矢島の戦いの図　霊山歴史館蔵

新潟港は新政府軍に

庄内兵が矢島で勝利していた七月二十八日、越後の要のひとつ、新発田《しばた》藩（新潟県）がいとも簡単に新政府軍に落ちた。新発田藩は当初、奥羽越列藩同盟に加わったが、勤王色の強い藩だった。そのため新政府軍に投降したばかりか軍艦を新潟港へ導き入れた。これは寝返り以外のなにものでもなかった。

> 君（会津藩士・佐川官兵衛）は長岡城が陥ちるや、八月一日、各部隊を部署し、与板を攻撃せんとすでに陣所を発せんとするに当たり、東海岸に火のあがるのを見る。しばらくして飛報あり、新発田二心を発し、西軍（新政府軍）を松ヶ崎に上陸せしめ、水原、新潟などを略取せりと。すでに前後に敵を受ける。君すなわちこの方面の軍隊をあげ三条に退き、加茂に移る。米沢、庄内などの兵は各その郷里方面に向けて退却して帰路に就く（佐川官兵衛君之伝）

新潟港は軍事港であり、押さえられたことは会津にとって痛手だった。

戦死は米沢藩が二六人、負傷一七人、仙台藩が負傷二人、会津藩の死者などは不明。新政府軍の戦死は四人、負傷一三人だった。八月一日早朝から会津・長岡兵の撤退がはじまり、栃尾から八十里越えで会津若松へ敗走していった。その後、軍議がひらかれ会津・庄内・桑名の各藩が集まったが、米沢藩の姿はなく米沢の千阪高雅《ちさかたかまさ》総督は戦いを放棄し、諸軍への何の言葉もなく本国へ引き上げてしまった。これにつづき仙台・村上・上ノ山・水戸の各藩兵が敗走した。

八月四日、会津二隊、桑名二隊、庄内一隊で五〇〇人、これに対し新政府軍四〇〇〇名であった。

余談だが、戦いを最も深刻に受け止めたのは、横浜の外国人商人で新潟の高級生糸が輸出できなくなることを懸念していた。これは、輸出先のフランスにとっても頭の痛い問題であったが、思ったほどのことはなく安堵したという。

角間川の戦いで新政府軍が大敗

新政府軍は神宮寺(秋田県大仙市)に本営を置き、南の大曲《おおまがり》、角間《かくま》川に一部の兵が駐屯した。これに対し、庄内藩の一番大隊、仙台隊は羽州街道を進軍した。

八月十三日、庄内藩二番大隊は角間川の作戦を決め、先陣を仙台・一関《いちのせき》(岩手県)両藩がつとめたが戦いに不慣れだった上、装備も整っていなかった。早朝から新政府軍の秋田藩茂木隊と仙台藩の間で火ぶたがきられた。秋田兵は地の利から有利に戦いを展開し、仙台兵を四方から攻め、仙台兵は敗走し出したが、新政府軍は追撃しなかった。

午後になり主力部隊の庄内兵は、諸隊を立て直し反撃にでた。新政府軍は退却しはじめ、苦肉の策で後方の雄物《おもの》川の渡しに何艘もの船をつなぎ仮設の橋にした。新政府軍が渡るつもりが、地元の農民が殺到した。その上船の綱が切れ、新政府軍隊長の介川敬之進ら五三人が戦死したが、その多くが溺死だった。ほかにも、多くの農民が死んだ。角間川の戦いは新政府軍の大敗だった。

庄内藩が降伏し、鶴ヶ岡城も開城

八月十八日、新政府軍は西南諸藩を結集した。その中でも佐賀藩の鍋島上総《かずさ》(茂昌《しげはる》)はアームストロング砲を海道口へ備え、佐賀兵を主力部隊に秋田兵も加わり雄物川右岸にも配備した。勝ち続けの庄内兵は、同じ作戦で雄物川右岸を攻めたが、佐賀兵の強力な銃砲隊に阻まれ、庄内兵らは退却せざるを得なかった。新政府軍は羽川を押さえた。この日、日本海からの薩摩の軍艦・春日丸の艦砲射撃が功を奏した。庄内藩は海岸の兵士を山側にも分散させ、必死に反撃した。

八月二十三日、薩摩は増援部隊五小隊を投入した。この部隊は西郷隆盛が薩摩に戻り編成したもので、士気が高く重要地点の山道口で善戦した。さらに薩摩兵は大曲の奪還をめざし進軍した。庄内兵は小部隊を再編成し、夜襲作戦で薩摩の宿営地を襲い武器弾薬を奪うとともに、隊長の島津新八郎を捕虜とした。新八郎は島津家の血筋で、毅然《きぜん》として自らの愛刀での斬首をのぞんだ。行年二十九歳だった。これにより新政府軍は敗北した。

その後、新政府軍に庄内兵は椿台・長浜（いずれも秋田市）で敗れ、急速に戦力にかげりがみえた。米沢・仙台藩が降伏し、つづいて庄内藩も降伏した。十月二日、庄内藩の藩庁・鶴ヶ岡城も開城、新政府軍三六藩一万五〇〇〇人が城下に入った。西郷隆盛は藩主の酒井忠篤に謹慎させ、「武士が一度兜《かぶと》を脱いで降伏したからには、その心配はない。謀反すればまた来て討てばよい」と寛大な処置をとった。

白河の攻防――新政府軍、苦戦の末に奪還

会津藩兵、白河城を占拠

白河藩の実情はいささか複雑だった。藩主の阿部正外《まさと》は老中職のとき開港策の責任をとり、慶応二年（一八六六）に罷免され蟄居《ちっきょ》し、十月には息子の正静《まさきよ》は白河藩（一〇万石）から棚倉藩（六万石）に移封を命じられた。だが、幕府に延期を申し出てごたごたしている間に、白河藩主になるはずだった棚倉藩主の松平康直は武蔵

国川越（埼玉県）に国替えさせられた。幕府は正静に白河の返還を命じたため、小名浜《おなはま》代官の管理となった。白河城（福島県白河市）はいわば空き城になっていた。

新政府軍は仙台藩に会津征討を命じたが、会津を討つ明確な征討の理由もなく、仙台藩は返答を渋った。会津藩主の松平容保は新政府軍に恭順謝罪書を出して、会津に謹慎した。それでも新政府軍は会津征討の作戦を練り出したので、会津藩としても藩内に抗戦の士気が高まった。

奥州の入り口にある白河城は二本松藩（福島県）の兵が、新政府軍に備えて守っていた。しかし二本松兵は会津兵にめがけて発砲した。「（会津が）『貴藩（二本松）とは密約があるのに何事か』というと、『（新政府軍から）嫌疑がかけられないように攻撃した。了解してほしい』」（会津戊辰戦争）。

慶応四年（一八六八）閏四月二十日、会津藩兵は白河城に入城し占拠した。城内で奥羽列藩の軍議がもたれ、新政府軍寄りの二本松、棚倉、三春は会津救解に賛同し、奥羽同盟軍の援軍となることとなった。この知らせをうけた新政府軍参謀の伊地知《いじち》正治は、ただちに芦野（栃木県那須町）へ進軍し四月二十四日に入った。

新政府軍の動きを察知した白坂口（福島県白河市）の会津新選組隊長の山口次郎（斎藤一）は、土方歳三が負傷したため指揮をとっていた。山口は地の利をいかし綿密に新政府軍との交戦作戦をたてた。新政府軍は皇軍にものをいわせ、指揮系統に甘さがあった。

芦野へ一時的退却

新政府軍は前日からの悪天候と、無理な進軍のため疲労困憊《こんぱい》で白坂（福島県白河市）へ入ったため、兵士の士気が高まらなかった。山口は三方から攻撃をかけ、新政府軍は芦野へ一時的に退却をよぎなくされた。

新政府軍兵士の首が刎ねられた。「十三人の首は、大手門前で四寸の板に五寸釘を打ちつけて、それにさらされた。町々から、西軍(新政府軍)の首を取ったといって、見に行く者が多くて、大手門前は黒山の人であった。恐る恐る見てみると、首には各藩の木札がかけてあったような気がする」(戊辰白河口戦争記)。

指揮をとった伊地知は、この作戦で不覚をとった。伊地知は三歳で書を読んだので、千石の神童とよばれたが、幼少の大病で目が悪く足も不自由であったという。伊地知は薬丸自顕《やくまるじげん》流の剣術を修めた文武両道で藩校・造士《ぞうし》館《かん》の教授をつとめた秀才だった。伊地知は「戦いは何が起こるかわからない」と悟ったという。

新政府軍は白河城奪還に失敗、伊地知は芦野に薩摩藩兵はじめ長州・大垣・鳥取・佐土原の藩兵を集結させた。七〇〇人と大砲七門をもってふたたび進軍。次の作戦は正面に気をとらせて左右から揺さぶりをかけた。迎え撃つ山口らは会津・仙台・棚倉藩の二五〇〇人。新政府軍は二〇ドイム臼砲《きゅうほう》で交戦した。会津兵は正面に気を取られ、その隙をつき新政府軍右翼隊は雷神山から攻め、会津兵らを圧倒し占拠した。捕虜になった兵は、白河の谷津田川で斬首され血の川となったという。新政府軍左翼隊は難なく小丸山方面から立石山へ向かって交戦した。会津藩の指揮をとっていた日向茂太郎が戦死し、兵は敗走した。

伊地知正治　矢野彩仙筆

西郷頼母の願い叶わず

会津藩家老で白河口総督の西郷頼母《たのも》は敗北にふれ「今や白河を失い、限りあるのをもって限りなきの敵にあたる。その大局知るべしと、因て和議を主張したるも、誰一人耳を傾くる者なく、却って西郷は予め和に傾き、一般の士気を阻喪せしめたるが故に、白河の陥没をも招きたるなりと云って、これを責めたり」（旧夢会津白虎隊）。

西郷は戦争回避を願っていたが叶わず、八月二日、責任をとらされ家老職も罷免された。西郷は会津藩の行く末を案じ、周囲に正論を説いたが、耳を傾ける者はなかった。

戦死者は会津藩三七八人、仙台藩一六二人、棚倉藩五一人ら諸藩を含め九二七人。新政府軍は薩摩藩二八人、長州藩二八人、佐土原藩一九人ら諸藩を含め一一三人。戦死者が多い藩は最前線で戦った証しである。

中野竹子の婦女隊が奮戦

「城守るに男も女もありません」

会津戦争では藩士に混ざって中野竹子が婦女隊を私的に編成した。正規の隊ではないが婦女隊とか娘子《ろうし》隊とよばれた。

竹子は弘化四年（一八四七）に江戸詰の中野忠順《ただまさ》の長女として江戸和田倉内の藩邸で生まれた。幼少から江戸詰の赤岡大助に文武を学んだ。赤岡は才女と認め一時養女にしたが、後に実家に戻った。赤岡は竹子をおいの嫁に迎えようとしたがかなえられなかった。

新政府軍が武家屋敷になだれ込んだときは、鐘を合図に城の三の丸に入る手はずになっていた。慶応四年（一八六八）八月二十三日早朝、新政府軍はついに城下に進撃し、激しく鐘が鳴り響いた。婦女隊の中野竹子は、白の鉢巻にたすき掛けの身支度をして薙刀《なぎなた》を携え、母の幸子、妹の優子を引き連れ城に向かった。当日はあいにくの雨、三の丸の城門は固く閉ざされ、入城はできなかった。

そのころ、藩主松平容保の義姉の照姫が城下にさがっているとの噂をきいて、竹子は照姫を護衛するために向かった。照姫の下へ竹子、位田菊子、岡村すま子、神保雪子らと駆けつけるが、それがデマとわかり、とりあえず法界寺に投宿した。翌日、家老の萱野《かやの》権兵衛の処へ行き、従軍を申し込んだが、婦女子が戦いに参戦することは、前代未聞だと猛反対された。竹子の決意は固く、「城を守るに男も女もありません」と毅然と訴えた。萱野は仕方なく衝鋒《しょうほう》隊長の古屋佐久左衛門の指揮下へ入るように取り計らった。

会津乙女の心意気

八月二十五日早朝、婦女隊は衝鋒隊に従軍して進軍し、途中で渋谷東馬の四〇人と合流し高瀬村へ進軍した。柳町をわたり城下に入ろうとすると、新政府軍の長州藩兵、大垣藩兵と遭遇し銃撃を受けた。銃撃が止むと渋谷の「抜刀、かかれ」の合図

会津戦争の婦女隊の様子を描いた錦絵
会津戦争記聞　真匠銀光筆　霊山歴史館蔵

で一斉に斬り込む。婦女隊は薙刀で敵兵へ袈裟がけし足をすくいかかり、会津乙女の心意気をしめした。敵兵は婦女隊に足を斬られ苦戦し、女性隊とわかると「生け捕れ」と怒号が飛んだ。

苦戦する新政府軍は銃撃戦に切り替えた。婦女隊の本体の衝鋒隊が総崩れになり、高久(会津若松市神指《こうざし》村)へ敗走しだした。このとき竹子が頭に銃撃を受け転倒した。妹の優子が苦しむ竹子の首を切ろうとしたが、髪がからまりなかなか落とせず、攻めてくる敵兵もあり、母の幸子とその場を去った。その後、上野吉三郎によって竹子の首級は法界寺に届けられた。

明治二年(一八六九)、同寺に「小竹女史之墓」が建てられ、竹子の歌碑も建立された。竹子の号は小竹。碑には出陣に際して詠んだ和歌が刻まれていた。

武士の猛き心にくらぶれば　数にも入らぬ我が身ながら

母成峠の戦い——綿密な作戦で会津兵を打ち破る

会津攻防戦のはじまり

慶応四年(一八六八)八月二十一日、母成峠《ぼなりとうげ》(福島県郡山市・猪苗代町)の戦いは、濃霧をついてはじまった。新政府軍の長州兵・有地品之允《ありちしなのじょう》の手記では「長州の我が隊が母成峠の本道を進むことになった。それから我が藩の第一大隊の二番中隊と薩摩の川村率いる隊と石筵口《いしむしろぐち》の方向に進むことになった。この方はいわば間道で、峠の下に大分広い原野がある。敵(会津藩兵)はその原野に出ていて、山砲も持っている。そこにはフランス式に編成した歩兵も大部いる。終始喇叭《らっぱ》を吹いて運動をしている。戊辰の戦いでは一番広いところで、見通しもよく、一番戦いらしいところだった」（星亮一著『会津戦争全史』）とある。

旧幕府軍伝習歩兵の大鳥圭介は、フランス式調練ができていて、ラッパを吹き鳴らして進軍してきたと伝えている。会津藩地では地雷を設置し爆発させたが、新政府軍の被害報告は一件もなかった。新政府軍は戦闘慣れし、綿密な作戦を立てていた。母成峠の戦いには土方歳三も負傷が完治し、参戦していた。大鳥軍は濃霧と雨中の戦いに苦戦を強いられ、食糧は麵麭《ぱん》を所持していた。フランス式調練の中で、非常食にパンの携帯を学んだのだろう。会津兵は農夫の家に飛び込んで濁酒《だくしゅ》を飲んで体の冷えを防ぎ、善戦したものの敗れた。

怒濤の会津総攻撃

新政府軍は猪苗代《いなわしろ》（福島県猪苗代市）も落とし、会津総攻撃戦となった。会津藩は主力部隊を国境に配置し、城下への新政府軍の侵攻を防ぐ作戦に出た。このとき石筵口で敗れた会津兵は、バラバラに敗走したため、城下と連絡網が途絶えた。城中は少年兵の白虎隊と老兵しか詰めていない状況になっていた。

慶応四年（一八六八）八月二十三日、新政府軍は滝沢峠（福島県会津若松市）を越えて一気に城下へ攻めてきた。会津藩の総指揮をとる藩主・松平容保の滝沢本営にも、銃弾が容赦なく撃ち込まれた。

二三日早朝、戸ノ口原が破られ、突然、敵（新政府軍）が襲ってきた。本陣の裏手からも大砲、小銃を乱射してきた。近習は少数であり、その上、鉄砲がなく槍だけだったので防ぎきれず、容保は甲賀町門まで引きあげた。屋敷から畳を持ち出して郭門に胸壁を築き防戦したが、敵の進撃は急で、たちまち郭門も破られた。このため容保は単騎、城に駆け込む始末だった（明治日誌）

容保の周辺は混乱し、城内に兵士を召集させる合図の半鐘《はんしょう》が、このときはじめて打たれた。容保は弟の松平定敬《さだあき》を呼び寄せ、米沢へ退去させて再起に期待をかけ別れを告げた。

半鐘《はんしょう》の合図で城下の庶民も、城内に逃げ込むことになっていたが、城下は火の手があがり、逃げ惑う者が城の南町口郭門に殺到した。そこに連日の雨で道はぬかるみ、鉄砲を携帯した兵士と混乱をきたし、早々に城門は閉ざされてしまった。逃げ場を失った庶民は大川の船着き場に走った。そこには小舟が数隻しかなく、次々と川に落ち溺死者が多く出た。会津藩は新政府軍との一カ月にわたる籠城戦の後に降伏した。

新史料の戦地略図

新政府軍の北越軍監をつとめた三宮義胤《さんのみやよしたね》は、慶応四年、鶴ヶ城を四方面から攻める奥州会津若松戦地略図を克明に描き、これを各部隊の数名が密かに写した史料がみつかった。

戦地略図には「八月廿三日、福島猪苗代口、破。福島口破レ、此筋賊兵若松城へ逃込。九月十日、越後勢操込。仁和寺宮ケタノ宮(気多宮)迄御進ミ若松へ三里半。九月廿八日、此米沢世子新発田辺出

錦絵「官軍勝利会津落城」 霊山歴史館蔵

張。仁和寺宮へ降参。九月十六日、米沢兵操込。九月十五日、庄内ヨリ米沢へ降参之儀問合セ之由」とある。

写した兵士の書付けには「辰九月十七日、若松早追出立、北越軍監　三宮耕庵ヨリ傳写、九月廿五日、午後。朱印は（新政府軍）、黒印は（会津兵）」とある。戦地の黒色火薬の上で写したためか、戦地略図はかなり汚れている。

戦地略図を描いた三宮は、近江国（滋賀県）真野村の正源寺（真宗）住職の三宮内海の長男として生まれた。岩倉具視と交わり、国学者の玉松操《たまつみさお》を岩倉に紹介し王政復古に尽力した。戊辰戦争では仁和寺宮の小軍監と北越を経て奥羽に転戦した。三宮は、明治二年（一八六九）二月二十四日、白虎隊士埋葬に関して新政府軍の命令に従わず、白虎隊士の義に共感し人道的に埋葬を黙許した。

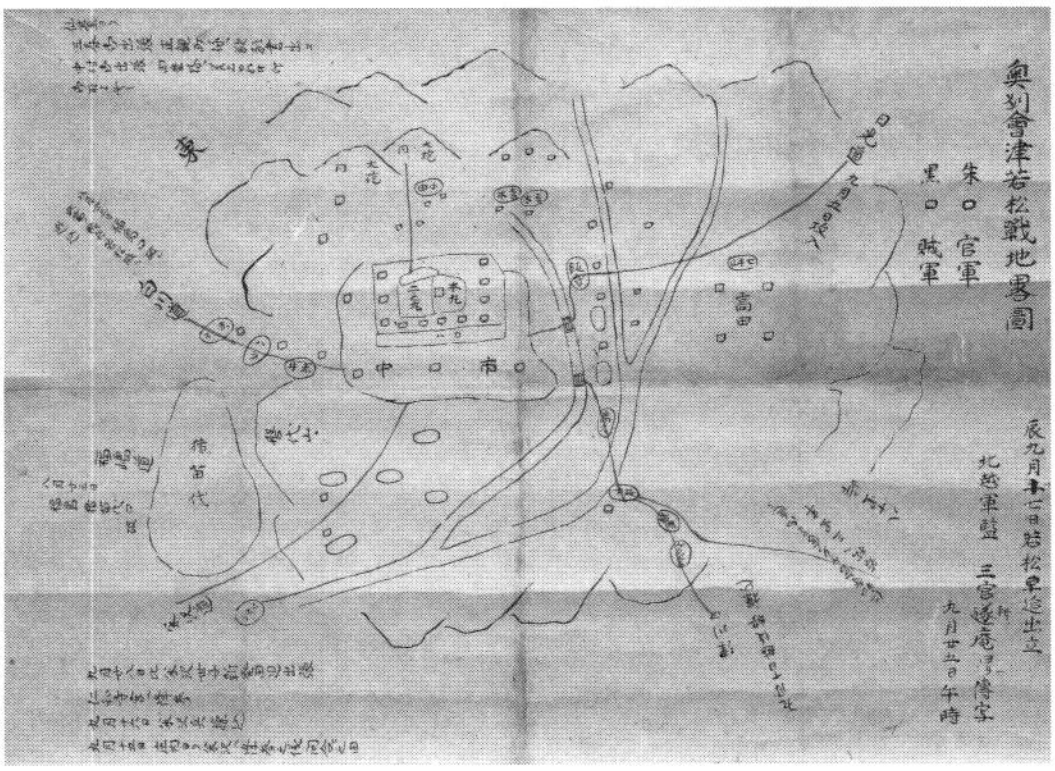

「奥州会津若松戦地略図」　霊山歴史館蔵

若松城、炎上

白虎隊——失意の少年隊士たち、自刃

会津戦争の悲劇を語るに少年の白虎隊の存在がある。白虎隊一番隊・二番隊に出兵が命じられた。一番隊

は藩主松平容保の養子・喜徳《のぶのり》の護衛のため城下に行き、二番隊隊長の日向内記《ひなたないき》は容保について滝沢本陣へ行った。そこへ戸ノ口原への援軍要請がきて、二番隊の一部は戸ノ口へ向かい、他の部隊とともに胸壁を築いた。日向は食糧調達に行ったまま帰ってこなかった。

戦いがはじまると新政府軍の猛攻にあい、二番隊はばらばらに敗走した。二番隊の数十名は、城を目指しさまよい飯盛山の戸ノ口堰の洞門に入った。そこを抜けると城下が見下ろせた。家老の西郷頼母《たのも》と姻戚にあたる隊士の飯沼定吉は、目を疑った。「お城が燃えている」と叫んだ。隊士らは声を失う。城下のあちこちから火の手があがり、城のまわりに黒煙が立ち込めていた。一六人の少年隊士は失意し、辞世を吟じ、互いに刺し違えて自刃した。

飯沼は、母からもらった辞世の歌を詠みあげた。

梓弓《あずさゆみ》むかふ矢先はしげくともひきなかへしそ武士《もののふ》のみち

飯沼は咽喉を突いて倒れていたところを、印出ハツに助けられ一命をとりとめた。飯沼の証言で白虎隊の最期が判明したという。

継ぎはぎで白旗

籠城一カ月あまり、城内は悲惨な状況となっていた。

西軍(新政府軍)の砲撃ますます劇烈なるに及びては、榴弾は病室または婦人室に破裂して全身を粉砕せられ、肉魂飛散して四壁に血痕をとどむる者あり。その悲惨悽愴の光景名状すべからず(会津戊辰戦史)

激しい砲撃で負傷者が続出し、容保は米沢へ手代木直右衛門《てしろぎすぐえもん》と秋月悌次郎《ていじろう》を走らせ、新政府軍との降伏について交渉を進めていた。会津兵は降参する手段としていろいろ試みた。竹の筒へ降伏書を入れてそれを小銃で撃ち出した。反応がないので続けて撃ったが、新政府軍の一部の兵士に握りつぶされた。

明治元年(一八六八)九月二十二日、容保は開城を決断した。降伏の日の朝、北追手門に「降伏」の二文字の白旗が立った。継ぎはぎだらけの白旗に発砲はできない。戦いは終わった。

容保は武装解除および開城の条件に、自ら処罰は受けるが、兵士や庶民に処罰がないよう嘆願。開城で会津藩は大砲五一挺、胴乱一八箱、槍一三二〇本、長刀八一振を新政府軍に差し出した。「籠城人数は兵士約三二〇〇名、婦女子六三九名、老幼二八四名、傷病者五三〇名、他邦脱走四六五名など計五二三八名だった」(野口信一著『会津藩』)。

降伏式と斗南藩

降伏儀式のため城の前に緋毛氈《ひもうせん》が敷かれた。裃《かみしも》姿の容保が新政府軍軍監の桐野利秋に降伏謝罪書を手渡した。会津では毛氈を「泣血氈」とよび、式後に会津藩兵士が切りわけて持ち帰ったという。

錦絵「会津軍記」には、容保が降伏謝罪書を桐野に手渡す場面を描いている。容保の背後に養子の喜徳、家老・秋月悌次郎らが控えている。情報が錯綜し、西郷隆盛や同席しなかった人物も描かれていた。西郷頼母と西郷隆盛は親交があり、隆盛から頼母宛ての見舞いの書状や見舞金がたびたび送られた。

その後、容保は妙国寺(会津若松市)で謹慎生活を送ることとなった。明治二年(一八六九)、新政府は容保の子・容大《かたはる》をもって新天地の斗南《となみ》藩(青森県)三万石を認めたが、実質は七千石。「北斗以南帝州」の気概を示す藩名とは名ばかりで、がれきの山の荒野であった。領地は北郡内三五村、三戸郡内二六村、二戸郡内九村からなっていた。

明治三年七月、斗南藩知事名で新政府への援助嘆願書の草案には「強壮の男子は北海道漁業出稼ぎに赴き、残りおる婦女子などは粟、ひえ類を植え候のみ」「数万の生霊は飢餓に陥り候段に立ち至り」（霊山歴史館蔵）と窮状をたびたび訴えていた。その後、斗南藩も廃藩置県で解体された。

榎本武揚、共和国建設へ

幕臣たちを率いて蝦夷地へ上陸

旧幕臣の榎本武揚《えのもとたけあき》は、蝦夷地（北海道）に共和国建設を目論でいた。勝海舟の日記にも「榎本釜次郎来訪。軍艦、箱館行きの事、談これあり」（慶応四年閏四月二十三日）とある。

明治元年（一八六八）十月十二日、幕府の各艦に兵士約三〇〇〇名を率い蝦夷地へ渡った。この中に土方歳三率いる新選組ら一一五人や元フランス軍人のブリュネ、カズヌーヴの姿もあった。榎本や土方は比較的上陸しやすい鷲ノ木浜を選んでいた。ここから箱館の亀田五稜郭まで直線で四〇キロばかりであったが、悪天候にはばまれた。

十月十九日、鷲ノ木に回天丸、二十日、開陽丸、鳳凰丸と大江丸、二十三日に室蘭あたりを航行し、蟠《ばん》龍《りゅう》丸、長鯨丸、神速丸らが到着し全艦隊がそろった。大鳥圭介は天候について、「四方を望むに積雪山を埋め、人家も玲瓏《れいろう》（玉の輝き）として実に院世界の景也」（幕末実戦史）と記載。蝦夷地はすでに冬景色だった。

箱館奉行所は箱館裁判所となり、総督に公家の清水谷公考《しみずだにきんなる》が着任し、その後、箱館府知事になっていた。旧幕府の遊撃隊長・人見勝太郎は、品川出港の際に新政府に提出した同じ嘆願書を清水谷にも渡した。そこには「徳川の臣僚食禄に離れ方向を失い、東西に彷徨する者を集め、不毛の蝦夷地を拓き、北門鎖鑰《さやく》の護りをなし、国恩に報ぜん」（人見寧履歴書）とあり、旧幕臣の救済措置として、蝦夷地の開拓と北方の守りに従事させることは、国益につながると嘆願した。しかし榎本は新政府に抗戦態度を崩さず「ご許容これなく候えば、やむをえず官軍へ抗敵つかまつるべく」と強気であった。

土方は鷲ノ木に上陸するや額兵《がくへい》隊、陸軍隊を率い箱館に向かった。

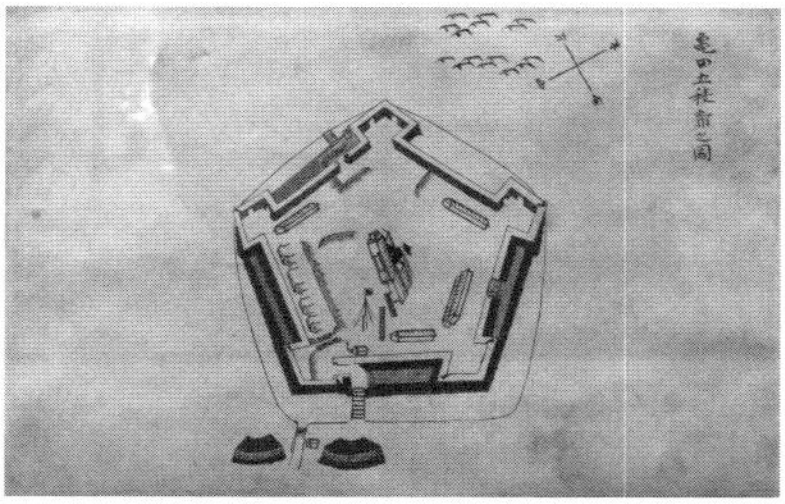
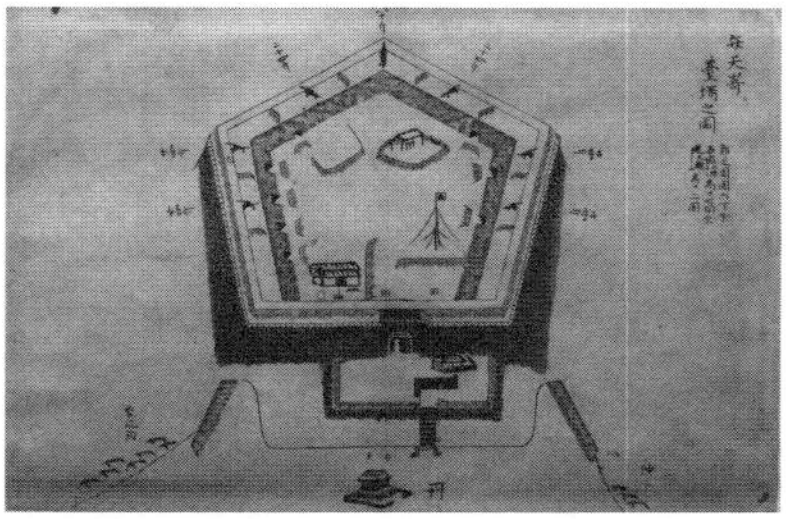
榎本武揚が描かせたとみられる五稜郭の図（上）、弁天台場の図（下）　霊山歴史館蔵

五稜郭の無血開城

十月二十三日、大鳥圭介率いる伝習隊は二手にわかれ大野村、七重村へ進軍し勝利した。土方率いる新選組を島田魁《かい》は守衛《しゅえい》新選組とよんだ。「官軍数人にしてたちまち敗走」（島田魁日記）し、新選組は川汲峠を突破し、五稜郭まで三キロの上湯ノ川の温泉場で休息して進軍した。

十月二十四日、勝ち目がないと判断した新政府軍は青森へ撤退し、五稜郭は無血開城した。五稜郭は北方の砦で台場だった。星型の西洋城郭を参考に、適塾の秀才・武田斐三郎《あやさぶろう》が安政四年(一八五七)から元治元年(一八六四)にかけて完成させた。面積一八万平方メートル、星型の土塁を幅三〇メートル、深さ六メートルの濠で囲んだ。台場の中には木造茅葺《かやぶき》の庁舎と役宅があった。

十月二十五日、回天丸・蟠龍丸の二艦が箱館港に入った。

我等儀、かねて嘆願致し置き候儀これあり、当湊へ罷り越し候ところ、当所詰め役人残らず引き払い、右に付き市中動揺致し趣に付き、鎮撫のため上陸、決して手荒の儀これなく候間、他所へ立ち退き候ものも安堵に商売致すべき事(十月二十五日付　回天艦船将甲賀源吾書状)

閣僚も選挙で決定

十二月十五日、蝦夷地平定を祝砲で祝賀し、入札(選挙)によって総裁以下の閣僚を決めた。一回目の入札で閣僚候補者が選ばれ、二度目の入札で役職が決められた。

榎本武揚一五六点、松平太郎一二〇点、永井玄蕃《げんば》(尚志《なおゆき》)一〇六点、大鳥圭介八六点、松岡四郎次郎《しろうじろう》八二点、土方歳三七三点、松平越中五五点、春日左衛門《さえもん》四三点、牧野備後三五点、板倉伊賀二六点、小笠原佐渡二五点、対馬章一点――。

「新聞調記」によると入札の得点数はこのような結果だった。十二月二十八日、閣僚選出の入札がおこなわれた。

総裁　榎本武揚

副総裁　松平太郎

海軍奉行　荒井郁之助
陸軍奉行　大鳥圭介
箱館奉行　永井玄蕃
陸軍奉行並箱館市中取締裁判局頭取　土方歳三

選挙によって役職を公明正大にしたことは画期的なことだった。

新政府艦隊が箱館へ

艦砲射撃で弁天台場の一部破壊

明治二年(一八六九)四月二十四日、新政府の艦隊は箱館港に深く入り込んで、旧幕府艦隊と弁天台場をめがけ、艦砲射撃を早朝より昼まで繰り返した。旧幕府艦隊は水雷火とよばれる水中で爆発する兵器を湾内にしかけていた恐れがあった。水雷火は国内では薩摩藩が薩英戦争で初めて使用した。

新政府軍の記録では「二十四日、官艦(新政府艦隊)、進で箱館港に入り、賊艦(旧幕府艦隊)、および弁天崎の砲台を攻む、賊、水雷火を設くるのおそれあり、かつ港内水浅きをもって、深入を得ずして退く、是日、陸地の官軍(新政府軍)、当別村に至り、まさに海軍を援けて進み戦んとす、賊、茂辺地村により、厳備して以て待つ、官軍、すなわち釜石村に退守す」(復古記)とある。

旧幕府軍は新政府艦隊の襲来を知り、五稜郭から遊撃隊が、すぐさま七重浜へ出陣し守備についた。茂辺地村を守備していた額兵隊も、陸上からは新政府軍が当別村に進軍してくる情報を得て、約七〇人の斥候《せっこう》兵士が探索に出た。

別当村の先の三ッ石村で新政府軍と交戦となった。旧幕府軍は地の利を活かし新政府軍を食い止めたという。新政府軍は釜石村まで退却した。

新政府軍の福山藩兵・石田利助によると「同二十四日、早朝より海軍箱館にて打ち合い、砲声おびただしく聞こえ、同様に探索に罷り出で候よう司令士よりご談じにあいなり、噴兵三人、当別辺りまで参り候ところ、賊兵四百人ばかり当別村山上に台場を築き屯居候様子、官軍方は三ッ石まで進み、厳重に固めおり候ところ、薩摩藩、水戸藩、松前藩、当別裏山まで進み、三四発大砲打ち掛け候えども、賊兵少しも打ち合い申さず、即刻引き揚げ、三ッ石村にて滞陣」(征討日記)。

陸地にいた新政府軍兵士も、海戦の艦砲射撃の砲声がはるかに聞こえた。斥候三人を三ッ石村へ探索させたところ、すでに旧幕府軍四〇〇人が山頂に台場を築いていた。この知らせを受けた薩摩藩兵らが当別村に進軍したのは、海戦を援護するための作戦だったという。

新政府軍がこの時期を選んだのは、薩摩藩などの温暖の地育ちの兵士には、寒さの厳しい蝦夷地の戦いは、到底戦えないと判断したからだ。雪どけを待ってからの作戦に切り替えていたという。

海戦図に全貌

四月二十四日の海戦の全貌が、新政府艦隊の海戦図(霊山歴史館)によって明らかになった。

甲艦此参進ント欲シントモ瀬浅ニシテ迚モ進ミカタシ、橋船ヲ下シ水雷火並浮縄ヲ探リ候処、雷火一切

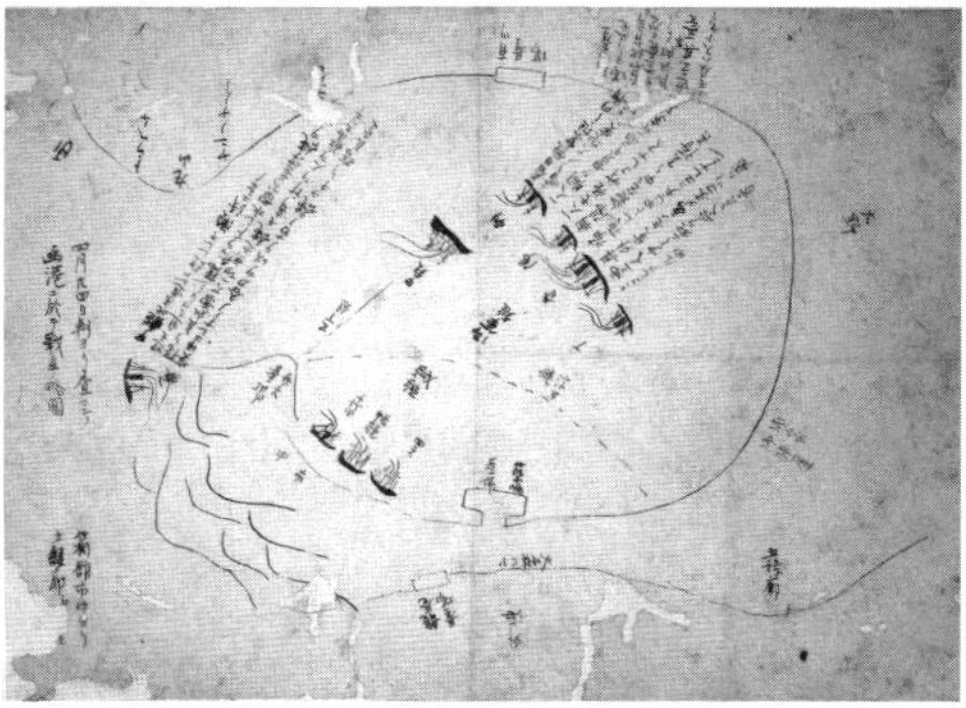
新政府艦隊の海戦図
箱館戦争絵図　霊山歴史館蔵

無之、縄モ奇計ヲ人ヲ驚スノミ実用コレナク、各刀ヲ以テ右之縄ヲキリ捨候事

甲鉄丸の箱館港の航行は、浅瀬だったこともあって難航した。水雷火に注意して浮縄を探り寄せると、見せかけだけとわかり、水兵がおのおのの刀をもって縄を切り捨てた。

弁天台場を守る旧幕府艦隊の回天丸・蟠龍丸・代田丸の三艘が停泊していた。これに新政府艦隊は、甲鉄丸を旗艦として弁天台場の二丁ぐらいから砲撃し、朝陽丸・春日丸・陽春丸・延年丸・丁卯丸の六艘が次々と艦砲射撃で台場の一部を破壊した。

春日鉄乗組之内、賊方ヨリノ火砲実丸一人胴ヲ貫キ即死、余チ一人怪我コレナス

旧幕府艦隊からの艦砲射撃で春日丸の一人が戦死、そのほか一人が負傷した。

朝陽艦丸ニ中リ長将共痛憤シト申シテコレナシ、其外実丸ノ為メホコリハ飛、両三人少々疵ヲ受候者モコレアル

朝陽丸へも弾が飛来して三人がけがをしたという。

有川台場ヨリ発否ヤ、此方ニテモ二三発候処、賊コトゴトク逃去、其一発ニモ及ハスト云々

陸上の戦いでは、新政府軍は有川台場より、旧幕府軍めがけて数発を応戦するとことごとく敗走した。

その後、数日は交戦もなく、四月二十八日、新政府軍の津藩兵、久留米藩兵の一中隊が当別村に進軍した。旧幕府軍はこれに応戦するも撃退させることができなかった。

「鬼の副長」土方歳三の戦死

五月十一日、早朝より新政府軍の総攻撃がはじまった。

新政府軍は五稜郭の下まで迫っており、旧幕府軍は弁天台場に二〇〇余人が籠城戦に備えた。五稜郭のまわりの民家に放火し、新政府軍を待ち受けた。そこへ激しく攻めてきたが、旧幕府軍はあえて敵陣に攻め込まなかった。

ついに土方は馬にまたがり彰義《しょうぎ》隊、額兵隊、見国隊、ならびに諸隊あわせ五〇〇余人を率いて、弁天台場を助けるため一本木関門で戦った。ここを破り異国橋付近まであと少しのところで、新政府軍が海岸と沙山から狙撃してきた。土方のまわりの兵士がばたばたと倒れたが、土方はひるむことなく進撃したところ、敵の弾丸が腰を貫き落馬した。義を貫いた男の最期だった。行年三十五歳。戒名は「歳進院殿誠山義豊大居士」だった。

土方の戦死を見届けた立川主税は安富才助に宛てて「終始付き添いおり候」と書き送っていた。安富は戦死を知らせる一書を土方家に届けた。追悼句が添えられていた。

　隊長討死せられければ

　　早き瀬に力足りぬや下り鮎

土方の遺骸は小者・小芝長之助が五稜郭内に埋葬したという。

五稜郭陥落――両刀わたし、捕虜に

終結の決断

総攻撃に参戦した新選組総裁付の田村銀之助は、十三歳の少年にもかかわらず決戦に志願した。「十五の年で命が惜しければ、五十でも惜しい。五十で惜しければ七、八十でも惜しいのです。私も武士の家に生まれた者であって、皆さんと一緒にこの城に立て籠った以上は死する覚悟である」との毅然とした姿に、大鳥圭介は感涙した。

まず千代ヶ岡陣屋が新政府軍に落ちた。弁天台場も時間の問題だった。五稜郭の決戦を控え、これ以上の戦死者を出したくはない。食い止めるには、榎本武揚は自らの命を差し出すのがすべてと判断した。

榎本は切腹の覚悟を決め部屋に入り、彰義隊の大塚霍之丞《かくのじょう》をよび入れた。大塚は榎本の刀を取り上げる際、指三本を負傷した。榎本はまわりに諭されて思いを語った。

熟慮するに吾が輩、衆に代わって軍門に到り、私に干戈を動かせし罪をもって朝断を仰ぎ、甘んじて天戮につかんと決せり。諸君、慙憤《ざんぷん》激烈の志をやめ深く思慮して、まげて我意につくべしと。衆また部下の兵勢、実に決戦し難きを見て、悲憤涕泣《ていきゅう》して榎本の意に従う(北洲神話)

榎本は「自ら軍門に降りて処罰を受ける条件と引き換えに、諸君の助命を願うつもりである」と将兵を前に降伏宣言した。兵士も戦況からみて、降伏の条件を考えていた。兵士らは残念であったが、榎本の意見に従うことにした。

新政府軍・陸軍参謀の黒田了介(清隆)も降伏間近とみて海軍参謀の曽我準造・増田虎之助と話し合った。黒田は榎本の人物を高く評価し、彼が投降を決断し助命嘆願するならば、快く受け入れることとした。

投降条件まとまる

榎本は新政府軍に休戦を申し出た。

明治二年(一八六九)五月十七日、榎本と松平太郎は午前六時に五稜郭を出た。このとき黒田、増田はじめ大塚霍之丞、大島寅雄、安富才助らが随行した。会談は亀田村三軒家ではじまり、昼食を交え和やかな中でおこなわれた。会談後に榎本は亀田八幡宮に詣で降伏を報告し、午後三時に五稜郭に戻った。その夜、松平と安富は降伏手順書をまとめた。

明十八日朝六時より七時までの間、首謀者榎本釜次郎、松平太郎、大鳥圭介、荒井郁之助、軍門に降伏の事。午後一時より二時までの間、兵隊以下、残らず出郭、降伏の事。午後四時より五時までの間、兵器ことごとく皆差し出し、五稜郭を差し上げ申すべき事

一、首謀の者、陣門に降伏の事

一、五稜郭を開き寺院に謹慎罷りあり、追って朝裁を待ち奉るべき事

一、兵器ことごとく皆差し出し申すべき事

右の通り申し渡し候条、その意得べくものなり(戊辰戦争全史)

新政府軍側の降伏条件もこれを順守した。

五月十八日午前七時、これに従い榎本・松平・大鳥・荒井は兵士に見送られ五稜郭を後にした。兵士らよって五稜郭内は清掃作業を終え、午後一時に兵士一〇〇八人は称名寺・実行寺・浄玄寺・会津屋敷にそれぞれ収容され、これと同時に新政府軍の前田雅楽《うた》が五稜郭内を点検し、元込銃《もとごめ》一〇七挺、ピストル四八挺、ミニエー銃一六〇〇挺、大砲三四門、米五〇〇俵を押収した。

終結祝い、パレード

新選組の島田魁は降伏についてこう記した。「十九日、新政府軍の軍監がやってきて、降伏謝罪の命令を下した。その一、諸隊はことごとく大刀、小刀を差し出す。その二、長官の者は陣門に降伏し、罪を詫びるべし。諭すように、千代ヶ岡はすでに負けて、五稜郭もついに陥落した。榎本君は両刀を脱し、私だけが帯刀して降伏しているので、彼のためにも大小を渡せというと、みな驚愕し一言もなかった。顔は恭順ではあるが心に憤り、そもそも恭順しなければいう争うこともないだろうが、しかし恭順しているので、軍監の意に逆らえばいっそう罪は重くなる。いかんともしがたく、両刀をわたし捕虜となる」(島田魁日記)。

新政府軍は五月十九日午後十一時から戦争終結の祝砲二一発を撃った。箱館湾に係留されていたイギリス、アメリカの軍艦も応じた。市内では戦勝パレードがおこなわれ、新政府軍の鼓笛隊にあわせ数百人が行進した。

五稜郭降伏の錦絵の中央には、新政府軍の西郷隆盛が描かれているが、そういう史実はなかった。五月二十一日、新政府軍戦死者(陸軍一五五人、海軍六八人)の追悼祭が大森浜でおこなわれた。旧幕府軍の戦死者は不明であるが、明治八年に函館市函館山に顕彰碑の「碧血碑《へきけつ》」が建立され約八〇〇人が合祀《ごうし》された。

エピローグ

「明治百年」の昭和四十三年(一九六八)は、日本の高度成長期でGNP世界二位となった、活気に満ちあふれていた時期であった。この年に明治維新の聖地である京都市東山区の霊山の地に、松下電器(現パナソニック)創業者・松下幸之助が全国の政財界に呼びかけ、霊山顕彰会を設立した。

事業として、霊山の聖域にある各藩の招魂社《しょうこんしゃ》や志士の墳墓の整備をおこない、さらに次世代を担う人材育成のために同四十五年、明治維新総合博物館として霊山歴史館を大政奉還の十月十四日に開館した。

幕末維新期の志士や新選組の隊士らの生きざまは、関係者など民衆の中で記憶、伝承され語り継がれてきた。その記憶・伝承が民間の研究者によって発掘されることで幕末維新史は形づくられてきた。さらにその成果は、維新から五十年、百年などの節目の年に書籍などの形となって発表されてきた。このように幕末維新史には民衆に支えられ、育まれた側面がある。

私は霊山歴史館の事業に当初から関わることができた。昭和五十年に同歴史館の学芸員として採用され、展覧会や資料収集をおこない、館蔵品数は現在約五千六百点にのぼる。この蔵品は企画展や国内外随時の巡回展などで随時公開し、歴史教育の一助になっている。

また私は、NHK大河ドラマの特別展「徳川慶喜」「新選組!」「龍馬伝」「花燃ゆ」「西郷どん」の企画委員として国宝、重文など貴重な維新資料をつぶさに見る機会をえた。そんなこともあって産経新聞社京都総局の記者から、資料からみた幕末維新史の連載の依頼を受けた。そこで霊山歴史館の館蔵品の中から逸品を選び、一年間の連載がはじまった。月に四本のペースで、事件、事変、人物評論と多岐にわたる内容となった。京都・滋賀版で連載がはじまると、奈良版からも要望があり、追加の掲載となった。

読者から高度な質問が寄せられ、幕末維新史の関心の高さにおどろいた。連載の図版は館蔵品のうち、なるべく普段は目にしない資料や古写真、民衆がみた情報も盛り込んだ。錦絵や瓦版の資料も、当時の世相を反映し新聞的要素をもっていたので取り上げた。また文中の書状や文献の引用は意訳せずなるべく原文を使い、史実に添ったものとした。

連載はすべて歴史館のホームページでアップしたことにより、読者の裾野が広がった。おかげで歴史番組の担当者や雑誌の編集者の問い合わせが増えだし、読者の要望もあって連載は一年が二年となり、ついに五年の長期連載となってしまった。

連載時より私は、幕末維新史を俯瞰し、複眼的にみることに心掛けた。当初、人物から執筆しはじめたがどうしても伝記風になり、はたして幕末維新史として成り立つのか疑問が出てきた。

しかし連載をすすめる中で、その人物の実像とはいったいどこにあるのか？　ということに思いいたった。そしてその実像とは、本人の生《なま》の資料と他人が語るエピソードの真ん中にあると感じた。そして幕末維新期の人物を複眼的にみることで「勝者」や「敗者」という偏りのない歴史観をもって執筆することができ、それが読者の心をつかんだのではないかと思う。

連載は幕末維新史の研究者の成果のもとに、成り立ったことに感謝している。最後に産経新聞社の担当記者の方々、本書上梓にご尽力賜った淡交社の井上尚徳氏ならびに霊山歴史館館員に心より御礼申し上げます。

平成三十年七月吉日

木村幸比古

幕末維新伝　関連年表（霊山歴史館学芸員　米澤亮介　作成）

天保14年（1843）　5月7日　【ジョン万次郎】アメリカ本土に上陸

嘉永5年（1852）　【ジョン万次郎】土佐に帰る

嘉永6年（1853）　6月3日　【ペリー】艦隊を率いて浦賀に来航

7月18日　【プチャーチン】艦隊を率いて長崎に来航

11月1日　【徳川家定】十三代将軍に任ぜられる

安政元年《嘉永7年》（1854）　1月16日　【ペリー】七隻の艦隊を率いて再来航

3月3日　日米和親条約ほか英・露と条約を締結。鎖国が終わる

3月18日　【吉田松陰】アメリカ密航を企てるも失敗する

安政3年（1856）　7月21日　【ハリス】下田に来航

安政5年（1858）　4月23日　【井伊直弼】大老に就任

6月19日　【井伊直弼】勅許なしに日米修好通商条約に調印。蘭・露・英・仏とも条約を締結（安政の五か国条約）

9月7日　【井伊直弼】安政の大獄がはじまる

10月25日　【徳川家茂】十四代将軍に就任

安政6年（1859）　10月11日　【山内豊信（容堂）】謹慎を命じられる

10月27日　【吉田松陰】安政の大獄に連座して処刑される

万延元年《安政7年》（1860）　1月13日　【勝海舟】咸臨丸に乗船してアメリカ訪問に出発

3月3日　【井伊直弼】暗殺される（桜田門外の変）

文久元年（1861）　8月　【武市瑞山】土佐勤王党を結成し、盟主となる。

10月20日　【和宮】将軍家茂へ降嫁するために江戸へ向かう

文久2年(1862)
1月15日　【安藤信正】水戸浪士に襲撃される(坂下門外の変)
4月8日　【土佐勤王党】土佐藩の参政吉田東洋を暗殺する
4月16日　【島津久光】藩兵約一〇〇〇名を率いて上洛する
4月23日　【薩摩藩】寺田屋騒動がおこる
8月21日　【薩摩藩】生麦事件がおこる
閏8月1日　【松平容保】京都守護職に任命される
12月12日　【高杉晋作】イギリス公使館を焼き討ちする

文久3年(1863)
2月8日　新選組の前身となる浪士組が江戸から京都へ出発
3月11日　【孝明天皇】攘夷祈願のため上賀茂・下鴨両社に行幸
将軍家茂も随従する
3月12日　【新選組(壬生浪士組)】会津藩お預かりとなる
4月11日　【孝明天皇】攘夷祈願のため石清水社に行幸
将軍家茂は病気を理由に随従を辞退する
5月10日　長州藩が下関でアメリカの商船に砲撃を加える。攘夷の実行
5月12日　伊藤博文ら長州ファイブが、ロンドンへ向けて出港する
6月1日　長州藩がアメリカの軍艦に報復攻撃をされる
6月5日　長州藩がフランスの軍艦二隻に砲撃され、砲台を占領される
6月6日　【高杉晋作】奇兵隊を編成する
7月2日　薩英戦争がおこる
8月17日　吉村寅太郎ら天誅組が大和五條代官所を襲撃
8月18日　八月十八日の政変がおきる
8月19日　三条実美ら七卿が長州に都落ち(七卿落ち)
10月12日　平野国臣らが生野の変をおこす

元治元年（1864）

3月27日　水戸天狗党が筑波山で挙兵する

4月26日　蒔田広孝と松平康正が京都見廻役に任命される

5月29日　神戸海軍操練所が開設される

6月5日　【新選組】池田屋事件がおこる

7月11日　【佐久間象山】河上彦斎らに暗殺される

7月19日　禁門の変（蛤御門の変）がおこる。久坂玄瑞らが自刃

桂小五郎は出石へ逃れる

7月20日　平野国臣、古高俊太郎らが六角獄舎で処刑される

7月21日　真木和泉守ら一七名が天王山で自決する

7月23日　第一次幕長戦の勅令が下る

慶応元年（元治2年）（1865）

3月　【高杉晋作】椋梨藤太ら藩内の俗論党を退ける

閏5月　【坂本龍馬】亀山社中を結成する

慶応2年（1866）

1月21日　坂本龍馬たちの仲介で薩長同盟締結

1月23日　【坂本龍馬】伏見の寺田屋旅館で伏見奉行所の捕吏に襲われる

2月5日　【坂本龍馬】木戸貫治（孝允）に請われ、薩長同盟について書かれた書状に朱筆の裏書を記す

6月7日　第二次幕長戦がはじまる

7月20日　【徳川家茂】病没する

8月20日　【徳川慶喜】徳川宗家を相続する

12月5日　【徳川慶喜】十五代将軍に就任する

12月25日　【孝明天皇】崩御する

慶応3年（1867）

4月14日　【高杉晋作】病没する

5月21日　薩土盟約が結ばれる

10月3日　後藤象二郎ら、山内容堂の大政奉還建白書を老中板倉勝静に提出する

10月6日　【岩倉具視】大久保利通らに錦の御旗の制作を依頼

10月13日　討幕の密勅が下される
　【徳川慶喜】在京大名の重臣を集め大政奉還を諮問

10月14日　【徳川慶喜】大政奉還の上奏文を朝廷に提出

11月　【坂本龍馬】新政府綱領八策を作成する

11月15日　【坂本龍馬】中岡慎太郎と近江屋で見廻組に斬られ、暗殺される

11月18日　【新選組】油小路の変。伊東甲子太郎、藤堂平助たちが粛清される

12月9日　西郷隆盛、岩倉具視らが王政復古の大号令を発する
　小御所会議で慶喜の辞官納地が決定される

明治元年《慶応4年》(1868)

1月3日　鳥羽伏見の戦いがおこる

1月7日　新政府が慶喜の追討令を出す

2月12日　【徳川慶喜】江戸城を出て上野の寛永寺で謹慎する

3月13日　西郷隆盛と勝海舟が江戸城の無血開城について談判

3月14日　五箇条の御誓文が発布される

4月11日　江戸城無血開城

5月6日　奥羽越列藩同盟が結成される

5月15日　新政府軍、彰義隊を討伐(上野戦争)

7月25日　【河井継之助】八丁沖渡沼作戦を実施し、長岡城奪還

8月23日　飯盛山にて白虎隊隊士二〇名が自刃する

9月22日　会津藩が降伏する

明治2年(1869)

5月18日　箱館戦争が終結する

参考文献

「史談会速記録　合本五・十四・十五・二十二」　一八九四～一九〇五年
『近藤勇』　松村巌著　内外出版協会　一九〇三年
『会津戊辰戦争』　平石辨蔵著　丘林館　一九一七年
『京都守護職始末』　山川浩著　郷土研究社　一九三〇年
『池田屋事変始末記』　寺井維史郎著　佐々木旅館　一九三一年
『アーネスト・サトウ一外交官の見た明治維新上・下』　坂田精一訳　岩波書店　一九六〇年
『明治維新』　鳥巣通明著　日本教文社　一九六五年
『画人河田小龍』　別府江邨著　河田小龍刊行会　一九六六年
『日本政治裁判史録明治・前』　我妻栄編　第一法規　一九六八年
『幕末京都四民の生活』　明田鉄男編　雄山閣　一九七四年
『斬奸状』　栗原隆一著　学芸書林　一九七五年
『徳川慶喜公伝　史料篇三』　続日本史籍協会叢書　東京大学出版会　一九七五年
『定本新撰組史録』　平尾道雄著　新人物往来社　一九七七年
『新選組始末記』　子母澤寛著　講談社　一九七七年
『幕末維新京都史跡事典』　石田孝喜著　新人物往来社　一九八三年
『漂巽紀畧』　川田維鶴著　高知市民図書館　一九八六年
『龍馬の手紙』　宮地佐一郎著　ＰＨＰ研究所　一九九五年
『新選組日誌上・下』　菊池明・伊東成郎・山村竜也編　新人物往来社　一九九五年
『坂本龍馬日記上・下』　菊池明・山村竜也編　新人物往来社　一九九六年
『箱館戦争史料集』　須藤隆仙著　新人物往来社　一九九六年
『龍馬暗殺の真犯人は誰か』　木村幸比古著　新人物往来社　一九九六年
『龍馬の時代』　木村幸比古著　高知新聞社　一九九七年
『新選組戦場日記』　木村幸比古編　ＰＨＰ研究所　一九九八年
『戊辰戦争全史上・下』　菊池明・伊東成郎編　新人物往来社　一九九八年

『ペリー提督日本遠征記』　三方洋子訳・猪口孝監修　NTT出版　一九九九年
『京都・幕末維新をゆく』　木村幸比古著　淡交社　二〇〇〇年
『日本を今一度せんたくいたし申候』　木村幸比古著　祥伝社　二〇〇〇年
『幕末会津藩往復文書上・下』　会津若松市史・史料編　二〇〇〇年
『北越戊辰戦争史料集』　稲川明雄編　新人物往来社　二〇〇一年
『坂本龍馬、京をゆく』　木村幸比古著　淡交社　二〇〇一年
『史伝土方歳三』　木村幸比古著　学研　二〇〇一年
『新選組、京をゆく』　木村幸比古著　淡交社　二〇〇一年
『新選組と沖田総司』　木村幸比古著　PHP研究所　二〇〇二年
『新選組日記』　木村幸比古著　PHP研究所　二〇〇三年
『新選組局長　近藤勇』　木村幸比古著　淡交社　二〇〇三年
『徳川幕府事典』　竹内誠編　東京堂出版　二〇〇三年
『新選組全史』　木村幸比古著　講談社　二〇〇四年
『京都幕末・維新かくれ史跡を歩く』　木村幸比古著　淡交社　二〇〇五年
『吉田松陰の実学』　木村幸比古著　PHP研究所　二〇〇五年
『続新選組史料集』　新人物往来社編　二〇〇六年
『知識ゼロからの幕末維新入門』　木村幸比古監修　幻冬舎　二〇〇八年
『龍馬語録』　木村幸比古著　PHP研究所　二〇〇九年
『龍馬の知られざる素顔』　木村幸比古著　淡交社　二〇一〇年
『図説戊辰戦争』　木村幸比古編著　河出書房新社　二〇一二年
『井上勝』　老川慶喜著　ミネルヴァ書房　二〇一三年
『新選組史料大全』　菊池明・伊東成郎編　中経出版　二〇一四年
『図説吉田松陰』　木村幸比古著　河出書房新社　二〇一五年
『新撰組顚末記』　永倉新八著、木村幸比古解説　角川書店　二〇一七年
『明治大帝』　飛鳥井雅道著　文藝春秋　二〇一七年
『知識ゼロからの西郷隆盛入門』　木村幸比古監修　幻冬舎　二〇一七年

[著者略歴]
木村幸比古(きむらさちひこ)
1948年、京都市生まれ。霊山歴史館副館長。歴史家(近世思想史、幕末史)。
國學院大學文学部史学科卒業。1991年、維新史の研究と博物館活動で文部大臣表彰。2001年、京都市教育功労者表彰。高知県観光特使。ＮＨＫ大河ドラマ「徳川慶喜」「新選組！」「龍馬伝」「花燃ゆ」「西郷どん」企画展示委員等を務める。
〈著書〉『土方歳三』(学研)『新選組全史』(講談社)『沖田総司』『龍馬暗殺の謎』(ＰＨＰ)『幕末志士の手紙』(教育評論社)『知識ゼロからの西郷隆盛入門』(幻冬舎)『京都・幕末維新をゆく』(淡交社)ほか多数。

[図版提供]
p.265………京都市文化市民局元離宮二条城事務所
上記以外………霊山歴史館

幕末維新伝　今、その史実が明かされる

2018年8月5日　初版発行

著　者──木村幸比古
発行者──納屋嘉人
発行所──株式会社　淡交社
本社　〒603-8588　京都市北区堀川通鞍馬口上ル
営業　075-432-5151　編集　075-432-5161
支社　〒162-0061　東京都新宿区市谷柳町39-1
営業　03-5269-7941　編集　03-5269-1691
装　幀──井上二三夫
印刷・製本──図書印刷株式会社

ISBN978-4-473-04256-9